山東省社科規劃優勢學科項目
“清代山東《尚書》文獻整理研究”(19BYSJ55)階段性成果

清代山東《尚書》文獻八種

鍾雲瑞　點校

山東大學出版社
·濟南·

圖書在版編目(CIP)數據

清代山東《尚書》文獻八種/鍾雲瑞點校. —濟南：
山東大學出版社，2020. 12
ISBN 978-7-5607-6781-9

Ⅰ. ①清…　Ⅱ. ①鍾…　Ⅲ. ①中國歷史—商周時代
②《尚書》—研究　Ⅳ. ①K221. 04

中國版本圖書館 CIP 數據核字(2020)第 226666 號

責任策劃　王　瀟
責任編輯　肖淑輝
封面設計　牛　鈞

出版發行　山東大學出版社
社　　址　山東省濟南市山大南路 20 號
郵政編碼　250100
發行熱線　(0531)88363008
經　　銷　新華書店
印　　刷　山東和平商務有限公司
規　　格　720 毫米×1000 毫米　1/16
　　　　　23. 75 印張　450 千字
版　　次　2020 年 12 月第 1 版
印　　次　2020 年 12 月第 1 次印刷
定　　價　78. 00 元

前　言

山東歷史悠久，文化底藴深厚，是中國古代文化的發祥地之一，也是文獻整理最早的地區。自孔子删定六經開始，齊魯先賢整理文獻的歷史就一直延續下來。《尚書》承載著華夏民族的早期歷史記憶，其文本多爲立政治國之遺訓，所涉内容廣博而深刻，在政治、文學、歷史、哲學、地理、曆法、軍事等領域多有原創性的論述，藴含著以和諧、德治爲核心的價值訴求，具有"疏通知遠""長於政"的資政垂教功用，足稱華夏文化之淵藪，後世諸學之元典。

就《尚書》學發展而言，山東學者在關鍵節點上都擔當了重要角色，發揮了主要作用。秦始皇時，丞相李斯奏云："非博士官所職，天下敢有藏《詩》《書》、百家語者，悉詣守尉雜燒之，有敢偶語《詩》《書》者棄市。"(《史記・秦始皇本紀》)對《尚書》造成了毁滅性的災難。秦末戰亂之餘，秦博士濟南伏生取壁藏之《書》教于齊魯之間，"學者由是頗能言《尚書》，諸山東大師無不涉《尚書》以教"(《史記・儒林列傳》)。是乃伏生所傳《今文尚書》。又《漢書・藝文志》載："《古文尚書》者，出孔子壁中。武帝末，魯共王壞孔子宅，欲以廣其宫，而得《古文尚書》及《禮記》《論語》《孝經》，凡數十篇，皆古字也。……孔安國者，孔子後也，悉得其書，以考二十九篇，得多十六篇。安國獻之，遭巫蠱事，未立于學官。"是乃孔安國傳《古文尚書》。作爲兩漢古文獻學的集大成者，鄭玄遍注群經，立足古文學，兼取今文學，注《尚書》尤爲兼綜博通，在文獻學史上産生了深遠影響。由此可見，山東學者在《尚書》學早期發展史上佔有重要的地位。及至清代，山東學者對《尚書》學進行多種角度的研究，在《尚書》辨僞、詞義訓詁、經義詮釋、注疏集解等諸多方面多所創獲，取得了突出的成就，並且呈現出鮮明的學術特色。

雖然清代山東學者在《尚書》學史上没有一流的學術著作，但不乏名家，例如，山東棲霞郝懿行著有《書説》二卷，安丘王筠著有《禹貢正字》一卷，二人均爲清代著名的經學大家。山東學者在清代《尚書》學研究領域成果頗豐，根據初步調查，清代山東學者研究《尚書》的著述現存二十余種，如此豐富的《尚書》學文獻成果，足以表明山東是清代《尚書》學研究的重鎮。對山東先賢《尚書》學著作進行一次系統梳理、研究，既是對傳統文化的保護與繼承，也是揭示齊魯學脈，顯示儒學氣派，弘揚山東精神的必然需要，具有聯通傳統與現實的重要意義。

本次整理的清代山東《尚書》文獻主要包括閻循觀《尚書讀記》一卷、郝懿行《書説》二卷、牛運震《尚書評注》六卷、成瓘《讀尚書偶筆》一卷、王筠《禹貢正字》一卷、郭夢星《尚書小札》二卷、李景星《書經管窺》二卷、丁裕彦《洪範宗經》三卷。這些著作的内容涉及今古文《尚書》疑辨、經文釋義、辨正字義，既有全篇解讀之作，也有對《禹貢》《洪範》的單篇研究，而治學理路體現爲無徵不信，旁徵博引，辨正是非，展現出言必有據的學術風氣。同時，這些著作的解經特色主要是折中諸家《書》解得失，以考據訓詁的漢學觀念解《書》，在各家《尚書》學説的基礎上批判繼承，體現出山東學者獨特的解經思路，對當時的《尚書》學發展産生了積極的影響。

此次整理的八部《尚書》文獻，其撰者皆活動于 18 世紀初至 19 世紀初，而這一階段正是清代乾嘉學派最爲活躍的時期。在清代特定的社會環境和學術氛圍之下，乾嘉學派應運而生，這一特殊的學術流派佔據了整個清代中期的學術舞臺，其影響久遠，一直延續至今。清代山東《尚書》學學者作爲一個地域性的團體存在，不乏學術世家，其《尚書》學成果包羅衆多，足以構建一個地域學術的架構體系。因此，作爲乾嘉漢學的重要分支，研究清代山東《尚書》學文獻的成就與特點，對於了解乾嘉學派發展脈絡，深入乾嘉學術研究歷程，展現清代山東學者的治學特色，具有重要的價值和意義。

乾嘉學者在中國經學史上具有極高的歷史地位，他們除了具備審慎嚴謹的治學方法之外，其對文獻整理的貢獻也是不可忽視的。因此，學術前輩的治學經歷提醒我們，學術文獻的整理是研治學術史的依據，只有把這個基礎性工作夯實，才能使學術史的研究取得可信的成果。有鑒於此，點校者邀請青年學者參與校點整理工作，既充分發揮團隊協作精神，又對提高青年學者的文獻功底有所裨益。本次整理所選八部清代山東《尚書》文獻，依撰者生平時代爲序，所用底本的版本館藏較爲單一，分别如下：

閻循觀《尚書讀記》一卷，北京大學圖書館藏清乾隆三十八年樹滋堂刻西澗草堂全集本。

郝懿行《書説》二卷，山東省圖書館藏清光緒八年郝聯薇東路廳署刻本。

牛運震《尚書評注》六卷，山東省圖書館藏清牛效伊鈔本。

成瓘《讀尚書偶筆》一卷，山東省圖書館藏篛園日札稿本。

王筠《禹貢正字》一卷，中國國家圖書館藏清道光二十九年刻本。

郭夢星《尚書小札》二卷，青島市圖書館藏清光緒二十一年濰縣郭氏刻寶樹堂遺書本。

李景星《書經管窺》二卷，山東省圖書館藏民國十六年山東官印刷局排印屺瞻草堂經説本。

丁裕彦《洪範宗經》三卷，山東省圖書館藏清道光十五年家刻本。

本次整理按照現代古籍整理出版要求，采用新式標點，繁體横排刊印。凡避諱字、俗體字一律改爲規範的繁體字，不再出校。《四庫全書總目》和《續修四庫全書總目提要》載有八部文獻的提要，今一併采用，以便讀者了解該書的内容概況和學術價值。

本書是山東省社科規劃研究優勢學科項目“清代山東《尚書》文獻整理研究”(19BYSJ55)的階段性成果。本書出版得到山東省曲阜師範大學中國史一流學科經費資助，在此表示感謝。由於點校者學力尚淺，水平有限，書中的錯誤與疏漏之處，還請讀者批評指正。

點校者

2019 年 12 月 15 日

於曲阜師範大學孔子文化研究院

目　録

尚書讀記

（清）閻循觀 撰
鍾雲瑞 點校

四庫全書總目·尚書讀記一卷

國朝閻循觀撰。循觀字懷庭，號伊蒿，昌樂人。乾隆丙戌進士，官吏部考功司額外主事。是編爲濰縣韓夢周所刊，凡七十六條。循觀亦不信古文，所解《金縢》"我之弗辟"爲弗辟攝政之嫌，《康誥》首四十八字非錯簡，及《費誓》伯禽征徐戎爲周公在時事，並根據《史記》爲説。蓋司馬氏受古文《尚書》於孔安國，其所引證，足爲根據也。其他則多循文生義之説，蓋本其讀書之時，偶記簡端。循觀没後，夢周録爲此帙。初非著成之書，故所解止此耳。

韓夢周序

余既訂懷庭《西澗草堂集》《困勉齋私記》，付諸梓，復爲訂《尚書讀記》《春秋一得》二書，蓋當時讀書程符山中，相與論議，而懷庭撮記其要義者。余嘗勸懷庭注經，懷庭以年尚未，學不自足，逡巡不果。未幾而仕，仕而卒，故其書止此。夫説經之書，自漢以來，浩繁至不可紀要，各專其所學以爲疑信。《尚書》古文、今文之辨，始于宋，衍于元明，至本朝閻百詩之《疏證》、毛西河之《冤詞》，真僞背馳，遂各極其辨。説《春秋》者，據三《傳》以起例，義鑿而難通。唐啖叔佐、趙伯倫、陸伯沖始舍傳而專求之經，後人踵其説，然事迹既昧，義亦多晦。傳亦有不得盡廢者，此其是非殆不可以一言詰然，安知千萬載後，不有聖人者出，定所折衷哉？是解經者要于各存其説。懷庭是書又烏可不示于後世哉？余嘗以二書商訂于膠州法鏡野，鏡野謂其非勦説，亦非作意而爲，其藴深，其養醇也，余無以易之。余獨悲以斯人而不永年，不獲覩其著述之全，是可歎耳！理堂韓夢周序。

敬致

敬致，林氏以爲致日，蔡氏從之。按賓日、餞日文皆在平秩東作、西成之上，此以致日爲解，則亦當在"平秩南訛"之上，今既繫"南訛"下，又不言致日與賓日、餞日不同，其解似誤。愚意敬致猶前言敬授也，既以歷象節候平秩南訛之事，因而敬授於民，使遵用也。春秋冬不言致，互見之也。

疇咨若時登庸

言有能稱此登用者乎？《集傳》謂順時爲治之人，解"若"字與二典中他"若"字不一例。

欽哉

堯之遣鯀，必將告以水性之宜、汨陳之害，與凡相度之次第、經理之本末，皆不可以不詳且盡者，況既慮其方命，則戒之益勿容不至，史臣約其大意而曰"欽哉"，此古文簡括之妙。説者謂聖人之戒，語約而意盡，若帝堯當時止説"欽哉"二字者，非事之理也。

《堯典》《舜典》

《堯典》《舜典》，今文通爲《堯典》一篇，蓋孔氏之舊也。於舜之命官也，首稱"舜曰"，篇末復稱舜，以總紀其始終，蓋以堯爲主，故書法如此。

《大禹謨》

《大禹謨》後及攝政、征苗之事，非謨體也。且《皋陶謨》總紀虞廷諸臣之語，自"來禹"以下大半皆禹言，何必别爲《禹謨》？此《古文尚書》之可疑者也。

慎厥身修，思永

思永，無時而不思，無時而不慎也。人主之心，一時不慎，則家國天下之間必有受其病者焉。

和衷哉

"衷"字不必作"降衷"解。

安汝止，惟幾惟康

危微精一，出於古文，真贋不可知。"安汝止，惟幾惟康"，虞廷心法也。

帝光天之下

"帝光天之下"十句，推廣臣鄰之義。

無若丹朱傲

禹曰："無若丹朱傲，惟慢遊是好，傲虐是作。"皋陶曰："元首叢脞哉，百工惰哉，萬事墮哉。”禹、臯陶所以戒舜者略，惟恐舜之違君道也。舜俞而拜之，萬世之後考虞廷之謨，益知舜德之大。然則人主護己咈諫，而以訕讟斥忠直之士者，可以悟矣。

庶頑讒説

“庶頑讒説”一節，“禹曰俞哉”二節，“夔曰”三節，作三段看，上下皆不相蒙，蔡氏所云“非一時之言”也。

予則孥戮女

孥戮，蔡氏以爲戮及妻子，謬甚。孥謂坐爲奴也。罪輕者孥，重者戮，故云孥戮。

乃有不吉不迪，顛越不恭，暫遇奸宄，我乃劓殄滅之，無遺育，無俾易種於兹新邑。

殄滅之，殺之也。育，生也。無遺育，言不使留餘生也。易，治田也。無俾易種於兹新邑，言不使得耕種於此也，非族誅之謂。

弔由靈

由靈，用卜也。“各非敢違卜”二句，言爾萬民終亦不敢違卜，從我以遷，而宏此光美。

宏兹賁

賁從蘇氏，訓飾也，近是。

《盤庚下》

《盤庚下》俱是誥臣之辭。

《説命》

《説命》三篇，不似命體。真《尚書》體例最嚴，古文則不然。

《泰誓》

《泰誓》曰：“惟十有三年。”商稱祀，此時周未代商，不合稱年，觀《洪範》“十有三祀”可見矣。又《泰誓》文多諧偶，如“焚炙忠良，刳剔孕婦”，“播棄犂老，昵比罪人”，“朋家作仇，脅權相滅”，“剥喪元良，賊虐諫輔”，“謂祭無益，謂暴無傷”，“斮朝涉之脛，剖賢人之心”，“崇信姦回，放黜師保；屏棄典刑，囚奴正士。郊社不修，宗廟不享”，都不類商周間文字。

王乃大巡六師

《牧誓》止有司徒、司馬、司空，猶大國三卿之制。《太誓》則曰六師，蔡氏曰“史臣之辭也”，《牧誓》獨非史臣之辭乎？

《泰誓》三篇

細看《太誓》三篇，數紂罪詳矣，然不出《牧誓》"婦言是用"數語之意。惟"犧牲粢盛，既於凶盜"則自《微子》篇"攘竊神祇之犧牷牲"來。

時哉，弗可失

非聖人之言。

惟天地萬物父母

"惟天地萬物父母"數句，道理深微，非誓衆時語。觀《牧誓》但云"古人有言曰：牝雞無晨"，取三軍易曉也。

觀政於商

從《史記》觀兵來。

乃曰：吾有民有命

從《戡黎》來。中篇"謂己有天命"，亦然。

罔或無畏

"罔或無畏"四句，從《孟子》來而失其義。

《泰誓》下

自"惟我文考"以下，與通篇意既不貫，亦不似對友邦冢君之言。

《牧誓》

《牧誓》簡而明，蓋誓衆之體宜爾也。

以役西土

言以是征伐之事，勞爾西土之人也。若連上句解，於義未善。

一戎衣，天下大定

從《中庸》來。

《洪範》

讀《洪範》，胸中除去一數字，並除去分配舊説，則直截分明。

我之弗辟

漢孔氏謂辟乃致辟管叔之辟，蔡氏非之，而從鄭氏《詩傳》，讀辟爲避，謂避居於東，然經傳中無周公避東之説。按《史記》引《金縢》而釋其語云"我之所以弗避而攝行政者，恐天下畔周，無以告我先王太王、王季、文王"，如此解，於文義甚順，不知先儒何以不用。

爾之許我，我其以璧與珪歸俟爾命

三代以前語質，於君、於親、於鬼神，皆稱爾。蔡氏謂若人子在膝下以語其親者，非也。若然，不幾慢乎？

《大誥》

《大誥》反覆説卜，蓋當是時武王新崩，成王沖幼，克商未久，殷頑未服，四國挾武庚而起，人情回惑，未知天之卒佐周耶，將再興商耶？故周公屢以“明畏”“弼我”“天命不易”“不僭”爲言，而一決于卜，所以解衆人之疑志也。○予何能格知天命？然知天命之不易者，以卜知之也。天命寧王，寧王惟卜用矣。今得吉卜，則寧王之命未改也。予曷敢不卒前功而奉明畏乎？此《大誥》之意也。

越兹蠢殷小腆

句。

曰予復反鄙我周邦

句。

若昔朕其逝

《大誥》每更端，則稱“王曰”。自“若昔朕其逝”至“民養其勸弗救”本一意。兄考比寧王子者，成王自比，如此解，方與上“厥考”“厥子”一例。“勸弗救”，勸其伐而不救，其見伐也。

天亦惟用勤毖我民，若有疾

言今蠢之事，亦天以是勤勞我民，若人之有疾，非遂欲死之也。

若保赤子

《康誥》言慎罰而曰“若保赤子”，蓋用刑之時，尤不可不存此心也。

又曰劓刵人，無或劓刵人

上文於“刑人殺人”，再言“非汝封”，以深戒之。“又曰劓刵人，無或劓刵人”，蒙上文而致其丁寧，不必易置“又曰”於“非汝封”之上。

用其義刑義殺，勿庸以次汝封

次，猶著也。言刑殺而義不必著，於汝心以之自喜。

肆汝小子封

肆，發語辭，與“故”字不同。《集傳》“肆”訓“故”，於“肆汝小子封”説不去，故曰“未詳”。

《康誥》

周公既作洛邑，乃承王命封康叔於衛，蓋命之於洛也。曰“大誥治”者，告康叔以治殷民之道，而侯、甸、男、邦、采、衛，皆以作洛未去，咸聽其言，皆宜則此道以治民，故曰"大誥治"也。篇中發端、更端必稱"王曰"，明其爲公承王意，而非王言也，故"朕弟""寡兄"皆公口語。〇篇中二"王若曰"、十一"王曰"、二"又曰"。〇竊意伏生《書》本無錯脱，觀《史記》所引"似恭漫天"、《書》作"象恭滔天"。"擊石拊石"等皆與今本合。史遷去伏生未遠，不宜有誤。伏生之前，師授不絶，更必無誤也。蘇氏以《康誥》篇首四十八字爲《洛誥》文，故以"王若曰"以下爲武王之言，不知史著此四十八字於篇首，正以明其爲周公之言也。〇凡錯簡，豈必截然自爲一節，如"夔曰於"及"惟三月哉生魄"二段者乎？〇《史記·周本紀》："管、蔡畔周，周公討之，三年而畢定，故初作《大誥》，次《微子之命》，次《歸禾》，次《嘉禾》，次《康誥》《酒誥》《梓材》。"其事在周公之篇，明此數篇皆周公作也。又《史記》所次篇目與《書序》合，皆在《金縢》之後，其非武王之書明矣。又《衛世家》云："以武庚殷餘民封康叔爲衛君，居河、淇間故商墟。周公懼康叔齒少，乃申告康叔，云云。謂之《康誥》《酒誥》《梓材》，以命之。"又鄭康成箋《詩》云："邶、鄘、衛者，紂畿内方千里之地。武王伐紂，以封武庚，乃三分其地，置三監，北謂之邶，南謂之鄘，東謂之衛。成王既殺武庚，伐三監，更於此三國建諸侯，封康叔於衛，使爲之長。"按此二説皆與前説相發明。蓋衛地之名，武王時已有之，成王因以置國封康叔。是時成王幼，周公攝政，故誥命之辭皆稱王命而實公言也。

爾大克羞耇惟君

言爾沬土諸臣大能養老及饗君也。《詩》云："躋彼公堂，稱彼兕觥。"饗君之事也。句法與後"迪諸臣惟工"同。

作稽中德

節而不流，所謂中德也。養父母，則父母或賜之酒。羞耇則有酢爵，饋祀則有飲福，故曰"洗腆用酒""飲食醉飽""自介用逸"也，非謂能此三者則可自用酒。

厥或誥曰："群飲，汝勿佚，盡執拘以歸於周，予其殺。又惟殷之迪諸臣惟工，乃湎於酒，勿庸殺之，姑惟教之。"

古書戮、誅、殺等字，非必置之死也。戮多訓辱，誅多訓責。《堯典》"竄三苗于三危"，《孟子》變竄言殺，則殺亦可訓竄矣，知此非置之死者。平民群飲則置之死，殷之諸臣則宥而教之，一則傷於忍，一則過於縱，使法當死，殷臣即寬減，當亦難免于刑，不但教之而已。

《梓材》

《梓材》自"王啟監"以下屢稱"王"者，周公述王命之辭也。吴才老謂"王啟監"後即非君命臣之言,《梓材》名篇取後"若作梓材"語。如吴説,則此篇必皆非命臣矣。然篇首"王曰封",其爲誥康叔甚明。"梓材"語在"王啟監""王其效"二句之後,二句爲命康叔可知。二句爲命康叔,則後文"今王""肆王""惟王"等句,皆無可疑矣。"后式典集",后謂康叔也,《虞書》云"肆覲東后"。"皇天既付中國民越厥疆土于先王",武王也。

《召誥》

王伯厚曰:"此篇以諴小民爲祈天命之本,以疾敬德爲諴小民之本。"玩語意,殊不然,乃以疾敬德爲祈天命之本,以諴小民爲疾敬德之實也,故篇末但云"以小民受天永命"。古人論敬皆就事言之,可以識聖學之真傳矣。〇卜洛之詳見《洛誥》,故此不及記事之法也。

節性

性之説,始見於文王戡黎,曰"不虞天性",謂義理之性也;再見於《召誥》,曰"節性",謂氣質之性也。古文《湯誥》"恒性",蓋不足據。

皇天上帝,改厥元子,兹大國殷之命。

作一句讀。

汝惟沖子惟終

"惟終",當思其終也。朱子之説云,然較《集傳》穩。

《洛誥》

《康誥》首四十八字移於《洛誥》之首,未見妥協。〇《洛誥》與《召誥》相連爲文,《召誥》乃召公以周公將歸於周,復命成王,故因公以旅王。《洛誥》"周公拜手稽首"至"拜手稽首誨言",則周公已至周而復命成王,與成王答辭也。"王肇稱殷禮"至"乃單文祖德",皆公與王在洛之語。"伻王毖殷"至"永觀朕子懷德",王已歸而周公留洛之事。王在新邑,明王曾至洛也。在十有二月,明戊辰之爲十二月也。惟七年,明十二月之爲成王七年,且以明《召誥》惟二月也。公與王之言皆非出於一時,故"公曰""王曰"不一見。今文《尚書》記述有法,古文則不能,然以此益知其僞。〇《書序》云:"召公既相宅,周公往營成周,使來告卜,作《洛誥》。"林氏曰:"當周公至洛,王尚在塗也。"此説亦通。

惟帝降格

《召誥》言夏商之受命曰"面稽天若",《多士》言天之警夏曰"惟帝降格,嚮於時夏",古人言天若家人然,蓋真知其理也。

亦惟天丕建，保乂有殷。殷王亦罔敢失帝，罔不配天其澤。

若此語出古文《尚書》，必曰"亦惟天丕建，保乂有殷，亦惟殷罔失克配于天"。上古之書，鮮有儷語，非獨不拘，亦似曲避。

惟我事不貳適，惟爾王家我適。

言我非有取爾王家之心也，惟我受天眷爾王家，不得不歸於我爾。

殷遺多士

稱其人曰"殷遺多士"，稱其地曰"天邑商"，聖人與亡國之士言，其有禮如此。

《無逸》

《無逸》一篇，人君不可一日不復。

祖甲

非太甲也，前後文義甚明，不俟深辨，而儒者或仍祖孔氏，以祖甲爲淫亂，不得列於三宗，信《國語》而不信《尚書》，何哉？

弗永遠念天威，越我民罔尤違。

越，朱子訓"及"，玩後"予惟用閔於天越民"，當從朱子之訓。

在太甲，時則有若保衡。《君奭》

成湯臣，已舉伊尹，此保衡必别一人。《説命》古文，不足爲據。

小子同未在位

上文云"予小子旦"，則此"小子"自謂也。言召公不當恃我在位而求去，其視我如未曾在位可也。"誕無我責"，言勿謂獨我之責也。"收罔勗不及"，言召公收藏而去，誰當勉我之不及者乎？

《蔡仲之命》

《金縢》"我之弗辟"，孔《注》誤解"辟"爲"殺"，《蔡仲之命》復有"群叔流言，乃致辟管叔"之語，予每疑古文《尚書》與孔《注》蓋出一人僞作，按此益信周公之誅管、蔡，以其叛周，非以其流言也。《金縢》主於明周公見疑見白始末，故舉流言一節。若《蔡仲之命》首段立言，乃著管叔所以得罪王室，不著其叛逆而摘其流言，不亦顛乎？

非天庸釋有夏，非天庸釋有殷。《多方》

此夏、殷並言，而下節單説殷，又下二節復夏、殷並言，乃文字詳略反復之妙，古文章法多如此，非"乃惟爾辟"上有闕文也。

慎厥麗

"麗"字當與上文兩"麗"字一例解。

我不惟多誥，我惟祗告爾命。

與前"今我曷敢多誥？我惟大降爾四國民命"語意相似，兩"命"字當一例解。"祗告爾命"，言敬告爾者，乃爾所以生之道也。

用咸戒于王。《立政》

史叙周公進戒之意，咸舉常伯至于虎賁以戒王，非群臣咸告也。"王左右"以下十三字，第臚舉衆官，其語未了，即繼以"周公曰"云云，自後更無群臣之言，豈有群臣咸戒而如是之簡，且未申者乎？語未了而復稱"周公曰"者，史官記言語起伏斷續之勢類如此。《史記》每於文中插"太史公曰"本此。

立民長伯

長伯統言衆官，自任人至尹皆是也。〇先儒謂《周禮》有後人竄入者，則《立政》官名不必牽證《周禮》。〇周家設官大略，《立政》可考。《周官》係僞書，《周禮》亦雜後人傅會，皆不若《立政》之足據也。

惟有司之牧夫

周公再戒成王"勿誤于庶獄，惟有司之牧夫"，蓋恐人主以私怒過刑，必不用執法之吏。庶獄之誤，視庶慎而尤易，故於此諄諄致意云。

今天降威。《顧命》

成王自信其無致疾之由也。

命士須材

自"命作册度"至"立於側階"，皆爲册王而設，不合"命士須材"，獨供喪用，蓋材即下席几玉寶之類。册王所須用者，伯相命士具之也。

冕服

蘇氏譏康王冕服失禮，謂"周公在，必不爲此"。然召公經事文、武，與周公同事爲久，豈不知禮者？且成王即位，其禮必定于周公，今召公當亦尊循故事耳。朱子曰："天子之禮，有與士庶不同者。"後見郝氏有此論。

入應門左。《康王之誥》

入應門左，入應門右，左門内西，右門内東也。《集傳》："入應門列于左右，似謂西諸侯在右，東諸侯在左矣。"

無壞我高祖寡命

尊者稱寡，蓋當時語，雖臣子于君父亦然。群臣稱高祖之命曰寡，可無疑于周公作《康誥》之稱武王爲寡兄矣。

《吕刑》

《尚書》有篇中一字數見者，大抵當作一例解，則意貫穿，如《吕刑》之

“中”字、“辭”字是也。○“王享國百年耄”句，“荒度作刑”句。荒，大也。此蘇氏説，朱子取之，言既耄老，備悉民情，世變乃大審刑辟也。○“延及於平民”，延及于平世之民也。蚩尤始作亂而延及于平世之民，寇賊既衆，訟獄始繁興矣。然刑自有中，而苗民過爲淫虐，非所以靖民也。○“罔差有辭”正與後疑赦相反。○“罔中于信，以覆詛盟”，神人雜揉之時也。○“鰥寡有辭于苗”，鰥寡之人，爲人所誣，有獄辭于苗民，猶《詩》云“哀我鰥寡，宜岸宜獄”也。○“士制百姓于刑之中”，申言伯夷“折民惟刑”也。蔡氏云：“皋陶未爲刑官之時，豈伯夷實兼之歟?”中，刑罰當也。○“惟時苗民”至“乃絶厥世”共爲一句，凡五十二字，此句之最長者。○仲叔季弟，謂仲弟、叔弟、季弟也。○“天齊于民”以下十四字，申“日勤”“不勤”之義也。天以整齊斯民之權付之于我，是豈可不詳慎乎？一日之間必不能遽盡民情，非可以草草而終其獄也，必也遲之時日而慎核其終，則在人之能勤耳。○“雖畏勿畏，雖休勿休”，雖欲刑之且勿刑，雖欲赦之且勿赦也，如此則勤且敬矣。○“墨辟疑赦”至“五刑之屬三千”，此穆王與吕侯新定刑罰之制，蓋因古法而潤色者。○“無僭亂辭”，謂所以治民之訟辭者，無差失也。○“無僭亂辭”以下十六字，申上下比罪出入之戒。“上刑適輕”至“有倫有要”，明上下比罪權衡之義。○“罰懲非死”至“有并兩刑”，教以聽訟之法。○“有德惟刑”，言有德於民者，祥刑也。○“明清於單辭，民之亂，罔不中”，言能明清以聽其單辭，以治民獄，乃罔不當矣。單辭，兩造未備之辭。○“聽獄之兩辭，無或私家于獄之兩辭”，凡聽訟之兩辭，則無或偏私一家也。兩辭，兩造之辭。○“報以庶尤，永畏惟罰。非天不中，惟人”，言受賄偏私，人皆尤之，則用罰豈可不敬畏乎？不畏則不中矣。刑罰所以配天相民，乃天罰也，而不中如此，豈天意乎？乃人之罪耳。○“在命，天罰不極，庶民罔有令政在于天下”，言在我命之于民而曰天罰者，不能極盡其理，則庶民何能善且正乎？○嗣孫，即前童孫。篇中或止呼同姓，或止及同姓之少者，實皆合同姓、異姓老少而咸告之也。○“非德于民之中”，言爲德于民者，非此用刑之當乎？即前“有德惟刑”也。○“無疆之辭，屬于五極”，言于無窮之獄辭，皆能極盡其理。

《文侯之命》

夫子録之，存周命侯伯之典也。

《費誓》

伯禽征徐戎，蓋奉王命率諸侯，故篇中有“魯人三郊三遂”之語，明所統者不止魯人也。《史記·魯世家》:"周公相成王,使伯禽代就封于魯。管、蔡、武庚等率淮夷而反,周公乃奉王命,興師東伐。"又曰:"伯禽即位之後,有管、蔡等反也,淮夷、徐戎亦並興反,於是伯禽率師伐之。"按此蓋伯禽始就封,而武庚、淮、徐相繼叛。周公以王師伐淮夷,命伯禽伐徐也。《書序》云:"伯禽宅曲阜,徐夷並興,東郊不開,作《費誓》。"謂伯禽就國而有徐夷之興,與《史記》合。"東郊不開"云者,爲誓中"三郊"釋也。吕氏乃以爲淮、徐乘伯禽新造之隙,因《序》言而臆揣,非當日事實也。鄭氏注《禮》又以爲在周公殁後,此皆考之未明。

徂兹淮夷、徐戎並興

言往征此淮、徐之同反者也。

《秦誓》

宜從《史記》,爲穆公封殽尸乃作。

書說

（清）郝懿行 撰
鍾雲瑞 趙玲梅 點校

續修四庫全書總目提要·書説二卷

清郝懿行撰。懿行字蘭皋，山東棲霞人。嘉慶四年進士，官户部江南司主事。張之洞《書目答問》列懿行於漢學專門經學家，殆據《爾雅義疏》一書云然。是編卷上首引朱子曰："荆公不解《洛誥》，但云其間煞有不可强通處，今姑擇其可曉者釋之。今人多説荆公穿鑿，他却有如此處。若後來人解《書》，又却須要解盡。"又曰："某嘗問伯恭，《書》有難通處否。伯恭初云亦無甚難通處，數日間却云果是有難通處。又云《書》之文誠有不可解者，甚悔前日之不能闕所疑也。"懿行注其下云："朱子所論荆公、東萊二條，不獨《書》也，凡讀他經，皆宜識此意。程子有言，漢儒之談經也，以三萬餘言明'堯典'二字，可謂知要乎？觀程朱所論，可以讀經矣。"又謂："古文二十五篇，朱子雖嘗疑之，未以爲僞作，獨吴棫、吴澄議爲僞書，愚竊以爲過矣。"由此觀之，則懿行固服膺宋儒，與當時考據諸先異趣。故篇中數數稱引東晉古文，第其以伏生書二典止名《堯典》，梅賾始分"慎徽五典"以下爲《舜典》。觀《孟子》引二十有八篇之文，亦曰《堯典》，可知古無《舜典》。是故與壹意袒護古文者不侔矣。至論《周官》一篇，亦辨及《古文尚書》，謂"或以其書晚出，殘缺散軼，不無後人之潤色，誠不可知。然或疑出於梅賾之補輯，亦非也，此非惟不知《書》，亦不知賾矣。"則竟似未見閻若璩《疏證》，殊屬可怪。其書純是宋元人説經家法，凡所采取，亦不出蘇軾《東坡書傳》、蔡沈《書集傳》、金履祥《尚書表注》、陳櫟《尚書集傳纂疏》等書，所以阮元、王先謙兩《經解》，皆不收入者，微此之故與？

書説卷上

朱子曰："諸經皆以《注》《疏》爲主，《書》則兼取劉敞、王安石、蘇軾、程頤、楊時、晁説之、葉夢得、吴棫、薛季宣、吕祖謙。"〇諸説，蘇氏傷於簡，林氏傷於繁，王氏傷於鑿，吕氏傷於巧，然其間儘有好處。〇荆公不解《洛誥》，但云其間煞有不可强通處，今姑擇其可曉者釋之。今人多説荆公穿鑿，他却有如此處。若後來人解《書》，又却須要解盡。〇某嘗問伯恭，《書》有難通處否。伯恭初云亦無甚難通處，數日間却云果是有難通處。又云《書》之文誠有不可解者，甚悔前日之不能闕所疑也。

愚案：朱子所論荆公、東萊二條，不獨《書》也，凡讀他經，皆宜識此意。程子有言，漢儒之談經也，以三萬餘言明"堯典"二字，可謂知要乎？觀程朱所論，可以讀經矣。

虞夏之《書》質，商周之《書》文。文者辭繁，質者辭簡。質者易明，文者難曉。古文多易明，今文多難曉。〇古文二十五篇，朱子雖嘗疑之，未以爲僞作，獨吴棫、吴澄議爲僞書，愚竊以爲過矣。

虞夏之《書》，如雅頌；商周之《書》，如正風正雅。成康以後之《書》，則似變風變雅。至於《費誓》《秦誓》，則猶《詩》之《商》《魯》二頌也。

《虞書》，《春秋傳》所引皆稱《夏書》，疑必夏史所作，故古總名《夏書》也。蔡《傳》以爲《堯典》虞史所作，故曰《虞書》。其《舜典》以下方是夏史所作。吕氏曰："二典與他書不同，如《易》之有乾坤。"〇按：伏生書二典止名《堯典》，梅賾始分"慎徽五典"以下爲《舜典》。然觀《孟子》引"二十有八載"之文，亦曰《堯典》，則知古無《舜典》也。

逸《書》可見者，惟《論語》所引"堯曰咨"以下五句，及《孟子》所引"放勳曰"以下五句，此必秦火以前曾在百篇之内者也。至於《漢書》所引《泰誓》云

“誣神者殃及三世”，又曰“立功立事，惟以永年”，及《武成》“火流王屋”“白魚入舟”等語，則張霸僞書，不足信也。

敬者，聖人之本。《禮》首言“毋不敬”，《書》首言“欽明”，其義一也。“以親九族”，蔡《傳》云：“九族，高祖至玄孫。”然《尚書》歐陽氏説則云：“父族四、母族三、妻族二。”亦通。

“乃命羲和，欽若昊天”，唐虞之治，所以無爲者，止“欽若”二字盡之。欽者，敬也；若者，簡也，所謂“居敬行簡，以臨民也”。二典中“若”字凡數見，皆當以此求之，如“疇咨若時登庸”“疇咨若予采”，又曰“疇若予工”“疇若予上下草木鳥獸”，工虞似卑而命之猶如此，則其他可知。凡此皆本“欽若昊天”之心，而推之任人立政者，故終篇復申之曰“欽哉！惟時亮天工”。至皋陶陳謨亦曰“撫于五辰”，撫，順也；五辰，四時也，蓋亦“欽若昊天”之意。而禹之行所無事治水，一“欽若”也；皋陶刑期無刑弼教，一“欽若”也，故曰“篤恭而天下平”，又曰“夫何爲哉？恭己正南面而已”。

“朞三百有六旬有六日”，鄭康成曰：“中數曰歲，朔數曰年。中朔大小不齊，正之以閏，若今作歷日。”〇愚按：朱子曰：“天無體，只二十八宿便是體。且如日月皆從角起，天亦從角起。日則一日一周，依舊只在角上，天則一周了，又過角些子。日日累上去，則一年便與日會。”

“象恭滔天”，蔡《傳》“滔天”二字未詳。按：孔安國《傳》云：“貌象恭敬而心傲很若漫天。”

“禋于六宗”，孔安國《傳》：“一四時、二寒暑、三日、四月、五星、六水旱。”漢《郊祀志》注六宗：“星、辰、風伯、雨師、司中、司命。”一説云乾坤六子，又一説天宗三：日、月、星辰，地宗三：泰山、河、海，或曰天地間遊神也。〇愚按：六宗之説，《郊祀志》注遺却日月，最不是。云乾坤六子，亦似迂闊。云天宗三、地宗三者，近是。然禋于六宗之下，有岱宗柴望之文，岱宗即地宗之泰山，文義重複，亦無是理。竊疑孔安國《傳》爲是矣，而經無明驗，禮文不載，故蔡《傳》略而未詳云。

文祖、藝祖，是二是一，誠不可知。至神宗，自是堯廟無疑。曰文、曰藝、曰神，是廟號，唐虞夏商雖無謚而廟號已具。曰祖、曰宗，然則後世祖有功而宗有德，其禮自唐虞昉也。

“歸，格于藝祖，用特”，則出時告於祖禰，亦必用特矣，不言者，省文也。

“肇十有二州”，按朱子曰：“冀州，堯所都。此去地已狹，若又分而爲幽、并二州，則三州疆界極不多了。青州分爲營州，亦然。"葉氏曰："分冀州西爲并州，北爲幽州。青州又在帝都之東，分其東北爲營州。"又曰："《爾雅·釋地》九州之名於《禹貢》無梁、青而有幽、營。孫炎以《爾雅》與《禹貢》《職方》皆不同，疑是殷制。"

"流共工于幽洲"四句，蔡《傳》云："幽洲，北裔之地。"水中可居曰洲，然則幽州，《書》宜作洲，《孟子》則作州，即是冀所分之幽州也，然其爲北裔之地，則同至羽山。蔡《傳》云"東裔之山"，即徐之"蒙羽其藝"者。然登州亦有羽山，且崇山、三危俱極遠之地，則羽山恐以在登州者近是也。案：衣之末曰裔，故字從衣。

去四凶者雖舜，其實皆禀命于堯，蓋舜斯時方居攝，未陟帝位也，故流放竄殛特書於"二十有八載"之前，以明去四凶者堯也。《左傳》謂堯未能去，至舜而後去之，非也。〇《大戴禮·五帝德》篇以去四凶爲堯之事，其文甚明。

《虞書》言"欽哉"者五，皆指其人其事而言，各有意義。其一爲鯀而言也。鯀悻戾自用，虛憍使氣，戒之所以去其驕也。其一爲二女而言也。二女貴爲帝子，下降有鰥，戒之所以成婦順也。其一爲皋陶恤刑而言也。刑者，生民之大命，聖人重焉，故再言欽哉者，所以志警也。其一爲伯夷典禮而言也。禮者，治國之要道，聖人先焉，故特言欽哉者，所以志慎也。其一爲二十二人而言也。時亮天工，必須兢業。前雖分命，欲二十二人同聽之，故總命之也。〇《虞書》言"欽"，《周書》言"敬"；《虞書》言"咨"，《周書》言"猷"，其義一也。

舜樂名韶，《書》作韶，《周禮》作磬，又《孟子》言"徵招角招"，《左傳》有祈招，是不獨舜樂名招也。《吕氏春秋》云："帝嚳命咸黑作爲聲歌：《九招》《六列》《六英》。"是帝嚳之樂，亦已名招矣。

《禹貢》一篇，傳注紛綸，未易貫串，讀者惟即舊解得其綱領所在，便於記誦而已，不可知其必然也。然考輿地之書，覽職方之記，必自此篇始。折衷處俱謹遵《欽定書説》及《地理今釋》。

《禹貢》作於虞時，金履祥曰："《虞書》舊皆名《夏書》，以夏史之所述也。夫子定《書》，升《禹謨》於《虞書》，以著三聖相傳之道；冠《禹貢》於《夏書》，以明大禹有天下之本也。"

《禹貢》一篇，經緯錯綜，法度森嚴，極參差又極整齊，每以一字發凡起例，而全篇山川形勢瞭如指掌，簡古精核，與《洪範》篇同是宇宙大文也。

○箕子衍《洪範》，推本於禹，是亦大禹之文也。《禹貢》《洪範》是治天下之大法，《禹謨》《益稷》是治天下之要道。《尚書》所記，未有備於禹者也。○又按：《禹謨》九功、九叙、九歌數語，此《洪範》篇之總冒也。《益稷》"予乘四載""予决九川"數語，此《禹貢》篇之標題也。兩篇大文章，皆是禹自己作序。唐杜牧乃云："古人無自序己文者，皆是後世宗仰其人而爲之序。"非也。

杜氏佑曰："九州本制起於顓頊，辨其疆界始於《禹貢》。"○愚謂首一字貫通篇，直是再造乾坤手段。劉子所謂"微禹，吾其魚乎！"即史臣特揭首一字之義。

按：曾氏旼曰："舜即位，分爲十二州，分冀東爲并，太原、澤、潞、晉、代、汾、絳等州是也。東北爲幽，燕、薊、幽、涿、朔、漠等州是也。分青之東北爲營。至商又但言九圍、九有，《爾雅》九州有幽、營而無青、梁，其商制歟？《周禮·職方氏》有幽、并而無徐、梁、營，則周制也。"

冀州，謹按《地理今釋》云："今山西、直隸，盛京之錦州府，河南之懷慶、衛輝、彰德三府，其北直抵塞外陰山下，西起東受降城今蒙古名薩爾几村。之北，東訖於大遼水也。"

冀州不言疆界，斷如晁氏所言，尊帝京，示王者無外之意。○《周禮·職方》："河内曰冀州。"《史記正義》曰："古帝王之都多在河東河西，故呼河北爲河内，河南爲河外。"又云："河從龍門南至華陰東，至衛州東北入海，曲繞冀州，故言河内。"《左傳疏》曰："堯治平陽，舜治蒲坂，禹治安邑，三都相去各二百餘里，俱在冀州。"○朱子曰："平陽、晉州、蒲坂，太行山之盡頭，其地磽瘠，人民朴陋儉嗇，惟堯舜能都之。冀州東北爲河入海處，當謹書之。下文導山云'壺口雷首'，又云'至于碣石'，蓋壺口因河所經而書也，碣石因河所入而書也。此處以'既載壺口'始，以'夾右碣石'終，無非爲河而書，此是大綱處。其餘若'既修太原，至于岳陽'，治汾水正爲治河，只是帶言。"

"治梁及岐"，蔡《傳》："梁、岐皆冀州山。梁，吕梁也。岐，汾州介休縣狐岐山也。"云："二山，河水所經，治之所以開河道。"然謹按《地理今釋》云："二山去河甚遠，不得謂河水所經。"愚按：孔《傳》梁、岐在雍州，然則梁即所謂"奕奕梁山"者，岐即所謂"彼岨矣岐"者。曾旼云："壺口、梁、岐，一役也，其施功皆同時，不可分言於二州，故並言於冀。"此説分明，可釋蔡《傳》之疑矣。又按：經言"治梁及岐"，一"治"字大費疏鑿，下文凡言治者倣此。

按：孔穎達曰："治田出穀，經定其差等，謂之厥賦。以其所出之穀，市其土地所生異物獻,謂之厥貢。"愚謂凡出於田,總謂之賦,不止是穀,蔡《傳》所謂"田所出穀米、兵車之類"是也。若貢,則所謂"畢獻方物,惟服食器用"者,制其貢各以其所有。聖王原不責以所無,若謂市異物獻,亦非聖人之意也。〇又孔氏云:"賦多者爲正,少者爲雜。"朱子則云:"常出者爲正,間出者爲雜。"愚按:雜即經文所謂"錯"也,當從朱子爲是。朱子又云:"賦有九等,此乃計九州歲入多寡相較以爲之等,非科定取民也,取民則用什一。賦入既有常數,而又有間出他等之時者。歲有豐凶,不能皆如其常,故有錯法以通之。然則雖夏法,亦未嘗不通也。"案:龍子所論貢法之弊,亦後世爲治者行之不善,非作法之始如此也,看《禹貢》便知。

"大陸既作",蔡《傳》不從孫炎,以"鉅鹿北廣阿澤,河所經"爲非是,然《欽定》據《漢書·溝洫志》,"禹之行河水,本隨西山下東北去。鉅鹿正在西山之下,自是大河所經。程大昌以爲鉅鹿去河絶遠,未嘗逕邢以行。非也,當從孫炎之説爲是"。

"夾右碣石",孔穎達云:"碣石,海畔山也。"不言其地之所在。蔡《傳》云:"在北平郡驪城縣西南河口之地。"而《地理今釋》云:"此地無碣石蹤迹。考《肇域志》云:'山東濟南府海豐縣有馬谷山,即古碣石。'劉文偉亦以馬谷山在古九河之下,合於《禹貢》入河入海之文,斷爲碣石無疑。近世論碣石者,惟此説庶幾近之。"〇孔穎達曰:"夾右者,孔云'夾行此山之右',則行碣石山,西南行入河,在碣石之右,故曰夾右也。"顧氏夷亦云"山西曰右"。按朱子云:"碣石山負海,當河入海之衝。孔穎達曰:"下文導河入海,《傳》云入于渤海,計渤海距碣石五百餘里。"自海道夾出碣石之右,然後入河而達帝都也。冀州三面距河,其建都實取轉漕之利、朝會之便,故九州之終皆言達河,以紀其入帝都之道。冀實帝都,亦曰入河者,爲北境絶遠者言之,以明海道亦可至也。"

兖州之境,不止於今山東,《地理今釋》云:"直隸之大名府,及真定、河間二府東南境,河南之衛輝府胙城縣也。"

兖州,一曰取沇水以名,俗作兖。〇林氏曰:"濟,古文作泲。茅氏曰:"泲即沇水。其從水從齊者,非四瀆之水。"《説文》注云:'此兖州之濟也。'其從水從齊者,《説文》注云:'出常山房子縣今趙州臨城縣,屬真定府。贊皇山。'則此二字音同義異,當以古文爲正。"

朱子曰:"河患惟兖爲甚。兖州是河曲處,其曲處兩岸無山,皆是平地,所以潰決常必在此，故禹自其決處導之，用工尤難。”

兗地最卑下，當河、濟下流，故此州所記以河、濟爲主。然二水河爲大，故首書“九河既道”，則河治矣；次書“雷夏既澤”，雷夏，《地志》在濟陰郡城陽縣西北，今濮州有雷澤。《地志》既屬濟陰，“雷夏既澤”則濟治矣，“灉沮會同”則河、濟之下流治矣。晁氏曰：“《爾雅》：‘水自河出爲灉，濟出爲濋。’求之於韻，沮有楚音，二水河、濟之别也。二水治則河、濟無不治，而兗之水患悉平，故繼曰‘桑土既蠶’。”

“九河”，孔安國曰：“河水分爲九道，在此州界，平原以北是。”按：《地理今釋》云：“禹時九河，自當在德州以上，河間數百里之地。”〇按：蔡《傳》引《爾雅》“六曰簡潔”，合簡潔爲一河，云“其一則河之經流”。然孔穎達九河疏據《爾雅》郭璞注，以簡、潔爲二河，朱子《孟子集注》亦因之。蔡《傳》則據曾旼之説，而林之奇嘗辨之，以爲九河勢均，安得以一爲經流，八爲支派哉？當從朱子《孟子集注》爲正。至於九河所在，亦當據孔《疏》爲是，以與蔡《傳》異，故不具載。〇按：漢許商云：“九河，徒駭最北，鬲津最南。”

海有嘯有溢，然溢水數里，已爲大變，求之前史，亦不經見，况數百里哉？果如所言，則此數百里内人民土地俱付波臣，乃千古未有之變，當大書特書，何前史並無一及之耶？是蓋諸儒因河徙故道，不能的知其地之所在，故倡爲異説耳。且河徙亦當有漸，謂遽然遷徙，亦無是理。况海波潮汐有定，蓄洩有常，謂遽溢出數百里，苞淪九河，此必無之事也。乃漢王横言昔天常連雨，東北風，海水溢，西南出，浸數百里，九河之地已爲海水所漸。酈道元祖其説，亦謂九河、碣石苞淪於海，不知横言果何所據，而横之外何竟無一人言者，其爲荒誕不足信，可知前儒辯之，良非無説也。〇又按：周定王五年，河徙不著其地，蔡《傳》云“河徙砱礫。”説本程氏，然砱礫無此地名，殆訛誤也。是周時九河已與《禹貢》異。至漢元光，河又改向頓邱，頓邱，宋省入清豐縣，今屬大名府。東南流入渤海，則漢河全非禹河故迹矣。諸儒以屢徙之河求《禹貢》之河，無怪其支離而不能得也，獨于欽《齊乘》考求九河故道，其説似爲近之。

“桑土既蠶，是降邱宅土”，鄭康成云：“今濮水之上，地有桑間者。”孔穎達曰：“‘降邱宅土’與‘既蠶’連文，知下邱居平土，就桑蠶也。”

“厥草惟繇，厥木惟條”，陳氏大猷曰：“兗、徐、揚居河、濟、江、淮下流，水未平則爲下溼，於草木非宜。水既平則爲沃衍，於草木尤宜，故以三州言草木。”

朱子曰:"貢者,諸侯貢天子,故畿外八州皆有貢。"○愚按:聖王在上,天不愛道,地不愛寶,以助聖人之經畫。貨惡其棄於地,故任土作貢,亦聖人所以盡物之性也。

"浮于濟、漯,達于河",程氏大昌曰:"《禹貢》古河,其分派旁出者凡二,在南爲濟,少北爲漯。二水雖分枝於河,而皆不得名河。"

青州東北最廣,故舜分其地爲營州,即遼東也。據《地理今釋》云:"東北跨海爲盛京之奉天府,訖於朝鮮國也。"○按杜氏佑曰:"青州之界,從岱山東歷密州,東北歷海曲、萊州,越海分遼東、樂浪、三韓之地,西抵遼水也。"

嵎夷,薛氏曰:"今登州之地。"而不詳其所在。按:于欽《齊乘》云:"甯海州爲《禹貢》嵎夷。"然今棲霞東北二十里岠嵎山在其地。《宋史》:"慶歷中山摧,徹海底有聲。"岠嵎或即嵎夷,然云"徹海底有聲",則山宜在海濱矣。

"海濱廣斥",其地亦在登州。金履祥曰:"斥鹵可煮爲鹽,故齊有魚鹽之利。今登州千里長沙,是其地。"

"海物惟錯",其物雖不可知,然大約亦出登州爲多,如牛黄、石器、文蛤之類,唐時猶以充貢。"惟錯"之名,則不可知耳。

絲、枲、鉛、松、怪石,皆出於岱,故以"岱畎"貫下。孔穎達曰:"岱山之谷有此五物,美於他方所有,故貢之也。"

萊夷,顔師古曰:"萊山之夷。"宣七年《左傳》齊伐萊,服虔以爲東萊黄縣是,杜注亦同。今案:黄縣有萊山,當即此地之夷。《元和志》云:"故黄城在登州黄縣東南二十五里,古萊子國。"是今之登州府,亦《禹貢》萊夷地,不獨萊州也。

檿山桑,蘇氏云:"惟東萊爲有此絲,以爲繒,其堅韌異常,萊人謂之'山繭'。"愚按:此物今出登州棲霞,甯海尤盛,土人織以爲紬,貨於他州,獲利數倍也。

浮于汶,按《地理今釋》有大汶、小汶,《禹貢錐指》胡渭著。云:"汶水有五,北汶、嬴汶、柴汶、牟汶,其一則經流也。"汶入於濟,經文不言達河者,因於兖也。○又《齊乘》云:"入濟之汶,見《禹貢》《論語》之汶上。《書傳》謂之北汶,即今大清河。入濰之汶,見《漢書》。入沂之汶,見《水經》。齊有三汶,清河爲大。"

徐州,古屬齊魯,今隸山東、江南。鄭康成曰:"成王封周公元子伯禽於魯,其封域在《禹貢》徐州大野、蒙羽之野。案:"野"與"大野"複,疑作"間"字。又武王以陶唐氏火正閼伯之虚，封微子啓宋公爲商後，其封域在徐州泗濱西，及豫州盟豬之野。盟豬即孟諸。"〇愚按：蔡《傳》引《爾雅》"濟東曰徐州"者，商無青，並青於徐也。《周禮》"正東曰青州"者，周無徐，並徐於青也。杜佑曰："今分入兖州之域。"愚謂此言唐制，今則不止屬兖州矣。

徐之水莫大於淮、沂，《周禮·職方氏》："青州，其川淮、泗，其浸沂、沭。"然則淮乂則自泗而下，凡爲川者可知矣；沂乂則自沭而下，凡爲浸者可知矣。〇孔穎達曰："淮出桐柏山，發源遠矣。於此州言之者，淮水至此而大，爲害尤甚，喜得其治，故於此記之。"〇沂水出艾山。《寰宇記》曰："艾山一名臨樂。"

"大野既豬，東原底平"，二句皆以志濟也。濟屬兖而入鉅野澤，即大野。則大野爲濟之所絶。王樵曰："今南旺湖即古大野。"東原在徐西北而謂之東者，以在濟東，故東平國在景帝亦曰濟東國。〇豬謂水蓄而復流，豬與澤大同小異。孔穎達亦云："今得豬水爲澤。"是豬、澤略同也。底平者，水患去而底於平，故今遂名其地爲東平也。

兖、徐、揚皆特書草木，以其地下而多水也。然繇、條、夭、喬皆分言草木，徐獨云"漸包"者，進長叢生，草木皆得言也。

厥貢惟土五色，據《水經注》："姑幕縣有五色土。"《元和志》："徐州彭城郡，開元貢五色土各一斗。"

厥篚玄纖縞，玄，赤黑色幣。纖、縞皆繒。黑經白緯曰纖。孔安國云："纖，細也。"《爾雅》："縞，皓也。"然則纖言形，縞言色也。

揚州在地東南隅。《爾雅》："江南曰揚州。"今所隸非止江南。《地理今釋》云："河南之汝甯府光山、固始二縣，光州，湖廣之黄州府羅田、蘄水、廣濟、黄梅四縣，蘄州，廣東之潮州府，及浙江、江西、福建皆是也。"〇按：閩粤雖上古未通，亦當在要荒之服。禹會諸侯於塗山，會稽又禹迹之所至矣。

彭蠡，今屬江西南昌府，陽鳥即在彭蠡洲渚之間，故"攸居"之文在"既豬"下。孔穎達曰："左思《蜀都賦》云：'木落南翔，冰泮北徂。'"蘇軾云："陽鳥避寒就暖，彭蠡在彭澤西北，北方之南，南方之北也，故陽鳥多留於此。"

三江既入，《地理今釋》云："案三江，孔安國、班固、鄭康成、韋昭、桑欽、郭璞、顧夷，諸説不一。惟鄭康成曰：'左合漢爲北江，右合彭蠡爲南江，岷江居其中則爲中江。故《書》稱東爲中江者，明岷江至彭蠡並與南合，始得稱中也。'融洽前後經文，確不可易，宋蘇軾實宗其説。蔡《傳》專主庾仲初《吴都賦注》，以松江、婁江、東江爲三江，力排蘇説，非也。"○袁氏仁曰："岷江在梁，漢江在荆，而其入海皆在揚，故於揚言之。"

震澤厎定，震澤即太湖。《職方氏》云："揚州藪曰具區。"金履祥曰："大江之南，西偏莫大於彭蠡，東偏莫大於震澤。二患既平，則揚之土田皆治矣，故舉二湖以見揚之告成。"

篠簜既敷，《爾雅》："東南之美者，有會稽之竹箭焉。"郭璞注："篠也。"然則篠、簜俱産會稽。郭璞曰："竹闊節曰簜。"按：《周禮》有英簜。○余嘗聞會稽人説其地有種竹法，截竹長尺餘，埋地中，則生根抽笋，故知其地宜竹也。

厥貢惟金三品，金、銀、銅也。班固曰："金有三等，黄金爲上，白金爲中，赤金爲下。"按：赤金即赤銅也，然則古有赤銅，無黄白銅。

齒、革、羽、毛惟木，象有齒，犀兕有革，鳥有羽，獸有毛，大抵出廣東、浙閩諸處。木，蔡《傳》以爲楩、楠、豫章之屬，大抵出江西諸處，然廣東亦出名木也。

島夷卉服，島夷，東南海島之夷，廣東、福建皆有之。卉，草也。葛越，木棉之屬。孔穎達云："葛越，南方布名，用葛爲之。"左思《吴都賦》云"蕉葛升越，弱於羅紈"，是也。木棉出廣東。蘇軾云："島夷績草木爲服，如今吉貝、即木棉精好者。木棉之類。其紋斕斑如貝，故曰織貝。"然則織貝特卉服之精者耳，其實一物也。

"沿于江、海，達于淮、泗"，不言達于河者，因于徐也。《朱子語類》云："《孟子》説'瀹濟、漯而注諸海，決汝、漢，排淮、泗而注之江'，據今水路及《禹貢》所載，惟漢入江，汝、泗自入淮，而淮自入海，分明是誤。蓋一時牽於文勢，而不暇考其實爾。今人强爲之解釋，終是可笑。"○按蔡《傳》："禹時江、淮未通，故沿于海。至吴始開邗溝，《左傳·哀公九年》："吴城邗，溝通江淮。"隋人廣之，而江、淮舟船始通也。"

荆州非止於今兩湖之地，《地理今釋》云："四川之夔州府建始縣，廣西之桂林府全州，及興安縣越城嶺北境也。"○熊氏禾曰："荆州之地亦廣，北接雍、豫之境，南逾五嶺，即越之南徼也。越雖上古未通，已當在要荒之服。東抵揚州之境，西抵梁州及西南夷等處，皆楚地也。"

荆州之治，以江、漢爲主。鄭氏曉曰："江、漢發源於梁，而荆當其下流之衝，入海於揚。而荆據其上游之會，故於此言'朝宗'，見其上無所壅，下有所洩。"愚按：江、漢合流，勢均力敵，有同僚之義，故言朝宗，取諸侯見天子爲名。而孔安國云“百川以海爲宗”，蓋以朝宗是周制，禹時未必有也，然朝宗之名，實仿於此。

九江孔殷，此記江之治也。九江，即洞庭，在今湖廣岳州府巴陵縣西南。《地理今釋》云：“宋曾彦和以沅、漸、無、亦作潕。辰、叙、一名渠江。酉、湘、資、澧水皆合洞庭中，東入于江，是爲九江。蔡氏遵之。朱子考定九江，去無、澧二水，而易以瀟、蒸。大抵通儒皆主洞庭之説也。”愚按：九江東入于江，故下文導江云“過九江，至于東陵”，益知此句爲江而書也。

沱、潛既道，並記江、漢之始也，文與梁州同者。凡水之出於江、漢，總名沱、潛，但彼則江、漢上流之别出，此則江、漢下流之别出者耳。○按：《史記》“沱、涔既道”，涔，古潛字也。又下文梁州注云“灊音潛”，是涔、灊皆潛也，隨地而異其名耳。

雲土夢作乂，此亦記江之治也。司馬相如謂“雲夢方八九百里”。《左傳》：“楚子濟江，入於雲中。”又楚子“以鄭伯田於江南之夢”。羅泌云：“江南爲夢，江北爲雲。”然則二澤跨江南北，土與作乂，益信江無不治矣。

“惟箘簵、楛，三邦底貢厥名。”蔡《傳》：“三邦，未詳其地。”孔安國曰：“三物皆出雲夢之澤。近澤三國，常致貢之，其名天下稱善。”愚按：孔謂“近澤三國”，是三邦地在雲夢矣。

厥篚玄纁、璣組，孔穎達引《爾雅·釋器》云：“三染謂之纁。纁、絳一名也。”又引《考工記》注云：“玄色在緅、緇之間。”

“逾于洛，至于南河。”冀州之南河也。下文雍州曰黑水、西河，曰龍門、西河，亦冀州之西河也，皆主冀州言，以冀在豫河之北、雍河之東也。

豫居土中，隸今五省之地。《地理今釋》云：“直隸之大名等處，山東之兖州等處，江南之鳳陽等處，湖廣之襄陽、鄖陽、德安府等處皆是。”

《朱子語類》：“問：‘周公定豫州爲天地之中，東西南北各五千里，今北邊無極，而南方交趾際海，道里長短夐殊，何以云各五千里？’曰：‘此但以中國地段四方相去言之，未説極邊與際海處。周公以土圭測天地之中，則豫州爲中，而南北東西際天各遠許多。至於北遠而南近，則地形有偏耳，所謂地不滿東南也。’”

茅氏瑞徵云：“河患兖爲甚，豫次之，故二州疆域並繫以河。”愚按：豫地近河而遠山，去冀都最近，只以河爲界。《孟子》“舜避堯之子於南河之南”，南河之南即豫州也，故此州亦以治河爲主。洛會伊、瀍、澗而入于河，此蓋爲河而書也。

豫患不止於河，又在於濟。“滎波既豬，導菏澤，被孟豬”，皆以志濟也。周《職方》：“豫州，其川滎雒，洛同。其浸波溠。音詐。”《爾雅》云：“水自洛出爲波。”然據《地理今釋》：“滎波即滎澤。孔安國《傳》云：‘滎澤波水已成遏豬。’《正義》曰：‘鄭云今塞爲平地。’《禹貢錐指》云：‘案馬、鄭、王本，波並作播。’伏生今文亦然。孔安國解作一水，非二水。以爲二水自顔師古始，宋林之奇本之，而蔡氏因之。然案圖究義，以滎波爲二水，終無是處。傅氏寅曰：‘上文言導洛，此則專主導濟言，不當又泛言洛之支水。《職方》所記山川，非治水次第，不必泥也。’”愚按：滎即濟溢爲滎之滎。滎波既豬，則濟之餘波有所受，而無潰出之患矣。菏澤，《地志》在濟陰郡定陶縣東，蓋濟水所經。被，及也，猶云波及。孟豬，澤名，《爾雅》作“孟諸”，《周禮》作“望諸”，《史記》作“明都”。《地理今釋》云“今河南歸德府商邱、虞城二縣界有孟諸臺”，是也。導菏澤，被孟豬，則濟之餘波有所洩，而無壅塞之患矣，故曰皆以志濟也。

漆貢惟兖、豫二州有之，用以飾器也，所謂髤几。蓋古有此制，是知唐虞之世雖尚儉樸，未嘗無漆器。唐太宗謂舜作漆器，諫者十二人，特好事者爲之説耳。試問不以飾器，奚以貢爲邪？

枲、紵大同小異，《職方氏》：“豫州，其利漆、枲。”案：陸璣云：“紵，亦麻也，宿根在地，至春自生。今紵布皆用此。”

纖纊，細綿。蓋纊是綿，纖是細，合之方爲細綿。蔡《傳》乃云：“纊，細綿。”疑纊上脱一纖字，不然纖纊或是二物。纖即纖縞之纖也。

梁州，《地理今釋》云：“陝西之漢中、西安、鞏昌等處，湖廣之鄖陽等處，四川之成都、保甯、順慶、龍安、馬湖等處。”實隸今四省之地。○熊氏禾曰：“梁州即今全蜀之地。”按：杜佑曰：“梁州當夏殷間爲蠻夷國，所謂巴、賨、彭、濮之人也。”

孔穎達曰：“華山在豫州境内，此梁州之境，東據華山之南，不得其山，故言陽也。”愚按：梁州在雍州之東南，豫州之西南，故曰華陽。

梁州土瘠而多山，乃江、漢之源，故其治以江、漢爲主。“岷、嶓既藝，沱、潛既道”，則江、漢之源流悉治矣。○陸氏深曰：“今蜀山綿連延亘，凡居左者皆曰岷，右者皆曰嶓，江别流而復合者皆曰沱，漢别流而復合者皆曰潛。”

蔡、蒙旅平，蔡《傳》云：“二山在禹用功爲多，故記之也。旅平者，治功畢而旅祭。”《周禮·大宗伯》：“旅上帝及四望。”鄭云：“旅，陳也。陳其祭祀以祈焉。”

和夷厎績,《地理今釋》云:“案《水經注》引鄭説云‘和夷,和上夷所居之地’。時瀾《書説》云:‘嚴道以西,地名和川,夷人所居。’此爲得之。”〇按:蔡蒙、和夷,總見水治,而地之險且遠者無不治也。夷,古作𡰥。

鐵銀鏤砮,砮字,蔡《傳》未注,據《寰宇記》云:“定筰縣有鐵石山,山有砮石,火燒之成鐵,爲劍戟極利。”然則砮亦鐵屬,當是梁州實有此鐵名砮者,非如荆州“礪砥砮丹”之砮也。

西傾,因桓是來。朱子曰:“西傾雖在雍州,其人有事於京師者,必道取梁州,因桓水而來,故梁貢道及之。”

浮于潛,逾于沔。潛即漢所出,沔即漢所流。蘇氏云:“漢始出爲漾,東南流爲沔。”據《水經注》:“始源曰沔。”然則潛、沔宜相通。云逾者,必取道之處。潛、沔適相遠,故舍舟而陸歟?

雍於用切。州跨今陝、甘兩省之地。《地理今釋》云:“其在化外者,南至西傾積石,西踰三危,北抵沙漠,皆是也。”

朱子曰:“雍州土厚水深,其民重厚質直。以善導之,易以興起而篤於仁義。以猛驅之,其强毅果敢之資,亦足以强兵力農而成富强之業。”

弱水,《地理今釋》云:“陝西山丹衛漢删丹縣。城西有山丹河,古弱水也。”〇焦氏竑曰:“據今甘州衛有合黎山,亦不必遠求之别域,而定以甘州之弱水爲非矣。”

雍州地勢極高,東境雖鄰於河,然自龍門既鑿,河已安流。且禹之治自東而西,下流既治,則上流自安,故雍之治無事於河也。

雍之水莫大於渭,故書渭特詳。“涇屬渭汭”三句,皆以志渭也。“涇屬渭汭”句,書法絶妙,此句本是書渭,而偏以涇立文,蓋涇小於渭而大於汭。若以渭立文,則嫌於卑涇,且其勢又不順。蓋涇之源最居雍之北境,自北而南注以渭爲歸,而汭東入焉。是涇上屬於汭,而下屬於渭,於書法借賓定主,實乃以逆得順也。

漆、沮既從。沮水本合漆水入渭,二水相敵,故並言之。既從者,從於渭也。程大昌曰:“雍地四漆、沮,而實三派。《禹貢》漆沮,惟富平石川河正當其地。”段昌武曰:“《詩》漆沮,言於渭之上流;《書》漆沮,入於渭之下流。《詩》‘自土沮漆’,言於岐周之間。《書》言於‘東會于澧,又東會于涇’之下。”

澧水攸同。澧,《地志》作“酆”,《詩》作“豐”,所謂“豐水東注,維禹之績”

是也。同者，同於渭。渭大而漆、沮小，故曰從。灃、渭大小相若，故曰同。○按：傅寅曰："治弱水以及涇、漆、沮，雖自西而東，然涇、漆、沮治而後治灃，則又自下而上也。如河患在九河，疏其下，則其上易爲力；江患在彭蠡，豬其上，則其下無足憂，皆所以前後順理也。"

荆、岐既旅。此荆乃北條之荆。孔安國曰："此荆在岐東，非荆州之荆。"岐山，《説文》云："山有兩岐，因以名焉。"《郡國志》："岐山南有周原。"

原隰厎績，至于豬野。原隰，即《詩》所謂"度其隰原"者。鄭氏曰："其地在豳。"朱子《詩傳》云："豳在岐山之北，原隰之野。"即今邠州也。豬野，《地理今釋》云："即《漢書・地理志》所云休屠澤也。"蔡《傳》云："治水成功，自高而下，故先言山，次原隰，次陂澤也。"

三危，《後漢・西羌傳》注："三危山，在今沙州燉煌縣東南。杜預曰："瓜州，今燉煌也。"山有三峰，故曰三危。"

積石，《地理今釋》云："在今河州北一百二十里，《水經注》謂之唐述山。"《括地志》云："山勢峭拔，下臨黄河。"龍門山，《地理今釋》云："在今陝西西安府韓城縣東北五十里大河之西，東與壺口隔水相望。"

織皮崑崙、析支、渠搜。據鄭康成云："衣皮之民，居此崑崙、析支、渠搜三山之野者。是崑崙等皆本山名，而因以爲國號也。"蔡《傳》則云："三國皆貢皮衣，故以織皮冠之；皆西方戎落，故以西戎總之。"二説未知孰是。

禹之導山，原爲導水。譬諸人身，山其骨骼，川其血脈。人必先治骨骼，而後能調和其血脈。此導水所以必先導山，而導山正所以導水也。

"導岍及岐"兩節，蔡《傳》一爲北條大河北境之山，一爲北條大河南境之山。然則此兩節爲導河而書也，山水皆起於西北，故導山皆始乎西，卒乎北。然大意皆爲導河而設，故"至于荆山"下，以"逾于河"三字點醒眼目，爲上下文關鍵，以見此兩節總爲導河也。○按："逾于河"，吕祖謙曰："人逾，非山逾。"

朱子曰："太行自西北發脈來，爲天下之脊，此是中國大形勢，其厎柱、王屋等山，皆是太行山脚。"愚按：《地理今釋》云："太行山延袤千餘里，起於河南懷慶府濟源縣，迤而東北，跨山西、河南、直隸界。"○又按：雷首山，《通典》云："在河東縣。此山凡有八名：歷山、首陽山、薄山、襄山、甘棗山、中條山、渠豬山、獨頭山也。"

厎柱石在大河中流，自"逾于河"至此，又一醒眼目。按：厎柱在今河南府陝州東，所謂三門山是也。金履祥曰："三門分天門、地門、人門，惟地門不可過。"愚謂：厎柱正當中流，所以沮遏河勢者也。曰"入于海"，言河合諸山之水同入于海也，是始終皆以志河也。

按：蔡《傳》云："王、鄭有三條四列之名，皆爲未當。"陳櫟曰："三條之説出於馬融、王肅，以岍岐至碣石爲北條，西傾至陪尾爲中條，嶓冢至敷淺原爲南條。四列之説出於鄭康成，謂岍岐爲正陰列，西傾爲次陰列，嶓冢爲次陽列，岷山爲正陽列。"

"西傾、朱圉、鳥鼠"節，按：王氏樵曰："河自下龍門，其勢湍急，及華山之陰，喬嶽綿亘，其勢不可復南，乃折而東流，涇、渭、灃、漆、伊、洛、瀍、澗諸水入焉。熊耳四山者，志伊、洛、淮水之所以治也。"愚謂志伊、洛、淮水之治，正所以志河之治。經文華山凡三見，或言太華，或言華陰，或言華陽，皆一山也。梁在華之南，故曰華陽。雍在華之北，故曰華陰。此不隸疆域言，故曰太華。

外方，《地志》："潁川郡崇高縣有崇高山，古文以爲外方。"《地理今釋》云："外方，今中嶽嵩山，綿亘一百五十里。"〇愚按：《禹貢》五岳皆備。

陪尾山，《地理今釋》云："在今兖州府泗水縣東。"吴澄《書纂言》曰："《唐志》：'泗水縣有陪尾山，泗水出焉。'蓋此是也。以横尾爲陪尾者，非是。"案：孔《傳》以横尾爲陪尾，蔡《傳》從之。

按：碣石，冀之東北境；陪尾，冀之東南境。導山之文，蓋皆始於雍，終於冀也。

"導嶓冢"兩節，蔡《傳》一爲南條江漢北境之山，一爲南條江漢南境之山，然則此兩節爲江、漢而書也。江、漢發源於梁，合流於荆，入海於揚，故經言荆山、内方、大别、衡山、九江、敷淺原，其地皆在荆，獨不言入於海，與"導岍"節文法小異。然"至于敷淺原"，則江、漢之勢已將合流。蓋江至東陵始與漢合，下文"過九江，至于東陵"是也。至是則直趨揚之通州，所謂"朝宗于海"者是矣。

"導嶓冢，至于荆山"，此荆州之荆，非荆岐之荆也。《地理今釋》云："荆山在今湖廣襄陽府南漳縣。昭四年《左傳》'荆山，九州之險'，指此。"

愚按：内方，漢水所經。大别，漢水所從入江處。

《朱子語類》："問：'岷山之分支何以見？'曰：'凡兩山夾行，中間必有水；

兩水夾行，中間必有山。江出於岷山，岷山夾江兩岸而行，那邊一支去爲隴，者[①]邊一支爲湖南，又一支爲建康，又一支爲兩浙，而餘氣爲福建、二廣。'"

敷淺原，《地理今釋》："案朱子《九江彭蠡辨》云：'敷淺原，説者以爲漢歷陵縣之博易山，《漢書・地理志》作傅陽山。師古曰："傅，讀曰敷。"在今江州德安縣，爲山甚小而庳，不足以有所表見，而其全體正脈，遂起而爲廬阜，則甚高且大，以盡乎大江、彭蠡之交，而所以識夫衡山東過一支之所極者，唯是爲宜耳。'蔡《傳》遵用師説，指廬阜爲敷淺原，而復以無可考據爲疑，何也？廬阜在今江西九江府德化縣南，山北隸南康府星子縣。"○按：廬阜山高，謂之敷淺原者，朱子云："德安縣敷陽山正在廬山之西南，故謂之敷陽，非以其地即爲敷淺原也。"愚按：朱子之意，敷淺原蓋指敷陽之高平處而爲名耳。

朱子曰："自導弱水至導洛，凡九條，皆導水之事。大概自北而南，先言山以爲水之經，故此言水以爲山之紀。弱水最在西北，水又西流，不經中國，故首言之。"○愚按：弱水下即繼以黑水，亦同此意。

謹按：《地理今釋》云："黑水之辨，諸家紛如。今考地圖，《禹貢》之黑水有三，正不必强合。蓋雍州之黑水，其源在黄河之北；梁州及導川之黑水，其源皆在黄河之南，有截然不相紊者。"案：黑水之辨，唐樊綽主麗江，薛季宣主瀘水，程大昌、李元陽及吴任臣《山海經注》皆主瀾滄，惟《欽定》折衷至當，確不可易，故諸家之説兹不具載。

林之奇曰："三危距南海凡數千里。"

導河不云"自"者，蔡《傳》所謂："河源多伏流，積石其見處，故言積石而不言自也。"○愚按：據《元史》"河自星宿海流千餘里，始東北繞崑侖山下"，則不得謂河源發於崑侖矣，故《地理今釋》以其説爲未的。

"至于大伾，北過洚水。"《地理今釋》云："大伾山，亦名黎山，在今直隸大名府濬縣東南。降水今本作洚。出今山西潞安府屯留縣。"

朱子曰："禹當時治水，也只理會河患。積石、龍門，所謂'作十三載乃同'者，正在此處。向未經鑿治時，龍門正道不甚洩，故一派西滚入關陝，一派東滚往河東，故此爲患最甚。禹自積石至龍門，著工夫最多，又其上散從西域去，亦不甚爲患。"○又曰："自積石至龍門而爲西河，東過洛汭而爲南河，至大伾始折而北流爲東河，至兖州而分爲九，復合爲一而入海。逆河是

① 者，《朱子語類》作"這"。

開渠通海，以泄河之溢，秋冬則涸，春夏則洩。”

“嶓冢導漾”，“岷山導江”，皆自其源導之者，以其源顯而易見也。鄭曉曰：“禹治江、漢之水，皆始於梁，中於荆，而終於揚也。漾、漢在梁州，滄浪至入江在荆州，彭蠡至入海在揚州。三澨而上，漾、漢異名而同源；大别而下，江、漢異源而同流。”

過三澨，《地理今釋》：“案《説文》云：‘澨，埤增水邊土，人所止也。’王逸注‘西澨’，杜預注‘漳澨’，或云水涯，或云水邊。蔡《傳》以三澨爲水名，恐非。”

金履祥曰：“‘東匯澤爲彭蠡’，朱子以爲多句。‘東爲北江入于海’，鄭漁仲以爲羨文。按朱子《彭蠡辨》云：“鄭樵謂‘東匯’以下十三字爲衍文。”意禹治水之時，與今不同，方江、漢未奠，今江西諸水壅遏不通，匯而爲湖。雖非江、漢所匯，而勢實匯之。中江、北江，想當時方言如此，以識江、漢合流之别。彭蠡源淺，而與江、漢並列爲北、中、南，此恐亦當時東南之方言爾。”〇愚按：金氏辨“東匯”及中江、北江，未知是否。其謂古今水不同，則甚是，知此亦不必疑經爲衍文矣。

又東至于澧，蔡《傳》既云水名，又疑“下文九江，澧水既與其一，則非水明矣”，引鄭氏云：“經言過、言會者，水也；言至者，或山或澤也。澧，宜山澤之名。”但未詳其地之所在。按傅寅曰：“今長沙郡有澧陵縣，其以陵名爲縣乎？”愚按：此説似可備一解。

至于東陵，東陵，巴陵也。酈道元曰：“江夏有西陵縣，故是言東矣。”羅泌云：“巴陵與夷陵相對，出爲東西，以夷陵曰西陵，則巴陵爲東陵信矣。”

林之奇曰：“江在漢南，漢在江北；漢稍南，江稍北，則其勢相屬，故會於彭蠡而復東也。匯者，彭蠡之澤也。不言會於彭蠡者，蓋蒙上‘東匯澤爲彭蠡’之文，且見其與漢水共注此澤也。”

江、漢、彭蠡合流，經文乃云北江、中江，統以江名者，蓋三水以江爲主。曰“過九江”，是以江爲主也。曰“北會于匯”，亦以江爲主也。惟皆以江爲主，故三水並持而東，則江爲中江，漢爲北江，彭蠡所入爲南江，皆可被以江名矣。不言南江者，互文也。

沇、濟，一水也。濟當作泲，《詩》“出宿于泲”。《地理今釋》云：“濟水出今河南懷慶府濟源縣王屋山，既見而伏，至濟源縣西北五里，重源顯發，有東西二池，合流至温縣東南入河。”

鄭曉曰："今案濟水發源於冀，經流於豫，分流於徐，入海於青，凡三伏而四見，一見於王屋而遂伏，再見而爲濟，再伏而入河，三見而爲滎，三伏而穴地，四見而出陶邱之北，自此不復伏矣。"陶邱，在今兖州府定陶縣。

"導淮"節，申時行曰："淮出於豫，經於徐，而入海於揚。"《地理今釋》云："淮水東北出淮安府清河縣之清口，與黄河會，東則刷黄河入海，南則入運河以濟漕。"○愚按：淮水北會河，南會江，經文止言"東會于泗沂"者，蓋禹時河未南徙，故淮不得與河會；江淮未通，故淮不得與江會，而止有沂入於泗，泗入於淮，此經文所以止言"東會于泗沂，東入于海"也。入海在淮浦，即《詩》之"淮浦"也。

"導渭"次第與雍州文異者，蘇軾曰："此言渭水自西而東之次。雍州散言境内諸水，非西東之次也。"○陳櫟曰："灃、涇大，與渭並，故曰會。既得灃、涇，渭愈大，漆、沮皆小，故曰過。"

《河南通志》："熊耳有三，一在盧氏縣西南五十里，兩峰相並如熊耳，《禹貢》'導洛自熊耳'即此。"○按：洛出冢嶺山。

按：河、漢、江、濟、淮五水，其終皆入于海，蓋江、淮等水，所謂四瀆，能自達於海者也。江、漢既是合流，在經文似不必兩言入于海矣。其並書者，以見二水相敵，即不合流，亦能獨達於海也。渭、洛二水，其終皆云入河，不云入海，究其終，亦未嘗不入海，特不能自達，而附於河以入海耳。此其所以不得爲瀆也。以四瀆視諸侯例之，海是王，四瀆即是諸侯，渭、洛則是附庸。○又按：桑欽云："二漳異源而下流相合，同歸於海。"唐人亦言漳水能獨達於海，請以爲瀆。而皆不云漳入河者，蓋禹河本隨西山下東北去，周時河徙則漸遷，而東漢初，漳猶入河，其後河徙，日東而去，漳水益遠。至欽時，河自大伾而下，已非故道，而漳自入海矣，故欽與唐人所言如此。又按：漢時河又徙向頓邱，在今大名府清豐縣，是益徙而東北矣。然則《禹貢》所記入河諸水，今異於古者，蓋亦不少矣。儒者猶欲執經而求之，令其一一符合，附會支離，不亦惑哉？○導河始於弱、黑者，不以遠而或略也；終於渭、洛者，不以小而或忽也。合之乃見聖人之心，邇不泄而遠不忘也。○羅泌有言："禹至導黑、弱而西戎即叙，然後見其仁之至焉。"又言："禹之心，視西戎無以異於梁州之民，此天地之心也。"其説能見其大，並節録於此。

孔穎達曰："九州所同，與下爲目。其言九山、九川、九澤，是同之事矣。"○愚按："九州攸同"二節，是《禹貢》總結，句句要與前文相應，方是結上語氣。“敷土”節是總冒,恰與此二節相配,篇法極整齊。

九山刊旅,刊是始,旅是終,舉始終以包中間也。○刊即“隨山刊木”之刊,亦文字眼目,前後照應處。

四海會同,此句不是泛言四海清晏,謂凡入四海之水,無不會同而各有所歸也。海是兩間之棄地,非此無以容納百川,《莊子》所謂“無用之用”也。○按:《禹貢》只有北海、河所入。東海、江漢所入。南海,黑水所入。而無西海,何云“四海會同”? 下又云“聲教訖于四海”,蓋南海、西海俱不隸中國,故略而不詳。然弱水餘波入于流沙,朱子云:“流沙在合黎之西”,則弱水實入西海矣。唐柳宗元亦云:“西海之山有水,散渙無力,不能負芥,名曰弱水。”據此則弱水入西海無疑。《禹貢》不言者,荒遠在所略也。○西海在小崑崙山旁,南海在滇,今雲南也。

禹止治水耳,何云“六府孔修”? 水於五行之序獨居其首,蓋水在天地間爲物最大而體物不遺,水得其理,則五行皆得其性,而爲天下用矣。《洪範》“鯀陻洪水”,乃謂之“汩陳其五行”,亦是此意。

庶土,蔡《傳》云:“非特穀土。”金履祥謂:“凡山澤、邱陵、墳衍、原隰之土。”此說極是。孔安國乃云:“壤、墳、壚。”殊欠該括,當從蔡《傳》。

三壤,方是言穀土以賦出於田也。三謂品節之以上中下三等,而三壤之中又各有三品,復有上下錯,而總之爲三壤。○按:底慎,敬心也。咸則,治法也。先有敬心而後可以行治法,故曰“徒法不能以自行”。

“錫土姓”以下另爲一節,皆封建諸侯之事,以附於篇末。《益稷》所謂“荒度土功,弼成五服,至于五千。州十有二師,外薄四海,咸建五長,各迪有功”數語,乃《禹貢》篇末數節之注脚也。

“祗台德先,不距朕行”二語,憑空立文,似無著落,然上承“錫土姓”,下起弼五服,蓋惟以敬德先天下,而天下自不能違越。禹之所行,此以修德爲致治之本也。承上起下,文法關鎖極緊。○人第知禹盡力,不知禹實有德以先之。東萊吕氏所謂“衆人爲之則力也,禹爲之則德也”,此說是也。

甸服,王安石云:“甸者,井牧其地之謂。”然井衍沃,牧隰皋,井牧其地,什伍其民,不獨在規方千里之内,畿外諸侯亦同此制,當以蔡《傳》爲是。按:朱子云:“甸,治田也。畿内天子之田,其民主爲天子治田事,故謂之甸服。”又云:“畿内專言田賦者,畿内不封諸侯,故田賦入天子。”

百里賦納總,禾本全曰總,納之何也? 孔穎達曰:“人之供飼國馬。《周禮》掌客待諸侯之禮，有芻有禾，此總是也。”

粟、米之分，何也？曾旼曰：“桓十四年《穀梁傳》曰：‘甸粟而納之王宮，米而藏之御廪。’而九數有粟米之法，爲粟二十㪷，俗斗字。爲米十㪷，粟、米之辨也。《周官》‘倉人掌粟入之藏，舂人掌供米物’，於此可見。”

侯服，侯國之事。百里采音菜。者，張子曰：“采地所得，亦什一之法，其餘歸諸天子，所謂貢也。諸侯、卿大夫采地必有貢。貢者必於時享，天子皆廟受之，此所謂幣餘之賦也。”又曰：“卿大夫采地圭田，皆以爲永業，所謂世禄之家。”○張九成曰：“《周官》六鄉之外爲六遂，六遂之外有家邑，爲大夫之采地。小都爲卿之采地，大都公之采地，王子弟所食邑也。與此王畿五百里外，始有采服同意。”

綏服，蔡《傳》：“綏，安也。漸遠王畿，取撫安之義。”孔穎達引《周語》云：“先王之制，邦内甸服，邦外侯服，侯、衛賓服，夷、蠻要服，戎、狄荒服。彼賓服當此綏服。韋昭云：‘以文武教衛爲安，王賓之，因以名服。’然則綏者，據諸侯安王爲名；賓者，據王敬諸侯爲名，則此服舊有二名。”愚按：孔安國亦云：“侯服外之五百里，安服王者之政教。”是二孔之説與韋昭合，皆據諸侯安王爲名。然《禹貢》之綏服，即《周語》之賓服也。賓既以王敬諸侯爲名，則綏亦當以王撫安諸侯爲名，而不當以諸侯安王爲名矣。韋氏及二孔之説非是。

要荒，要，約也；荒，略也。雖取約略之義，然猶爲之區處經畫，則是以不治治之也。别内外以嚴華夏，是義之盡；無遠邇而盡經營，是仁之至，此即《益稷》所謂“外薄四海，咸建五長”也。按：“咸建五長”，唐虞之制雖不可知，然大要是使王官治之之義，如《立政》所言“夷微盧烝三亳阪尹”是也。後世若漢之西域都護、唐宋之宣撫等使，蓋猶得此遺意云。○按：五服惟甸服最詳，餘以次而略，蓋詳於治内而略於治外也。

吕祖謙曰：“漸、被、暨，亦不須於一字上爲之輕重，但水患治平，自西、自東、自南、自北，無思不服。”○愚按：東西皆地，朔南獨不地而曰暨，可見三代以前，東西廣而南北狹也。○又按：《禮·王制》陳澔注云：“自秦而上，西北衺而東南蹙；秦而下，東南展而西北縮。先王盛時，四方各有不盡之地，不勞中國以事外也。《禹貢》東漸、平聲。西被、朔南咸暨，特聲教所及，非貢賦所限也。”

“禹錫玄圭，告厥成功。”篇首以禹始，篇末以禹終，皆史臣特筆也。

“大戰於甘，乃召六卿。”按：六卿之説，蔡《傳》本之鄭康成爲多，故以六卿與六鄉之卿爲一説者，以爲六卿非自冢宰至司空之六卿，蓋王之六鄉别有此六卿也。但考之《周禮》，六鄉六卿之外，無别有所謂六卿者，則其説已無據矣。至謂"無事則屬於大司徒，有事出征則屬於大司馬"，或疑冢宰位尊無緣，亦屬於司徒、司馬。然所謂屬者，疑亦特其屬官耳，未必是冢宰親屬也。亦猶司徒施教，則六卿總屬之義。然則九伐統於司馬，亦孰謂其不然邪？至於天子親征，六卿必從，亦無空國而出之理，必有監國之卿，多是冢宰，或亦取之諸卿。若一卿守，則五卿皆從；其缺一卿，則使屬官攝卿以行也。

按：王氏樵曰："《周禮》'鄉老，二鄉則公一人'。鄭氏曰：'三公内與王論道，中參六官之事，外與六鄉之教。'如鄭氏之説，此公即論道之三公，則每鄉卿一人，豈即六卿而分領六鄉邪?"又云："鄭氏以軍帥選於六官六鄉之吏，則固六官爲首，鄉吏次之，而此之六卿，必非鄉官也。"愚按：王氏疑此六卿非即六鄉之六卿，故有此説耳。要之當以蔡《傳》爲是。

《湯誓》，朱子曰："湯、武固是反之，但細觀其書，湯反之之功，恐是精密，如《湯誓》與《牧誓》，數桀、紂之罪，辭氣亦不同。"又曰："湯有慙德，如武王恐未必有此意。"〇愚按：今之《泰誓》，恐有後人補綴處，非當日原文。吴才老諸儒所以疑之。〇顔師古《匡謬正俗》曰："《商書・湯斷》古誓字。云'予則孥𦟝古文戮字。汝'。"孔安國《傳》云："古之用刑，父子兄弟，罪不相及。今云孥戮，權以脅之，使勿犯也。"案：孥戮者，或以爲奴，或加刑戮，無有所赦耳。此非孥子之孥，猶《周書・泰誓》稱囚孥正士，亦謂或囚或孥也，豈得復言並子俱囚也？又班固《漢書・季布傳》贊云："及至困亢，奴僇苟活。"蓋引《尚書》之言以爲折衷矣。

《書序》："夏師敗績，湯遂從之，遂伐三朡，俘厥寶玉。誼伯、仲伯作《典寶》。"蔡《傳》云："三朡，國名，今定陶也。俘，取也。俘厥寶玉，恐亦非聖人所急。"愚按：孔《傳》釋"典寶"之義，言"國之常寶也"。竊謂孔《傳》此句極好，道得聖人心事出。《序》既稱爲寶玉，必不是尋常珍異，而乃視爲國之常寶，則不以珍異爲寶可知矣。不以珍異爲寶，則其所寶者可知矣。

《仲虺之誥》，孔穎達曰："定元年《左傳》云'薛之皇祖奚仲居薛，以爲夏車正。仲虺居薛，以爲湯左相'。是其事也。"趙岐曰："即萊朱也。"

萊朱是湯見知之臣，與伊尹相埒，其學問淵源可知。今觀其述湯之德處，精微簡要，及"德日新"以下，道理淵深。萊朱事實不可考，於此書已見一斑。

"惟有慙德",湯、武之事,皆聖人之不幸也,而湯尤甚。故愚嘗謂聖人不幸有此事,聖人不可無此心。○"慙德"二字及"恐"之一字,正聖賢與亂賊分界處,一是從戒慎恐懼而生,一是從肆無忌憚而發。

"惟天生民有欲,無主乃亂,惟天生聰明時乂"三句,乃下文一篇之冒也。周子云:"人生而静,天之性也。感於物而動,性之欲也。"又曰:"民之盛也,欲動情勝,利害相攻不止,則賊滅無倫,故得刑以治。"語意蓋本於此。愚按:"欲"即《孟子》所謂耳目口鼻之欲,下文聲色貨利是也。欲本人所不能無,然常人知性而不知命則有矣,故天生民則有耳目口鼻,有耳目口鼻則有欲,如燧必有火,方諸必有水。欲未便是不好,惟欲縱才是不好。有聖人起,"大爲之坊",就燧與方諸所有而正用之,不使水火之害人,則不必無欲,而欲亦不至爲亂矣,此"聰明時乂"之效也。《泰誓》亦曰:"亶聰明,作元后",即"聰明時乂"之義,湯、武一揆也。

"有夏昏德,民墜塗炭。"昏者,聰明之反。昏德何以遂墜塗炭?欲動情勝,利害相攻,則刑辟繁而民不聊生矣,故"天乃錫王勇智,表正萬邦"。勇智又聰明之所由來,而無欲之本也。蓋知耻近勇,好學近智,雖困勉之事,説不得聖人。然聖人亦從煞喫辛苦來。勇則聲色貨利不能牽,而耳目聰明矣;智則聲色貨利不能蔽,而聰明有臨矣。天非私以勇智錫湯,湯能日躋聖敬,保而勿失,若天生是使獨,亦猶"篤生武王,保佑命爾"之意。

矯誣乃昏德之實,爽師正聰明之用。簡賢附勢,是有欲之實;不邇不殖,又是聰明之實。而聰明又本於勇智,則不邇不殖等宜兼勇智而言。

"簡賢附勢,實繁有徒",如下文葛伯及韋、顧、昆吾之屬,皆是肇我邦於有夏,若苗之有莠,若粟之有秕。朱子曰:"此仲虺分明言事勢不容住,我不誅彼,則彼將圖我矣。後人多曲爲之説以諱之,要之自是住不得。"愚按:朱子嘗謂文武之勢,當亦住不得,觀湯此時,亦正如此。○問:"'矧予之德,言足聽聞',據古注云'道德善言'。某竊意'言足聽聞'自當作一句,言我之德,言之足使人聽聞,彼安得不忌之?未知是否。"朱子曰:"是。"

"用人惟己,改過不吝",分頂上文處己用人二義。"克寬克仁",又從用人處己推至臨民之際,無所不宜,要之皆從"不邇不殖"中來。"不邇不殖",無欲也,理欲不並立,無欲則聰明,聰明是人君第一德。《中庸》言:"惟天下至聖,惟能聰明睿知,足以有臨。"故以爲湯德足聽聞之實。

"佑賢輔德"以下,是勉以待諸侯之法,亦革命之初第一要著,語意從"簡賢附勢”及征葛伯來。“德日新”以下，又戒以修己之法，語意從“錫王勇智”及不邇不殖等來。“慎厥終，惟其始”結上“德日新”節，“殖有禮，覆昏暴”結上“推亡固存”節，又總結之以“欽崇天道，永保天命”，語意直從“天生民”“奉若天命”來，道理精密，法度謹嚴，文之妙者也。

按：《書序》作《湯誥》下有“咎單作《明居》”，孔安國曰：“咎單，臣名，主土地之官，作《明居民法》一篇。”孔穎達曰：“馬融云：‘咎單爲湯司空。’《傳》言‘主土地之官’，蓋亦爲司空也。”按：夏、商職官姓氏，見於《書》者絶少，此與《汝鳩》《汝方》等竝以姓名命篇，存此尚可想見一二云。

“自周有終”，先儒有云“周”字蓋“君”字之誤也。古文“君”作“商”，本與“周”字相似而誤。

《盤庚》三誥，《左傳》謂《盤庚之誥》。往復諄懇，藹然於言詞之表，文筆絶佳。

五邦之説，蔡《傳》引漢孔氏謂：“湯遷亳，仲丁遷囂，囂，《史記》作隞，並音敖字。河亶甲居相，祖乙居耿，並盤庚遷殷爲五邦。然以下文‘今不承于古’文勢考之，則盤庚之前當自有五遷。”按：此説極是。又引《史記》言“祖乙遷邢，或祖乙兩遷”。此説非也。據《地理今釋》：“《史記索隱》云：‘祖乙遷于邢。邢音耿，近代本亦作耿。’蔡《傳》以祖乙兩遷分耿、邢爲二，非也。”按：此論甚確。竊意盤庚以前必有五遷，但世遠不可考耳。觀《書序》只有《仲丁》《河亶甲》篇，則《書》之逸者固多矣，闕之爲是。

“若顛木之有由蘖”，蔡《傳》：“由，古文作甹，木生條也。”魏了翁曰：“《左傳》注：‘木再萌芽謂之由。’故云‘楚其復由’。又昭八年‘今在析木之津，猶將復由’。”據魏氏之説，即作“由”字，亦無不可。魏氏又云：“《韻書》蘖本作櫱，今作枿，槁木之餘也。馬氏云：‘顛木而肄生曰枿。’”

“汝曷弗念我古后之聞？承汝俾汝，惟喜康共。”蔡《傳》：“爾民何不念我以所聞先王之事？凡我所以教汝使汝，惟喜與汝同安爾。”愚謂蔡《傳》似猶覺未安，不如將“承汝俾汝”以下四語俱作聞於古后之事，文勢更融貫，且下節緊接“予若籲懷兹新邑”云云，方入自己本身，論文意亦似如此較順也。〇又按：“惟喜康共”句，孔穎達曰：“惟歡喜安樂，皆與汝共之。”竊謂孔《疏》似比蔡《傳》爲優。

陳氏櫟曰：“《盤庚下》篇如‘多于前功’以下，朱子本疑之，如‘弔由靈’‘宏兹賁’等語實難曉，姑依前注觀之可也。”按：孔《疏》引“有賁其首”以爲宏、賁皆大之意，蔡《傳》從之，然語意似複。蘇軾云："賁，飾也。大此郊廟朝市之飾。"此説亦似可從。

高宗肜日，商曰肜，周曰繹，字雖不同，其義則一。《周頌·絲衣》："繹，賓尸也。"鄭《箋》云："天子、諸侯曰繹，祭之明日。卿大夫曰賓尸，與祭同日。"○按：金仁山曰："此篇首稱'高宗肜日'，終言'無豐于昵'，高宗，廟號也，似謂高宗之廟。昵，近廟也，似是祖庚繹於高宗之廟。兼高宗名臣，不聞祖己。'乃訓于王'，似告幼君。《書序》大誤，惟《史記》謂此書作於祖庚之時，爲得之，而其説又不分明。"○按：鄒季友亦同此説，細思之，極爲有見，而他書無可證據，姑且存之。又按：《史記》謂祖己諫於高宗之時，而書成於祖庚之時，是又以此篇爲訓高宗矣。蓋《史記》見《書序》此篇下有《高宗之訓》，故曲爲之説耳。金氏所謂"不分明"，信然。

西伯戡黎，戡，勝也。戡、堪古通用，如"克戡用德""戡定厥功"皆與堪同。朱子曰："觀戡黎逼近紂都，看來文王只是不伐紂耳，其他事亦都做了，如伐崇、戡黎之類。"○問："舊説西伯多指文王，惟陳少南、吕伯恭、薛季龍以爲武王，吴才老亦曰乘黎二字本《書序》。恐是伐紂時事。二説未知孰是。"曰："此等無證據，可且闕之。"○按：黎，《史記》以爲耆，《大傳》爲肌，其音相近。

鄭康成、王肅皆以箕子爲紂之諸父。司馬彪注《莊子》："箕子，名胥餘。"僖公十五年《傳》，杜元凱注："箕子，殷王帝乙之子，紂之庶兄。"朱子《論語集注》則從鄭康成、王肅。

或謂《湯誓》數桀之罪，止曰夏王。至《泰誓》數紂之惡，至斥曰商王受，似乎太過。余曰：此正聖人所以衛名教也。蓋天命一日未絶，便是君臣一日，纔絶即爲獨夫。獨夫之名，何不可直斥之有？張子所謂"此處間不容髮"，朱子所謂"聖人所行，便是名教"，此處正須細看。

書説卷下

"惟戊午，王次于河朔。"蔡《傳》："次，止也。"或謂一宿爲舍，再宿爲信，過信爲次，要之皆爲次。且與趦趄同，不進也。之意，下云"群后以師畢會，王乃徇師而誓"，即《樂記》所云"冕而總干，以待諸侯之至也"。"王乃徇師"，謂之"乃"者，有不得已之意。合上三句看，總見武王應天順人，不得已而戎殷。《樂記》所謂"遲之遲而又久"，於此見聖人之不以得天下爲心也。朱子曰："譬如果實文王，則待黄熟自落下來，武王則是生拍破。"愚謂伐商之舉，文王固是不爲，須待其自歸。武王雖不能待，舉兵殪殷。然觀篇首特書"惟十有三年"及"戊午，王次"云云，及《武成》"惟一月壬辰""越翼日癸巳""癸亥，陳于商郊""甲子昧爽"，於興師日期、在途次舍、交兵時日，史臣皆謹書之，非惟時日必書，亦見武王此舉雍容不迫，非後世之以兵取天下，汲汲有利天下之心者所得貽爲口實也。此皆記《書》者之特筆，名教所關，尤不可忽略讀過。○《牧誓》注："甲子，二月四日也。"去一月壬辰止月餘耳，而天下已定，故曰"壹戎衣，天下大定"。此則天人協應，故成功如此之速，非武王之心有汲汲之意也。觀上文"陳于商郊，俟天休命"，曰陳曰俟，武王豈曰"予滅此而朝食"哉？

《洪範》一篇，上觀天文，下察地理，中參人事，以至明有禮樂，幽有鬼神，悉具其中，實百王之金鑑，九經之淵源也。○篇首以祀易年，不用周正而用商正，尊箕子，所以尊師重道也。下"王乃言""箕子乃言"，俱史臣鄭重之意，所以尊洪範也。

五行，萬物之根本也，故居九疇之一。皇極，洪範之樞紐也，故列九疇之中。看通篇精神，全歸結在此兩疇上。

皇極一疇最詳，而文亦極整齊，以“皇建其有極”二句作一總冒，以“用敷錫厥庶民”三句作兩脚，下文節節分應。“凡厥庶民，無有淫朋”節，又從庶民中提出有位無位，劈分兩項。“有猷有爲有守”節，錫庶民以皇極也。“人之有能有爲”節，錫在位以皇極也。而中間用一過文曰：“無虐煢獨，而畏高明。”承上起下，兩扇之中却不板對，文法活變絶妙。“無偏無陂”兩節是皇極敷言，乃錫極之要道良法，即《大禹謨》所謂勸以九歌之遺意，以上應前“用敷錫厥庶民”句，至“凡厥庶民，極之敷言”節，應前“惟時厥庶民于汝極，錫汝保極”二句，照應分明，文法極整齊也。然于錫極處用筆特詳，于保極處用筆却略，亦輕重有法，且保極止言庶民，而不言群臣，乃文章互見法也。

“乂用三德”一疇，何爲繼以“威、福、玉食”節？蓋欲移風易俗，更化善治，非政權歸於在上者不能也。

朱子云：“《大誥》一篇，意思緩而不切，殊不可解。”今按：此篇大旨不過説周家辛苦開基，而始終專以卜言，爲聳動天下之具，信如朱子所疑也。

天棐忱辭，蔡《傳》從古注，“棐，輔也”。朱子從《漢書》顔師古注：“棐，與匪通。言天相我非信有辭也，其考我民而已，如‘民獻十夫，予翼以于’是也。”又蔡《傳》解“寧人，武王之大臣”，以上文方稱寧王，此變文曰寧人，故兩釋之，且寧人對上“爾惟舊人”更爲緊切，故不從古注，仍指武王，其説固確當不易。但愚意如此則於篇終“率寧人有指疆土”句，恐説不去。若謂仍指武王之臣，豈終篇惓惓率寧人而不率寧王乎？然則寧王、寧人即俱作武王，説似亦可從。

“亦惟十人，迪知上帝命”，蔡《傳》十人謂亂臣十人。然十人，周公在其中，且有婦人焉，亦不合對邦君、御事，前自爲誇詡，似不如從古注，仍以十人指十夫爲妥。至“爾時罔敢易法”句，當以“爾”指邦君、御事言。時與是同，謂爾亦當以十夫所爲自勉，是無敢違越法制，阻我興師也。○經文此節並未明指武王時事，竊疑當從孔《注》也。

《康誥》一篇分明德、慎罰兩段看，明德爲本，慎罰爲末。然兩段之中，道理原非兩截，且如“不敢侮鰥寡”以下，本言文王明德之事，但“庸庸祗祗”是明德，“威威”即是慎罰。“敬明乃罰”以下，本言慎罰之事，但“朕心朕德”“顧乃德”則慎罰仍不外明德。即以文法言，文王“明德慎罰”二句提綱，以下明德則稱文王，慎罰則不言文王，稱文王以見明德爲本也，不言文王以見慎罰爲末也。然至“不孝不友”，則曰“乃其速由文王作罰”，就此一句，將前文一總收括,見得"敬明乃罰"以下所言,總是文王慎罰之事,明暗並用,詳略互參,論文王明德是用順筆,論文王慎罰則是用逆筆,文法參差,各極其妙。至于明德慎罰之要,一敬而已。文王之明德不言敬,然"緝熙敬止",《詩》已言之,故曰"封,祗遹文考",以敬法敬也;又曰"紹聞衣言",以敬紹敬也。"敬明乃罰",敬下又加明字,惟敬生明德,明罰亦明也,是慎罰亦本明德來。此即《大學》釋本末而引聽訟一端,以驗明德既明之意。至"刑人殺人"以下,論用罰特詳,蓋刑罰尤聖人之所重,又商俗淫靡,故於誥康叔時尤極諄諄之辭。然由民而臣,終以爲君爲長,仍是責成康叔,是慎罰之本亦在明德而已,此即《大學》新民本於明德之旨。至"爽惟民"以下,一則曰"我時其惟殷先哲王德",再則曰"予惟不可不監",更推上一層,端本於武王自身立君長臣民之極,此即《大學》明明德於天下本於修身之旨。《康誥》一書實《大學》之鈐轄,不獨"克明德""作新民"二語爲三綱領之二也,又明德之極必推至"助王宅天命",慎罰之終必推言"惟命不于常",兩段俱以天命爲歸結,蓋明德則馨香可達於上帝,慎罰則好生直契乎天心,故命之得失,顧其明德慎罰何如耳,此武王之所以拳拳也。又篇内屢言"裕"字,如"德裕乃身""乃由裕民""乃裕民曰""裕乃以民寧",其詞繁而不殺,蓋商俗駿厲,其流至於操切急迫,加以紂之爲虐,使民重足而立。衛乃紂之故都,康叔始封,示以更新民之觀化尤切,故武王欲其以寬和之道與民休息也。或曰:"元惡大憝,不率大戛""速由作罰,刑兹無赦""速由兹義率殺""乃不可不殺",其於用罰未嘗不峻急也。余曰:以上諸罰特加於罪大惡極者耳,所謂"刑亂國用重典",其勢不得不然,至於平民,豈遽以此加之哉?於此見周家忠厚立國之至意。又篇内言罰處多,言刑處少,罰比刑爲輕,見罰且當慎,何況於刑,此尤聖人重刑之本心,所謂法外意也。徧考《書經》,言刑處多,只言罰皆是此意。又篇中屢呼"哉"字,如"敬哉""念哉""往哉",反覆呼喚,丁甯懇至,一則爲愛弟之切,一則爲愛民之誠,如"恫瘝乃身""若有疾""若保赤子",子惠情深,非聖人不能發也。余嘗謂《康誥》一書,理精文至,熟讀不厭。

酒之爲物,聖人弗禁,何爲而有《酒誥》之書也?蓋受爲沈湎,相染成風,武王憂之,作書垂訓,故自"永不忘在王家"上,命康叔以戒妹邦也;自"在昔殷先哲王"下,述前事而毖康叔也。或疑康叔賢者,何至沈亂于酒,如武王之所慮,是大不然。舜,上聖也,而禹戒以傲虐,惕以慢遊,況康叔乎?是故大禹惡其旨酒,衛公歌其賓筵,自古聖賢未有不致謹於此而能成其德者,蓋克己省身之要於此見端也。《五子之歌》以甘酒爲兢兢,《無逸》之書亦以殷王受迷亂酗酒爲戒,武王之訓康叔,猶周公之訓成王也。蓋康叔就封,武王特呼曰小子耳,酒之禍人,惟少壯尤甚,是故酒以和血,而能使血氣之浮動者,惟酒也;酒以養性,而能使性情之迷亂者,惟酒也。然則戒之之道當何如?曰"剛制於酒"。剛之一字,可以盡之矣。酒,剛物也,以柔克之,不能使其馴;以剛克之,可以制其發。"無彝於酒",制之末也;"德將無醉",制之法也;"迪畏天民",制之本也;"厥棐有恭",制之輔也。凡兹數語,總爲剛制,皆去其意之所便安而以理勝欲也。夫始於勉然,終於自然,則聖人之無量不及,亂可以馴致矣,孰謂毖酒爲小德哉?

《梓材》一篇,爛簡殘編雜湊成文,雖聱牙難讀,而辭之古奥,意之慇懃,上誥下之忠厚,下頌上之忠愛,溢於言表。要惟文武之君、周召之臣方能做得。若成康以下,樹骨典型,訓詞深厚,遠不逮矣,殆猶《詩》之變雅乎?

《召誥》《洛誥》《多士》三篇,文意實相表裏,皆訓體也。

《召誥》書營洛時日最詳,總計之,自二月既望至三月甲子,前後僅月餘耳,而時日凡九書,一以志規畫之詳,一以見成功之速。

"用牲于郊,牛二。"蔡《傳》以爲祭天地。愚按:天地分合之説,先儒迄無定論。蔡《傳》主合祭,故以牛二爲祭天地。朱子則主分祭之説,云:"古時天地定是不合祭。五峰言無北郊,只祭社便是。此説却好。"愚謂如朱子之説,則牛二是帝牛、稷牛也,至"社于新邑",方是祭地。社稷皆大牢,故"牛一、羊一、豕一"。

凡作大事,必起大衆。作洛,大事也。《洛誥》篇首既云"四方民大合會",乃《召誥》止云"用書命庶殷",何也?曰:此史筆也。作洛本意,原以化殷民,二公作誥,俱以此爲諄諄。故史臣先提出眼目,曰"命庶殷",曰"庶殷丕作",以見所重在庶殷,故特著之。此舉重以該輕,非謂單役庶殷而不用四方之民也。

"侯甸男邦伯",何以不言"采衛"?省文耳,觀《洛誥》篇首曰"侯甸男邦采衛"可見。

《洛浩》一篇,脱簡錯簡,多有前人未經指出者。愚嘗妄意以測之,"惟三月"以下九句,脱簡在《康誥》之首,此不待言,乃其下又有脱誤者,蔡《傳》尚未指出,故陳氏櫟云:"此篇大可疑者,如不載王至洛之事與其日月,不應自三月至十二月中間全然不書。又'公功棐迪篤'之下無周公答辭,而即又繼以‘王曰’，豈非此等處有脱簡錯簡邪?”余謂脱簡尚不止此也，“伻來毖殷，乃命寧予”與上文絶不相屬，豈非此處亦有脱簡邪？竊意此上必有寧公之語與遣伻之辭矣。至於“命寧以秬鬯二卣”，蔡《傳》從蘇氏説，謂“以事神之禮事公，公不敢進此酒，蔡《傳》:“宿，與《顧命》‘三宿’之‘宿’同，謂進爵也。”而用以祭文武。”而王安石、林之奇則以事神與事人不同，“二卣”即命公禋於文武，公受命不敢留宿，而即以祭文武。竊謂王氏、林氏之説亦可通。戊辰書“王在新邑烝祭”，豈王此時始來新邑邪？抑前此已來祭祀過，而此逢大烝之期又來邪？觀上文“予小子其退，即辟于周”，此周指鎬京。前“伻從王于周”之周，則指洛邑。夫曰退曰即，則王此時必在洛無疑。意此即洛成而始至之時，舉祭祀、朝諸侯必在此時，應有無數典禮命詞，特簡編偶脱耳。不然，王曰“公定，予往已”，周公則答曰“王命予來”，一往一來，果何所指？此非王嘗至洛之明驗邪？蓋王既留公以後，便歸西周。周公雖許王留洛，尚未告廟受册，待至十二月烝祭，然後以特牲告廟，即於是月受册。不然豈有留洛數月而始受册命之理？何若是之緩哉？

古“示”“視”字通用，《洛誥》“來視予卜休恒吉”“丕視功載”皆以視爲示之義。又天神地祇，祇亦作示，謂成物之功，昭然可見，是亦有示之義也。

“惟以在周工，往新邑”，此尤切中成王之病，蓋沖幼之主，新即大位，未有不用親信私人者，一登新進，必棄舊人，令天下知上意所嚮在此不在彼，則士止於千里之外，欲求“明作有功，惇大成裕”也難矣。故周公既戒以“孺子其朋”，而又戒之如此，誠千秋之龜鑑也。然圖任舊人而共政，必“無作聰明亂舊章”，紛更喜事，則又棄老成、用新進之本也。故周公先戒以“厥若彝及撫事如予”三句，而後繼之以此，誠知《立政》爲任人之本也。

《多士》一篇，詞意往復諄懇，如語家人父子者，然想見周公用心忠厚處。蓋殷民反側，由於不知天命之故，故反覆以殷之革夏、周之代殷爲言，俾知皆天命之公，而無一毫人心之私，則反側之情可以自靖，此公作書之大旨也。但熟玩前後文，俱似曉論頑民之意，而不必專爲有位者言，何以篇首特呼“多士”，其下又曰“簡迪在王庭，有服在百僚”？似又爲有位者言矣。然終篇則以“爾土”“爾邑”爲言，邑即“四井爲邑”之邑，夫“有恒産者有恒心”，愛土物者厥心臧，此惟小民則然。然則“多士”云者，果不必皆有位之人也。曰“多士”者，民亦稱士，且别於多方之名耳，未知是否。

《無逸》一篇首言“知稼穡艱難”，乃《豳風·七月》詩序也。

三宗、文王，俱以無逸得壽，此有兩説，吕東萊云："惟敬故壽，主静則悠遠博厚，自强則堅實精明，操存則血氣循軌而不亂，收斂則精神内固而不浮，至於儉約克治，去戕賊之累，又不在言。凡此皆敬之力、壽之理也。"又云："民氣大和，導迎善氣，是亦壽考之理。故言'無時或怨'，言'咸和萬民'，皆此意也。"愚謂兩説一主修己，一主治民，其理甚爲該洽，細看通篇，皆不出此二意。如云"今日耽樂"，云"迷亂酗于酒德"，云"變亂先王之正刑"，云"不永念厥辟，不寬綽厥心"，此皆不能主静、自强、操存、收斂、儉約克治者。既與三宗、文王相反，則其罔或克壽，不待言矣。云"民否則厥心違怨，否則厥口詛祝"，云"亂罰無罪，殺無辜，怨有同，是叢于厥身"，此不能使民氣大和，導迎善氣者。五代趙延義論漢祚所以短促，云："漢本未亡，以刑殺冤濫，故不及期而滅。"亦與三宗、文王相反，則其罔或克壽，又不待言矣。一篇之中，前後自爲照應，讀者但見前文節節説享年之長，而不知後文句句相反，暗説享年之短，蓋"自時厥後立王"一節，乃前後文之轉關也。

德莫大於勤儉，惡莫大於奢淫。《書》中凡言勤儉，皆不相離。帝舜美禹之賢，曰"克勤克儉"。周公言文王之無逸，先言"卑服"，乃言"康田"；先言"不敢盤于遊田"，乃言"以庶邦惟正之供"。獨於三宗，多言其勤，未嘗明指其儉，然曰"爰暨小人"，曰"舊爲小人"。夫世禄多驕奢，庶民多勤儉，以三宗之勤勞，知其必儉約也。蓋勤則必儉，儉則必勤，惜物力者昏作勞，服辛苦者戒暴殄。觀漢文帝衣皂綈而露臺惜千金之費，可以知之矣。自古人主莫不以勤儉興，以奢淫亡，至於庶民之家，亦莫不然。不獨家之興喪實由於此，修短之理、壽夭之數，恒必由之也。户樞所以不朽者，勤也。上世所以多壽者，嗜欲之淡也。然則《無逸》一篇，豈止人主之龜鑑，乃庶民居家之道，不可一日離者也。人情莫不欲壽，聖人順其情而導之引之於至善之地，而適得其大欲之同。《無逸》陳書屢言"享國之年"，皆是此意。又如《召誥》"祈天永命"，《洛誥》"萬年厭德"，《多士》"有幹有年"，《君奭》"天壽平格"，此數篇書或以臣誥君，或以上誥下，或同官告僚友，俱不外此，故曰"惟聖人能通天下之情"，"能成天下之務"。

《立政》《周官》，實相表裏。常伯即司徒，常任即司空，準人即司寇，《注》云"守法之有司"，此之有司，猶云主者，非下吏群僚也。其叙次衆職有云司徒、司馬、司空，而缺冢宰、宗伯、司寇，蓋惟天子六卿，大國則止三卿，故此與《牧誓》所陳，皆謂諸侯也。《立政》所以訓成王，其止言常伯、常任、準人者何？蓋撮其要也。牧主民，任主事，準主獄，皆《立政》之急務，故一篇之中三致意焉。至於綴衣、虎賁何爲繼三事之後？亦撮其要也。人主前後左右，無非正人濡染熏陶，成若天性，無逾侍御之臣，故以繼三事也。庶獄即準人，庶慎即常任。曰"文王罔攸兼"而不及常伯，曰"是訓用違"而止及有司牧夫，據蔡《傳》，牧夫即牧人，蓋互言之耳。至下文"勿誤于庶獄，惟有司之牧夫"，此牧夫則是泛言，不指牧人矣。周公教成王任人之法，其要在於知之至，信之篤，其"克灼知厥若"，知之至之謂也；"時則勿有間之"，信之篤之謂也。文武之克知灼見，即"灼知厥若"也；湯之"嚴惟丕式"，文之"罔攸兼""罔敢知"，即"勿有間之"也。自古帝王任人之道，俱不出此二端，誠致治之良謨，保邦之要術也。

獄刑者，生人之大命，聖人尤兢兢焉。《立政》後數節，或單言"獄慎"，或單言"庶獄"，是故祥刑繼以詰兵，以見二者之合爲一；司寇美於蘇公，以見一者之統於二。《周禮》兵刑分爲兩職，殆以此歟？

"式敬爾由獄，以長我王國"二句，道理甚大。夫以匹夫一念之仁，猶可以動天地鬼神，況執法者以欽恤之心繫億兆之命，好生所洽，自是薰天際地，譬如太和元氣徧滿充周，培植養育之久，國祚那得不靈長，保世那得不滋大，即此二語想見成周八百年之基業俱積於此矣。我朝刑獄尤爲慎重，大理平反，九卿議奏，又必屢經睿斷，而後告獄成焉。雖律令之所頒，條例之所布，有不得執焉，迨決獄而以所犯布告天下，雖鄉愚之民，亦皆不言而同。然而讞獄之時，雖三日五覆奏，猶恐未得其情也。用是知我朝之享國億萬斯年，豈第與成周比烈哉？

先儒疑《周官》《周禮》不合，然《周禮》固非聖人不能作也，即《周官》一篇，叙次詳明，訓戒諄切，且多格言至論，亦决非後儒所能擬作。陳氏櫟曰："只當據《周官》以解《周官》，其與《周禮》不合處，略之可也。"此言省却無數葛藤。

後儒以《古文尚書》晚出，多有議之者，非也。試思能文之士，列代不乏，至於敷陳治道，翊贊主德，三代以後，有幾人哉？雖漢儒若賈、董之醇茂，劉子政之典贍該洽，揚子雲之沈博絶麗，究其所作，亦不能與《古文尚書》並傳，況其餘諸子乎？或以其書晚出，殘缺散軼，不無後人之潤色，誠不可知。然或疑出於梅賾之補輯，亦非也，此非惟不知《書》，亦不知賾矣。故因讀《周書》而附識於此。

嘗讀《周官》至立三公一節，未嘗不嘆三代之聖君誼辟接踵而興，豈曰天命，蓋自乎人也。師，道之教訓；傅，傅之德義；保，保其身體。蓋教訓調養之法，備於此矣。程子有言："輔養之道，非謂告詔以言，過而後諫也。傅德義者，在乎防見聞之非，節嗜欲之過。保身體者，在乎適起居之宜，存畏慎之心。"又云："後世作事無本，知求治而不知正君，知規過而不知養德。傅德義之道，固已疏矣。保身體之法，復無聞焉。"每讀此語，令人懔然起敬。

三公不始於周，唐虞夏商蓋已有之，特不盡見於經耳。《列子》云"蒲衣八歲爲帝舜師"，此非師乎？《書》云"在太甲，時則有若保衡"，此非保乎？"在武丁，時則有若甘盤"，又高宗自稱"舊學甘盤"，則甘盤者，必是居師傅之任。至於傅説稱傅，或以舉於傅巖，因以爲氏，亦臆辭耳，即安知傅説之傅，非保傅之傅乎？且既曰"王置諸左右，命曰朝夕納誨，以輔台德"，夫輔德納誨，非即傅以德義之謂乎？又父師、少師，見於《微子》。案：父師、少師，指箕子、比干也。據《史記》，太師、少師勸微子去，乃在囚箕子、殺比干之後。云太師名疵，少師名疆。愚謂《史記》所言不足據。三公之職，自古有之，特其名自周昉耳，故曰"立太師"云云。立者，始辭也。至謂三公、三孤，《周禮》不載，亦何嘗不載也？王之三公八命，出封加一等，則九命爲伯，是非三公乎？外朝之位，三公在前，孤卿大夫在左，公侯伯子男在右，又云"其摯孤執皮幣"，是非三孤乎？特無專職，無正官。朱子曰："三公、三少本以師道傅佐天子，只是加官，然則《周官》《周禮》何不合之有？"

"論道經邦，燮理陰陽"，止此二語，一部《周易》，一部《中庸》，道理畢具，簡明淵奥，豈後世諸儒所能道？

丙吉有言："宰相之職在於燮理陰陽。"論者謂其識大體，余謂其失言耳。夫憑虚而談燮理，談陰陽，陰陽是在何處？燮理是做何事？不幾於虚無怪誕，河漢其言哉？惟先以論道經邦，則理歸平實，有可依據，是乃平常之理，不足爲異也。夫道以理言，陰陽以氣言，天地以形言，化以運用，言非有二也。燮理之責，必先論道，蓋道出於天地，而陰陽化育悉具其中，是乃經綸康濟之本，保邦致治之源也。爲三公者，朝夕啟沃，納約自牖，講明既久而君德成，於是正朝廷以正百官，正百官以正萬民，經邦之業盡於此矣。至於涵濡浸淫，薰蒸透徹，太平既已翔洽，萬物胥歸咸若，則天地官，風雨時，五氣順布而陰陽無乖戾之虞，四序節宣而陰陽無愆伏之患，而燮理成矣。周子曰："陰陽理而後和。"又曰："萬物各得其理，然後和。和以燮言，理則其道也。"夫

《洪範》九疇，“建用皇極”即論道之旨也，“乂用三德”即經邦之要也。皇極建而三德乂，則休徵協應，時若咸臻，即燮理之能也。又如《易》中所云“通晝夜之道而知”，又云“惟聖人能通天下之志”，是即論道之效也；“曲成萬物而不遺”，是即經邦之能也；“財成天地之道，輔相天地之宜”，是即燮理之具也。以至《中庸》由“修道之教”至於“天地位焉，萬物育焉”，由“盡己之性”至於“盡人物之性”，成參贊之功。以上經書所云，後先同揆，若合一契，若不先論道經邦，而遽言燮理陰陽，是猶離河而求水，舍燧而取火，必不濟矣。余故曰：丙吉失言，而論者反以爲識大體，豈不誤哉？豈不誤哉？

冢宰統百官，蓋無所不統也。朱子言：“天子至尊，其嬪御、侍衛、飲食、衣服、貨賄之官，皆領於冢宰。”然則冢宰無所不統，所謂“宫中府中，俱爲一體”也。

冢宰與五官並列，吕氏曰：“綱在網中也。乾坤之與六子並列於八方，冢宰之與五卿並列於六職也。”

成周禮樂合爲一官，俱掌於宗伯，乃止曰“掌邦禮”者，禮先而樂後也。其曰“治神人”，蓋以禮言也。人不是生人，蓋指人鬼。言神則天神，不言地祇者，舉二而包三也，此即秩宗之三禮。其曰“和上下”，謂之和者，蓋以樂言也。禮辨上下，定民志，等威辨而後情誼洽，以此見禮樂二者，其用本不相離。神人以和，禮亦通於樂也；上下有序，樂亦通於禮也。治神人者，禮之用莫重於祭也；和上下者，樂之合必驗於人也。

陳大猷曰：“兵乃刑之大。隆古之時，兵刑合爲一官，有士而無司馬，故唐虞兵刑之官合爲一，而禮樂分爲二；成周禮樂之官合爲一，而兵刑分爲二。蓋帝者之世，詳於化而略於政；王者之世，詳於政而略於化，此世變升降之異也。”按：林之奇有言：“周之六卿本於羲和四子，特加天地二字，曰天官、地官、春官、夏官、秋官、冬官。雖不分主四時之政，而其名猶有唐虞之遺意。”

前云六服，後云五服，孔安國以五服爲侯、甸、男、采、衛，蓋以要服路遠，不必常能及期，故寬言之而不數也。然於六服注云：“侯、甸、男、采、衛，并畿内爲六服。”未嘗指要服，是前後所言，實相矛盾矣。

六年五服一朝，唐孔氏《疏》既據《周禮》“歲一見”“二歲一見”之文，則是六服，諸侯各以服數來朝，無六年一朝之事。又引《左傳》叔向云：“明王之制，使諸侯歲聘以志業，間朝以講禮，再朝而會以示威，再會而盟以顯昭明。”以爲“計彼六年一會，與此六年五服一朝，事適相合。”此特曲爲之説耳。竊謂《周官》《周禮》原不必牽合，必謂《大行人》所云見者，止是遣使貢物，不必皆君自朝，然曰聘、曰見、曰朝、曰會，禮有明文，不容假借，豈容以見爲朝，名實相混。且果如所言，則《大宗伯》云"時見曰會，殷見曰同"，時見、殷見，豈亦遣使代行，不必皆君親往乎？則其説爲難通矣。要之，此經所云六年一朝，期限似覺太遠，但古籍既湮，其詳不可得聞，此等處缺之爲是。

"又六年，王乃時巡"，較舜之"五載一巡狩"，得毋太疏乎？按：《文中子》："叔恬問曰：'舜一歲而巡四岳，國不費而民不勞，何也？'曰：'兵衛少而徵求寡也。周之時，兵衛日多，徵求日衆，故不能五年而以十二年也。'"

君陳，漢孔氏但曰臣名，蔡《傳》從之，而鄭康成《禮・坊記》注云："君陳，蓋周公之子，伯禽弟也。"蘇氏、陳少南俱以爲非，而陳少南爲詳明，其略云："周公以叔父有大勳勞，今命其子以繼父事，何無懿親之語？若言他人然，決無是理也。"

《顧命》一篇，典制詳明，儀文齊整，鋪排周密，舉止安閑，當危疑之際而聲色不動，措天下於磐石之安，乃至一條一節，曲盡周詳；一字一文，要歸典禮，實三禮之府奥，千秋之圭臬也。

《顧命》另是一種筆墨，文字簡古，辭句短削，而義豐味長，與《周禮》《儀禮》筆意多有相似處，至今讀之，真如三代鼎彝，非常典重。

"洮頮水，相被冕服，憑玉几"，句法簡奥，如《逸周書》文。"頮"與靧同，"洮"與盥同。《禮》："洗手謂之盥，洗面謂之靧。"

"乃同召太保奭"至"百尹、御事"，朱子曰："《顧命》排得三公、三孤、六卿齊整。召公、畢公、毛公是三公，芮伯、彤伯、衛侯是三孤，太保是冢宰，芮伯是司徒，衛侯康叔爲司寇，所以《康誥》中多説刑三公，只是以道義傅保王者，無職事官屬，却下行六卿事。漢時太傅，亦無官屬。"潘士遴曰："叙畢公於二伯後，叙毛公於衛侯後，叙六卿，不叙三公也。"愚按：孔《傳》："冢宰第一，召公領之。司徒第二，芮伯爲之。"此皆兼官，何爲或曰領，或曰爲也？據孔穎達《疏》："高官兼攝下司者，漢世以來，謂之爲領。"〇王肅云："彤，姒姓之國。其餘五國，姬姓。畢、毛，文王庶子。"愚謂自召公以下，如畢公、芮伯、《書序》："芮伯作《旅巢命》。"衛侯、毛公等，俱歷文、武、成、康四朝，老成舊德，碩輔重望，輝映一時，想見成周人才卓絶千古。

此節書法妙絶，以"同召"二字作一總冒，以下首書太保奭，書官書名，以其爲元勳，係天下之望，殊之於衆也。以下芮伯、彤伯、畢公、衛侯、毛公，書爵而不書名，略也。師氏、虎臣、百尹、御事，書官而不書人，以下文方見，故此略之也。或曰：師氏、虎臣等，下文實未曾見，何爲將傳顧命同召之也？曰：此傳注無明文，故讀者忽而不察耳。今試仔細玩味，《注》云："師氏，大夫官。虎臣，虎賁氏。百尹、御事，百官之長及諸御治事者。"又按：《牧誓》"師氏"注云："以兵守門者，猶《周禮》師氏，王舉則從。"二師氏注前後不同，然此之師氏即彼之師氏也，同是大夫之職，爲王宿衛之臣，即下文所命仲桓、南宫毛是也。又如下文所稱冕而執劉、執鉞、執戣、執瞿、執鋭蔡《傳》據《説文》，鋭當作鈗。皆是也。按：冕，大夫服，故知冕者皆大夫。所謂虎臣者，即齊侯吕伋是也。吕伋以齊侯領虎賁氏，故曰"以二干戈，虎賁百人"。然則經所云師氏、虎臣，乃至下文方見，各有職事，非徒召之也。此文家前略後詳之法，前書官而不書名，後書名而不書官，錯綜入妙也。至百尹、御事，則下文所謂"命士須材"及狄人及陳設諸物之官，並弁而執惠、執戈者皆是也，以其職卑，故不書名也。如此看去，書法詳略錯綜，明暗互參，即此一節，文法極爲入妙也。

成王憑几末命，神色安閑，訓辭精密，如"今天降疾"，只此一句，便不負文武大訓，蓋所謂天降疾者，明兢業守成，無敢昏逾。今兹之疾，乃天降之災，非己自致也。吕東萊云："弗興弗悟，血氣之病耳。若志氣則無敢昏逾者，初未嘗病也。"

"柔遠能邇，安勸小大庶邦"二語，乃致治保邦之要道也。"思夫人自亂于威儀，爾無以釗冒貢于非幾"二語，乃檢身克己之良謨也。帝王傳心精語，盡此四言，乃於臨終顧命發之，光有天下四海，刑措爲守文令主，不亦宜哉。篇中所書有三門，其實止一門耳，隨事而異其名，故讀者或習而不察。"逆子釗于南門之外"，南門，路門也，一名畢門，一名端門，又名虎門。謂之路寢門者，路門内爲王宫寢之處，故曰路寢門。逆子曰南門者，南嚮明，萬姓咸覩，與天下共之也。稱曰子，未成君也。下延入翼室，即謂路寢翼室也。翼室在路門内，初喪未爲梁闇，故以東夾室爲恤宅之地也。"二人雀弁，執惠，立于畢門之内"，畢門即南門，變南言畢者，著其實也。因此節詳叙由門而階，而堂而垂，皆以次而及，故不曰南門，曰畢門也。"太保降，收，諸侯出廟門俟"，此廟門非他，亦路寢門也。不曰路，不曰畢，而曰廟門者，成王之殯在焉，故變文言廟。其實兹三門者，皆指一門耳。

"黼扆綴衣"，黼扆，屏風；綴衣，幄帳，二物相似而不同。孔穎達《疏》引《周禮・幕人》"掌帷幕幄帟綬之事"，鄭云："在旁曰帷，在上曰幕，帷幕皆以布爲之。四合象宫室曰幄，王所居之帳也。帟，王在幕，居幄中坐，上承塵也。幄、帟皆以繒爲之。”然則幄帳是黼扆之上所張之物。

“牖間南嚮”，即設黼扆之處也。《注》云：“平時見群臣、覲諸侯之坐。”蓋即所謂天子當倚而立，負扆以朝者是也。其地本在户牖之間，經文不曰户間，止曰牖間者，省文也。按：《爾雅·釋宫》云：“牖户之間謂之扆。”李巡云：“謂牖之東户之西。”黼扆本屏風名，據《爾雅》文，則扆自是户牖間地名，蓋以屏置其地，因亦名屏爲扆也。

“西夾南嚮”，何以不言“東夾”？周人殯於西階之上，時成王殯在西序，故此及下文陳設皆西爲上，其東夾室則爲恤宅之地，即上文所謂“翼室”也，故此經止有西夾，無東夾。

“出綴衣于庭”節，蔡《傳》引《喪大記》：“疾病，君徹懸，東首於北牖下。”愚按：“牖”字恐誤。古人有南牖，無北牖，竊謂“牖”字是“墉”字之誤耳。又“敷重篾席”，蔡《傳》：“篾席，桃竹枝席。”此據古注也，“竹”字衍。《爾雅》：“桃枝四寸有節。”桃枝是竹名，不應云“桃竹枝”也。又“敷重豐席”，蔡《傳》：“豐席，筍席也。”“筍”字誤，蓋作筍則與下文西夾席同。孔《傳》訓“豐”爲“莞”，《本草》曰：“蒲，一名苻蘺，楚謂之莞。”鄭《箋》云：“莞，小蒲也。”而《司几筵》有莞筵、蒲筵，則是蒲有大小，故異其名耳，然則“筍”字是“莞”字之誤耳。〇又《康王之誥》“王出在應門”節，蔡《傳》：“應門之内，蓋内朝所在。”“内”字誤，當云“外朝所在”也。以上皆傳注之誤，故正之於此。

金氏履祥曰：“古者前爲堂，後爲室。室中以東向爲尊，户在其東南，牖在其南。户牖之外爲堂，以南向爲尊，其位在户外之西，牖外之南。故《爾雅》‘户牖之間謂之扆’，謂設扆之處也。此所謂牖間南嚮之坐也。”以上“牖間南嚮”。又曰：“《爾雅》：‘東西牆謂之序。’蓋古者宫室之内以墉牆爲隔，猶今以壁隔也。東西牆猶言東西壁，壁之外即夾室，故又曰‘東西廂謂之序’。自堂言之，則東西壁爲序；自夾室言之，則牆乃夾室之牆也。夾之前謂之廂，故夾室亦通可謂之廂矣。”以上“西序東嚮”。又曰：“賈氏注《禮》曰：‘序以西爲正堂，序東有夾室。’蓋士惟東房西室，乃以室户房間爲中，房前東壁爲序，序東有夾，惟天子諸侯則有東西房，有東西夾。”以上“東序西嚮”。孔氏穎達曰：“夾室是隱映之處。”又曰：“房與夾室實同而異名。天子之室有左右房，房即室也。以其夾中央之太室，故謂之夾室。此坐在西廂夾室之前，故繫夾室言之。”以上“西夾南嚮”。又曰：“鄭康成云：‘序内半以前曰堂。’此立於東堂、西堂者，當在東西廂近階而立也。”以上“立於東堂”“立於西堂”。蔡《傳》：“東西堂，路寢東西廂之前堂也。”蔡《傳》：“東西垂，路寢東西序之階上也。”又曰：“垂，堂上之遠地也。”以上“立於東垂”“立於西垂”。

赤刀，孔《傳》：“寶刀，赤刃削。”按《考工記》：“築氏爲削，合六而成規。”鄭《注》云：“曲刃刀也。”然則此刀是曲刀也。

“王三宿，三祭，三咤。”咤，奠爵也。此據孔氏《疏》，蘇氏則以爲“至齒不飲，與‘嚌’同義”，非也。陳氏櫟云：“考字書，‘詫’與‘咤’同，陟駕反，祭奠酒爵也。‘咤’本‘詫’字，傳寫訛耳。”由是觀之，則咤訓奠爵，不可易也。

“太保受同，降盥，以異同秉璋以酢。”酢，報祭也。太保必與王異同者，孔《疏》：“祭祀以變爲敬，不可即用王同。”愚謂傳顧命之始，正明禮制之時，尊卑别嫌，所以必異同也。

《康王之誥》與《顧命》止是一篇文字，觀開首直接上篇來，聯而不斷。朱子曰：“伏生以《康王之誥》合於《顧命》，今除却《序》文讀著，則文勢自相接連。”

誕受羑若，蘇氏以羑爲羑里，“文王出羑里之囚，天命自是始順。”或曰：“羑若”即下文之“厥若”也，羑、厥或字有訛謬。然此句終覺奥僻難解，姑闕之可也。

《朱子語類》：“問：太保稱成王，獨言‘畢協賞罰’，何也？曰：只爲賞不當功，罰不當罪，故事差錯。若畢協賞罰，非至公至明，何以能此？又問‘張皇六師’。曰：古者兵藏於農，故六軍皆寓於農。‘張皇六師’只是整理民衆底意思。”愚按：朱子此語似不欲以“張皇六師”作大戒戎備解，然《立政》之“克詰戎兵”與此句正同一例。周、召之訓嗣君如出一口也，即謂大戒戎備，亦無不可，不必如朱子云云也。又金履祥云：“六師，天子六軍，猶云萬乘爾。‘張皇六師’即云振天子之職。”其解亦迂，總不如蔡《傳》爲明白。

“丕平富，不務咎”，乃薄斂輕刑之意。“厎至齊信，用昭明于天下”，乃充實光輝，誠中發外之意。止此四語，將文武仁心治象和盤託出，想見古人文字簡明，辭不煩而義舉。《朱子語類》：“潘時舉問：康王釋喪服而被衮冕，受虎賁之逆於南門之外，且受黄朱圭幣之獻，諸家皆以爲禮之變，獨蘇氏以爲失禮，使周公在，必不爲此。未知當此際合，如何區處？曰：天子諸侯之禮，與士庶人不同，故《孟子》有‘吾未之學’之語，蓋謂此類耳。如《伊訓》元祀十有二月朔，亦是新喪，伊尹已‘奉嗣王祗見厥祖’，固不可用凶服矣。漢唐新主即位，皆行册禮，君臣亦皆吉服，追述先帝之命以告嗣王。《韓文外集·順宗實録》中有此事可考。蓋易世傳授，國之大事，當嚴其禮，而王侯以國爲家，雖先君之喪，猶以爲己私服也。五代以來，此禮不講，則始終之際，殊草草矣。"○"康王釋斬衰而服衮冕，於禮爲非，孔子取之，又不知如何。設使制禮作樂，當此之職，只得除之。"陳氏櫟曰："證之朱子之説，當制禮職一條，固主蘇氏。答潘子善一條，未嘗必主蘇氏。但未知二説孰先孰後耳，莫若兩存之。"愚謂蘇説固正大，朱子前一説亦自可參，乃蔡《傳》不取朱子之説而獨取蘇氏，故備録朱子兩説及陳櫟所述，以補傳注之闕云。

按《書序》："康王命作册畢，分居里，成周郊，作《畢命》。"愚謂《序》首句文義難通，或有闕文，不然册畢之畢，不知是何語也。

《畢命》一篇，以"保釐"二字盡之，保，安也；釐，理也。安之以仁，理之以義，仁至義盡，風俗美而澤潤洽，又何淑慝之用旌别，而安危之繫殷士也，故終以"不剛不柔，厥德允修"結之。不剛，即保也；不柔，即釐也。"厥德允修"，則保釐之效，而成終之事畢矣。

"旌别淑慝"七句，正言釐之之實，然旌别之心，要欲使人人皆化於善，登之仁壽。兹釐也，乃所以爲保也。至"申畫郊圻，'圻'與'畿'同。慎固封守"，則又嚴於内治外治之道。旌别以化之，慎固以防之，所謂"王公設險以守國"，"重門擊柝，以待暴用"，以戒備戎心，尊嚴王畿，王畿安則四海安，故曰"以康四海"。

"政貴有恒，辭尚體要，不惟好異"，此舉立政修辭之要以化商俗也。"不惟好異"總承上二句。夏氏僎曰："政而好異，則悦須臾而厭持久，不能有恒。言而好異，則言浮於理，言徒多而理不足，安能體要？"

"雖收放心，閑之惟艱"，"放心"二字，始見於此。人心者，風俗之本，此商俗靡靡所由來也。心放則驕淫矜侉，曰蕩、曰奢麗、曰怙侈、曰服美，總一驕淫矜侉耳，則皆所謂放心也。心放則欲勝義，怠勝敬，陽消陰長，則違禮悖道滅義，至於漸成風俗，其流乃至於敝化，必然之勢也。收放心之道，惟在閑之；閑之之法，又在訓之，訓以德義而已。德義，所以收此心而不至於放之具也。然德義是恒心，必先以有恒産，"資富能訓，惟以永年"，則有恒産而有恒心。恒其德，斯恒其命矣。如此則商民皆善，無慝可别，所謂"道洽政治""克成厥終"者，如此豈不慶流社稷，澤潤生民哉？故曰"予小子永膺多福"，又曰"子孫訓其成式惟乂"。

《朱子語類》:"問:《君牙》《冏命》等篇,見得穆王氣象甚好,而後來乃有車轍馬迹馳天下之意,何如?曰:此篇乃内史之屬所作,猶今之翰林作制誥。然如《君陳》《周官》《蔡仲之命》《微子之命》等篇,亦是當時此等文字,自有格子,首呼其名而告之,末又爲'嗚呼'之辭以戒之,篇篇皆然,觀之可見。"

"亦惟先王之臣",孔《注》作"先正"。

《周禮》"太僕",下大夫也。伯冏爲太僕正,此據蔡《傳》,漢孔氏以爲太御,中大夫,故下文命作太正。穆王何以鄭重命之如此也?張氏栻曰:"公卿進見有時,僕御褻近無間。有時者見其尊嚴,無間者知其情性。方其進見,君臣之分甚嚴,未易犯其顔色。及其褻近,君臣之情無間,故可糾其過失。救過於無間之時易爲力,救過於既發之後難爲功。懋德交修,正侍御僕從之職也。"愚謂知此則知《冏命》一篇之義矣。

朱子曰:"古者人君左右執賤役皆士大夫,日相親密,所謂'侍御僕從,罔匪正人'。漢世禁中侍衛,亦皆士大夫。"

"出入起居"四句,指文武言。蔡《傳》無文,陳大猷以爲就太僕職掌而言,恐非。

《吕刑》一篇,專訓贖刑,誠如九峰蔡氏所譏,而哀矜惻怛,周詳懇到,曲盡聽獄情狀及後世用刑之利弊,忠厚之意,藹然流露於楮墨間,讀者原其心而取其意可也。

古者兵刑合爲一官,蓋其事理本相因也。兵氣一動,則平民漸爲寇盜,不得不爲重法繩之,故嘉兵之後未有不繼以嚴刑者也。穆王訓刑,首稱蚩尤作亂。蚩尤,倡始爲兵者,《管子》曰:"蚩尤受盧山之金而作五兵。"兵者,刑之源;刑者,兵之流,故下即以苗民制刑繼之。朱子乃曰:"《吕刑》一篇,如何穆王説得散漫,直從苗民、蚩尤爲始作亂道起。"故因朱子之説,而附論其大義如此。

國將興,聽於民;將亡,聽於神。神怪皆起於衰亂之世,忠信漓而後有詛盟,故曰"罔中于信,以覆詛盟";淫祀絶而後妖怪息,故曰"絶地天通,罔有降格"。地,民也;天,神也。天道遠,人道邇,天與民本不相通,妖亂者爲之耳。降,神降也;格,民格也。張氏九成曰:"絶在地之民,使人不得以妖術格在天之神;絶在天之神,使人不得假其名字以降於在地之民。"四語極明白的當。"明明棐常",蔡《傳》謂"精白一心,輔助常道。"陳氏櫟則謂:"明顯明之理,使人不惑於茫昧之説;輔經常之道,使人不撓於妖怪之習。"以明對茫昧看,常對妖怪看，理亦可通。

皇帝，蔡《傳》指舜。重黎，即羲和。然據《虞書》，命羲和者，堯之事，非舜也。又按：《國語》："三苗復九黎之德，堯復育重黎之後，不忘舊者，使復典之命。"重黎既是堯，則皇帝亦當指堯也。惟"遏絶苗民"，乃是指舜耳。

伯夷典禮而折民惟刑，禮与刑非二物。皋陶明刑而以教祇德，德與刑爲一原。

"何度非及"，及，秦漢之間謂之逮。蘇軾云"罪非己造，爲人所累"是也。今世俗語猶曰"逮累"。嗚呼！漢世詔獄所逮或至數萬人，酷矣哉！

"五過之疵"至"其罪惟均"，林之奇以爲失出，吕祖謙以爲故縱，故縱即律所謂故出也。乃林不言失入，吕不言故入，皆止説得一面，未免一偏。惟孔安國謂"五過之病，出入人罪"，兼出入説，即律故出入、失出入人罪之説也，方爲完備，故蔡《傳》從之。

"五刑之疑有赦，五罰之疑有赦"，與上節互相足。上節止言五過而不及刑罰，舉輕以見重也；此節言刑罰而不及五過，舉重以該輕也。或謂蔡《傳》"刑疑有赦，正於五罰也；罰疑有赦，正於五過也"，蓋正於五過即是赦之，蔡《傳》所謂"質於過而宥免之"是也。但愚竊疑"正於五過"則是仍得小罪，未必便是肆赦，故王安石引《周禮》"過而未麗於法者，桎梏而坐諸嘉石，役諸司空"，此治五過之法，非免釋之也。據此則五過非即宥免，何得便謂之赦？竊意所謂赦者，乃《舜典》"眚災肆赦"，縱而釋之之謂，連五過也没有了，如此方算得個赦。若據蔡《傳》，正於五罰、五過便是赦之，如此説，終覺未安。孔穎達《疏》云："刑疑有赦，赦從罰也；罰疑有赦，赦從免也。"此説較分明。

"簡孚有衆，惟貌有稽，無簡不聽"，蓋必簡核情實，可信者衆，然後考察其容貌，貌字該氣色耳目。即《周禮》所謂"色聽者"。然聽獄終以簡核爲本，苟無情實，即容貌可稽，終不聽也。蓋公堂之上，愚民惶怯，往往有無辜連坐，一經訊鞫便驚惶失措者。若聽獄者稽其容貌，便與連坐，則冤濫多矣，故"惟貌有稽"即繼之曰"無簡不聽"，用意極曲折周到也。

鍰，罰金六兩曰鍰。孔安國曰："鍰，黄鐵也。"孔穎達曰："古者金、銀、銅、鐵總號爲金。此傳言黄鐵，《舜典》傳言黄金，皆是今之銅也。古人贖罪，悉皆用銅。"愚按：古人兵器亦是用銅。《左傳》鄭伯朝楚，楚賜之金。杜《注》亦曰銅也。古者銅之利多於鐵，故《禹貢》止梁州貢鐵也。

舜、皋陶曰欽曰中，蘇公曰敬曰中，此心法之要也。《吕刑》言敬者七，言中者十，蓋用刑之本在敬與中，用心以敬爲主，用法以中爲主。○篇中曰哀、曰明、曰清、曰正、曰審克，總不外敬、中二義。

官伯族姓，官，典獄之官；伯，諸侯；族，同族；姓，異姓。此據孔《傳》也。孔穎達曰："襄十二年《左傳》云：'異姓臨於外，同族於禰廟。'是相對，則族爲同族，姓爲異姓也。"

"民之亂，罔不中聽獄之兩辭，無或私家于獄之兩辭"三句，蔡《傳》未釋，大意謂治民之道，無得偏聽于獄之兩辭，無或圖私家之利于獄之兩辭，即下文所謂"獄貨"也。又按：家禍之家，亦此家字，所謂"無或私家于獄之兩辭"者，戒其不要私擬供辭家禍於人，似亦可通，姑存之以俟知者。"獄貨非寶，惟府辜功，報以庶尤"，言鬻獄者惟聚罪狀，王法所必加也；降之百殃，冥謫所必及也。"天罰不極，庶民罔有令政在于天下"二句，蔡《傳》亦未釋。按：陳氏師凱云："獄貨之人，天若不極罰之，則庶民不得蒙令善之政於天下也。"

"哲人惟刑，無疆之辭，屬于五極"，蔡《傳》云："哲人用刑而有無窮之譽。"此從注疏舊解也。徐僑、胡士行則謂情僞之辭，紛來無疆，惟哲人以理燭之，而各協其極。至"屬于五極"，蔡《傳》徑指五極爲五刑。陳櫟頗疑之，而以此極爲標準之名，謂"折獄能係屬於五刑之標準，所以皆合中理而有福慶也。"亦足以備一解。

《文侯之命》，訓辭孱弱而無立志，誠如先儒所譏。胡氏安國曰："《詩》降於《黍離》，《書》止於《文侯之命》，於是《春秋》作矣。"愚謂《書》終於平王，《春秋》始於平王，聖人皆有深意存焉。

《費誓》首云"淮夷、徐戎竝興"，篇終止云"征徐戎"者，蓋量敵之堅瑕緩急而攻之也。張氏沂曰："逸書《成王政》之序言'成王東伐淮夷'，唐孔氏引《費誓》序言王伐淮夷，魯伐徐戎，然則魯侯乃佐王征討也。"愚謂據此則魯侯所征惟徐戎，與《費誓》所稱相合。《匡謬正俗》云："《費誓》序云'東郊不闢'，徐仙音開。按《説文解字》及張揖《古今字詁》，闓，古開字；闢，古闢字。"

孔安國曰："伯禽爲方伯，監七百里内之諸侯，帥之以征。"孔穎達曰："下云'魯人三郊三遂'，指言'魯人'，明於時軍内更有諸侯之人也。"

孔穎達曰："《世本》云：'少康子杼作甲。'《説文》云：'胄，兜鍪也。兜鍪，首鎧也。'經典皆言甲胄，秦世以來始有鎧、兜鍪之文。古作甲用皮，秦漢以來用鐵，鎧、鍪二字皆從金，蓋用鐵爲之。鄭云：'敹，謂穿徹之。'謂甲繩有斷絶，當使敹理穿治之。干是楯也。紛如綬而小，繫於楯以持之，以爲飾。王肅云:“敵楯當有紛繫持之。”每弓百矢,弓十矢千,使其數備足。《毛傳》云:‘五十矢爲束。’或臨戰用五十矢爲束。凡金爲兵器,皆須鍛礪。有刃之兵,非獨戈矛,其文互相通。”

“今惟淫舍牿牛馬”,蔡《傳》云:“牛馬所舍之閑牧,大布於野。”愚案:閑,牢也;牧,放也。兼之方備,孔《傳》止説得放牧耳。案:《周禮·冥氏》:“掌爲穽擭,以攻猛獸。”穽,穿地爲之。擭,即穽上機檻也。

婦人在軍中,兵氣恐不揚,李陵搜得軍中女子皆斬之,如何有“臣妾逋逃”?金履祥曰:“臣妾,軍中奴婢薪炊者。戎車,甲士三,徒七十二,外有餘子二十五人,即臣妾也。《石壕吏》云:‘老嫗力雖衰,請從吏夜歸。急應河陽役,猶得備晨炊。’蓋紀實也。”

“師出以律,否臧凶”,軍中最要整纔,謂之節制。故戒越逐、戒寇攘、戒竊誘,皆恐其失律亂行也。

糗糧,林之奇曰:“《説文》云:‘糗,熬米麥也。’謂熬使熟,又擣之以爲粉也。”

“甲戌,我惟築。”孔穎達曰:“當築攻敵之壘,距堙之屬。兵法攻城,築土爲山,以闚望城内,謂之距堙。”

三郊三遂,孔穎達曰:“《周禮·司徒》‘萬二千五百家爲鄉’。《司馬法》萬二千五百人爲軍。天子六鄉六軍,則諸侯亦當三鄉三軍。《周禮》又云:‘萬二千五百人爲遂。’《遂人職》云:‘以歲時稽其人民,簡其兵器,以起征役。’則六遂亦當出六軍,鄉爲正,遂爲副耳。鄭衆云:‘六遂之地,在王國百里之外。’然則王國百里爲郊,鄉在郊内,遂在郊外,諸侯之制,亦當如是。此言‘三郊三遂’者,三郊謂三鄉也。”

《秦誓》聲情伉直,氣韻激昂,想見穆公兵敗悔過氣象。秦俗强悍,亦於斯可見也。

《秦誓》獨得文章雄直之氣,亦風土使然也。觀《詩·駟鐵》等篇可見。

旅力既愆,陳氏師凱曰:“古注云:‘旅力,衆力也。’張氏曰:‘衆力,如目力、耳力、手足之力。’既愆,已皆不能及人也。”

“昧昧我思之”,善形容思者之狀。蓋思之深者,往往極於眩惑瞀亂,不至昧昧,必非思之深者也,故蔡《傳》云:“深潛而静思也。”

一介臣,即“一介之士”之介。蔡《傳》:“介,獨也。”王氏樵曰:“獨立無朋也。”

此二節雅善，形容君子小人之情狀，非深思者不能道，故以“昧昧我思之”爲二節總冒。

“其心好之，不啻如自其口出”，此其心之真切，又甚於視“有技若己有之”矣。蓋凡人好德之心，尤甚於憐才也。

“人之有技，冒冒，《大學》作“媢”。疾以惡之”，此人必是有技者。蓋凡人以才自結於君，則惟恐他人形己之短，妨己之進也。

“邦之杌隉”節，蔡《傳》云：“申繳上二章意。”則“一人”即指上兩等臣，此注疏舊説也。至吕祖謙則云：“安危皆由我一人所任，公所以責己也。”宋儒薛季宣、黄度皆同此解。愚謂：據此尤與穆公悔過之意相合，似亦可從也。

胡安國曰：“《書序》專取穆公悔過，主於勸善，其詞恕；《春秋》備書秦晉用兵之失，兼於懲惡，其法嚴，故人晉君而以狄視秦也。”

尚書評注

（清）牛運震 撰
鍾雲瑞 劉 娜 點校

《尚書》總論

《書》有古文、今文之異，今文傳自伏生，而古文最晚出；又今文多古奥，而古文反平易，是以後儒多疑其僞，不知漆書古文自後漢時已行於世。杜林、賈逵傳授俱有本末，特不列於學官，故未宣布。至豫章内史梅賾所上，乃孔安國古文《書傳》，非古文《尚書》，至東晉而始出也。至云今文古奥而古文平易者，或則典、謨、誓、誥、訓、命體格之不同，或則虞、夏、商、周史官手筆之各異。況今文之古奥佶聱者，古文中亦皆有之，非古文偏有此平易也。今文如《皋陶謨》《益稷》《無逸》等篇亦無甚佶屈難讀之句，又非今文盡無平易者也。孔穎達謂古文《尚書》“其意富而備，其詞宏而雅，是以復而不厭，久而愈亮”，則古文《尚書》未可疑也。《書序》本序作《書》之意，蓋歷代史官相傳舊文以爲《書》之總目，猶《詩》之有小序也。或謂《詩序》可存，《書序》不可信，不知其挈綱領要，往往括事蹟之本末，得其大旨而補篇辭所不及，且質奥簡古雅，與《書》辭相稱，似非後人所能爲，則《書序》未可删也。學者讀《書》，考其義類之精，而綜其旨趣之奥，可以觀天文焉，如堯舜之命羲和，鳥、火、虚、昴以定分至之纏次中星，則春夏秋冬無不正也；閏月定時以爲置閏之始，璇璣玉衡以爲渾象之原，此非其推求之精歟？可以察地理焉，如《禹貢》之敷土方，分九州以經之而疆域貢道詳明，總山川以緯之而南北二條、陰陽四列森布；至若三江九河之辨，碣石、雲夢、黑弱二水之考，此非其圖經之著而爲學者所宜詳歟？可以明人事焉，如《洪範》之叙彝倫，建皇極，以正位居中，而本之於身心，推之於政事，參之於氣化，徵之於風俗，然後爲天德王道之全而極位育參贊之事也。他如《康誥》《吕刑》可以明刑律，《立政》《周官》可以考官制，《甘誓》《牧誓》《費誓》可以講兵法，《伊訓》《説命》《無逸》可以勵臣道而崇君德,“十體”“七觀”可以正文體而觀世變,此又其道政事之卓卓大者。若其諸儒傳注異同、得失之辨,舉其約要,則百姓之爲百官也,四岳之爲一人也;如五器卒乃復者,乃既聘而還圭璋,非事畢而還都也;分北三苗之爲北其君,三苗丕叙之爲叙其民也。《皋陶謨》《益稷》《顧命》《康王之誥》不可分,《舜典》有“夔曰:於! 予擊石拊石”之句不可删,《康誥》有“惟三月哉生魄,周公初基作新大邑”之文不可移。仲虺所云“若苗有莠,若粟有秕”,指簡賢附勢之徒,非目湯也;伊尹所云“自周有終,相亦惟終”,乃以周爲君,非謂忠信爲周也;周公封康叔而誥之,非自成王;周公居東即征東,不可以居東、征東爲兩事,又不可以“我之弗辟”之“辟”爲避居東也;周公營洛,未嘗居洛,不可以“命公後”之“後”爲東都留後也;太甲元紀“十有二月乙丑”,正殷人踰月改元之制,不可據是以爲改朔不改月也;康王釋冕反服,正得居喪,廟見諸侯之禮,不可議此以君臣冕服爲失禮也。凡此皆《書》家争論聚訟之條,按理考事,當有折衷,舉一例,餘皆可類推也。

尚書評注卷一

虞書

堯典

今文、古文皆有。

曰若稽古,帝堯曰放勳,欽明文思安安,允恭克讓,光被四表,格于上下。

一起九字,句法拙重,壓得住。贊堯德只"欽明"下十字,淵懿古粹。"安安"疊字渾而活,"恭讓"上添"允克"字便靈動疏豁。

克明俊德,以親九族;九族既睦,平章百姓;百姓昭明,協和萬邦;黎民於變時雍。

"平章""協和"字字有次序,有血脈。"黎民"句拖長錯綜,添兩虛字便有詠歎。"百姓"即百官,若作民庶,便與"黎民"句複,且民庶不可言"昭明"。

乃命羲和,欽若昊天,歷象日月星辰,敬授人時。

另提起,鄭重敦厚,所謂典册之文。"欽若"云云古甚,奥氣磅礴;"歷象日月星辰",鍊句精奥。"授"字用得奇。

分命羲仲,宅嵎夷,曰暘谷,寅賓出日,平秩東作。日中星鳥,以殷仲春,厥民析,鳥獸孳尾。申命羲叔,宅南交,平秩南訛,敬致。日永星火,以正仲夏,厥民因,鳥獸希革。

陳氏曰:"'南交'下當有'曰明都'三字。"似此臆經甚固,推之當有不勝其添綴者。

分命和仲,宅西曰昧谷,寅餞納日,平秩西成。宵中星虛,以殷仲秋,厥

民夷，鳥獸毛毨。申命和叔，宅朔方，曰幽都，平在朔易。日短星昴，以正仲冬，厥民隩，鳥獸氄毛。

“寅賓”“寅餞”字法好。歷官推步事却寫得情致充悦雅甚。“析”“因”“夷”“隩”“孳尾”“希革”“毨”“氄”等字寫人民鳥獸神理入微。東言地，西不言地。“昧谷”言西，“暘谷”不言東。“朔方”言方不言地，南方舉方與地並言之。東言“暘谷”，西言“昧谷”，北言“幽都”，獨南方不言“明都”，較三方獨闕。南言“敬致”，北則無有，又北略南詳。春言“日中”，秋則言“宵中”。春“中星”言形，夏“中星”言次，秋、冬“中星”又舉七星之一，錯綜變換，即此四段可悟古文之法。四段精華典貴分見，互載處尤錯綜入妙。

帝曰：“咨！汝羲暨和，朞三百有六旬有六日，以閏月定四時成歲。允釐百工，庶績咸熙。”

總收敦古整練。長短句錯綜貫串，一氣疊下而歷歷分明，即此可悟古文練句之法。“允釐百工”二句煞整練平穩，節奏俱妙。

帝曰：“疇咨若時登庸？”放齊曰：“胤子朱啟明。”帝曰：“吁！嚚訟，可乎？”

另提起，爲舉舜作緣引，細分之，“胤子朱”一段預爲攝政伏案；共工、鯀二段又遥爲誅四凶伏案。“嚚訟”句冷峭口吻如生。

帝曰：“疇咨若予采？”驩兜曰：“都！共工方鳩僝功。”帝曰：“吁！静言庸違，象恭滔天。”

“鳩僝”字法奇奧。“象恭滔天”語奇横。蔡氏云“滔天二字未詳”，又云“與下文相似”，然則當求下文“滔天”作何解，而此乃云未詳，何也？

帝曰：“咨！四岳，湯湯洪水方割，蕩蕩懷山襄陵，浩浩滔天。下民其咨，有能俾乂？”僉曰：“於！鯀哉。”帝曰：“吁！咈哉，方命圮族。”岳曰：“异哉，試可乃已。”帝曰：“往欽哉！”九載績用弗成。

“四岳”下連用三排句横，甚渾灝莽蒼，有拍天駕岸之勢。“懷山襄陵”形容奇。“方”字、“圮”字，字法新古。“登庸”“若采”“治水”三段預作線引後文，俱有照應，古文章法結構一一可按。若分作二册，則章法斷缺，成何體制。

帝曰：“咨！四岳，朕在位七十載，汝能庸命，巽朕位？”岳曰：“否德，忝帝位。”曰：“明明，揚側陋。”師錫帝曰：“有鰥在下，曰虞舜。”帝曰：“俞！予聞，如何？”岳曰：“瞽子。父頑，母嚚，象傲，克諧以孝，烝烝乂，不格姦。”帝曰：

“我其試哉！女于時，觀厥刑于二女。”釐降二女于嬀汭，嬪于虞。帝曰：“欽哉！”

點“七十載”紀年甚分明，後文“正月上日”等日月俱有本據。“明明”疊字，言“明明”，舉側陋之人也。蔡注支離，不成文理。“有鰥在下，曰虞舜”，其辭未畢也，中間横攔“帝曰”一問，神情飛動。《左傳》魏絳説有窮后羿中間陡入“公曰后羿何如”，與此叙法正同。“女于時”四句疊連迴復，寫出帝堯綢繆無已至情。綴“帝曰欽哉”于一段之末，倍極精神。

舜典

今文、古文皆有。今文合于《堯典》，而無篇首二十八字。

曰若稽古，帝舜曰重華，協于帝。濬哲文明，温恭允塞，玄德升聞，乃命以位。

“帝曰欽哉”之下著此二十八字，隔斷文理，章法結構亦未善，此《堯典》之不可不遵用今文也。

慎徽五典，五典克從；納于百揆，百揆時叙；賓于四門，四門穆穆；納于大麓，烈風雷雨弗迷。

此段接“帝曰欽哉”，所謂試也。脈理渾合，如有神助。“穆穆”二字，深厚善形容，《左傳》言“無凶人也”，亦善解。“烈風雷雨弗迷”寫出聖人精誠度量，神奇不測。“烈風”句有奇氣奥理。孔《傳》作“納于大録”，似不如“麓”字意長。

帝曰：“格，汝舜！詢事考言，乃言厎可績。三載，汝陟帝位。”舜讓于德，弗嗣。正月上日，受終于文祖。

“正月上日”，鄭重書之，是紀大事體制。“正月上日”即七十一載之正月上日也。前後點次年分月日，本極分明，若分作二册，此“正月上日”不知何年之月日矣。

在璿璣玉衡，以齊七政。

天文歷象之事最難言，看他只九字句，已能簡括其妙，典練高古，精彩非常。

肆類于上帝，禋于六宗，望于山川，徧于群神。

祭名，字字有意義。

輯五瑞，既月乃日，覲四岳群牧，班瑞于群后。

"輯瑞""班瑞"，字法新鍊。

歲二月，東巡守，至于岱宗，柴望秩于山川，肆覲東后。協時月正日，同律度量衡，修五禮、五玉、三帛、二生、一死贄，如五器，卒乃復。五月，南巡守，至于南岳，如岱禮。八月，西巡守，至于西岳，如初。十有一月朔，巡守至于北岳，如西禮。歸，格于藝祖，用特。

"修五禮"，"修"字貫下"五玉"等項，至"贄"字爲一句，"如五器"三字爲一句，錯綜對偶，句法入妙。"卒乃復"爲"如五器"而復還之禮，所謂既聘而還圭璋也。"如岱禮""如西禮"簡，字法鍊極；"如岱禮""如初""如西禮"，三段節節變换。《史記》録此文而總綴于後云"俱如岱宗之禮"，此省文法也。《尚書》必疊排三段而不肯少殺其詞，正古文拙重處。"文祖"稱號奇，"藝祖"尤奇。"藝"，始也，如言"樹藝五穀"之"藝"。謂"五玉"下九字誤脱，此解經而改經也，甚于秦火矣。

五載一巡守，群后四朝，敷奏以言，明試以功，車服以庸。

排叙宏整，所謂文字有數行不整齊處，必有數行整齊處也。

肇十有二州，封十有二山，濬川。

治水案至此始有照應。"濬川"句省"十有二"字，長短錯綜。

象以典刑，流宥五刑，鞭作官刑，扑作教刑，金作贖刑，眚災肆赦，怙終賊刑。欽哉，欽哉，惟刑之恤哉！

"象以典刑"鑄句。忽作敕誡語，惻然深厚。叙中夾斷，奇。

流共工于幽州，放驩兜于崇山，竄三苗于三危，殛鯀于羽山，四罪而天下咸服。二十有八載，帝乃殂落，百姓如喪考妣。三載，四海遏密八音。

收結帝堯。百姓，百官也。臣爲君應服喪三年，《孟子》引此文而云："舜率諸侯以爲堯三年喪。"此百姓即百官之證也。

月正元日，舜格于文祖。詢于四岳，闢四門，明四目，達四聰。

撰句極奇，鎔鍊之極，自成奇語。

咨十有二牧曰："食哉惟時！柔遠能邇，惇德允元，而難任人，蠻夷率服。"

"咨"，命語或對或錯，可悟文家换句之法。

舜曰:"咨,四岳！有能奮庸熙帝之載,使宅百揆,亮采惠疇?"僉曰:"伯禹作司空。"帝曰:"俞!"咨禹:"汝平水土,惟時懋哉!"禹拜稽首,讓于稷、契暨皋陶。帝曰:"俞,汝往哉!"

"有能"云云,長句極鄭重,是九節開端語。叙命官一段,"治水""若采"至此俱有收結。開端稱"舜曰",中間始稱"帝曰",分别明白,即一稱號亦不苟。率《史記・高帝紀》由沛公稱漢王,由漢王稱皇帝,正用此例。

帝曰:"棄,黎民阻飢,汝后稷,播時百穀。"

"阻飢"字法新。

帝曰:"契,百姓不親,五品不遜,汝作司徒,敬敷五教,在寬。"

九節節節變换,分合連截盡致。凡指一字,包括意思無窮,百世通行不盡,訓敕之中兼有箴銘,此其所以爲聖人之言與?

帝曰:"皋陶,蠻夷猾夏,寇賊姦宄。汝作士,五刑有服,五服三就,五流有宅,五宅三居,惟明克允。"

此以禹及稷、契、皋陶四人爲一截。

帝曰:"疇若予工?"僉曰:"垂哉!"帝曰:"俞!"咨垂:"汝共工。"垂拜稽首,讓于殳、斨暨伯與。帝曰:"俞,往哉！汝諧。"帝曰:"疇若予上下草木鳥獸?"僉曰:"益哉!"帝曰:"俞!"咨益:"汝作朕虞。"益拜稽首,讓於朱、虎、熊、羆。帝曰:"俞,往哉！汝諧。"

較咨工長短參差,文法變。此以"垂""益"平對爲一截。

帝曰:"咨,四岳,有能典朕三禮?"僉曰:"伯夷。"帝曰:"俞!"咨伯:"汝作秩宗,夙夜惟寅,直哉惟清。"伯拜稽首,讓于夔、龍。帝曰:"俞,往欽哉!"

又起一頭,法又變。寫"敬"字入微入化。

帝曰:"夔,命汝典樂,教胄子,直而温,寬而栗,剛而無虐,簡而無傲。詩言志,歌永言,聲依永,律和聲。八音克諧,無相奪倫,神人以和。"夔曰:"於!予擊石拊石,百獸率舞。"

詩樂次第,精理妙旨,包括"詩言志"四語,《樂記》中無此粹語。八人無言,夔獨贊美音樂之妙,唱歎鼓舞,神情飛動,章節錯綜,尤有異趣,不知者乃以爲錯簡耶!

帝曰:"龍,朕堲讒説殄行,震驚朕師。命汝作納言,夙夜出納朕命,惟允!"

"震驚"二字,想見初古風俗淳厚,較"鼓惑"字爲深。此以伯夷及夔、龍三人爲一截。

帝曰:"咨!汝二十有二人,欽哉!惟時亮天功。"

總收老健,極精神。

三載考績,三考,黜陟幽明,庶績咸熙。分北三苗。

又總收,層疊深厚。帶筆安頓三苗,妙,可謂"事無遺漏,筆有餘間"。

舜生三十,徵庸三十,在位五十載,陟方乃死。

收結帝舜。列帝舜年譜作結法變。"陟方"應以巡守之説爲是,韓子之説恐失之拘。

大禹謨

今文無,古文有。

曰若稽古,大禹曰文命,敷于四海,祗承于帝。曰:"后克艱厥后,臣克艱厥臣,政乃乂,黎民敏德。"

語亦刻苦,有力量。

帝曰:"俞!允若兹,嘉言罔攸伏,野無遺賢,萬邦咸寧。稽于衆,舍己從人,不虐無告,不廢困窮,惟帝時克。"

倒點。

益曰:"都!帝德廣運,乃聖乃神,乃武乃文。皇天眷命,奄有四海,爲天下君。"

此段用韻。

禹曰:"惠迪吉,從逆凶,惟影響。"

陗句。

益曰:"吁!戒哉!儆戒無虞,罔失法度,罔遊于逸,罔淫于樂。任賢勿貳,去邪勿疑,疑謀勿成,百志惟熙。罔違道以干百姓之譽,罔咈百姓以從己之欲。無怠無荒,四夷來王。"

此段用韻。

禹曰:"於,帝念哉!德惟善政,政在養民。水、火、金、木、土、穀惟修。正德、利用、厚生惟和。九功惟敘,九敘惟歌。戒之用休,董之用威。勸之以九歌,俾勿壞。"

祗此數語寫得生動、精實、深醇。

帝曰:"俞！地平天成,六府三事允治,萬世永賴,時乃功。"

帝曰:"格,汝禹！朕宅帝位三十有三載,耄期,倦于勤。汝惟不怠,總朕師。"

禹曰:"朕德罔克,民不依。皋陶邁種德,德乃降,黎民懷之。帝念哉！念兹在兹,釋兹在兹。名言兹在兹,允出兹在兹,惟帝念功。"

"邁種"字撮得奇。

帝曰:"皋陶,惟兹臣庶,罔或干予正。汝作士,明于五刑,以弼五教,期于予治。刑期于無刑,民協于中,時乃功,懋哉！"

此段借皋陶颺開。

皋陶曰:"帝德罔愆,臨下以簡,御衆以寬。罰弗及嗣,賞延于世。宥過無大,刑故無小。罪疑惟輕,功疑惟重。與其殺不辜,寧失不經。好生之德,洽于民心,兹用不犯于有司。"

徐退山曰:"'帝德'云云亦是排語,而錘鍊入妙,可作刑書通例。"偏至之論却抉得聖人苦心厚衷出。

帝曰:"俾予從欲以治,四方風動,惟乃之休。"

"風動"字法新而逸。

帝曰:"來,禹！洚水儆予,成允成功,惟汝賢。克勤于邦,克儉于家,不自滿假,惟汝賢。汝惟不矜,天下莫與汝争能。汝惟不伐,天下莫與汝争功。予懋乃德,嘉乃丕績,天之歷數在汝躬,汝終陟元后。"

此段少錯落,便自流動。

"人心惟危,道心惟微,惟精惟一,允執厥中。"

"無稽之言勿聽,弗詢之謀勿庸。"

"可愛非君？可畏非民？衆非元后,何戴？后非衆,罔與守邦？欽哉！慎乃有位,敬修其可願。四海困窮,天禄永終。惟口出好興戎,朕言不再。"

句稍拗折便清矯。"出好興戎"與上似不屬,插此句,驚動有精神。"敬修"句語妙。

禹曰:"枚卜功臣,惟吉之從。"帝曰:"禹,官占惟先蔽志,昆命于元龜。朕志先定,詢謀僉同,鬼神其依,龜筮協從,卜不習吉。"禹拜稽首,固辭。帝曰:"毋,惟汝諧。"

"枚卜"字法質奇。"官占"云云數句,古有奥氣。

正月朔旦，受命于神宗，率百官，若帝之初。

簡法。

帝曰："咨，禹！惟時有苗弗率，汝徂征。"禹乃會群后，誓于師曰："濟濟有衆，咸聽朕命。蠢兹有苗，昏迷不恭，侮慢自賢，反道敗德。君子在野，小人在位，民棄不保，天降之咎。肆予以爾衆士，奉辭伐罪。爾尚一乃心力，其克有勳。"

三旬，苗民逆命。益贊于禹曰："惟德動天，無遠弗届。滿招損，謙受益，時乃天道。帝初于歷山，往于田，日號泣于旻天，于父母，負罪引慝，祗載見瞽瞍，夔夔齊慄，瞽亦允若。至誠感神，矧兹有苗？"禹拜昌言，曰："俞！"班師振旅。帝乃誕敷文德，舞干羽于兩階。七旬，有苗格。

皋陶謨

今文、古文皆有。

曰若稽古，皋陶曰："允迪厥德，謨明弼諧。"禹曰："俞，如何？"皋陶曰："都！慎厥身，修思永。惇叙九族，庶明勵翼，邇可遠，在兹。"禹拜昌言，曰："俞！"

"允迪厥德"八字鑄一篇之局。"慎厥身，修思永"，精渾之極。中間插禹問作間隔，妙！"惇叙"之義，括人倫多少條理在内。

皋陶曰："都！在知人，在安民。"禹曰："吁！咸若時，惟帝其難之。知人則哲，能官人。安民則惠，黎民懷之。能哲而惠，何憂乎驩兜？何遷乎有苗？何畏乎巧言令色孔壬？"

"知人""安民"分兩柱作間架。"能哲"云云，崛强奇横，古文見力量處。

皋陶曰："都！亦行有九德。亦言其人有德，乃言曰：載采采。"禹曰："何？"皋陶曰："寬而栗，柔而立，愿而恭，亂而敬，擾而毅，直而温，簡而廉，剛而塞，彊而義。彰厥有常，吉哉！"

"載采采"虚按一筆，有精神。

"日宣三德，夙夜浚明有家。日嚴祗敬六德，亮采有邦。翕受敷施，九德咸事，俊乂在官。百僚師師，百工惟時。撫于五辰，庶績其凝。"

末句遒練典貴。

“無教逸欲,有邦兢兢業業,一日二日萬幾。無曠庶官,天工人其代之。”

“一日”句警鍊。“天工”句奇,穆然高古。

“天叙有典,勑我五典五惇哉! 天秩有禮,自我五禮有庸哉! 同寅協恭和衷哉! 天命有德,五服五章哉! 天討有罪,五刑五用哉! 政事懋哉懋哉!”

此節即所謂“天工人代”也。古調勁力,震疊崛奇,一篇警策争勝處。“典”“禮”“命”“討”本四項排列,中間却用“同寅和衷”句横擔一筆,便覺音節錯綜,氣格深厚,此古文用法變化之妙。

“天聰明,自我民聰明;天明畏,自我民明威。達于上下,敬哉有土!”

此節始説到“安民”,姑引其端而未竟其説。

皋陶曰:“朕言惠可厎行。”禹曰:“俞! 乃言厎可績。”皋陶曰:“予未有知,思曰贊贊襄哉!”

仍繳篇首“謨明弼諧”之旨。“思曰”者,所謂意心中之言也,若作“日”字,便淺露甚矣,改經之誤也。郝楚望云伏生所傳“贊贊襄哉”連下“帝曰來禹”爲一篇,孔書乃割“帝曰”下爲《益稷謨》,陋矣。此見陳本。

益稷

今文、古文皆有,但今文合于《皋陶謨》。

帝曰:“來,禹,汝亦昌言。”禹拜曰:“都! 帝,予何言? 予思日孜孜。”皋陶曰:“吁! 如何?”禹曰:“洪水滔天,浩浩懷山襄陵,下民昏墊。予乘四載,隨山刊木,暨益奏庶鮮食。予决九川,距四海,濬畎澮距川,暨稷播奏庶艱食鮮食。懋遷有無化居,烝民乃粒,萬邦作乂。”皋陶曰:“俞! 師汝昌言。”

以“昌言”作線聯絡無迹,插皋陶一問,正與篇首禹問映照生情。“鮮食”“艱食”字法生鍊。商賈事極卑瑣,“懋遷化居”寫得深微入神。“皋陶曰:俞! 師汝昌言”與“禹拜昌言曰:俞”遥應,更有變换。禹之所陳,乃正言安民之事也。安民之謨,皋陶啟之,而禹終之,此文理章法血脈貫串處。若截作兩篇,不惟文勢隔斷,而安民一節,其説究未完竟,成何篇章耶?

禹曰:“都! 帝,慎乃在位。”帝曰:“俞!”禹曰:“安汝止,惟幾惟康,其弼直,惟動丕應。徯志以昭受上帝,天其申命用休。”

錯落古奥,此數句即“允迪厥德”二句之旨,而後文明良康哉之義實本于此,此一篇樞紐轉健處。

帝曰:"吁! 臣哉鄰哉,鄰哉臣哉!"禹曰:"俞!"

返復祇徊,咨嗟有神。

帝曰:"臣作朕股肱耳目。予欲左右有民,汝翼。予欲宣力四方,汝爲。予欲觀古人之象,日、月、星辰、山、龍、華蟲作會,宗彝、藻、火、粉米、黼、黻、絺繡,以五采彰施于五色作服,汝明。予欲聞六律、五聲、八音,在治忽,以出納五言,汝聽。"

組列十二章陸離精華,此古文有色澤處。"在治忽"精語,作樂微旨不出乎此。

"予違,汝弼,汝無面從,退有後言。欽四鄰。庶頑讒説,若不在時,侯以明之,撻以記之,書用識哉,欲並生哉。工以納言,時而颺之。格則承之庸之,否則威之。"

屢用"之""哉"虚字,句法摇曳宕漾,有歌舞詠歎之神,不謂訓誥之文風韻如此。

禹曰:"俞哉! 帝,光天之下,至于海隅蒼生,萬邦黎獻,共惟帝臣。惟帝時舉,敷納以言,明庶以功,車服以庸,誰敢不讓? 敢不敬應? 帝不時,敷同,日奏罔功。"

"俞哉"下二十一字,長句大氣軒舉,氣象恢閎。反掉警策。

"無若丹朱傲,惟慢遊是好,傲虐是作。罔晝夜頟頟,罔水行舟。朋淫于家,用殄厥世。予創若時,娶于塗山,辛壬癸甲,啓呱呱而泣,予弗子,惟荒度土功。弼成五服,至于五千。州十有二師,外薄四海,咸建五長,各迪有功。苗頑弗即工,帝其念哉!"帝曰:"迪朕德,時乃功惟叙。皋陶方祗厥叙,方施象刑惟明。"

傲朱規聖,不嫌其戇。君前自叙室家事,不嫌其褻,一片真樸,自寫胸臆,淋漓沈酣,質極而肆,古文中絶大文字仍收到《皋陶》章法,迴顧首尾一片。

夔曰:"戛擊鳴球,搏拊琴瑟,以詠。"祖考來格,虞賓在位,群后德讓。下管鼗鼓,合止柷敔,笙鏞以間。鳥獸蹌蹌,《簫韶》九成,鳳凰來儀。

此處插"夔曰"二段,正承上文,言治定功成而樂作,又爲下文"帝庸作歌"作緣引,意極貫串而筆無痕迹,此古文若斷若連之妙。蔡氏乃怪其不與上下文勢相屬,何也?"以詠""以間"對待,爲章法,亦文字之節奏也。"合止柷敔",撰句。

夔曰:"於! 予擊石拊石,百獸率舞,庶尹允諧。"

重述疊歎,興會鼓舞。

帝庸作歌,曰:"敕天之命,惟時惟幾。"乃歌曰:"股肱喜哉! 元首起哉! 百工熙哉!"皋陶拜手稽首,颺言曰:"念哉! 率作興事,慎乃憲,欽哉! 屢省乃成,欽哉!"乃賡載歌曰:"元首明哉,股肱良哉,庶事康哉!"又歌曰:"元首叢脞哉,股肱惰哉,萬事墮哉!"帝拜曰:"俞! 往,欽哉!"

賡歌作收,奇想別趣。"元首""股肱"終始,"允迪厥德""謨明弼諧"之義,迴應自然,天造地設文字。仍用皋陶作收,此所謂《皋陶謨》也。結構照應,一絲不亂。高文典册却以韻語結之,風雅春容,神味無盡。

尚書評注卷之一終

尚書評注卷二

夏書

禹貢

今文、古文皆有。

禹敷土，隨山刊木，奠高山大川。

起法高古簡重。總挈老筆，一篇綱領血脈，括此三句。一篇皆叙成功，獨此三句略舉施功次第機宜，然大禹本領已可窺見其全。“敷土”字深，即《左傳》所謂“慮事量功，不愆於素”也，想見大禹治水胸有成竹之妙。“奠高山大川”，連導山、導水括挈在内。

冀州。

單提冀州，殊文也，眼目更分明。

既載壺口。

“載”字訓始，訓事，合二義始備。

治梁及岐。

曰“治”曰“及”，詳略輕重之分判然。

既修太原，至于岳陽。

曰“載”、曰“治”、曰“修”，此三段先績後地，特與他州不同。此因山原之自然而修隄防之功也，大禹疏瀹亦不廢障築如此。

覃懷厎績，至于衡漳。

“覃懷厎績”，先地後績，文法變。“衡漳”命名奇，漳水形勢宛然。

厥土惟白壤，厥賦惟上上錯，厥田惟中中。

先賦後田，亦變例。“錯”字省法，文簡而義明。

恒、衛既從，大陸既作。

“從”者，從九河也，據雍州“漆、沮既從”可知。“從”字、“作”字，字義穩括有分曉。“恒衛”“大陸”綴田賦後，特意變例以别。

島夷皮服。

“島夷皮服”，隨筆帶畫一幅王會圖。

夾右碣石入于河。

“夾右”字精妙，衹二字寫舟形，山勢曲折如在目中。據文當云貢道在碣石之東，而碣石則在西，緣海水混茫，方向難識，惟左右易辨，故不言東西，言右也。“夾”謂如在肘腋，言舟之轉屈，與碣石近也。不言“夾”，則近不見，經文用字之精如此。冀州帝都，紀功殊文變例，獨與八州不同：不言疆界，一也；治梁及岐，兼及雍州之山，二也；先賦後田，三也；略貢篚，四也；恒、衛、大陸綴田賦後，五也。古文錯綜紀載，不苟如此，冀州志山川，五段凡五變。

濟、河惟兗州。

衹標濟、河而兗界分明如畫，文簡而義精。

九河既道，雷夏既澤。

“澤”本實字活用，妙！

灉、沮會同。

“會同”字借用，奇！

桑土既蠶，是降丘宅土。

寫出安阜景象。

厥土黑墳，厥草惟繇，厥木惟條。

用韻奇，真有賦態。

厥田惟中下，厥賦貞，作十有三載乃同。

賦不言“下下”，言“貞”則“下下”可見，此用字之精也。“貞”字連下文，括多少權衡優恤意思。

厥貢漆絲，厥篚織文。

精華絢爛，組句最工。

浮于濟、漯，達于河。

海岱惟青州。

一山一水，疆域最明。

嵎夷既略。

首書“略夷”，九州變例。“略”字寫出邊防兵制。

濰、淄其道。

“既道”“其道”，立言絶有分曉。

厥土白墳，海濱廣斥。

帶書海鹽，亦青之特見者，足徵記載筆力。

厥田惟上下，厥賦中上。厥貢鹽絺，海物惟錯。岱畎絲枲，鉛松怪石。萊夷作牧，厥篚檿絲。

“海物”非一，一錯字寫盡。搬演貢物，光怪斑駁，叙法亦參差有别態。“萊夷作牧”插入貢、篚之間，亦變文錯綜法。

浮于汶，達于濟。

青貢道與兖相因爲文有法。濟、汶，兖、青大川，經文不正言其施功，第于貢道點出，曰“浮”曰“達”，則其治可知矣。後人爲之，安能如此簡妙耶？

海岱及淮惟徐州。

徐境獨載三邊，特詳于他州，法變。

淮、沂其乂，蒙羽其藝。

“藝”字兼寫農事。

大野既豬，東原厎平。

“大野既豬”二句連讀，此相因爲文也。

厥土赤埴墳，草木漸包。

總寫草木，法變。

厥田惟上中，厥賦中中。厥貢惟土五色，羽畎夏翟，嶧陽孤桐，泗濱浮磬。淮夷蠙珠暨魚，厥篚玄纖縞。

紀徐貢更華采鮮妍，雅韻横溢。“浮磬”字奇，不曰“石”而曰“磬”，“磬”之自然天成者也。“浮”謂浮出水濱，水落而石留也。

浮于淮、泗，達于河。

淮、泗由濟入河，不言濟者，略也。兖、青、徐貢道相承，青不言河，省文。徐必言河者，著其所歸，書法之眼目也。又爲揚貢道作緣引，嫌忘失其本者然。

淮海惟揚州。

“海淮”,徐境一倒列則成揚境,書法妙。

彭蠡既豬,陽鳥攸居。

帶記禽鳥,文情充悦,筆有餘妍。

三江既入,震澤厎定。

二句亦相因爲文法。一“震”字寫盡澒洞之勢。一“定”字寫出安瀾之神。

篠簜既敷,厥草惟夭,厥木惟喬,厥土惟塗泥。

“篠簜”三句,揚州林麓賦。“夭”“喬”二字,確是揚州草木情狀,如杜詩“兩行秦樹直”,衹一“直”字便活是秦樹也。“厥土”在草木後,較兖又變。

厥田惟下下,厥賦下上上錯。

“上錯”又一例。

厥貢惟金三品,瑶、琨、篠、簜、齒、革、羽、毛,惟木。島夷卉服,厥篚織貝,厥包橘柚,錫貢。

揚貢亦叙得錯落陸離。“卉服”字奇。揚州獨舉“厥包”,奇變。“錫貢”殊文,字法奇。

沿于江海,達于淮、泗。

“沿”,沿岸行也。不曰“浮”而曰“沿”,見江運、海運之難。

荆及衡陽惟荆州。江、漢朝宗于海。

“朝宗”二字借用,奇。“朝宗于海”,寫出江漢氣魄。王氏樵曰:“此僅六字耳,而江、漢趨海之勢如在目前,真足以傳大川之神。”

九江孔殷。

“殷”字亦借用。“孔殷”二字寫出九江性情。

沱、潛既道,雲土夢作乂。

“雲土夢作乂”,互文也,摛句奇變,若作“雲夢土作乂”,則常句耳。

厥土惟塗泥,厥田惟下中,厥賦上下。厥貢羽、毛、齒、革,惟金三品,杶幹栝柏,礪砥砮丹,惟箘簵楛,三邦厎貢厥名。包匭菁茅,厥篚玄纁璣組。九江納錫大龜。

揚、荆貢物最夥,看他點次有法、不冗不漏處。“羽、毛、齒、革”二句與揚州顛倒變換。“厎貢厥名”亦錫貢之殊文也。貢名册上,其物之名數,須朝命乃致其物也。吕氏曰:“自‘杶幹’以下十物。”“包匭菁茅”亦殊文,鍊名謹重之極。"納錫大龜",書法極鄭重,"納錫"二字撮得奇。

浮于江、沱、潛、漢,逾于洛,至于南河。

貢道極紆折,寫來極明劃。衹"逾于洛"三字便將舍舟從陸之迹點化明白,甚簡妙。"南河"點清謹細之至。

荆河惟豫州。伊、洛、瀍、澗既入于河,滎波既豬。

"波"字正與"豬"字相應有情,以爲二水,失之。

導菏澤,被孟豬。

此處獨以施功爲言,殊文變例。澤無言導者,此"導"字正爲"被"字作地。"被"字妙,寫出蓄洩分寸。

厥土惟壤,下土墳壚。

土不言色,却兼言下,法變。

厥田惟中上,厥賦錯上中。

"錯上中","錯"字在上,又一例。

厥貢漆、枲、絺紵,厥篚纖纊,錫貢磬錯。

"錫貢"已見揚州,此先言"錫貢",意義自别,亦立言有變换處。"磬錯"二字新穎。

浮于洛,達于河。

省"南"字,蒙荆州也。

華陽、黑水惟梁州。岷、嶓既藝。

依徐州"淮沂其乂,蒙羽其藝",當先水後山,此先岷、嶓藝,而後言"沱潛既道",法又變。

沱潛既道。

梁州不言江、漢,上志岷、嶓,下志沱、潛,而江、漢之源流隱然俱見。此《禹貢》文字深厚處。

蔡、蒙旅平。

"旅平"二字撮用典古,帶書祀典,特妙。

和夷厎績,厥土青黎,厥田惟下上,厥賦下中三錯。

"三錯"字變文更奇鍊。"三錯"簡極,恰是下中,故言"三錯",即知是下三等也,此謂文簡而義明。

厥貢璆、鐵、銀、鏤、砮、磬,熊、羆、狐、狸織皮。

織皮,織四獸之皮也,倒綴句法。

西傾因桓是來，浮于潛，逾于沔，入于渭，亂于河。

貢道迤邐曲折，寫來詳至分明，妙在"因""浮""逾""入""亂"等字，字字了晰如畫。"西傾因桓是來"，舉遠以見近也。注釋家謂"西傾"句單屬上文，以爲指織皮之貢，而言下文乃總言一州貢道，非是。

黑水、西河惟雍州。

黑水倒在上，亦變換。

弱水既西。

"弱水"記異，特書"既西"以殊之。論中外次序，則弱水應志于後，第衆水皆東，獨此西流，若附記于涇、渭、漆、沮之後，則不足以徵弱水之異，而條理反不井井，特先書于諸水之上以别之，另樣分明，安頓位置精嚴如此。

涇屬渭汭。

"涇屬渭汭"，衹一語涇、渭交合處，形勢脈絡如畫。

漆、沮既從，灃水攸同。

三句相因爲文，寫五水大小，經緯曲折俱見。總主渭爲聯絡，而諸水分合應之。曰"屬"、曰"從"、曰"同"，字字有法。

荆、岐既旅，終南惇物，至于鳥鼠。

一"旅"字綰連五山，又一例。隨山秩祀，九州之通典也，獨于梁、雍書之，又于九山刊旅總見之，分合相因而其義著矣，此《禹貢》書法用意處。岐山兩見，冀書之，因治梁而及之也；雍又書之，著其爲雍境之山也。

原隰厎績，至于豬野。三危既宅，三苗丕叙。

特書三苗，九州變例。

厥土惟黄壤，厥田惟上上，厥賦中下，厥貢惟球、琳、琅、玕。浮于積石，至于龍門、西河，會于渭汭。

"龍門"即"西河"，特點清"西河"，有眼目。衹"會于渭汭"一句，畫出兩貢道，絶不費力，筆法簡妙之極。

織皮崑崙、析支、渠搜，西戎即叙。

"織皮"，下三國所貢也，順綱句法。雍州之末，另條附記西戎，章法錯綜甚妙，蘇子以爲誤簡，何也？"西戎即叙"，此九州以外事也。志九州畢，須有此段小收結，天然結構。

導岍及岐，至于荆山，逾于河。壺口、雷首，至于太岳。厎柱、析城，至于王屋。太行、恒山，至于碣石，入于海。西傾、朱圉、鳥鼠，至于太華；熊耳、外

方、桐柏，至于陪尾。

山亦言“導”，奇。蓋山之形勢脈絡有相因屬者，不得以昔人之言盡可非也。導山條内中間插入水道部位，眼目分明。“逾于河”，此山之過峽也；“入于海”，此山之結尾也。借山表水，以水表山，此古經獨見手法處。導山分南、北兩條，拈兩“導”字領起每條，又分二支，長短分合，錯綜有法。

導嶓冢，至于荆山；内方，至于大别。岷山之陽，至于衡山，過九江，至于敷淺原。

岷山綴“之陽”二字，則所括多矣，筆法變。“過九江”如“逾于河”例，説山夾水，可悟古文志記之法。南條記山甚略，正以渾括爲事。

導弱水，至于合黎，餘波入于流沙。

言“餘波”，則至合黎者爲正流可知，衹此二字，而弱水之經、支劃然。

導黑水，至于三危，入于南海。

黑、弱不言所自，弱水正流不言所入，以其非中國水，略之。九水先志黑、弱，言二水乃塞外客水，故另載之；次志中國大水，條理次序乃得井晰，此有天然位置。黑、弱記異，勢不得參雜江河諸水之間，先殊載之，猶雍州先志“弱水既西”之義也。

導河，積石至于龍門，南至于華陰，東至于厎柱，又東至于孟津，東過洛汭，至于大伾；北過洚水，至于大陸；又北播爲九河，同爲逆河，入于海。

河道多曲，故于方向獨詳，看他“南”“東”“北”等字轉折分明，儼然一幅黄河圖。“播”字，字法奇。同爲逆河，合之以敵海水之勢也。海水上潮，河水迎而注之，故曰“逆河”。衹一字寫出汕刷衝激之神，經字之精如此。

嶓冢導漾，東流爲漢，又東爲滄浪之水，過三澨，至于大别，南入于江。東匯澤爲彭蠡，東爲北江，入于海。

此節導漢也，却在第二句點明題目。漢已入江，又志其“東匯澤爲彭蠡”云云，以著漢之獨流入海，所以爲瀆也。“東爲北江”，衹一句寫江、漢同流，是一是二，分合俱見。“匯”字特筆，《禹貢》書“匯”者惟此。

岷山導江，東别爲沱；又東至于澧，過九江，至于東陵，東迆北會于匯；東爲中江，入于海。

“匯”謂彭蠡，蒙導漢文，簡法。漢爲北江，則“江”爲南江可知也。言北則南見，而不必言南。江爲中江，猶言内江，則“漢”爲外江可知也。言中則外見，而不必言外。江、漢相爲表裏，此正古文互見之妙。後儒見有北江、中江，定欲别求南江，固矣。“中江”依毛西河解，極精。“漾”爲沔，然後爲漢，言漾言漢，則沔可知也。江别爲沱，則漢别爲潛可知也。此皆古文隱括之妙。

導沇水，東流爲濟，入于河，溢爲滎，東出于陶丘北，又東至于菏，又東，北會于汶，又北，東入于海。

滎自河溢，猶知是濟，此句有奇情妙理。一“溢”字工絶，乃《禹貢》之特筆。濟水奇記，濟水斷續隱見，亦奇。“東出于陶丘北”，言出則伏可知也，此古文隱見之妙。“又東北”，“東”字小頓；“又北東”，“北”字小頓，點記方向，謹細之極。

導淮自桐柏，東會于泗、沂，東入于海。

泗、沂並述，如江、漢朝宗例。

導渭自鳥鼠同穴，東會于灃，又東會于涇，又東過漆、沮，入于河。

“鳥鼠同穴”，即“鳥鼠”，略言之，衹摘舉二字，實記之則全載其名，古文稱名不苟，兼有詳略變换如此。

導洛自熊耳，東北會于澗、瀍，又東會于伊，又東北入于河。

九水，黑、弱爲一例，塞外略也。導河先河後地，又不言自，此特爲一例。九州之水莫盛于河，治水所重也。江、漢同爲一例，皆先山後水，江、漢源分流合，共爲一瀆也。濟水導不言山，又自爲一例；伏見不一，與他水殊也。淮、渭、洛同爲一例，渭、洛不爲瀆，淮爲瀆而源不甚長，故附諸後以見也。章法條理井井。

九州攸同，四隩既宅，九山刊旅，九川滌源，九澤既陂，四海會同。

“九州攸同”總領起，中間排疊條目而以“四海會同”結之。老手總收山川，大力包舉，波瀾老成。

六府孔修，庶土交正，厎慎財賦，咸則三壤，成賦中邦。

總收田賦。“咸則三壤”句典古。

錫土姓。

大題目，振綱挈領，精神勃勃。

祗台德先，不距朕行。

空中撰出禹一敕命，意旨深微，精神振動，不意篇末有此絶警策文字。二語領起氣脈貫注，直抵篇末“聲教訖于四海”句。

五百里甸服。百里賦納總，二百里納銍，三百里納秸服，四百里粟，五百里米。

五百里侯服。百里采，二百里男邦，三百里諸侯。

五百里綏服。三百里揆文教，二百里奮武衛。

五百里要服。三百里夷，二百里蔡。

五百里荒服。三百里蠻，二百里流。

東漸于海，西被于流沙，朔南暨，聲教訖于四海。禹錫玄圭，告厥成功。

到此纔大收結，雄大高古，精神會聚。"朔南暨"三字括南北簡峭文字，亦有錯綜，若定作南至某、北至某，便平板少味矣。層疊收結，局法波瀾，遒横絶倫，真典册大文字。二語結莊重陡健，壁立千仞。

甘誓

今文、古文皆有。

大戰于甘，乃召六卿。

起句奡亢簡括。

王曰："嗟！六事之人，予誓告汝。有扈氏威侮五行，怠棄三正，天用勦絶其命，今予惟恭行天之罰。左不攻于左，汝不恭命；右不攻于右，汝不恭命；御非其馬之正，汝不恭命。"

一段直列罪案，一段申明兵法，寥寥數語而包舉已盡，極正大簡嚴文字。連用三"汝不恭命"緊悚。

"用命，賞于祖；不用命，戮于社，予則孥戮汝。"

森嚴斬截，誓體自應乃爾。

五子之歌

今文無，古文有。《書》主記事，歌則《詩》矣，《五子之歌》，《書》之變體也。

太康尸位，以逸豫滅厥德，黎民咸貳。乃盤遊無度，畋于有洛之表，十旬弗反。

篇首一段，如《詩》之有序。叙次嫌冗，"以逸豫滅厥德"，亦似後世文人餖飣語。

有窮后羿，因民弗忍，距于河。

"弗忍"字説得深。

厥弟五人,御其母以從,徯于洛之汭。五子咸怨,述大禹之戒以作歌。

提"禹戒",有綱領。

其一曰:"皇祖有訓,民可近,不可下。民爲邦本,本固邦甯。"

確是第一首發端語。

"予視天下愚夫愚婦,一能勝予,一人三失。怨豈在明? 不見是圖。予臨兆民,懔乎若朽索之馭六馬。爲人上者,奈何不敬?"

"一人三失"奇語。三句危語悚栗,是古文中精警語。"懔乎若朽索"云云,長句險肆。

其二曰:"訓有之:内作色荒,外作禽荒,甘酒嗜音,峻宇彫牆。有一于此,未或不亡。"

"色荒""禽荒"字法新。

其三曰:"惟彼陶唐,有此冀方。今失厥道,亂其紀綱,乃底滅亡。"

此首略作開宕,文意紆緩頓挫。

其四曰:"明明我祖,萬邦之君。有典有則,貽厥子孫。關石和鈞,王府則有。荒墜厥緒,覆宗絶祀。"

此首又振起。"關石和鈞",句法古鍊。

其五曰:"嗚呼曷歸? 予懷之悲。萬姓仇予,予將疇依? 鬱陶乎予心,顔厚有忸怩。弗慎厥德,雖悔可追?"

一篇哀怨總在末章,淒涼歷亂不堪聽。徐退山曰:"不咎羿而曰萬姓,不咎太康而曰予,不怨天人而曰'弗慎厥德',忠厚之至,意味自然深長。""鬱陶"二句,五言古之祖。五歌章法相承,曲盡轉換之妙。第一、第五參差歷亂,第二、第四詞整調諧,第三亦四字句而整中有錯,章法錯綜相間可玩。

胤征

今文無,古文有。

惟仲康肇位四海,胤侯命掌六師。羲和廢厥職,酒荒于厥邑。胤后承王命徂征。

"酒荒"字法佳,如"色荒""禽荒"例。

告于衆曰:"嗟! 予有衆。聖有謨訓,明徵定保。先王克謹天戒,臣人克

有常憲，百官修輔，厥后惟明明。每歲孟春，遒人以木鐸徇于路。官師相規，工執藝事以諫。其或不恭，邦有常刑。"

"遒人"句，點寫有景。"工執藝事"句，精語可味。此段疏散雅韻，真古調。

"惟時羲和，顛覆厥德，沈亂于酒，畔官離次，俶擾天紀，遐棄厥司。乃季秋月朔辰，弗集于房。瞽奏鼓，嗇夫馳，庶人走。羲和尸厥官，罔聞知，昏迷于天象，以干先王之誅。《政典》曰：'先時者殺無赦，不及時者殺無赦。'"

"畔官離次"二句，極似《國語》中典重語。"辰弗"句工練。"瞽奏鼓"三句，寫得光景生動，音節亦短峭。引《政典》收住陡健。

"今予以爾有衆，奉將天罰。爾衆士同力王室，尚弼予欽承天子威命。火炎崐岡，玉石俱焚。天吏逸德，烈于猛火。殲厥渠魁，脅從罔治。舊染污俗，咸與惟新。"

此段發揚蹈厲，殷殷有刀斧雷霆之聲。

"嗚呼！威克厥愛，允濟。愛克厥威，允罔功。其爾衆士，懋戒哉！"

"威克"云云，可作兵家要論。此篇文氣疏宕，造語古勁警策，不與古文他篇同。後人往往謂古文平易淺率，蓋不可概論也。

尚書評注卷之二終

尚書評注卷三

商書

湯誓

今文、古文皆有。

王曰:“格爾衆庶,悉聽朕言。非台小子敢行稱亂,有夏多罪,天命殛之。”

開口巽輭謹約,靄然黯然,真從苦衷流出。

“今爾有衆,汝曰:‘我后不恤我衆,舍我穡事,而割正夏。’予惟聞汝衆言。夏氏有罪,予畏上帝,不敢不正。”

“今爾有衆”提起有波瀾。“予惟聞汝衆言”有頓挫。

“今汝其曰:‘夏罪其如台?’夏王率遏衆力,率割夏邑,有衆率怠弗協,曰:‘時日曷喪,予及汝皆亡!’夏德若兹,今朕必往。”

此段又轉。疊三“率”字,句法老横。“時日曷喪”,語險奇,用韻奇,音節頓挫。曰“有夏”、曰“夏氏”、曰“夏王”,不名“夏桀”,猶有忠厚之志焉。

“爾尚輔予一人,致天之罰。予其大賚汝,爾無不信,朕不食言。爾不從誓言,予則孥戮汝,罔有攸赦。”

“爾無不信”二句,不嫌諄諄。一結嚴栗。誓命之詞却以婉轉出之,肅括含蓄,絶無踔厲激烈之氣,讀此覺《泰誓》直勁少味矣。約舉虚叙,不排列事實,疏宕簡淡,誓體絶調。

仲虺之誥

今文無，古文有。

成湯放桀于南巢，惟有慙德，曰："予恐來世以台爲口實。"

"慙德"字法妙。此一"慙"字却少不得。

仲虺乃作誥曰："嗚呼！惟天生民有欲，無主乃亂。惟天生聰明時乂。有夏昏德，民墜塗炭，天乃錫王勇智，表正萬邦，纘禹舊服。兹率厥典，奉若天命！"

"纘禹舊服"，立言妙。

"夏王有罪，矯誣上天，以布命于下。帝用不臧，式商受命，用爽厥師。簡賢附勢，實繁有徒。肇我邦于有夏，若苗之有莠，若粟之有秕。小大戰戰，罔不懼于非辜。矧予之德，言足聽聞。"

此段特錯落竦動。"苗""粟"喻商，"莠""秕"喻夏。"懼于非辜"，恐其以僞爲真也。"矧予之德，言足聽聞"，又折進一層。"予"，仲虺自予言，人微德薄，不足爲王引重而救正之也。

"惟王不邇聲色，不殖貨利，德懋懋官，功懋懋賞。用人惟己，改過不吝。克寬克仁，彰信兆民。"

疊字句法，不傷佻巧。"用人惟己"，言任賢在獨斷，所謂"勿貳"者是也。

"乃葛伯仇餉，初征自葛。東征，西夷怨；南征，北狄怨，曰：'奚獨後予？'攸徂之民，室家相慶，曰：'徯予后，后來其蘇。'民之戴商，厥惟舊哉！"

"仇餉"字法奇。兩用代字法，有情。

"佑賢輔德，顯忠遂良，兼弱攻昧，取亂侮亡，推亡固存，邦乃其昌。"

用韻分配，實字鍊貼。

"德日新，萬邦惟懷；志自滿，九族乃離。王懋昭大德，建中于民，以義制事，以禮制心，垂裕後昆。予聞曰：'能自得師者王，謂人莫己若者亡。好問則裕，自用則小。'嗚呼！慎厥終，惟其始。殖有禮，覆昏暴。欽崇天道，永保天命。"

插"予聞曰"四句，古勁。孫鑛評云："平平叙去，有婉雅之致。"按此篇"簡賢""仇餉"二段脱去排調，特警鍊餘，亦有勁響，不但婉雅也。

湯誥

今文無,古文有。

王歸自克夏,至于亳,誕告萬方。王曰:"嗟!爾萬方有衆,明聽予一人誥。惟皇上帝降衷于下民,若有恒性,克綏厥猷惟后。"

"若有恒性",諸經言性之始,四字多少含蓄。

"夏王滅德作威,以敷虐于爾萬方百姓。爾萬方百姓罹其凶害,弗忍荼毒,竝告無辜于上下神祇。天道福善禍淫,降災于夏,以彰厥罪。肆台小子,將天命明威,不敢赦。敢用玄牡,敢昭告于上天神后,請罪有夏,聿求元聖,與之戮力,以與爾有衆請命。上天孚佑下民,罪人黜服。天命弗僭,賁若草木,兆民允殖。"

比喻不倫,却極明切。

"俾予一人輯寧爾邦家,兹朕未知獲戾于上下,慄慄危懼,若將隕于深淵。"

長句聳勁。

"凡我造邦,無從匪彝,無即慆淫,各守爾典,以承天休。爾有善,朕弗敢蔽;罪當朕躬,弗敢自赦,惟簡在上帝之心。其爾萬方有罪,在予一人;予一人有罪,無以爾萬方。"

雙收流動。

"嗚呼!尚克時忱,乃亦有終。"

又詠歎作結,慨然以深。

伊訓

今文無,古文有。

惟元祀十有二月乙丑,伊尹祠于先王。奉嗣王祗見厥祖,侯甸群后咸在,百官總己以聽冢宰。伊尹乃明言烈祖之成德,以訓于王。

徐退山云:"'伊尹''冢宰'間稱,亦上下句相避法。"按"百官"句稱"冢宰",亦文理自然叶處。

曰:"嗚呼!古有夏先后,方懋厥德,罔有天災。山川鬼神,亦莫不寧,暨

鳥獸魚鼈咸若。于其子孫弗率，皇天降災，假手于我有命，造攻自鳴條，朕哉自亳。"

"山川鬼神"云云，句法錯落。"造攻"字法，句亦古厚。

"惟我商王，布昭聖武，代虐以寬，兆民允懷。今王嗣厥德，罔不在初。立愛惟親，立敬惟長，始于家邦，終于四海。嗚呼！先王肇修人紀，從諫弗咈，先民時若，居上克明，爲下克忠；與人不求備，檢身若不及，以至于有萬邦，兹惟艱哉！敷求哲人，俾輔于爾後嗣。制官刑，儆于有位。曰：'敢有恒舞于宫，酣歌于室，時謂巫風；敢有殉于貨色，恒于遊畋，時謂淫風；敢有侮聖言，逆忠直，遠耆德，比頑童，時謂亂風。惟兹三風十愆，卿士有一于身，家必喪；邦君有一于身，國必亡。臣下不匡，其刑墨，具訓于蒙士。'"

此段酣肆淋漓，一篇争勝處。

"嗚呼！嗣王祇厥身，念哉！聖謨洋洋，嘉言孔彰。惟上帝不常，作善，降之百祥；作不善，降之百殃。爾惟德罔小，萬邦惟慶；爾惟不德罔大，墜厥宗。"

總結用韻，音節亦自峭古。"罔小""罔大"，短逗有筋節。

太甲上

今文無，古文有。

惟嗣王不惠于阿衡。

提筆簡法渾得妙。

伊尹作書曰："先王顧諟天之明命，以承上下神祇，社稷宗廟罔不祗肅。天監厥德，用集大命，撫綏萬方。惟尹躬克左右厥辟宅師，肆嗣王丕承基緒。惟尹躬先見于西邑夏，自周有終，相亦惟終。其後嗣王罔克有終，相亦罔終。嗣王戒哉！祗爾厥辟，辟不辟，忝厥祖。"

古峭動宕，非近代語。

王惟庸，罔念聞。伊尹乃言曰："先王昧爽丕顯，坐以待旦，旁求俊彦，啓迪後人，無越厥命以自覆。"

"無越厥命"峭句。

"慎乃儉德，惟懷永圖。若虞機張，往省括于度則釋。欽厥止，率乃祖攸行，惟朕以懌，萬世有辭。"

比喻工奇。

王未克變。伊尹曰:"茲乃不義,習與性成。予弗狎于弗順,營于桐宫,密邇先王其訓,無俾世迷。"王徂桐宫居憂,克終允德。

孫鑛曰:"構法絶工,簡而腴。"

太甲中

惟三祀十有二月朔,伊尹以冕服奉嗣王歸于亳。作書曰:"民非后,罔克胥匡以生;后非民,罔以辟四方。皇天眷佑有商,俾嗣王克終厥德,實萬世無疆之休。"

王拜手稽首,曰:"予小子不明于德,自厎不類。欲敗度,縱敗禮,以速戾于厥躬。天作孽,猶可違;自作孽,不可逭。既往背師保之訓,弗克于厥初,尚賴匡救之德,圖惟厥終。"

流動,《左》《國》中語可以似此。

伊尹拜手稽首,曰:"修厥身,允德協于下,惟明后。先王子惠困窮,民服厥命,罔有不悦。並其有邦厥鄰,乃曰:'徯我后,后來無罰。'王懋乃德,視乃烈祖,無時豫怠。奉先思孝,接下思恭,視遠惟明,聽德惟聰。朕承王之休,無斁。"

太甲下

伊尹申誥于王,曰:"嗚呼!惟天無親,克敬惟親。民罔常懷,懷于有仁。鬼神無常享,享于克誠。天位艱哉!德惟治,否德亂。與治同道,罔不興;與亂同事,罔不亡。終始慎厥與,惟明明后。"

"與治"云云,句法亦活峭。

"先王惟時懋敬厥德,克配上帝。今王嗣有令緒,尚監茲哉!若升高,必自下;若陟遐,必自邇。無輕民事,惟難;無安厥位,惟危。慎終于始。有言逆于汝心,必求諸道;有言遜于汝志,必求諸非道。"

精切,人主當箴銘此言。

"嗚呼!弗慮胡獲?弗爲胡成?一人元良,萬邦以貞。"

用韻逸宕。

“君罔以辯言亂舊政，臣罔以寵利居成功。邦其永孚于休。”

收法精嚴，語亦切實不浮。

咸有一德

今文無，古文有。篇名佳。

伊尹既復政厥辟，將告歸，乃陳戒于德。曰：“嗚呼！天難諶，命靡常。常厥德，保厥位。厥德匪常，九有以亡。夏王弗克庸德，慢神虐民。皇天弗保，監于萬方，啟迪有命，眷求一德，俾作神主。惟尹躬暨湯咸有一德，克享天心，受天明命，以有九有之師，爰革夏正。非天私我有商，惟天佑于一德；非商求于下民，惟民歸于一德。”

波瀾生動，然衹是後代古文機柚。

“德惟一，動罔不吉；德二三，動罔不凶。惟吉凶不僭，在人；惟天降災祥，在德。今嗣王新服厥命，惟新厥德，終始惟一，時乃日新。任官惟賢才，左右惟其人。臣爲上爲德，爲下爲民；其難其慎，惟和惟一。德無常師，主善爲師；善無常主，協于克一。俾萬姓咸曰：‘大哉王言！’又曰：‘一哉王心！’克綏先王之禄，永底烝民之生。嗚呼！七世之廟，可以觀德；萬夫之長，可以觀政。”

亦是有斤兩語。

“后非民罔使，民非后罔事。無自廣以狹人，匹夫匹婦不獲自盡，民主罔與成厥功。”

孫鑛曰：“通篇多排句，惟篇末散調單收，似拗而實順，似拙而實工。”

盤庚上

今文、古文皆有，但今文三篇合一。

盤庚遷于殷，民不適有居，率籲衆感，出矢言。曰：“我王來，既爰宅于兹，重我民，無盡劉。不能胥匡以生，卜稽，曰：‘其如台。’”

此二節乃三篇總綱。“卜稽曰其如台”句法古勁，森挺如山立。孔《傳》：“卜以考之，曰：惟我所行也。”蔡注誤。

“先王有服，恪謹天命，兹猶不常甯，不常厥邑，于今五邦。今不承于古，

罔知天之斷命，矧曰其克從先王之烈。"

"不常厥邑"疊複一筆，妙！"斷命"字法奇。《盤庚》善用轉，此節凡有四轉。

"若顛木之有由蘖，天其永我命于兹新邑，紹復先王之大業，厎綏四方。"

極危悚，極歆動。長句如千尺蒼松。

盤庚斆于民，由乃在位，以常舊服，正法度，曰："無或敢伏小人之攸箴。"王命衆悉至于庭。

此節乃上篇總綱。首句點清眼目。"無或敢"句挈出要領。

王若曰："格汝衆，予告汝訓，汝猷黜乃心，無傲從康。"

開端二語分明了當，便括一篇要旨。

"古我先王，亦惟圖任舊人共政。王播告之修，不匿厥指，王用丕欽；罔有逸言，民用丕變。今汝聒聒，起信險膚，予弗知乃所訟。"

"今汝"云云，造句竦奇。

"非予自荒兹德，惟汝含德，不惕予一人。予若觀火，予亦拙謀，作乃逸。"

句句轉，拗折纏綿。"逸"如"上帝引逸"之逸，言我謀雖拙，亦能作汝之逸也。蔡注誤。

"若網在綱，有條而不紊。若農服田，力穡乃亦有秋。汝克黜乃心，施實德于民，至于婚友，丕乃敢大言，汝有積德。乃不畏戎毒于遠邇，惰農自安，不昏作勞，不服田畝，越其罔有黍稷。汝不和吉言于百姓，惟汝自生毒，乃敗禍姦宄，以自災于厥身。乃既先惡于民，乃奉其恫，汝悔身何及？相時憸民，猶胥顧于箴言。其發有逸口，矧予制乃短長之命。汝曷弗告朕而胥動以浮言，恐沈于衆？若火之燎于原，不可嚮邇，其猶可撲滅？則惟爾衆自作弗靖，非予有咎。"

此段直抒胸臆，深刺情隱。一句一轉，一字一訴，大聲疾呼，又不啻垂涕泣而道，促急沈痛，淋漓纏綿，此《盤庚》一篇聚精會神處。

"遲任有言曰：'人惟求舊，器非求舊，惟新。'"

本作"器惟求新"，却作"器非求舊，惟新"，參差有態韻。

"古我先王，暨乃祖乃父，胥及逸勤，予敢動用非罰？世選爾勞，予不掩爾善。兹予大享于先王，爾祖其從與享之。作福作災，予亦不敢動用非德。"

悱惻宛轉，讀之令人淚下。

“予告汝于難，若射之有志。汝無侮老成人，無弱孤有幼。各長于厥居，勉出乃力，聽予一人之作猷。”

“難”讀去聲，謂河患。“若射”句，奇喻。《盤庚》上篇凡設七喻，疊見層出，極創闢，極痛快。

“無有遠邇，用罪伐厥死，用德彰厥善。邦之臧，惟汝衆；邦之不臧，惟予一人有佚罰。凡爾衆，其惟致告：自今至于後日，各恭爾事，齊乃位，度乃口，罰及爾身，弗可悔！”

收法嚴峻，想見商道駿厲。極駿厲嚴肅之辭，却以忠厚悱惻出之，政自亹亹動人。

盤庚中

盤庚作，惟涉河，以民遷。乃話民之弗率，誕告用亶。其有衆咸造，勿褻在王庭。盤庚乃登進厥民。

首二句點清中篇眼目。

曰：“明聽朕言，無荒失朕命。嗚呼！古我前后，罔不惟民之承，保后胥感，鮮以不浮于天時。

“浮”字妙，浮如浮水之浮。“浮于天時”，因天之時，與天時俱也。

“殷降大虐，先王不懷，厥攸作，視民利用遷。汝曷弗念我古后之聞？承汝俾汝，惟喜康共，非汝有咎，比于罰。”

開端歆動慰安之，所謂勸之用休也，正與誥諸臣者不同。

“予若籲懷茲新邑，亦惟汝故，以丕從厥志。今予將試以汝遷，安定厥邦。汝不憂朕心之攸困，乃咸大不宣乃心，欽念以忱，動予一人。爾惟自鞠自苦，若乘舟，汝弗濟，臭厥載。爾忱不屬，惟胥以忱。不其或稽，自怒曷瘳？”

此段曲折淋漓，沈著痛快，與上篇“汝不和吉言于百姓”一段一樣警策。正在涉河，即以乘舟爲喻。本地比喻眼前，指點最妙。

“汝不謀長以思乃災，汝誕勸憂。今其有今罔後，汝何生在上？”

危語悚痛。“勸憂”字深，較《左傳》“樂禍”字更勝。

“今予命汝一，無起穢以自臭。恐人倚乃身，迂乃心。”

哀其愚而惻怛道之，如父母之于愛子。“無起穢以自臭”，造句奇痛切。

“倚”字、“迂”字，字字有深義。

“予迓續乃命于天，予豈汝威？用奉畜汝衆。”

“迓續”字奇。

“予念我先神后之勞爾先，予丕克羞爾，用懷爾然。”

三節多少叮囑安慰，一片血誠。三節三轉，愈轉愈深，筋節貫串，節奏安閑。

“失于政，陳于兹，高后丕乃崇降罪疾，曰：‘曷虐朕民？’”

此下四段皆借鬼神以悚動之，妙在先從自己説起。

“汝萬民乃不生生，暨予一人猷同心，先后丕降與汝罪疾，曰：‘曷不暨朕幼孫有比？’故有爽德，自上其罰汝，汝罔能迪。”

“生生”字疊得靈妙。“曷虐朕民”“曷不暨朕幼孫有比”，空中撰出神靈譴命，慌惚怪奇却有至情至理。“朕幼孫”，稱呼甚昵，護惜憐憫都有。

“古我先后，既勞乃祖乃父，汝共作我畜民。汝有戕，則在乃心。我先后綏乃祖乃父，乃祖乃父乃斷棄汝，不救乃死。”

“乃祖乃父”，連呼疊唤，不厭其複，却異樣悚切靈動。

“兹予有亂政同位，具乃貝玉。乃祖乃父丕乃告我高后曰：‘作丕刑于朕孫！’迪高后丕乃崇降弗祥。”

“亂政同位”言變亂政事之臣也，蔡注誤。寫神道慫恿，囑請情事，宛然如見。《盤庚》中篇屢以先澤祖德爲言，曰“古我前后”、曰“先王”、曰“古后”、曰“先神后”、曰“高后”、曰“先后”、曰“古我先后”、曰“我高后”，錯見疊出，一篇精神眼目、醒豁警動處。

“嗚呼！今予告汝不易，永敬大恤，無胥絶遠。汝分猷念以相從，各設中于乃心。”

“告汝不易”，言予之告汝丁甯反復不容易也。蔡注非。

“乃有不吉不迪，顛越不恭，暫遇姦宄，我乃劓殄滅之，無遺育，無俾易種于兹新邑。”

又别出一告敕。“顛越不恭”即姦宄之徒也，此係一意説下。“姦宄”句乃倒點耳，蔡注誤。既云“殄滅之”，又曰“無遺育”，又曰“無俾易種”云云，深怒疾惡，故不嫌其辭之複而語之很辣如此。

“往哉生生，今予將試以汝遷，永建乃家。”

《盤庚》文字奇情異趣，却在中篇乃從至誠惻怛迫激而出。

盤庚下

盤庚既遷,奠厥攸居,乃正厥位,綏爰有衆,曰:"無戲怠,懋建大命。今予其敷心腹腎腸,歷告爾百姓于朕志。罔罪爾衆,爾無共怒,協比讒言予一人。"

三篇至誠惻怛之旨,一語道盡。自評極確當。

"古我先王,將多于前功,適于山,用降我凶德,嘉績于朕邦。"

"用降我凶德"言不敢爲害民之事也,蔡注以爲即指河患,恐非。

"今我民用蕩析離居,罔有定極。爾謂朕曷震動萬民以遷。"

《盤庚》下篇衹此一句振呵警動,勃勃帶怒悍之氣,餘俱平心易氣,細貼安雅。長句拗健靈動,妙在屹然而住,更不綴一語。

"肆上帝將復我高祖之德,亂越我家。朕及篤敬,恭承民命,用永地于新邑。肆予沖人,非廢厥謀,弔由靈各。非敢違卜,用宏兹賁。嗚呼!邦伯、師長、百執事之人,尚皆隱哉。"

總呼結全篇,沈著警悚。一"隱"字抉動臣下、百執事良心,令人猛省。

"予其懋簡相爾,念敬我衆。朕不肩好貨,敢恭生生,鞠人謀人之保居叙欽。"

"肩"字妙。錯落古峭。

"今我既羞告爾于朕志,若否,罔有弗欽。"

"志"者,我意也。"若",語辭。"否"者,非我意也。蔡注誤。

"無總于貨寶,生生自庸。"

迴復上文,語簡意長。

"式敷民德,永肩一心。"

結語精要。末段數節文字更精簡古奥,下篇平穩簡鍊,所謂恣肆之極,歸于肅括。徐退山云:"《盤庚》文極詰曲而條理悠暢,言已盡而意不絶。"

説命上

今文無,古文有。

王宅憂,亮陰三祀。既免喪,其惟弗言。群臣咸諫于王曰:"嗚呼!知之

曰明哲，明哲實作則。天子惟君萬邦，百官承式，王言惟作命；不言，臣下罔攸稟令。"王庸作書以誥曰："以台正于四方，台恐德弗類，兹故弗言。恭默思道，夢帝賚予良弼，其代予言。"

"恭默"句深細。

乃審厥象，俾以形旁求于天下。説築傅巖之野，惟肖。

"惟肖"二字雋峭。

爰立作相，王置諸其左右。命之曰："朝夕納誨，以輔台德。若金，用汝作礪；若濟巨川，用汝作舟楫；若歲大旱，用汝作霖雨。"

三段句法亦參差。孫鑛云："比類語工，絶有姿態，是後世詞賦家所祖。"

"啟乃心，沃朕心。"

"沃"字深妙。

"若藥弗瞑眩，厥疾弗瘳。若跣弗視地，厥足用傷。"

比喻有奇情深旨。

"惟暨乃僚，罔不同心，以匡乃辟。俾率先王，迪我高后，以康兆民。嗚呼！欽予時命，其惟有終。"説復于王曰："惟木從繩則正，后從諫則聖。后克聖，臣不命其承，疇敢不祗若王之休命？"

"從繩則正"，妙悟至理。一篇之中連設六喻，悉極工切，有妙旨。

説命中

惟説命總百官，乃進于王曰："嗚呼！明王奉若天道，建邦設都，樹后王、君公，承以大夫、師長，不惟逸豫，惟以亂民。惟天聰明，惟聖時憲，惟臣欽若，惟民從乂。惟口起羞，惟甲胄起戎，惟衣裳在笥，惟干戈省厥躬。王惟戒兹！允兹克明，乃罔不休。"

屹列八"惟"字，亦自竦横。"衣裳""干戈"二語更深妙。此篇多用排句，尤多"惟"字句法，格調亦新。

"惟治亂在庶官。官不及私昵，惟其能；爵罔及惡德，惟其賢。慮善以動，動惟厥時。"

"慮善以動"，理境精語。

"有其善，喪厥善；矜其能，喪厥功。惟事事，乃其有備，有備無患。"

散行錯出，片語隻辭，可箴可銘。

“無啟寵納侮，無耻過作非。”

二句特深鍊。“納”字、“作”字，用意尤精。

“惟厥攸居，政事惟醇。黷于祭祀，時謂弗欽。禮煩則亂，事神則難。”王曰：“旨哉，説！乃言惟服。乃不良于言，予罔聞于行。”説拜稽首，曰：“非知之艱，行之惟艱。王忱不艱，允協于先王成德。惟説不言，有厥咎。”

説命下

王曰：“來，汝説！台小子舊學于甘盤，既乃遯于荒野，入宅于河。自河徂亳，暨厥終罔顯。”

叙事亦極疏落，有情趣。

“爾惟訓于朕志，若作酒醴，爾惟麴糵；若作和羹，爾惟鹽梅。爾交修予，罔予棄，予惟克邁乃訓。”

類譬與前同，而意更深妙，句法亦少變。

説曰：“王，人求多聞，時惟建事。學于古訓乃有獲，事不師古，以克永世，匪説攸聞。”

散調錯落可誦。

“惟學遜志，務時敏，厥修乃來。允懷于兹，道積于厥躬。惟斆學半，念終始典于學，厥德修罔覺。”

造語精峭。

“監于先王成憲，其永無愆。惟説式克欽承，旁招俊乂，列于庶位。”王曰：“嗚呼！説，四海之内，咸仰朕德，時乃風。股肱惟人，良臣惟聖。”

語特精妙，似從“股肱良哉”一語脱化出。

“昔先正保衡，作我先王，乃曰：‘予弗克俾厥后惟堯、舜，其心愧耻，若撻于市。’一夫不獲，則曰‘時予之辜’。佑我烈祖，格于皇天。爾尚明保予，罔俾阿衡專美有商。”

亦自竦勁，文意與《孟子》相表裏。

“惟后非賢不乂，惟賢非后不食。其爾克紹乃辟于先王，永綏民。”説拜稽首，曰：“敢對揚天子之休命。”

語意清聳。

高宗肜日

今文、古文皆有。

高宗肜日，越有雊雉。祖己曰："惟先格王，正厥事。"乃訓于王曰："惟天監下民，典厥義。降年有永有不永，非天夭民，民中絶命。"

正大閎深，高文典論。

"民有不若德，不聽罪。天既孚命正厥德，乃曰：'其如台。'"

暗照"雊雉"事，渾妙。"乃曰：其如台"，代天發命。曰，如我所行也。蔡注誤。

"嗚呼！王司敬民，罔非天胤，典祀無豐于昵。"

收結處始説出正意，妙！文極高古，短篇中絶大結構。孫月峰謂爲簡淡中有雅味，乃不深知文味者。民爲神主，王以敬民爲職，誠以民者罔非天之胤嗣，不可徒豐于事神也。如此解，極明確，蔡注非。郝楚望云："此書不滿九十字，而精深藴藉，據事切理，不詭不浮，法戒自明。"短文之最佳者。

西伯戡黎

今文、古文皆有。

西伯既戡黎，祖伊恐，奔告于王，曰："天子，天既訖我殷命。格人、元龜，罔敢知吉。非先王不相我後人，惟王淫戲用自絶。"

"天子"呼得悚切，如聞其聲。直入横極，慘痛戇急。

"故天棄我，不有康食，不虞天性，不迪率典。今我民罔弗欲喪，曰：'天曷不降威，大命不摯？今王其如台？'"

末句劫持更危悚。"摯"有堅固之義，言大命不固矣，王其惟所欲行耶。蔡注誤。

王曰："嗚呼！我生不有命在天？"祖伊反，曰："嗚呼！乃罪多參在上，乃能責命于天？"

"多參"字法兩折，沈鬱頓挫。

"殷之即喪，指乃功，不無戮于爾邦。"

喪國却説功，妙！語意憤極。

微子

今文、古文皆有。

微子若曰："父師、少師，殷其弗或亂正四方。我祖厎遂陳于上，我用沈酗于酒，用亂敗厥德于下。"

開端黯然慘然，如不忍出口。苦調淒響，在連二"我"字。

"殷罔不小大，好草竊姦宄，卿士師師非度。凡有辜罪，乃罔恒獲。小民方興，相爲敵讎。今殷其淪喪，若涉大水，其無津涯。殷遂喪，越至于今。"

重欷累歎，哀怨深長。妙在"殷遂喪"三字一逗，沈鬱頓挫，無限惋痛。

曰："父師、少師，我其發出狂，吾家耄遜于荒。今爾無指，告予顛隮，若之何其？"

淒婉含蓄。

父師若曰："王子，天毒降災荒殷邦，方興沈酗于酒。乃罔畏畏，咈其耇長、舊有位人。"

句法奇，與《盤庚》"生生"句例同。

"今殷民乃攘竊神祇之犧牷牲，用以容，將食無災。"

長句流宕。

"降監殷民，用乂讎斂，召敵讎不怠。罪合于一，多瘠罔詔。"

深險古奥，字字用意鍊極。

"商今其有災，我興受其敗。商其淪喪，我罔爲臣僕。詔王子出迪，我舊云刻子，王子弗出，我乃顛隮。"

坦白惻怛，磊落激昂，真忠臣仁人之言。連用數"我"字，質懇之情、鬱苦之衷，繚繞往復。"刻子"字法反逼更緊切。

"自靖，人自獻于先王，我不顧行遯。"

結法醇正深厚。孫鑛曰："亦以拗調勝，與《盤庚》同調。"按此篇乃《尚書》中惋惻沈痛另一格文字，言中嗚咽，句外欷歔，真從肺腑至性中流出，正不徒以拗調勝也。

尚書評注卷之三終

尚書評注卷四

周書

泰誓上

今文無,古文有。

惟十有三年春,大會于孟津。王曰:"嗟!我友邦冢君,越我御事庶士,明聽誓。惟天地,萬物父母;惟人,萬物之靈。亶聰明,作元后,元后作民父母。"

從源頭發論,亦自恢皇新闢。

"今商王受弗敬上天,降災下民。沈湎冒色,敢行暴虐。罪人以族,官人以世。惟宫室、臺榭、陂池、侈服,以殘害于爾萬姓。焚炙忠良,刳剔孕婦。皇天震怒,命我文考肅將天威,大勳未集。"

徐退山云:"前後四字句中間忽插十六字句,氣雄力健。"末句虚束住。

"肆予小子發,以爾友邦冢君,觀政于商。惟受罔有悛心,乃夷居,弗事上帝神祇,遺厥先宗廟弗祀。犧牲粢盛,既于凶盗,乃曰:'吾有民有命!'罔懲其侮。"

"觀政"二字高雅。"弗事上帝"云云,句法錯落。"吾有民有命,罔懲其侮",祇二語,畫出慆志驕態。

"天佑下民,作之君,作之師,惟其克相上帝,寵綏四方。有罪無罪,予曷敢有越厥志?"

又提"天"字,更端發論,離合起落,最有間架。

"同力度德,同德度義。受有臣億萬,惟億萬心;予有臣三千,惟一心。"

"億萬心""一心"語妙。

"商罪貫盈,天命誅之。予弗順天,厥罪惟鈞。予小子夙夜祇懼,受命文考,類于上帝,宜于冢土,以爾有衆,厎天之罰。天矜于民,民之所欲,天必從之。爾尚弼予一人,永清四海。時哉,弗可失!"

篇末又另提起,文勢聳動。篇中屢提"天"字作主,扼要翻新,意義疊出,氣勢亦自勁健。

泰誓中

惟戊午,王次于河朔,群后以師畢會,王乃徇師而誓,曰:"嗚呼!西土有衆,咸聽朕言。我聞:'吉人爲善,惟日不足;凶人爲不善,亦惟日不足。'今商王受力行無度,播棄犂老,昵比罪人,淫酗肆虐。臣下化之,朋家作仇,脅權相滅。無辜籲天,穢德彰聞。"

兩"日不足",亦自形容刻苦。"朋家"二句,寫盡亂世奸黨惡習。

"惟天惠民,惟辟奉天。有夏桀弗克若天,流毒下國,天乃佑命成湯,降黜夏命。惟受罪浮于桀,剥喪元良,賊虐諫輔,謂己有天命,謂敬不足行,謂祭無益,謂暴無傷。厥鑒惟不遠,在彼夏王。天其以予乂民,朕夢協朕卜,襲于休祥,戎商必克。"

錯落用韻。排四"謂"字却流動。"浮"字,字法。"剥喪元良"泛指,蔡注以"剥"爲落,以"喪"爲去國,而謂"元良"爲微子,固謬殊甚。"襲"字新。

"受有億兆夷人,離心離德;予有亂臣十人,同心同德。雖有周親,不如仁人。天視自我民視,天聽自我民聽。百姓有過,在予一人,今朕必往。我武惟揚,侵于之疆,取彼凶殘;我伐用張,于湯有光。"

"于湯有光"語妙,却有至理。

"勖哉,夫子!罔或無畏,甯執非敵。百姓懔懔,若崩厥角。嗚呼!乃一德一心,立定厥功,惟克永世。"

泰誓下

時厥明,王乃大巡六師,明誓衆士。王曰:"嗚呼!我西土君子。天有顯

道，厥類惟彰。今商王受狎侮五常，荒怠弗敬，自絶于天，結怨于民。斮朝涉之脛，剖賢人之心。作威殺戮，毒痡四海。崇信姦回，放黜師保，屏棄典刑，囚奴正士。郊社不修，宗廟不享，作奇技淫巧以悦婦人。上帝弗順，祝降時喪。爾其孜孜，奉予一人，恭行天罰。”

插一長句，錯落便不板滯，意思更翻新生，奇！

“古人有言曰：‘撫我則后，虐我則讎。’獨夫受，洪惟作威，乃汝世讎。樹德務滋，除惡務本。肆予小子，誕以爾衆士，殄殲乃讎。爾衆士其尚迪果毅，以登乃辟。功多有厚賞，不迪有顯戮。”

“撫我”二句警峭。“樹德”云云，頓二語有斤兩。

“嗚呼！惟我文考，若日月之照臨，光于四方，顯于西土。惟我有周，誕受多方。予克受，非予武，惟朕文考無罪。受克予，非朕文考有罪，惟予小子無良。”

徐退山云：“雙關法頓挫有味。”收法謹栗。

牧誓

今文、古文皆有。

時甲子昧爽，王朝至于商郊牧野，乃誓。王左杖黄鉞，右秉白旄以麾，曰：“逖矣，西土之人！”

點寫有光景。“逖矣”云云，衹一語，多少慰勞鼓勵在内，神情飛動。

王曰：“嗟！我友邦冢君、御事、司徒、司馬、司空、亞旅、師氏、千夫長、百夫長，及庸、蜀、羌、髳、微、盧、彭、濮人，稱爾戈，比爾干，立爾矛，予其誓。”

關目安詳。

王曰：“古人有言曰：‘牝雞無晨。牝雞之晨，惟家之索。’”

一篇極嚴肅文字，入手却極風韻。語峭而深。

“今商王受，惟婦言是用，昏棄厥肆祀弗答，昏棄厥遺王父母弟不迪，乃惟四方之多罪逋逃，是崇是長，是信是使，是以爲大夫卿士，俾暴虐于百姓，以姦宄于商邑。”

一段如一句，氣勢酣肆。單説用婦言、任逋逃一節，而紂惡悉見，勝《泰誓》呶呶臚數者。“迪”如“迪簡在王庭”之迪，“不迪”謂棄而不用也，蔡注非。

"乃"字陡轉。疊五"是"字,長句拗折。

"今予發,惟恭行天之罰。今日之事,不愆于六步、七步,乃止齊焉。夫子勖哉!不愆于四伐、五伐、六伐、七伐,乃止齊焉。勖哉夫子!"

兩"止齊"寫出王者節制之師。"夫子勖哉""勖哉夫子",顛倒唤應,最有筋節。

"尚桓桓,如虎如貔,如熊如羆,于商郊。弗迓克奔,以役西土。勖哉夫子!"

雙疊字,又連疊四"如"字,氣勢雄動。

"爾所弗勖,其于爾躬有戮!"

此篇多用疊字,句法另一格調。肅括簡峭,詞氣亦自從容節制,武王伐紂諸誓誥,當以此篇爲第一。

今考定武成

《武成》本有錯簡,"既生魄""丁未"二節以日辰推之,倒文顯然。劉氏、王氏、程子及歸震川俱有考正次第。蔡氏所定,于事蹟前後及日辰干支爲順,今姑依此本讀之。今文無,古文有。

惟一月壬辰,旁死魄。越翼日癸巳,王朝步自周,于征伐商。

"一月",周正月也,蔡注誤。

底商之罪,告于皇天后土、所過名山大川,曰:"惟有道曾孫周王發,將有大正于商。今商王受無道,暴殄天物,害虐烝民,爲天下逋逃主,萃淵藪。予小子既獲仁人,敢祗承上帝,以遏亂略。華夏蠻貊,罔不率俾。"

此段數紂之罪以禱于神,其文亦自簡盡,較《泰誓》爲勝。"有道""周王"皆武王自稱也,古人語質,不嫌自道。蔡注以爲"有道"指其父祖,而"周王"爲史臣追增,迂鄙之甚。"爲天下逋逃主"二句,形容酷刻。

"惟爾有神,尚克相予,以濟兆民,無作神羞。"既戊午,師逾孟津。癸亥,陳于商郊,俟天休命。甲子昧爽,受率其旅若林,會于牧野。罔有敵于我師,前徒倒戈,攻于後以北,血流漂杵。一戎衣,天下大定。乃反商政,政由舊。釋箕子囚,封比干墓,式商容閭。散鹿臺之財,發鉅橋之粟,大賚于四海,而萬姓悦服。

"俟天休命""血流漂杵"皆史臣潤飾之辭,本非古文質直之體,當分别觀之。“倒戈”字奇。“攻于後以北”句法流動古勁。“乃反商政,政由舊”兩句迴環,有理有法。

厥四月哉生明,王來自商,至于豐。乃偃武修文,歸馬于華山之陽,放牛于桃林之野,示天下弗服。

叙次亦自整麗堂皇。“哉生明”,月二日也。前月大盡,則初二生明,小盡則初三生明,以《漢志》推之,此三月爲大盡,故知四月二日“哉生明”也。“旁死魄”“哉生明”互文,記日辰有法。

既生魄,庶邦冢君暨百工,受命于周。丁未,祀于周廟,邦甸、侯衛駿奔走,執豆、籩。越三日庚戌,柴望,大告武成。

點染有景。“丁未”爲四月十九日。二月有閏,故四月有丁未、庚戌也。

王若曰:“嗚呼,群后!惟先王建邦啟土,公劉克篤前烈。至于太王,肇基王迹,王季其勤王家。我文考文王,克成厥勳,誕膺天命,以撫方夏。大邦畏其力,小邦懷其德。惟九年,大統未集,予小子其承厥志。恭天成命,肆予東征,綏厥士女。惟其士女,篚厥玄黄,昭我周王。天休震動,用附我大邑周。”

“篚厥玄黄”,句法工有精彩。周王對士女而言,亦武王自云也。此下蔡氏以爲當有斷簡,良是。

列爵惟五,分土惟三。建官惟賢,位事惟能。重民五教,惟食喪祭。惇信明義,崇德報功,垂拱而天下治。

收結宏整醇茂。鋪張揚厲,近于浮夸,然格調亦自古宕,參用俊語殊精彩,惜中間有斷文錯簡,不得一一得其連貫結構處。

洪範

今文、古文皆有。

惟十有三祀,王訪于箕子。

不曰“年”而曰“祀”者,存商尊箕子也。開端叙事,叙問答語,語爲箕子占身分。

王乃言曰:“嗚呼,箕子!惟天陰騭下民,相協厥居,我不知其彝倫攸叙。”

歎息發端,無限深情。“陰騭”“相協”,語最淵古精奧。

箕子乃言曰:"我聞在昔,鯀陻洪水,汨陳其五行。帝乃震怒,不畀洪範九疇,彝倫攸斁。鯀則殛死,禹乃嗣興。天乃錫禹洪範九疇,彝倫攸敘。"

"王乃言""箕子乃言",鄭重有體。説得天道昭彰,果報不爽,真令人精神震動。

"初一曰五行,次二曰敬用五事,次三曰農用八政,次四曰協用五紀,次五曰建用皇極,次六曰乂用三德,次七曰明用稽疑,次八曰念用庶徵,次九曰嚮用五福,威用六極。"

每句括一字作主腦,極精警。先綱後目,一篇鐵板文字,而九段中各有錯落參差處。

"一、五行:一曰水,二曰火,三曰木,四曰金,五曰土。水曰潤下,火曰炎上,木曰曲直,金曰從革,土爰稼穡。潤下作鹹,炎上作苦,曲直作酸,從革作辛,稼穡作甘。"

"曲直""從革"寫木、金性情,真有精理。"土爰稼穡"變文,語特渾妙。一"作"字寫出五行性情功用。潤而又下,炎而又上,此等真不可解。五行有聲、色、臭、味,獨言味者,舉其重以例其餘。

"二、五事:一曰貌,二曰言,三曰視,四曰聽,五曰思。貌曰恭,言曰從,視曰明,聽曰聰,思曰睿。恭作肅,從作乂,明作哲,聰作謀,睿作聖。"

"三、八政:一曰食,二曰貨,三曰祀,四曰司空,五曰司徒,六曰司寇,七曰賓,八曰師。"

司空、司徒、司寇,此三政以官叙特别。

"四、五紀:一曰歲,二曰月,三曰日,四曰星辰,五曰曆數。"

"五、皇極:皇建其有極,斂時五福,用敷錫厥庶民。惟時厥庶民于汝極,錫汝保極。"

"錫民""錫汝"語俱奇。連用"極"字,句法錯綜繚繞。

"凡厥庶民,無有淫朋,人無有比德,惟皇作極。"

前後文字極方整,皇極一段紆折靈變,極繚繞纏綿之致,可謂化板爲活,此一篇樞杻警動處。

"凡厥庶民,有猷、有爲、有守,汝則念之。不協于極,不罹于咎,皇則受之。而康而色,曰:'予攸好德。'汝則錫之福,時人斯其惟皇之極。"

屢提"凡厥庶民",疊複有情,錯綜有法。段段收到"皇極",回祖顧母,筆筆鈎勒,筆筆變换。

“無虐煢獨，而畏高明。”

二語束上起下，歇頓作過節，文情間峭入妙。

“人之有能有爲，使羞其行，而邦其昌。凡厥正人，既富方穀。汝弗能使有好于而家，時人斯其辜。于其無好德，汝雖錫之福，其作汝用咎。”

此節三段，文意蟬聯而下，裊裊如遊絲引展。“既富方穀”謂家既富矣，正當爲善。“汝弗能使有好于而家”，言朋淫傲虐之作，是人必自蹈于罪戾也。

“無偏無陂，遵王之義；無有作好，遵王之道；無有作惡，遵王之路。無偏無黨，王道蕩蕩；無黨無偏，王道平平。無反無側，王道正直。會其有極，歸其有極。”

忽用四言韻語，奇！詠歎淫佚酣暢，鼓舞訓命中乃有風雅之體。

“曰：皇極之敷言，是彝是訓，于帝其訓。”

倒點。“皇極之敷言”，收束贊歎，得體得勢。

“凡厥庶民，極之敷言，是訓是行，以近天子之光。曰：天子作民父母，以爲天下王。”

參差用韻奇。代民爲頌言作結，恢宕唐皇。

“六、三德：一曰正直，二曰剛克，三曰柔克。平康正直，彊弗友剛克，燮友柔克。沈潛剛克，高明柔克。”

“剛柔克”變出兩義，妙！此有從治、反治之别。“彊弗友”“燮友”字法拙勁古奥。

“惟辟作福，惟辟作威，惟辟玉食。臣無有作福、作威、玉食。”

三句壁立千仞。

“臣之有作福、作威、玉食，其害于而家，凶于而國。人用側頗僻，民用僭忒。”

“七、稽疑：擇建立卜筮人，乃命卜筮。曰雨，曰霽，曰蒙，曰驛，曰克。”

五字寫兆象，刻畫精神。

“曰貞，曰悔。凡七，卜五，占用二，衍忒。立時人，作卜筮。三人占，則從二人之言。汝則有大疑，謀及乃心，謀及卿士，謀及庶人，謀及卜筮。汝則從，龜從，筮從，卿士從，庶民從，是之謂大同。身其康彊，子孫其逢吉。汝則從，龜從，筮從，卿士逆，庶民逆，吉。卿士從，龜從，筮從，汝則逆，庶民逆，吉。庶民從，龜從，筮從，汝則逆，卿士逆，吉。汝則從，龜從，筮逆，卿士逆，

庶民逆，作内吉，作外凶。龜、筮共違于人，用静吉，用作凶。"

詳叙無殺詞，此古文拙重處。言龜從筮逆，不言筮從龜逆，略之也，此又省文法。到末段乃變文從簡，奇！"龜、筮共違于人"，不吉決矣，却言用静吉，妙！

"八、庶徵：曰雨，曰暘，曰燠，曰寒，曰風，曰時。五者來備，各以其叙，庶草蕃廡。"

"庶徵"一段，道理尤精深。"五徵"外綴以"曰時"，義理纔圓備收，仍曰"五者"，剔點極清。"五者來備，各以其叙"，寫盛世休徵時若氣象，精穩入微。

"一極備凶，一極無凶。"

不曰過多過少，却曰極備極無，語極精奥。

"曰休徵：曰肅，時雨若；曰乂，時暘若；曰哲，時燠若；曰謀，時寒若；曰聖，時風若。曰咎徵：曰狂，恒雨若；曰僭，恒暘若；曰豫，恒燠若；曰急，恒寒若；曰蒙，恒風若。"

十"若"字可味。言休咎之徵，皆若具五事之所行也。咎徵衹言"恒雨""恒暘"，舉極備以該極無也。一極備，則一極無，此自然之理。

"曰：王省惟歲，卿士惟月，師尹惟日。"

創例分配極精確。

"歲、月、日，時無易，百穀用成，乂用明，俊民用章，家用平康。日、月、歲，時既易，百穀用不成，乂用昏不明，俊民用微，家用不寧。"

"歲、月、日""日、月、歲"，一順一逆，錯綜生奇。二節用韻。

"庶民惟星，星有好風，星有好雨。日月之行，則有冬有夏。月之從星，則以風雨。"

"庶民惟星"語精妙。"好風""好雨"，寫出星宿性情來。"日月之行"四語高簡，《天官》《星經》精要之語不能及此。曰"行"、曰"從"，字法有分曉。

"九、五福：一曰壽，二曰富，三曰康寧，四曰攸好德，五曰考終命。"

"六極：一曰凶短折，二曰疾，三曰憂，四曰貧，五曰惡，六曰弱。"

旅獒

今文無,古文有。

惟克商,遂通道于九夷八蠻。西旅厎貢厥獒,太保乃作《旅獒》,用訓于王。

此節《旅獒》之本序也,如此篇可不須小序。

曰:"嗚呼!明王慎德,四夷咸賓。無有遠邇,畢獻方物,惟服、食、器用。王乃昭德之致于異姓之邦,無替厥服。分寶玉于伯叔之國,時庸展親。人不易物,惟德其物。"

排語中間插一單句,此古文節奏處。"人不易物"云云,言"昭德""展親"在夫人耳,王者豈以人易物?蓋德即其物,在德不在物也,蔡注誤。

"德盛不狎侮。狎侮君子,罔以盡人心;狎侮小人,罔以盡其力。不役耳目,百度惟貞。玩人喪德,玩物喪志。"

二語精,亦關切本事。

"志以道寧,言以道接。不作無益害有益,功乃成;不貴異物賤用物,民乃足。犬馬非其土性不畜,珍禽奇獸,不育于國。不寶遠物,則遠人格;所寶惟賢,則邇人安。嗚呼!夙夜罔或不勤,不矜細行,終累大德。爲山九仞,功虧一簣。"

此段慨歎深厚,精神頗見振刷。此如《詩》之有倒興。

"允迪兹,生民保厥居,惟乃世王。"

金縢

篇名奇。今文、古文皆有。

既克商二年,王有疾,弗豫。

點明"既克商",紀年有眼目。

二公曰:"我其爲王穆卜。"周公曰:"未可以戚我先王。"

一語極温惻,慨然仁孝之言。

公乃自以爲功,爲三壇同墠。爲壇于南方,北面,周公立焉。植璧秉珪,

乃告太王、王季、文王。

"自以爲功",語似矜張,却道得聖人心事出。下文以代死自誓,以多才自任,若怨若懟,似戇似癡,都從"自以爲功"生出。

史乃册祝曰:"惟爾元孫某,遘厲虐疾。若爾三王,是有丕子之責于天,以旦代某之身。"

直入極篤懇,他手定從"乃命于帝庭"發端矣。丕,大也。丕子猶言保護厥子也。"是有丕子之責于天",硬派的妙,覺三王無辭以免。蔡注解"是有丕子之責"二句,添設牽曲,且疑有闕文,更非。

"予仁若考,能多材多藝,能事鬼神。乃元孫不若旦多材多藝,不能事鬼神。"

將己與元孫斤斤較量,似家人庭幃商確者,代死極迫懇事,却又從容詳悉如此。仁與材藝不嫌自任,總爲代死作地,一片樸直、篤懇、血誠直從肺腑流溢口吻。

"乃命于帝庭,敷佑四方,用能定爾子孫于下地。四方之民,罔不祗畏。嗚呼!無墜天之降寶命,我先王亦永有依歸。"

此節直寫本意,言元孫一身所係鉅重,懇痛悲切,所謂垂涕泣而道之也。

"今我即命于元龜,爾之許我,我其以璧與珪,歸俟爾命;爾不許我,我乃屏璧與珪。"

公然稱"爾""我",戇直得妙。疾首厲聲,戇直激烈,如小兒在父母懷膝撒嬌使性,純是一片天真血誠流出。"爾子孫""我先王"對提互舉,諄復鄭重,悚動處全在此,並末段收束處。

乃卜三龜,一習吉。啓籥見書,乃并是吉。

"一習吉",三龜中止一龜習吉,以兆言也。"乃并是吉",言書辭則三龜全吉,以繇言也。文義甚明,蔡注誤解。

公曰:"體,王其罔害。予小子新命于三王,惟永終是圖。兹攸俟,能念予一人。"

卜小吉之後,喜慰交集口吻之神,温婉纏綿一團。孺慕天性,所謂"父母愛之,喜而不忘"也。"能念予一人","一人",公自謂也。寫得欣喜榮藉之至,依蔡《傳》便索然無味矣。

公歸,乃納册于金縢之匱中。王翼日乃瘳。武王既喪,管叔及其群弟乃流言于國,曰:"公將不利于孺子。"

"流言"字法新。流言本三叔事,不得及武庚也。

周公乃告二公曰:"我之弗辟,我無以告我先王。"

觀"我之弗辟"二語,公已意知其爲管叔矣。"未可以戚我先王""我無以告我先王",遥對互照,大義至性,悚然生動。辟,誅殺之也。周公聞流言而辟居,何以爲周公耶?"罪人斯得"猶言罪人授首,謂誅管、蔡也。不言誅管、蔡,爲親者諱,亦周公傷心之事,不忍言也。依蔡《傳》,二年之後始知流言爲管、蔡,聖如周公,何察訪如是之遲哉?

周公居東二年,則罪人斯得。

"居東"非東征,然亦非辟居也,察流言所自起,將致辟焉。"則"字拗峭,《史記》最善用此等字法。

于後,公乃爲詩以貽王,名之曰《鴟鴞》。王亦未敢誚公。

帶叙《鴟鴞》,最風韻,筆力綽有餘閒。"王亦未敢誚公"謂周公之德隆望重,雖專征擅殺,王亦未敢誚讓之也。立言最有體。

秋,大熟,未穫。天大雷電以風,禾盡偃,大木斯拔,邦人大恐。王與大夫盡弁,以啓金縢之書,乃得周公所自以爲功代武王之説。

"風"上添一"以"字,便有勢,句法好。"禾盡偃"云云,疊句極力形容,不肯説得不震盪竦動。末句十四字,古拙而竦健,紆折委悉都盡。

二公及王乃問諸史與百執事,對曰:"信,噫! 公命,我勿敢言。"

當云"王及二公",却云"二公及王",知二公倡王啓之問也。書法有手眼。"信,噫"云云,一字一咽,一句一轉,八字中頓挫生動。"公命"句斷,言此公之命,我固勿敢言也。如蔡《傳》,則"命"字、"勿敢"字俱落空。

王執書以泣,曰:"其勿穆卜。昔公勤勞王家,惟予沖人弗及知。今天動威,以彰周公之德,惟朕小子其新逆,我國家禮亦宜之。"

温婉沈痛,純是一片血誠淋漓出之。"王執書以泣",令人惻然,不忍看。"其勿穆卜"與二公穆卜而周公止之,遥映生情。直説"弗及知",肝腸語,人不肯道。

王出郊,天乃雨,反風,禾則盡起。二公命邦人,凡大木所偃,盡起而築之,歲則大熟。

"天乃雨"云云,寫出神奇。綰帶二公周密。結法老極,妙極,所謂君臣得而後陰陽和,歲功成也。《尚書》事緒之多無過此篇,兩截叙次總以"金縢"書之,顯晦首尾,爲貫串結構,最爲嚴密。前後寫周公、成王精誠感動處,激昂淋漓盡致。篇中屢提二公，且曰"二公及王"，又曰"二公命邦人"，以見二公柄政于内。周公之遭變居東，以至復周還政，二公調護之力固不少也。叙事之法，有意到而筆不到者即此，可悟隱見之妙。

大誥

今文、古文皆有。

王若曰："猷！大誥爾多邦，越爾御事：弗弔！天降割于我家，不少延。洪惟我幼沖人，嗣無疆大歷服，弗造哲，迪民康，矧曰其有能格知天命？"

開端錯落蒼涼。

"已！予惟小子，若涉淵水，予惟往求朕攸濟。敷賁，敷前人受命，兹不忘大功。予不敢閉于天降威用。"

一篇凡五設喻，往往以切至見奇。

"甯王遺我大寶龜，紹天明，即命曰：'有大艱于西土，西土人亦不静，越兹蠢。'"

三字咽住，冷峭。

"殷小腆，誕敢紀其緒。天降威，知我國有疵，民不康，曰：'予復。'反鄙我周邦。"

"天降威"謂天降威于周也，指殷之叛言，蔡注誤。"知我國有疵"指三叔事。觀此，則辟管叔、蔡叔已成前事矣。孫月峰以爲周公居東，誅管叔，紂子武庚尚在，及王感風雷之變，迎公以歸，東方徐、奄諸國又以武庚叛，公乃大誥天下，奉命東征，固不爲無見也。

"今蠢，今翼日，民獻有十夫，予翼以于，敉甯武圖功。我有大事休，朕卜并吉。肆予告我友邦君，越尹氏、庶士、御事，曰：'予得吉卜，予惟以爾庶邦，于伐殷逋播臣。'"

告庶邦却以吉卜，發端奇。"逋播臣"兼徐、奄諸國在内。

"爾庶邦君，越庶士、御事，罔不反曰：'艱大，民不静，亦惟在王宫、邦君室。越予小子，考翼不可征，王害不違卜？'"

故作一折，波瀾横生。"越予小子"，成王自稱其言，則仍庶邦君之言也，古文中往往有此。翼，輔也。"考翼"謂武王之舊臣也。注極牽曲。

"肆予沖人，永思艱，曰：'嗚呼！允蠢鰥寡，哀哉！'予造天役，遺大投艱

于朕身，越予沖人，不卬自恤。義爾邦君，越爾多士、尹氏、御事，綏予曰：'無毖于恤，不可不成乃甯考圖功。'"

頓挫沈鬱，慨歎深長。蠢，動也，謂騷動鰥寡也。或以"蠢"字句斷，"鰥寡"連下句，更妙。"予造天役"，造句奇。代撰一段忠言，妙！文情斐亹，《盤庚》中往往用此法。

"已！予惟小子，不敢替上帝命。天休于甯王，興我小邦周，甯王惟卜用，克綏受茲命。今天其相民，矧亦惟卜用。嗚呼！天明畏，弼我丕丕基。"

"嗚呼"二句竦切。

王曰："爾惟舊人，爾丕克遠省，爾知甯王若勤哉！天閟毖我成功所，予不敢不極卒甯王圖事。肆予大化誘我友邦君，天棐忱辭，其考我民，予曷其不于前甯人圖功攸終？天亦惟用勤毖我民，若有疾，予曷敢不于前甯人攸受休畢？"

疊用長句，古拗深厚。連呼三"爾"字，極警動。"天閟毖我成功所"，所謂盤錯乃見利器，此句正有至理。"甯人"即指武王，猶言甯王。甯，考也。觀後文"天亦惟休于前甯人""率甯人有指疆土"可見，如以爲武王之大臣，便説不去。

王曰："若昔朕其逝，朕言艱日思。若考作室，既厎法，厥子乃弗肯堂，矧肯構？厥父菑，厥子乃弗肯播，矧肯穫？厥考翼其肯曰：'予有後，弗棄基？'肆予曷敢不越卬，敉甯王大命？"

開口愾如深厚。逝，往也。"若昔朕其逝"，謂往日居東誅管叔時，此周公語也。周公傳王命，何得忽然自言？蓋諸誥中往往有之，"孟侯，朕其弟""嗚呼！王若曰"等類是也。連用數"肯"字，呼應生情。生出"厥考翼其肯曰"一層，緊切愷至，加倍精神。

"若兄考，乃有友伐厥子，民養其勸弗救？"

此喻更質懇精確。

王曰："嗚呼，肆哉！爾庶邦君，越爾御事，爽邦由哲，亦惟十人迪知上帝命。越天棐忱，爾時罔敢易法，矧今天降戾于周邦？惟大艱人，誕鄰胥伐于厥室，爾亦不知天命不易。"

"爽邦"，造句。"天命不易"，謂天命惟艱也，蔡注誤。

"予永念曰：天惟喪殷。若穡夫，予曷敢不終朕畝？天亦惟休于前甯人。"

從"厥父菑"一段又生出一喻，奇而確。

"予曷其極卜？敢弗于從？率甯人有指疆土，矧今卜並吉？肆朕誕以爾東征。天命不僭，卜陳惟若兹。"

"予曷其"二句，擒縱頓挫入妙。"率甯人有指疆土"，説得先王疆土尺寸不可與人，何等森嚴。想當時謀臣必有議捐豫洛以東者，故云然。仍以卜辭結，謹嚴之至。處處以天命喪殷、甯王前烈爲言，此自立言之體有不得不然者，而愷切悚動，亹亹盡致。此篇善用代字法以寫難言之情，空撰虚摹，自成章法。處處縮提卜事，亦一篇之精神眼目也。孫月峰云："與《盤庚》同調而腴勁不及，然懇惻纏綿盡致矣。此誥體之最愷暢者，不得徒以佶屈聱牙目之。"

微子之命

今文無，古文有。

王若曰："猷！殷王元子，惟稽古，崇德象賢。統承先王，修其禮物，作賓于王家，與國咸休，永世無窮。嗚呼！乃祖成湯，克齊聖廣淵，皇天眷佑，誕受厥命。撫民以寬，除其邪虐，功加于時，德垂後裔。爾惟踐修厥猷，舊有令聞。恪慎克孝，肅恭神人。予嘉乃德，曰篤不忘。上帝時歆，下民祗協，庸建爾于上公，尹兹東夏。"

亦自宏整高亮，究少筋骨。

"欽哉！往服乃訓，慎乃服命，率由典常，以蕃王室。弘乃烈祖，律乃有民，永綏厥位，毗予一人。世世享德，萬邦作式，俾我有周無斁。嗚呼！往哉惟休！無替朕命。"

一字不及紂與武庚，惟以湯之聖、微子之賢爲言，最爲得體，但排整不似古文氣味。

康誥

今文、古文皆有。《康誥》以下三篇與《大誥》《多士》《多方》同體，乃告康叔，並告東方諸國及殷遺多士也。維繫天命，整齊人心，所以奠定東國，鞏固王室，悉見于此。固不徒爲康叔就封而發命也，故不曰《康叔之命》而曰《康誥》者以此。據《汲書》，武王已先封康叔，此乃益封。時周公述成王之言，以申命之也。《注》:“周公述成王之言,何遽自以弟稱之?”此自不解立言之體,宜其言之,固執乃爾。又謂周公不得以武王爲寡兄,夫“刑于寡妻”,獨非周公謂文母耶?文母可稱寡妻,顧不可稱武王爲寡兄耶?

惟三月哉生魄,周公初基,作新大邑于東國洛,四方民大和會。侯甸男邦,采衛百工,播民和,見士于周。周公咸勤,乃洪大誥治。

發端恢皇鄭重,提掇含蓄,意思極深厚,三篇根本俱見于此。“見士于周”謂由士以上皆見于周,所謂“烝我髦士”也,舊注非。或謂此四十八字爲《洛誥》錯簡。郝楚望曰:“洛成雖在七年,而初基則自兹始,諸侯咸會,故洪大誥,非錯簡也。”特書曰“洪大誥治”,不繫之康叔者,以見此誥所繫者甚大,不徒爲康叔發也。

王若曰:“孟侯,朕其弟,小子封。”

稱謂便妙,有情有體。稱謂極其詳備、鄭重、親愛,兼有一篇綱領。

“惟乃丕顯考文王,克明德慎罰,不敢侮鰥寡,庸庸、祗祗、威威,顯民。用肇造我區夏,越我一二邦,以修我西土。惟時怙冒,聞于上帝,帝休,天乃大命文王,殪戎殷,誕受厥命。越厥邦厥民惟時叙,乃寡兄勖,肆汝小子封在兹東土。”

“庸”“祗”疊字,句法奇峭。叙次沈鬱慓動。看“肆汝小子”二語,似康叔早已封衛者,此篇乃因其益封朝歌而申命之耳。

王曰:“嗚呼!封,汝念哉!今民將在祗遹乃文考,紹聞衣德言。往敷求于殷先哲王,用保乂民。汝丕遠惟商耇成人,宅心知訓。别求聞由古先哲王,用康保民。弘于天,若德裕乃身,不廢在王命。”

“紹聞衣德言”撰句。“宅心知訓”,學問精到語。“文考”“殷先哲王”“商耇成人”“古先哲王”,層纍排叙,曲重高古。嚴重深切,以君責臣,以兄責弟,俱當如是。

王曰:“嗚呼!小子封,恫瘝乃身,敬哉!天畏棐忱,民情大可見。小人難保,往盡乃心,無康好逸豫,乃其乂民。我聞曰:‘怨不在大,亦不在小。惠不惠,懋不懋。’”

“恫瘝乃身”,深懇語,不可多得。頓挫作結,沈著悚動。“惠不惠,懋不懋”,從蔡注解。

“已!汝惟小子,乃服惟弘王,應保殷民,亦惟助王宅天命,作新民。”

小結作歇頓,節奏入妙。

王曰："嗚呼！封，敬明乃罰。人有小罪，非眚，乃惟終，自作不典，式爾，有厥罪小，乃不可不殺。乃有大罪，非終，乃惟眚災，適爾，既道極厥辜，時乃不可殺。"

錯落短峭。"有厥罪小"，複點一筆，醒峭。"既道極厥辜"，從蔡注解。

王曰："嗚呼！封，有叙，時乃大明服，惟民其敕懋和。若有疾，惟民其畢棄咎。若保赤子，惟民其康乂。"

又用三排，句法奇變。"若有疾""若保赤子"，二喻切至。

"非汝封刑人殺人，無或刑人殺人。又曰非汝封劓刵人，無或劓刵人。"

兩"非汝封"拗折竦峭，壁立千仞。

王曰："外事，汝陳時臬，司師兹殷罰有倫。"

"外事"謂非本國所統諸侯之以獄請者也。康叔爲東方牧監，邦國之獄宜有請焉。

又曰："要囚，服念五六日，至于旬時，丕蔽要囚。"

王曰："汝陳時臬事，罰蔽殷彝，用其義刑義殺，勿庸以次汝封。乃汝盡遜，曰時叙，惟曰未有遜事。已！汝惟小子，未其有若汝封之心，朕心朕德，惟乃知。"

閑情曼節，温惻纏綿，依依家人骨肉，脉脉師友相知。不謂誥敕之文，乃有此至性至情。

"凡民自得罪，寇攘姦宄，殺越人于貨，暋不畏死，罔弗憝。"王曰："封，元惡大憝，矧惟不孝不友。子弗祗服厥父事，大傷厥考心。于父不能字厥子，乃疾厥子。于弟弗念天顯，乃弗克恭厥兄，兄亦不念鞠子哀，大不友于弟。惟弔兹，不于我政人得罪，天惟與我民彝大泯亂。曰：乃其速由文王作罰，刑兹無赦。"

每用短節，蟬聯過峽入妙。"不孝不友"之罰，三致意焉。蓋爲東山破斧之事，惻然感動者。收句霜威斧聲，稜稜可畏。

"不率大戛，矧惟外庶子訓人？惟厥正人，越小臣諸節，乃别播敷，造民大譽，弗念弗庸，瘝厥君。時乃引惡，惟朕憝。已！汝乃其速由兹義率殺。"

批風排霜之筆。"率殺"，依蔡注，吕氏作"表率"，牽曲。峻厲嚴肅，所謂"刑亂國用重典"，亦政以殷道治殷民也。

"亦惟君惟長，不能厥家人，越厥小臣、外正，惟威惟虐，大放王命，乃非德用乂。"

"惟君惟長",泛指東方諸侯,即篇首所謂侯甸男邦采衛也,蔡注非。

"汝亦罔不克敬典,乃由裕民,惟文王之敬忌。乃裕民,曰:'我惟有及。'則予一人以懌。"

"曰我惟有及"與"惟曰未有遜事"同一調法。

王曰:"封,爽惟民,迪吉康。我時其惟殷先哲王德,用康乂民作求。矧今民罔迪不適,不迪,則罔政在厥邦。"

反煞緊勁。

王曰:"封,予惟不可不監,告汝德之説于罰之行。今惟民不静,未戾厥心,迪屢未同。爽惟天其罰殛我,我其不怨。惟厥罪,無在大,亦無在多,矧曰其尚顯聞于天?"

隱括殷遺煽惑亂事,説來得情得體。頓挫古折,與前"怨不在大"同一句調,遥應作章法。

王曰:"嗚呼,封,敬哉!無作怨,勿用非謀非彝。蔽時忱。丕則敏德,用康乃心,顧乃德,遠乃猷。裕乃以民甯,不汝瑕殄。"

王曰:"嗚呼!肆汝小子封,惟命不于常,汝念哉!無我殄享,明乃服命,高乃聽,用康乂民。"

收語説到天命嚴悚可畏。"高乃聽"謂所聽者高言至論也,蔡注誤。

王若曰:"往哉,封!勿替敬典,聽朕告汝,乃以殷民世享。"

郝楚望曰:"武王伐商誅紂,以其地封管叔及群叔,監紂子武庚,而封康叔于康。武王崩,武庚、三叔叛,諸國反者數起。周公東征,討武庚,盡有殷地,以其半封微子爲宋,祀殷;以其半益康叔爲衛晉,爵牧伯,監于東土,官兼司寇,遂相洛營東都。此告康叔,亦即告東諸侯也。周以忠厚開國,而突有管叔之事,尤公所不忍言者,故惓惓以孝友爲勸,意欲奉揚父兄之訓,使追念先德,共惇天顯,宏濟時艱也。其屢言刑罰,戒率殺者,時東方騷動,隱憂方深,整齊亂民,不得不用重典,此又審乎勢而爲之也。"

酒誥

今文、古文皆有。

王若曰:"明大命于妹邦。

發端明白開敞,即此知三誥不獨爲康叔也。

“乃穆考文王，肇國在西土。厥誥毖庶邦庶士，越少正、御事，朝夕曰：‘祀兹酒。’惟天降命，肇我民，惟元祀。”

末句即往復上文也，乃見古文拙重之妙。

“天降威，我民用大亂喪德，亦罔非酒惟行，越小大邦用喪，亦罔非酒惟辜。文王誥教小子、有正、有事，無彝酒。越庶國，飲惟祀，德將無醉。”

“德將無醉”四字句，鍊法絶工。

“惟曰：我民迪小子，惟土物愛，厥心臧。聰聽祖考之彝訓，越小大德，小子惟一。”

代撰一誥詞，妙！典重古雅，可作世家寶訓。

“妹土，嗣爾股肱，純其藝黍稷，奔走事厥考厥長。肇牽車牛，遠服賈，用孝養厥父母。厥父母慶，自洗腆，致用酒。”

寫得充悦和藹，乃見温然孝弟之性。細貼人情，非周公不能爲此言。

“庶士有正，越庶伯君子，其爾典聽朕教。爾大克羞耇惟君，爾乃飲食醉飽。丕惟曰：爾克永觀省，作稽中德。爾尚克羞饋祀，爾乃自介用逸。兹乃允惟王正事之臣，兹亦惟天若元德，永不忘在王家。”

作十分歆動語，文情酣暢異常。説得用酒路數甚寬，處處作開拓，細思却是極謹嚴，可悟古文反托翻襯之妙。

王曰：“封，我西土棐徂邦君、御事、小子，尚克用文王教，不腆于酒。故我至于今，克受殷之命。”

王曰：“封，我聞惟曰：在昔殷先哲王，迪畏天顯小民，經德秉哲。自成湯咸至于帝乙，成王畏相。惟御事厥棐有恭，不敢自暇自逸，矧曰其敢崇飲？越在外服，侯、甸、男、衛、邦伯；越在内服，百僚、庶尹、惟亞、惟服、宗工，越百姓里居，罔敢湎于酒。不惟不敢，亦不暇。惟助成王德顯，越尹人祗辟。”

“不惟不敢”句，扭轉句法，娟峭。

“我聞亦惟曰：‘在今後嗣王酣身，厥命罔顯于民，祗保越怨不易。誕惟厥縱淫泆于非彝，用燕喪威儀，民罔不衋傷心。惟荒腆于酒，不惟自息乃逸。厥心疾狠，不克畏死。辜在商邑，越殷國滅無罹。弗惟德馨香祀，登聞于天，誕惟民怨，庶群自酒，腥聞在上，故天降喪于殷，罔愛于殷，惟逸。天非虐，惟民自速辜。’”

古拗鬱折，一氣盤旋。孫月峰云：“極章法、調法、練法之勝。”佶屈之中，纏綿盡致，《盤庚》而後又見此段。“腥聞”字法新。

王曰："封，予不惟若兹多誥。古人有言曰：'人無于水監，當于民監。'今惟殷墜厥命，我其可不大監撫于時？"

"無于水監"云云，奇情妙語。

"予惟曰：汝劼毖殷獻臣，侯、甸、男、衛，矧太史友、内史友？越獻臣、百宗工，矧惟爾事服休、服采？矧惟若疇圻父薄違、農父若保、宏父定辟？矧汝剛制于酒？"

"劼毖"及"侯甸男衛"，此真牧伯之職也。"若疇"依蔡注。薄者，"甯我薄人"之薄。"違"如"昭德塞違"之違。倒煞到康叔，屹然而止。

"厥或誥曰：群飲，汝勿佚。盡執拘以歸于周，予其殺。又惟殷之迪諸臣惟工，乃湎于酒，勿庸殺之，姑惟教之。"

"予其殺"，極峻冷；"勿庸殺之，姑惟教之"，極婉雋，正自有分寸斟酌在。

"有斯明享，乃不用我教辭，惟我一人弗恤，弗蠲乃事，時同于殺。"王曰："封，汝典聽朕毖，勿辯乃司，民湎于酒。"

"辯乃司"，謂以辯言亂政也。綴"民湎于酒"，繚繞祇徊，篇終三致意焉。

梓材

摘"梓材"作篇名，奇！今文、古文皆有。

王曰："封，以厥庶民暨厥臣達大家，以厥臣達王，惟邦君。"

直起拙重，體大思深。

"汝若恒越曰：我有師師、司徒、司馬、司空、尹、旅。曰：予罔厲殺人。亦厥君先敬勞，肆徂厥敬勞。肆往，姦宄、殺人、歷人，宥。肆亦見厥君事，戕敗人，宥。"

作兩層叙述，有節奏。古拗佶屈，崟崎離奇。錬調最別。

"王啟監，厥亂爲民，曰：'無胥戕，無胥虐，至于敬寡，至于屬婦，合由以容。'王其效邦君越御事，厥命曷以？引養引恬。自古王若兹監，罔攸辟。"

立監，實三誥大旨，乃于末篇諄復言之。此一篇純教康叔以併包含之事，與前二誥言嚴刑峻法者迥别，蓋周家忠厚立國之旨，俱見于此矣。憑空撰出一則訓誡。效，致也，如效犬馬之效。"引養引恬"語精，"引"字尤深妙。

"惟曰：若稽田，既勤敷菑，惟其陳修，爲厥疆畎。若作室家，既勤垣墉，惟其塗塈茨。若作梓材，既勤樸斲，惟其塗丹雘。"

三段排整，典貴古澤，較前後調法另變，此中權也。

"今王惟曰：先王既勤用明德，懷爲夾。庶邦享作，兄弟方來，亦既用明德。后式典集，庶邦丕享。"

此周公述成王意也，故不妨稱王。或謂周公既代王發命，何得自言，固哉。

"皇天既付中國民，越厥疆土于先王。"

十四字句，拙重古勁。

"肆王惟德用，和懌先後迷民，用懌先王受命。已，若兹監！惟曰：欲至于萬年，惟王子子孫孫永保民。"

收煞深篤正大如此，方結得三誥意思完備。遒勁、簡峭、拙重處，獨得大體，與前誥詞調迥别。後篇直是周公與康叔對語，蓋舉作邑立監之本旨反復暢言之。衹以述成王之意，而不必其詞如自成王出也。周公代王發命處多有此，細讀諸誥自知。屢用"惟曰""今王亦惟曰"及諸"若恒越曰"，呼應爲章法，鑄錬結構之精，一絲不走文意。章法首尾貫串，確是一篇文字，安見爲爛簡斷篇耶？

尚書評注卷之四終

尚書評注卷五

召誥

今文、古文皆有。

惟二月既望，越六日乙未，王朝步自周，則至于豐。惟太保先周公相宅。越若來三月，惟丙午朏。越三日戊申，太保朝至于洛，卜宅。厥既得卜，則經營。

“惟太保”，書法。一路記叙，極鄭重詳至。

越三日庚戌，太保乃以庶殷攻位于洛汭。越五日甲寅，位成。若翼日乙卯，周公朝至于洛，則達觀于新邑營。

“攻位”，約字法。末一語，練句古。

越三日丁巳，用牲于郊，牛二。越翼日戊午，乃社于新邑，牛一，羊一，豕一。

牛二，祭天及稷也。

越七日甲子，周公乃朝用書，命庶殷侯、甸、男邦伯。厥既命殷庶，庶殷丕作。太保乃以庶邦冢君出取幣，乃復入錫周公，曰：“拜手稽首，旅王若公。誥告庶殷，越自乃御事。嗚呼！皇天上帝改厥元子兹大國殷之命，惟王受命，無疆惟休，亦無疆惟恤。嗚呼！曷其奈何弗敬？”

開端慨歎深厚，意調沈鬱，一篇大旨已見于此。長句古重。“曷其奈何弗敬”，句法曲折頓挫。

“天既遐終大邦殷之命，兹殷多先哲王在天，越厥後王後民，兹服厥命，

厥終智藏瘝在。夫知保抱攜持厥婦子，以哀籲天，徂厥亡，出執。嗚呼！天亦哀于四方民，其眷命用懋，王其疾敬德。"

古拗蒼深，沈著摯痛，一篇最警策處。横插"兹殷"句，奇拗有情。"夫知保抱"云云，畫出一幅流亡圖。

"相古先民有夏，天迪從子保，面稽天若，今時既墜厥命。今相有殷，天迪格保，面稽天若，今時既墜厥命。"

"面稽天若"奇語。疊"今時既墜厥命"，危警咄然、冷然。篇中每用雙排，間架明劃，别一格調。

"今沖子嗣，則無遺壽耇。曰其稽我古人之德，矧曰其有能稽謀自天？嗚呼！有王雖小，元子哉！其丕能諴于小民，今休？王不敢後，用顧畏于民碞。"

"民碞"字新奇。

"王來紹上帝，自服于土中。旦曰：'其作大邑，其自時配皇天，毖祀于上下，其自時中乂。王厥有成命，治民今休。'"

此方揭出宅洛大旨。

"王先服殷御事，比介于我有周御事，節性，惟日其邁。王敬作所，不可不敬德。"

"節性""王敬作所"，學問中深微語。"王敬作所"，鍊句尤精。

"我不可不監于有夏，亦不可不監于有殷。我不敢知曰：'有夏服天命，惟有歷年。'我不敢知曰：'不其延，惟不敬厥德，乃早墜厥命。'我不敢知曰：'有殷受天命，惟有歷年。'我不敢知曰：'不其延，惟不敬厥德，乃早墜厥命。'"

兩大比祇换一二字，繁而不殺，清折白描，極往復疊迴之妙。連用"我不敢知"，歷亂離奇。

"今王嗣受厥命，我亦惟兹二國命，嗣若功。王乃初服。"

"我亦惟兹二國命"謂即夏商靡常之命也，蔡注不甚了了。

"嗚呼！若生子，罔不在厥初生，自貽哲命。今天其命哲？命吉凶？命歷年？知今我初服。"

生拗離奇，有意到筆不到之妙。"知今我初服"，詘然而止，極有含蓄。

"宅新邑，肆惟王其疾敬德。王其德之用，祈天永命。"

重提申言之文，意最篤厚。

"其惟王勿以小民淫用非彝,亦敢殄戮用乂,民若有功。其惟王位在德元,小民乃惟刑用于天下,越王顯。上下勤恤,其曰我受天命,丕若有夏歷年,式勿替有殷歷年。欲王以小民受天永命。"

總收緊切,章法結構極嚴。

拜手稽首曰:"予小臣敢以王之讎民、百君子,越友民,保受王威命明德。王末有成命,王亦顯。我非敢勤,惟恭奉幣,用供王能祈天永命。"

篇末丁甯忠愛之誠,懔然如見,正大、深遠、老成,告君之體,固應如此。"讎民""友民"字法新。縈拂錫幣有情。孫月峰云:"序事净而態饒,每段用喝醒法,《荀子》《吕覽》祖之。"

洛誥

今文、古文皆有。

周公拜手稽首曰:"朕復子明辟。"

此周公自洛還豐,復命成王之詞也。"復子明辟"仍依蔡注,任啟運讀作"朕復"句斷,亦有見。《召》《洛》二誥首尾聯絡,是一篇文字,若插入"惟三月哉生魄"四十八字,横截隔斷,文法便有礙,且與《召誥》"三月惟丙午朏"雜出無倫脊矣。

"王如弗敢及天基命定命,予乃胤保大相東土,其基作民明辟。"

"基命定命",字義深奇。"胤保",約字法。

"予惟乙卯,朝至于洛師,我卜河朔黎水。我乃卜澗水東、瀍水西,惟洛食。我又卜瀍水東,亦惟洛食。伻來,以圖及獻卜。"

"洛食"字法撮得奇,兩書"惟洛食",鄭重。"伻來""獻卜",追叙往日事也。自豐稱"來",以此知爲在豐之言。立言有體,説來營洛如許關係。稱"師"不稱"邑",洛未成邑也。周公卜洛在召公卜宅經營之後,蓋覆卜也。《召誥》略,此則詳之追補,亦互見也。徐揚貢曰:"'以圖及獻卜',玩語勢住而不住,成王不待公語畢即拜手謝誨言,故錯序成王語在中間,《左傳》《史記》多有此。"

王拜手稽首曰:"公不敢不敬天之休,來相宅,其作周匹休。公既定宅,伻來,來視予卜休恒吉。我二人共貞。公其以予萬億年敬天之休。拜手稽首誨言。"

大哉！此言正與周公"其基作民明辟"語屹然相稱。"我二人共貞"，言欲與公共治也。作《書》者隱然將一篇大旨總挈于此。

周公曰："王肇稱殷禮，祀于新邑，咸秩無文。"

此下周公告成王宅洛之事也，亦在豐之言。殷禮，殷人之禮也。治殷民用殷禮，正有感動處。下文"記功宗，以功作元祀"，正殷人大享功臣之禮也，蔡注誤。"咸秩無文"，摛句奥古。

"予齊百工，伻從王于周。予惟曰：'庶有事。'"

"庶有事"，含蓄有情。

"今王即命曰：'記功宗，以功作元祀。'惟命曰：'汝受命篤弼，丕視功載，乃汝其悉自教工。'孺子其朋，孺子其朋，其往。無若火始燄燄，厥攸灼叙，弗其絶。"

疊喚悚切，用喻拗折離奇。

"厥若彝及撫事如予，惟以在周工。往新邑，伻嚮，即有僚，明作有功，惇大成裕，汝永有辭。"

"明作"二語，該備古今治體。

公曰："已！汝惟沖子，惟終。"

承上起下，小歇頓，節奏好。

"汝其敬識百辟享，亦識其有不享。享多儀，儀不及物，惟曰不享。惟不役志于享，凡民惟曰不享，惟事其爽侮。"

連用"不享"，疊喚極勁醒，有精神。

"乃惟孺子，頒朕不暇，聽朕教汝于棐民彝。汝乃是不蘉，乃時惟不永哉。篤叙乃正父，罔不若予，不敢廢乃命。汝往敬哉！兹予其明農哉！彼裕我民，無遠用戾。"

一段直作臨别叮囑語，肅重纏綿，忠悃深情如見。"頒朕不暇"猶言頒朕所不暇爲者。曰"往"曰"彼"，皆自洛邑言之，其爲在豐之言可知。

王若曰："公明保予沖子，公稱丕顯德，以予小子揚文武烈，奉答天命，和恒四方民，居師。"

此下成王答周公，請周公同往宅洛也。"和恒四方民，居師"，只一語括盡宅洛大旨。

"惇宗將禮，稱秩元祀，咸秩無文。惟公德明光于上下，勤施于四方，旁作穆穆，迓衡不迷，文武勤教。予沖子夙夜毖祀。"

即公所教秩祀一節，生情留公，立言最妙。肅重和大，一則周公頌贊。“予沖子夙夜毖祀”猶言祭則寡人也。

王曰：“公功棐迪篤，罔不若時。”

又用小歇頓，節奏安雅。

王曰：“公，予小子其退，即辟于周，命公後。”

此成王宅洛事畢旋周，命周公留治洛也，是爲在洛之言。中間周公從王至洛，祭告、朝享、頒賜，諸大事悉舉行，特于記載略之，而于問答中見之，此史官見手法處。

“四方迪亂未定，于宗禮亦未克敉。公功，迪將其後，監我士師工，誕保文武受民，亂爲四輔。”

四輔，師、保、疑、丞。周公分陜治洛，皆夾輔周室之事也。

王曰：“公定，予往已。公功肅將祗歡，公無困哉！我惟無斁其康事。公勿替刑，四方其世享。”

丁甯迴復，懇摯之情如見。

周公拜手稽首曰：“王命予來，承保乃文祖受命民，越乃光烈考武王，弘朕恭。”

“弘朕恭”三字，簡峭深厚。

“孺子來相宅，其大惇典殷獻民，亂爲四方新辟，作周恭先。曰：‘其自時中乂，萬邦咸休，惟王有成績。’予旦以多子越御事，篤前人成烈，答其師，作周孚先。考朕昭子刑，乃單文祖德。”

“作周恭先”“作周孚先”雙收，與“我二人共貞”遥應有法。

“伻來毖殷，乃命甯予。”以秬鬯二卣，曰：“明禋，拜手稽首休享。”

此追叙周公初在洛時，成王命使來甯周公也。“以秬鬯”者，用秬鬯祭文武，爲周公祈福也。周公不敢宿，却爲成王祈康壽焉。蔡注謂：“以神道事周公，是生祭周公也。”恐無是理，且祭周公又焉用二卣也？

“予不敢宿，則禋于文王武王。”

“宿”如“君言不宿于家”之宿。

“惠篤叙，無有遘自疾，萬年厭于乃德，殷乃引考。”

祝詞峭古奥質，如古鼎敦銘語。

“王伻殷，乃承叙萬年，其永觀朕子懷德。”

結“毖殷”不漏。

戊辰，王在新邑，烝祭歲。文王騂牛一，武王騂牛一。王命作册，逸祝册，惟告周公其後。王賓殺禋咸格，王入太室祼。

通篇散叙成王、周公問答之詞，却將年月事實綴點在後，既不疎漏，亦不夾雜，此手法最高處。後世史家多有祖此者。

王命周公後，作册逸誥，在十有二月。

"作册逸誥"，約句法，古甚。

惟周公誕保文武受命，惟七年。

先點日，次點月，次點年，此倒叙法，最參差有致。若順點當云"惟七年十有二月戊辰"而已，蓋記年月在尾，勢不用順點者。"惟周公誕保文武受命，惟七年"，大書特書，鄭重肅古，以此結通篇，最老致、最精神。

多士

今文、古文皆有。

惟三月，周公初于新邑洛，用誥商王士。

本序只三句寫周公登進殷士，衮舄以臨光景，儼然在目。"商王士"三字，矜貴之甚。一篇慰勞奬勸、惓惓之旨都從此生出。

王若曰："爾殷遺多士，弗弔旻天，大降喪于殷。我有周佑命，將天明威，致王罰，敕殷命，終于帝。"

開端以咨嗟惋惜發之，淒婉悱惻，一片忠厚團結而出。

"肆爾多士，非我小國敢弋殷命。惟天不畀，允罔固亂，弼我，我其敢求位？"

平心易氣，謙質委婉，千秋而下，懍然如見。"弋"字奇妙，操懿心事伎倆，此一字盡之。

"惟帝不畀，惟我下民秉爲，惟天明畏。"

屹立三語，意思却自呼應貫串，特奇妙。

"我聞曰：'上帝引逸。'有夏不適逸，則惟帝降格，嚮于時夏。弗克庸帝，大淫泆有辭。惟時天罔念聞，厥惟廢元命，降致罰。"

"引逸"字奇。説天人相感處如平常人情酬應事，立言最善。

"乃命爾先祖成湯革夏，俊民甸四方。"

一語得成湯立政大體。"甸"字新奇。

"自成湯至于帝乙,罔不明德恤祀。亦惟天丕建,保乂有殷。殷王亦罔敢失帝,罔不配天其澤。"

"失帝"字法。"配天其澤",如言配天之澤也,句法離奇。

"在今後嗣王,誕罔顯于天,矧曰其有聽念于先王勤家? 誕淫厥泆,罔顧于天顯民祇。"

一意折作兩層,古拗。

"惟時上帝不保,降若茲大喪。惟天不畀,不明厥德。凡四方小大邦喪,罔非有辭于罰。"

推廣言之,停頓低徊,節奏最妙。"有辭于罰"猶言有以自解于罰也,蔡注誤。

王若曰:"爾殷多士,今惟我周王丕靈承帝事。有命曰:'割殷。'告敕于帝。惟我事不貳適,惟爾王家我適。"

兩"適"字互映有情,句法拗折,不落佻纖。徐揚貢云:"意態巧而逸。"

"予其曰:'惟爾洪無度,我不爾動,自乃邑。'予亦念天即于殷大戾,肆不正。"

作不了語,妙!

王曰:"猷,告爾多士,予惟時其遷居西爾。非我一人奉德不康甯,時惟天命,無違。朕不敢有後,無我怨。"

"予惟時"句緊接"肆不正",中間偏插"王曰猷"七字,斷續離奇。筆筆翻折。"遷居西爾",句法雋峭。

"惟爾知,惟殷先人有册有典,殷革夏命。"

迴環往復,深情無限。

"今爾又曰:'夏迪簡在王庭,有服在百僚。'予一人惟聽用德,肆予敢求爾于天邑商,予惟率肆矜爾。非予罪,時惟天命。"

又生一波,奇!"惟聽用德"語意未完便住,極蘊藉含蓄。曰"殷多士"、曰"我小國"、曰"天邑商",稱謂之間雍容婉遜如此,真聖人之言。

王曰:"多士,昔朕來自奄,予大降爾四國民命。我乃明致天罰,移爾遐逖,比事臣我宗多遜。"

"昔朕來自奄",目東征事。朕,周公自謂也。

王曰:"告爾殷多士,今予惟不爾殺,予惟時命有申。今朕作大邑于茲洛,予惟四方罔攸賓,亦惟爾多士攸服奔走,臣我多遜。"

殷民初遷，猶然客居流寓，宅洛後乃定厥居。《書序》以爲成周既成，遷殷頑民，未可厚非也。

"爾乃尚有爾土，爾乃尚甯幹止。"

此乃勸之用休也。丁甯纏綿，無限歆動鼓舞。"幹"如木之有幹，謂民有基業也。

"爾克敬，天惟畀矜爾。爾不克敬，爾不啻不有爾土，予亦致天之罰于爾躬。"

此則"董之用威"也。

"今爾惟時宅爾邑，繼爾居，爾厥有幹有年于兹洛，爾小子乃興從爾遷。"

"有年"謂年穀熟，如所謂大有年也。説到"小子乃興從爾遷"，真令頑石心動，聖人曲盡人情如此。

王曰："又曰：時予乃或言爾攸居。"

餘波迴旋，欲盡不盡，情致最妙。此篇短節，峭調間見層出，節奏最爲安雅 。誥誡之文，妙以和婉出之，明白剴切，淒惻纏綿，一片矜恤懷柔至性，流溢言表。以此亞于殷盤，不虚耳。

無逸

摘"無逸"二字，以章義作篇名，奇！今文、古文皆有。

周公曰："嗚呼！君子所其無逸。"

直起老，句法古厚。篇内凡七更端，皆以"嗚呼"發之，格調絶奇，重欷累歎，意味尤深。

"先知稼穡之艱難，乃逸，則知小人之依。"

"乃逸"二字，中間一小逗，極娟峭。

"相小人，厥父母勤勞稼穡，厥子乃不知稼穡之艱難，乃逸，乃諺，既誕。否則侮厥父母，曰：'昔之人無聞知。'"

即借"小人"生波，逆拖旁襯，文情隱躍飛動。"乃逸，乃諺，既誕"，短音峭調。代撰一語，寫妄庸子口角入妙。一段寫草野鄙妄，情態如畫。數語中凡三四轉。

周公曰："嗚呼！我聞曰：昔在殷王中宗，嚴恭寅畏，天命自度，治民祗懼，不敢荒甯。肆中宗之享國七十有五年。"

“天命自度”句深至。惓惓以享國年壽爲言,何等真誠悚切。

“其在高宗,時舊勞于外,爰暨小人。作其即位,乃或亮陰,三年不言,其惟不言,言乃雍。不敢荒甯,嘉靖殷邦。至于小大,無時或怨。肆高宗之享國五十有九年。”

“其惟不言”疊一句,有頓挫。

“其在祖甲,不義惟王,舊爲小人。作其即位,爰知小人之依,能保惠于庶民,不敢侮鰥寡。肆祖甲之享國三十有三年。”

“不義惟王”句古甚。

“自時厥後立王,生則逸。生則逸,不知稼穡之艱難,不聞小人之勞,惟耽樂之從。自時厥後,亦罔或克壽,或十年,或七八年,或五六年,或四三年。”

“生則逸”疊一筆,頓挫流逸,篇中多用此法。“或十年”數句,點法錯落。“四三年”,倒字法。

周公曰:“嗚呼!厥亦惟我周太王、王季,克自抑畏。文王卑服,即康功田功。”

“康功田功”句法與“基命定命”一例,似對似串,拙古離奇。

“徽柔懿恭,懷保小民,惠鮮鰥寡。自朝至于日中昃,不遑暇食,用咸和萬民。文王不敢盤于遊田,以庶邦惟正之供。文王受命惟中身,厥享國五十年。”

“文王不敢盤于遊田”者,“以庶邦惟正供”故也,注欠明晰。

周公曰:“嗚呼!繼自今嗣王,則其無淫于觀、于逸、于遊、于田,以萬民惟正之供。”

疊字句法,沈著古峭。

“無皇曰:‘今日耽樂。’乃非民攸訓,非天攸若,時人丕則有愆。無若殷王受之迷亂酗于酒德哉!”

陡起一頭,極突兀。十三字長句,勁力古骨,前後精神震動。“酒德”,字法。

周公曰:“嗚呼!我聞曰:古之人猶胥訓告,胥保惠,胥教誨,民無或胥譸張爲幻。”

句法奇奡。

“此厥不聽,人乃訓之,乃變亂先王之正刑,至于小大。民否則厥心違

怨，否則厥口詛祝。"

章調，活脱靈變。

周公曰："嗚呼！自殷王中宗及高宗及祖甲，及我周文王，兹四人迪哲。"

忽然又提起四王，總領一筆，文勢遒起，鄭重往復，含蓄無限。祇言"兹四人迪哲"，更不多著一語，而丁甯嗣王之意已自慨然言外，神情妙絶。

"厥或告之曰：'小人怨汝詈汝。'則皇自敬德。厥愆，曰：'朕之愆。'允若時，不啻不敢含怒。"

又領"厥心""厥口"二語作波，折進一層，極深厚。

"此厥不聽，人乃或譸張爲幻，曰：'小人怨汝詈汝。'則信之。則若時，不永念厥辟，不寬綽厥心，亂罰無罪，殺無辜，怨有同，是叢于厥身。"

排句流利。反掉一筆，極危悚。

周公曰："嗚呼！嗣王其監于兹。"

篇末悚呼"嗣王"一語，收住通篇，神情團結含蓄，意調高極厚極。通篇大旨以念民依爲重，及因民怨而自責，此《無逸》之爲君道則也。繾綣忠愛，惓惓三致意焉。情詞篤厚，章調奇變，頓折委疊，慨歎深長，此周公所以爲大手筆。

君奭

今文、古文皆有。

周公若曰："君奭，弗弔，天降喪于殷，殷既墜厥命。我有周既受，我不敢知曰厥基永孚于休。若天棐忱，我亦不敢知曰其終出于不祥。"

召公以周公功成當歸老，並己亦欲退老厥邑，周公作誥，言己所以留不得去之故，且並留召公焉。妙在從大處發端。兩"不敢知"與《召誥》召公之言一樣口吻。

"嗚呼！君已曰：'時我。'我亦不敢甯于上帝命，弗永遠念天威。越我民罔尤違惟人。在我後嗣子孫，大弗克恭上下，遏佚前人光，在家不知。"

"君已曰"接法陡緊。入手即將天、民並提，何等鄭重。"在家不知"四字，收得冷峭。

"天命不易，天難諶，乃其墜命，弗克經歷，嗣前人恭明德。在今予小子旦，非克有正，迪惟前人光，施于我沖子。"

上文已與君奭並提，此處單落自己。

又曰："天不可信。我道惟甯王德延，天不庸釋于文王受命。"

"甯王""文王"先點在此，章法錯綜離奇。若平叙，當在殷王後矣。

公曰："君奭，我聞在昔成湯既受命，時則有若伊尹，格于皇天。在太甲，時則有若保衡。在太戊，時則有若伊陟、臣扈，格于上帝，巫咸乂王家。在祖乙，時則有若巫賢。在武丁，時則有若甘盤。"

列點六臣，參差錯落。伊尹、保衡，一人兩見。伊陟、臣扈兩人統點，巫咸獨點，變句法。巫賢、甘盤，無指事，亦變换法。傳説偶遺，無意義，不必鑿求。

"率惟茲有陳，保乂有殷，故殷禮陟配天，多歷年所。"

此節言天命。

"天惟純佑命，則商實。百姓王人，罔不秉德明恤。小臣屏侯甸，矧咸奔走。惟茲惟德稱，用乂厥辟，故一人有事于四方，若卜筮，罔不是孚。"

此節言民情。"商實"，字法。"若卜筮"，喻奇切。

公曰："君奭，天壽平格，保乂有殷，有殷嗣，天滅威。今汝永念，則有固命，厥亂明我新造邦。"

此段殷周中間作過節插入君奭，有情。"天壽平格"，精實古奥之句，可銘可雅。亂，治也，言治明我新造邦也。《注》意牽曲。

公曰："君奭，在昔上帝割，申勸甯王之德，其集大命于厥躬。"

此亦先甯王，後文王，正與前文"我道惟甯王"二語相應。

"惟文王尚克修和我有夏，亦惟有若虢叔，有若閎夭，有若散宜生，有若泰顛，有若南宫括。"

五臣與前六臣對照，點法又變。

又曰："無能往來茲，迪彝教，文王蔑德降于國人。"

往來迪教，此五臣之功也。反點，極勁警。

"亦惟純佑秉德，迪知天威，乃惟時昭文王迪見冒，聞于上帝。惟時受有殷命哉。武王惟茲四人，尚迪有禄。後暨武王誕將天威，咸劉厥敵。惟茲四人，昭武王惟冒，丕單稱德。今在予小子旦，若游大川，予往暨汝奭其濟。小人同未在位，誕無我責，收罔勖不及。耇造德不降，我則鳴鳥不聞，矧曰其有能格？"

此處單落自己，即拉入君奭，妙！用鳳鳥事，極風雅祥藹。《卷阿》鳳鳴，正召公之詩，借作激射，更有情。"誕無我責"言無以功成身退之義責我也。

玩此，則《書序》所謂"召公不悦"者，確有所指，而其説亦有所自來矣。

公曰："嗚呼！君肆其監于兹。我受命無疆惟休，亦大惟艱。告君乃猷裕，我不以後人迷。"

"君肆其監于兹"，虚收一筆。"無疆惟休"，亦"無疆惟恤"，召公語也。讀此則周、召二公真有一口同心者。"告君乃猷裕"二語，真元老大臣心事。"我不以後人迷"，句法拙而巧。此周公自道肝腑語，沈鬱頓挫，慨然深遠。

公曰："前人敷乃心，乃悉命汝，作汝民極。曰：汝明勖偶王，在亶；乘兹大命，惟文王德，丕承無疆之恤。"

此即述武王顧命之辭，以爲感動也，語意尤懇痛。"偶"字、"乘"字，字法奇。蘇氏分疏亦確。

公曰："君，告汝，朕允保奭。其汝克敬以予，監于殷喪大否，肆念我天威。"

遥承前文"有殷嗣天滅威"之意而申言之。

"予不允惟若兹誥，予惟曰：'襄我二人，汝有合哉？'言曰：'在時二人。'天休滋至，惟時二人弗戡。其汝克敬德，明我俊民。在讓後人于丕時。"

徐揚貢曰："此節千曲有百折，總以拗調勝。""惟時二人弗戡"語，不了含蓄，吞吐有力。屢稱"二人"，並舉雙收，委折纏綿，一篇精神團結處。"在讓後人"，特尋一條出路，似寬實緊。

"嗚呼！篤棐時二人，我式克至于今日休，我咸成文王功于不怠，丕冒，海隅出日，罔不率俾。"

又鎖，妙！連著兩"我"字，亹亹有神。又作恢宏歆動之辭，餘情波疊不盡。

公曰："君，予不惠若兹多誥。予惟用閔于天越民。"

天、民雙收，章法照應，一絲不走。

公曰："嗚呼！君，惟乃知民德，亦罔不能厥初，惟其終。祗若兹，往敬用治。"

收法鄭重、圓穩。到底皆頓折迴旋之調。忠告善道尤惓惓于天命去留之際，此其立言得大體處。章法錯綜，曲折尤奇。篇末數節委曲懇到，字字剖心瀝膽，雖木石人亦爲欷歔動聽，況忠仁如召公乎？

蔡仲之命

今文無，古文有。

惟周公位冢宰，正百工，群叔流言。乃致辟管叔于商；囚蔡叔于郭鄰，以車七乘；降霍叔于庶人，三年不齒。蔡仲克庸祗德，周公以爲卿士。叔卒，乃命諸王邦之蔡。王若曰："小子胡，惟爾率德改行，克慎厥猷，肆予命爾侯于東土。往即乃封，敬哉！爾尚蓋前人之愆，惟忠惟孝。爾乃邁迹自身，克勤無怠，以垂憲乃後。率乃祖文王之彝訓，無若爾考之違王命。"

"蓋""愆""邁迹"字法，亦深刻用意。直言不諱，極光明。

"皇天無親，惟德是輔。民心無常，惟惠之懷。爲善不同，同歸于治；爲惡不同，同歸于亂。爾其戒哉！"

平泛之調。

"慎厥初，惟厥終，終以不困。不惟厥終，終以困窮。懋乃攸績，睦乃四鄰，以蕃王室，以和兄弟，康濟小民。率自中，無作聰明亂舊章。詳乃視聽，罔以側言改厥度，則予一人汝嘉。"

數語切實近裏之言。"側言"，字法。

王曰："嗚呼！小子胡，汝往哉！無荒棄朕命。"

多方

今文、古文皆有。

惟五月丁亥，王來自奄，至于宗周。周公曰："王若曰：猷！告爾四國多方，惟爾殷侯尹民，我惟大降爾命，爾罔不知。"

發此例于諸誥之末，以著《大誥》。以下稱"王若曰"者，皆周公之言也。吕氏以爲著周公未嘗稱王，失之鑿矣。開端即舉宥罪之恩，以爲感動，何等激切。

"洪惟圖天之命，弗永寅念于祀。惟帝降格于夏，有夏誕厥逸，不肯感言于民，乃大淫昏，不克終日，勸于帝之迪，乃爾攸聞。"

著"乃爾攸聞"一語便活。

"厥圖帝之命，不克開于民之麗，乃大降罰，崇亂有夏。因甲于内亂，不

克靈承于旅，罔丕惟進之恭，洪舒于民。亦惟有夏之民叨懫日欽，劓割夏邑。"

語多奥奇。

"天惟時求民主，乃大降顯休命于成湯，刑殄有夏。"

"劓割""刑殄"，用字險刻，特作對照生情。

"惟天不畀純，乃惟以爾多方之義民，不克永于多享。惟夏之恭多士，大不克明保享于民，乃胥惟虐于民，至于百爲，大不克開。"

純者，謂凶德之純也，《注》意牽曲。詳指夏多士正以爲殷士鑒也。"至于百爲，大不克開"猶有恨聲焉。

"乃惟成湯，克以爾多方簡，代夏作民主。慎厥麗，乃勸；厥民刑，用勸。"

句法拗折逸宕。

"以至于帝乙，罔不明德慎罰，亦克用勸。要囚，殄戮多罪，亦克用勸。開釋無辜，亦克用勸。"

屢用"亦克用勸"收勒，極勁鍊。

"今至于爾辟，弗克以爾多方享天之命。"

爲多方扼腕，無限惋惜。説到商紂便蹙首蹙眉，如不欲言，忠厚之至也。

"嗚呼！王若曰：誥告爾多方，非天庸釋有夏，非天庸釋有殷。"

忽然歎息更端。"非天"二語，大作開宕，波瀾生動，章法離奇。數夏則詳，數殷則略，對多方不忍盡斥其主惡也。稱夏而殷自見，正文字隱見轉换處。

"乃惟爾辟，以爾多方，大淫圖天之命，屑有辭。"

此與前文"今至于爾辟"一節，一反一正，緊相承接。中間欲以歎息更端間之，玩其離合，有雲斷峰連之妙。"乃惟爾辟"遥接"今至于爾辟"，不應此章之上又有闕文也。

"乃惟有夏，圖厥政，不集于享，天降時喪，有邦間之。"

又拉有夏陪説，往復重疊，慨歎深長。

"乃惟爾商後王，逸厥逸，圖厥政，不蠲烝，天惟降時喪。"

夏、殷雙收，正與"非天庸釋"二語作應，章法參差離奇，而仍不失爲整齊，故妙。

"惟聖罔念作狂，惟狂克念作聖。天惟五年，須暇之子孫，誕作民主，罔可念聽。"

提起二語作籠罩，有間架，有筋節。

“天惟求爾多方，大動以威，開厥顧天。惟爾多方，罔堪顧之。”

此即《皇矣》之詩“維彼四國，爰究爰度”之意。空中撰此一段，開宕恢廓，是一篇文字大波瀾。

“惟我周王，靈承于旅，克堪用德，惟典神天。天惟式教我用休，簡畀殷命，尹爾多方。今我曷敢多誥？我惟大降爾四國民命。”

復舉宥罪之恩，往復低徊有情。

“爾曷不忱裕之于爾多方？爾曷不夾介乂我周王，享天之命？今爾尚宅爾宅，畋爾田，爾曷不惠王熙天之命？”

連用三“爾曷不”激勵之。“忱裕”二字極精，所以詔多方者至矣。《多士》《多方》二誥中，或稱“我周王”，或稱“王”，明明爲周公語，知此可以無疑于《梓材》矣。

“爾乃迪屢不静，爾心未愛，爾乃不大宅天命，爾乃屑播天命，爾乃自作不典，圖忱于正。”

連用四“爾乃”，痛數責之。“爾心未愛”，插此四字，正是深情惻惘語。

“我惟時其教告之，我惟時其戰要囚之，至于再，至于三。乃有不用我降爾命，我乃其大罰殛之。非我有周秉德不康甯，乃惟爾自速辜。”

連用“我惟時其”“我乃其”，嚴懲創之。一連三折，刺刺呶呶，幾于攘臂争論，裂眦相向矣。細玩之，却自纏綿激切，純是一片血誠團結也。

王曰：“嗚呼！猷，告爾有方多士，暨殷多士，今爾奔走臣我監五祀。”

此乃呼長治殷民者而告教之。

“越惟有胥伯小大多正，爾罔不克臬。自作不和，爾惟和哉。爾室不睦，爾惟和哉。爾邑克明，爾惟克勤乃事。爾尚不忌于凶德，亦則以穆穆在乃位，克閲于乃邑謀介。”

二語得撫馭頑民要領，是爲不競不絿之旨。

“爾乃自時洛邑，尚永力畋爾田。天惟畀矜爾，我有周惟其大介賚爾，迪簡在王庭。尚爾事，有服在大僚。”

勸之用休，董之用威，篇末與《多士》一例而特暢申之。

王曰：“嗚呼！多士，爾不克勸忱我命，爾亦則惟不克享，凡民惟曰不享。爾乃惟逸惟頗，大遠王命，則惟爾多方探天之威，我則致天之罰，離逖爾土。”

“探”字用法奇，語亦古峭。

王曰："我不惟多誥，我惟祗告爾命。"又曰："時惟爾初，不克敬于和，則無我怨。"

一正一反作收結，語有盡而意無窮。篇終低徊，一篇激昂懇切文字，妙用一二間冷語結之。意思與《多士》相表裏而更詳盡懇暢，波瀾曲折尤勝。

立政

今文、古文皆有。

周公若曰："拜手稽首，告嗣天子王矣。"用咸戒于王，曰："王左右常伯、常任、準人、綴衣、虎賁。"周公曰："嗚呼！休兹知恤，鮮哉！"

周公起，周公收，中間群臣列屬數官制，文斷義屬，章調絶奇。起法何等鄭重。慨然一歎，節短意長，精神欷歔感動。

"古之人迪惟有夏，乃有室大競，籲俊尊上帝，迪知忱恂于九德之行。乃敢告教厥后曰：'拜手稽首后矣。'曰：'宅乃事，宅乃牧，宅乃準，兹惟后矣。'謀面用丕訓德，則乃宅人，兹乃三宅無義民。"

説任賢一事，如此鄭重堂皇。進言于君，謂之告教，奇。"謀面"字法好。叙次頓挫詳雅。

"桀德惟乃弗作往任，是惟暴德罔後。亦越成湯，陟丕釐上帝之耿命。乃用三有宅，克即宅，曰三有俊，克即俊。嚴惟丕式，克用三宅三俊。其在商邑，用協于厥邑，其在四方，用丕式見德。"

"三有宅"云云，句法古雋。

"嗚呼！其在受德暋，惟羞刑暴德之人，同于厥邦。乃惟庶習逸德之人，同于厥政。帝欽罰之，乃伻我有夏，式商受命，奄甸萬姓。亦越文王、武王，克知三有宅心，灼見三有俊心，以敬事上帝，立民長伯。"

提撮古重。句法又變，"克知""灼見"而皆曰心，用意深確。文、武二王先合後分，位置結構有法。

"立政，任人、準夫、牧，作三事。"

三宅獨殊，言之有挈、有收，所以别于他官也。

"虎賁、綴衣、趣馬、小尹、左右攜僕、百司庶府，大都小伯、藝人、表臣百司、太史、尹伯、庶常吉士。"

或括指，或特舉，次第條類井井，一部《周官》總目略見于此。"大都小伯”，互文法。“庶常吉士”亦指官名，蓋上士、中士之類。蔡注謂總結文武之廷，無非常德吉士也，似屬牽曲。

“司徒、司馬、司空、亞旅，夷微、盧、烝、三亳、阪尹。文王惟克厥宅心，乃克立兹常事司牧人，以克俊有德。”

偶略準人，舉事牧而準見矣，不必固求。

“文王罔攸兼于庶言、庶獄、庶慎，惟有司之牧夫，是訓用違。”

“庶言”，章牘、符移之屬。若云號令，則王言如綸，不得謂之“庶言”矣。

“庶獄庶慎，文王罔敢知于兹。”

又抽舉“庶獄庶慎”，顛倒申明，重疊迴複，意味深厚之極。曰“罔敢知”，言文王逸于任賢，不以上侵下也。不言“庶言”者，舉獄慎而“庶言”可括矣。吕氏以爲“庶言”事未施行，故不及，近是。如云庶言重于獄慎，不容不知，則後文特舉獄慎而略庶言，又何説也？

“亦越武王率惟敉功，不敢替厥義德，率惟謀，從容德，以並受此丕丕基。嗚呼！孺子王矣，繼自今我其立政、立事、準人、牧夫，我其克灼知厥若，丕乃俾亂，相我受民，和我庶獄庶慎，時則勿有間之。”

陡然跌落，沈著悚動。“我其立政、立事”云云，列數三政，不肯括省，想見欷歔指點之神。

“自一話一言，我則末惟成德之彦，以乂我受民。嗚呼！予旦已受人之徽言，咸告孺子王矣。繼自今，文子文孫，其勿誤于庶獄庶慎，惟正是乂之。”

忽然颺起，高詠長嘯，如聞一唱三歎之音，深切感動之，真不啻瀝膽披肝矣 。“惟正是乂之”，言以正道治之，簡畀委任，即正道也，蔡注失之。

“自古商人，亦越我周文王立政、立事、牧夫、準人，則克宅之，克由繹之，兹乃俾乂。”

上不及有夏，下不及武王，舉重者以括之，亦文字參差法。復稱“立政、立事”云云，不换一字，妙！復舉商人及文王，往復低徊，神情繚繞無限，正與《無逸》“自殷王中宗”一段意味章法相似。

“國則罔有立政用憸人，不訓于德，是罔顯在厥世。繼自今立政，其勿以憸人，其惟吉士，用勱相我國家。”

疊一筆，丁甯繾綣，愈疊愈厚。

“今文子文孫，孺子王矣。其勿誤于庶獄，惟有司之牧夫。”

復專舉“庶獄”申囑之。“惟有司之牧夫”，此下不更著一語，妙！注望含蓄無盡。"惟有司之牧夫",欲其慎所任也,蔡注誤,正坐泥看"罔敢知"三字耳。

"其克詰爾戎兵,以陟禹之迹,方行天下,至于海表,罔有不服。以覲文王之耿光,以揚武王之大烈。"

訓誡將終,又尋出詰兵一大事。恢皇揚厲,異樣精神,此一篇後勁也。又用文、武雙收,極完密。徐揚貢曰:"周亡于弱,公已先見之,故垂歿惓惓于此。"

"嗚呼!繼自今,後王立政,其惟克用常人。"

篇終致意"後王",老成篤厚,惓惓無已,使周家世載此訓,雖姬姓萬年可也。

周公若曰:"太史、司寇蘇公,式敬爾由獄,以長我王國。兹式有慎,以列用中罰。"

篇末呼太史,俾書蘇公之績别成一段,却與庶獄一事及篇中任人大旨迴環關照,格調絶奇,意味深長。此周公絶筆也,丁甯諄切,屬望深遠。一回如家訓,一回如遺表,接禹、皋陶之謨,括《周官》《周禮》之旨,其閎深篤厚,絶大文字。篇中凡三"孺子王"、四"繼自今",疊呼複舉,頓挫纏綿,聲情精神,備見于此。

尚書評注卷之五終

尚書評注卷六

周官

今文無，古文有。

惟周王撫萬邦，巡侯甸，四征弗庭，綏厥兆民。六服群辟，罔不承德。歸于宗周，董正治官。

總序恢宏、排整，另一格調。

王曰："若昔大猷，制治于未亂，保邦于未危。"

曰："唐虞稽古，建官惟百。内有百揆四岳，外有州牧侯伯。庶政惟和，萬國咸甯。夏商官倍，亦克用乂。明王立政，不惟其官，惟其人。"

"唐虞稽古"猶言稽古唐虞也，倒句法。平語，千古良謨不易。

"今予小子祗勤于德，夙夜不逮。仰惟前代時若，訓迪厥官。立太師、太傅、太保，兹惟三公。論道經邦，燮理陰陽。官不必備，惟其人。"

複述却另是一義。後儒或疑三公之制與《周禮》不合，以爲六卿之上不應又有三公，不知"官不必備，惟其人"，《周官》已明言之矣。且太保召公屢見于《書》，此又何可疑耶？

"少師、少傅、少保，曰三孤。貳公弘化，寅亮天地，弼予一人。冢宰掌邦治，統百官，均四海。司徒掌邦教，敷五典，擾兆民。宗伯掌邦禮，治神人，和上下。司馬掌邦政，統六師，平邦國。司寇掌邦禁，詰姦慝，刑暴亂。司空掌邦土，居四民，時地利。"

"均""擾""和""平"等字，俱有條理。"擾"字説教尤精。

“六卿分職，各率其屬，以倡九牧，阜成兆民。”

一束中外相維體制道得出。

“六年，五服一朝。又六年，王乃時巡，考制度于四岳。諸侯各朝于方岳，大明黜陟。”王曰：“嗚呼！凡我有官君子，欽乃攸司，慎乃出令，令出惟行，弗惟反。以公滅私，民其允懷。”

“令出惟行”二句，申明繳足。“慎乃出令”之意，言令出則行而不可反矣，不可不熟之、復之也，蔡注誤。

“學古入官，議事以制，政乃不迷。其爾典常作之師，無以利口亂厥官。蓄疑敗謀，怠忽荒政。不學牆面，莅事惟煩。”

“蓄疑敗謀”四字古奥，深中事理。“牆面”，字法。古今政體臣軌，此一段頗明盡。正大敦醇，可箴可銘。

“戒爾卿士，功崇惟志，業廣惟勤。惟克果斷，乃罔後艱。位不期驕，禄不期侈。恭儉惟德，無載爾僞。作德心逸日休，作僞心勞日拙。”

德性中深至語，漢以後不可多得。“位不期驕”二句從後解。

“居寵思危，罔不惟畏，弗畏入畏。”

峭語妙旨。

“推賢讓能，庶官乃和，不和政厖。舉能其官，惟爾之能；稱匪其人，惟爾不任。”王曰：“嗚呼！三事暨大夫：敬爾有官，亂爾有政，以佑乃辟。永康兆民，萬邦惟無斁。”

詞意不甚古奥，然規模宏整。郝敬、徐揚貢等目爲平弱，或以爲後世語者，過也。孫月峰云：“方體平調，一一有條理明白。”

君陳

今文無，古文有。

王若曰：“君陳，惟爾令德孝恭。惟孝友于兄弟，克施有政。命汝尹兹東郊，敬哉！”

直入老致。

“昔周公師保萬民，民懷其德。往慎乃司，兹率厥常，懋昭周公之訓，惟民其乂。”

拳拳以周公爲訓，一篇之中，三致意焉。

“我聞曰：‘至治馨香，感于神明；黍稷非馨，明德惟馨。’爾尚式時周公之猷訓，惟日孜孜，無敢逸豫。”

“至治馨香”云云，韻語工妙。

“凡人未見聖，若不克見；既見聖，亦不克由聖。爾其戒哉！爾惟風，下民惟草。”

語殊清警流亮。“爾惟風，下民惟草”，切喻峭語。

“圖厥政，莫或不艱；有廢有興，出入自爾師虞，庶言同則繹。”

古奥與今文不甚别。

“爾有嘉謀嘉猷，則入告爾后于内，爾乃順之于外，曰：‘斯謀斯猷，惟我后之德。’嗚呼！臣人咸若時，惟良顯哉！”

王曰：“君陳，爾惟弘周公丕訓。無依勢作威，無倚法以削。寬而有制，從容以和。”

“無倚法以削”，精要語，句法亦峭。

“殷民在辟，予曰辟，爾惟勿辟；予曰宥，爾惟勿宥，惟厥中。有弗若于汝政，弗化于汝訓，辟以止辟，乃辟。”

語清峭，較“刑期無刑”，翻舊爲新。

“狃于姦宄，敗常亂俗，三細不宥。”

“三細”句峭。

“爾無忿疾于頑，無求備于一夫。必有忍，其乃有濟；有容，德乃大。簡厥修，亦簡其或不修；進厥良，以率其或不良。惟民生厚，因物有遷。違上所命，從厥攸好。爾克敬典在德，時乃罔不變。允升于大猷，惟予一人膺受多福，其爾之休，終有辭于永世。”

深醇語，後世言感應者多本此。温醇古雅，平調中有警折生動處。

顧命

今文、古文皆有。

惟四月哉生魄，王不懌。甲子，王乃洮頮水。相被冕服，憑玉几。

只“相被冕服”二語，便儼然一幅周王顧命圖。

乃同召太保奭、芮伯、彤伯、畢公、衛侯、毛公、師氏、虎臣、百尹、御事。王若曰：“嗚呼！疾大漸，惟幾，病日臻。既彌留，恐不獲誓言嗣，兹予審訓命汝。”

短音促節，氣息裁屬，垂歿聲情如見。遺訓謂之誓言，妙！欲人之動聽也。

“昔君文王、武王宣重光，奠麗陳教則肄。肄不違，用克達殷集大命。在後之侗，敬迓天威，嗣守文武大訓，無敢昏逾。今天降疾，殆弗興弗悟。爾尚明時朕言，用敬保元子釗，弘濟于艱難。”

特稱“元子釗”，重大統也。

“柔遠能邇，安勸小大庶邦。”

“思夫人自亂于威儀，爾無以釗冒貢于非幾。”

深微古奥，真學問人語。

兹既受命，還，出綴衣于庭。越翼日乙丑，王崩。太保命仲桓、南宫毛俾爰齊侯吕伋，以二干戈、虎賁百人逆子釗于南門之外，延入翼室，恤宅宗。

在喪稱子，故曰“子釗”。必稱名者，繼嗣之際不可不明，特書名以志慎重也。曰“南門之外”，曰“翼室”，何等光明嚴重。特綴“恤宅宗”三字，著其爲宗祀主也，古法微旨。

丁卯，命作册度。

點次詳細井井。

越七日癸酉，伯相命士須材。

“伯相”，變文。“命士須材”，閑筆相間，妙！

狄設黼扆、綴衣。

一筆總領，下分四段，條理明白。

牖間南嚮，敷重蔑席，黼純，華玉仍几。西序東嚮，敷重底席，綴純，文貝仍几。東序西嚮，敷重豐席，畫純，雕玉仍几。西夾南嚮，敷重筍席，玄紛純，漆仍几。

“几席”四段，筆彩鮮妍。先叙坐位。總因傳顧命一事，却于題前布局展勢，鋪序陳設。典貴壯麗，森嚴齊整，真令閲者眩精奪目，如置身當年殿陛廊序間，此之謂大手筆。

越玉五重，陳寶，赤刀、大訓、弘璧、琬琰，在西序。大玉、夷玉、天球、河圖，在東序。胤之舞衣、大貝、鼖鼓，在西房。兑之戈、和之弓、垂之竹矢，在東房。

次宗器。亦總提一筆，有法。“陳寶”四段，陸離斑駁。叙殯宫，位置陳設却儼然如清廟明堂景象，能令法物、鹵簿、儀仗寶貴之氣充溢照耀簡册，真奇文也。極力襯托、鋪張,總爲受顧命一事,鄭重非爲喪次點染也。悟此則知"釋冕反喪服"之不爲非禮明矣。

大輅在賓階面,綴輅在阼階面,先輅在左塾之前,次輅在右塾之前。

次輿服。吕氏曰:"天位峻極,幄坐靚深,寶鎮輝皇,車輅峙列。入其庭,將肅然起敬,懼不克承。"以此思重,重可知也;以此思艱,艱可知也。

二人雀弁,執惠,立于畢門之内。四人綦弁,執戈上刃,夾兩階戺。一人冕,執劉,立于東堂。一人冕,執鉞,立于西堂。一人冕,執戣,立于東垂。一人冕,執瞿,立于西垂。一人冕,執鋭,立于側階。

次侍衛。算來只十一人耳,看他用二人、四人、一人錯綜點次,便有虎賁林立、甲士星羅之勢。《漢書·霍光傳》廢立一段、韓昌黎《畫記》皆祖此。

王麻冕黼裳,由賓階隮。卿士邦君麻冕蟻裳,入即位。

卿士邦君不言升階者,省文。

太保、太史、太宗皆麻冕彤裳。太保承介圭,上宗奉同瑁,由阼階隮。太史秉書,由賓階隮,御王册命。

特綴"御王册命"四字,著太史由賓階之故以此也。鄭重分明。

曰:"皇后憑玉几,道揚末命。命汝嗣訓,臨君周邦,率循大卞,燮和天下,用答揚文武之光訓。"

檃括顧命之旨而又恢暢之。

王再拜,興,答曰:"眇眇予末小子,其能而亂四方,以敬忌天威。"

此際最難措辭,三語似謙、似任、似未定語、似未了語,戰栗悚惻,神情如見。

乃受同瑁,王三宿,三祭,三咤。上宗曰:"饗!"太保受同,降盥,以異同秉璋以酢,授宗人同,拜。王答拜。

特稱"異同",細。

太保受同祭,嚌,宅,授宗人同,拜。王答拜。太保降,收。諸侯出廟門俟。

小歇停頓,節奏最妙。一"收"字結盡上文多少陳設。稱宫門爲"廟門",奇,殯在也。

康王之誥

今文、古文皆有。

郝敬曰:"孔《書》自此以上斷爲《顧命》,下别爲《康王之誥》,一時事斷爲兩章,非也。"

王出在應門之内,太保率西方諸侯入應門左,畢公率東方諸侯入應門右,皆布乘黄朱。賓稱奉圭兼幣,曰:"一二臣衛,敢執壤奠。"皆再拜稽首。王義嗣德,答拜。

徐揚貢曰:"康王出見群臣,即在受顧命時。'諸侯出廟門俟,王出在應門内',語脈章次緊接不斷,安可截作兩篇?宜從伏本合作一篇爲是。添"義嗣德"三字,自作注解,妙!

太保暨芮伯咸進相揖,皆再拜稽首,曰:"敢敬告天子,皇天改大邦殷之命,惟周文武誕受羑若,克恤西土。"

"羑若",不必深求其解,自是古奥。

"惟新陟王畢協賞罰,戡定厥功,用敷遺後人休。今王敬之哉!張皇六師,無壞我高祖寡命。"

頓挫沈著,精神震動。"新陟王",猶後世稱大行皇帝。告新王以"張皇六師",即《立政》詰兵之旨。"寡命"猶言寡德,質古有情。蔡氏嫌爲高祖謙,解作艱難寡得之命,失其旨矣。

王若曰:"庶邦侯甸男衛,惟予一人釗報誥。"

或稱"元子釗",或稱"子釗",或稱"一人釗",各從其宜,義例分明。

"昔君文武丕平富,不務咎,厎至齊信,用昭明于天下。則亦有熊羆之士,不二心之臣,保乂王家,用端命于上帝。皇天用訓厥道,付畀四方,乃命建侯樹屏,在我後之人。今予一二伯父,尚胥暨顧綏爾先公之臣服于先王。雖爾身在外,乃心罔不在王室,用奉恤厥若,無遺鞠子羞。"

長句拗折,頓挫古勁。

群公既皆聽命,相揖趨出。王釋冕,反喪服。

仍結到"恤宅宗",文字首尾相貫處。蘇氏之説非也,郝楚望、毛西河辨之甚詳。書法叙事開《春秋》經傳之妙,鋪叙陳設,儀節兼《禮經》之長。後段載康王報誥，拗折生辣，較他誥命亦别出意格。

畢命

今文無，古文有。

惟十有二年六月庚午朏，越三日壬申，王朝步自宗周，至于豐，以成周之衆，命畢公保釐東郊。

“保釐”二字括一篇治體。

王若曰：“嗚呼！父師，惟文王、武王敷大德于天下，用克受殷命。惟周公左右先王，綏定厥家，毖殷頑民，遷于洛邑，密邇王室，式化厥訓。既歷三紀，世變風移，四方無虞，予一人以寧。道有升降，政由俗革，不臧厥臧，民罔攸勸。”

轉筆節奏好。

“惟公懋德，克勤小物，弼亮四世，正色率下，罔不祗師言，嘉績多于先王，予小子垂拱仰成。”王曰：“嗚呼！父師，今予祗命公以周公之事，往哉！旌别淑慝，表厥宅里，彰善癉惡，樹之風聲。弗率訓典，殊厥井疆，俾克畏慕。申畫郊圻，慎固封守，以康四海。”

正大敦厚，深得經國大體。“樹之風聲”撰句妙。

“政貴有恒，辭尚體要，不惟好異。商俗靡靡，利口惟賢，餘風未殄，公其念哉！”

精語要旨。徐揚貢乃以爲東漢人語耶。

“我聞曰：‘世禄之家，鮮克由禮。’以蕩陵德，實悖天道。敝化奢麗，萬世同流。”

此爲殷士引端也。熟練治理，人情之言，或目爲後世事、後世語，妄矣。

“兹殷庶士，席寵惟舊，怙侈滅義，服美于人。驕淫矜侉，將由惡終。雖收放心，閑之惟艱。”

頓挫深婉，後人因有“收放心”字，遂疑爲孟子以後語，真陋見也。

“資富能訓，惟以永年。惟德惟義，時乃大訓。不由古訓，于何其訓？”

婉峭有咨嗟聲。

王曰：“嗚呼！父師，邦之安危，惟兹殷士。不剛不柔，厥德允修。惟周公克慎厥始，惟君陳克和厥中，惟公克成厥終。三后協心，同底于道。道洽

政治，澤潤生民。四夷左衽，罔不咸賴，予小子永膺多福。"

三排句收結，肅整和大。

"公其惟時成周，建無窮之基，亦有無窮之聞。子孫訓其成式惟乂。"

"嗚呼！罔曰弗克，惟既厥心；罔曰民寡，惟慎厥事。欽若先王成烈，以休于前政。"

一語收盡整調，老筆。典雅風流，斐亹醲郁，真有體有韻之文。孫月峰云："婉雅有深致。"

君牙

今文無，古文有。

王若曰："嗚呼！君牙，惟乃祖乃父世篤忠貞，服勞王家，厥有成績，紀于太常。"

一篇之旨惓惓以君牙祖父舊績爲言，勵孝作忠，猶見周道之厚。

"惟予小子，嗣守文、武、成、康遺緒，亦惟先王之臣，克左右亂四方。心之憂危，若蹈虎尾，涉于春冰。"

工秀之句，意亦警切。

"今命爾予翼，作股肱心膂。纘乃舊服，無忝祖考。弘敷五典，式和民則。爾身克正，罔敢弗正；民心罔中，惟爾之中。"

對句亦有變换。

"夏暑雨，小民惟曰怨咨；冬祁寒，小民亦惟曰怨咨。厥惟艱哉！思其艱以圖其易，民乃寧。"

古雅温厚，兼《風》詩之旨。

"嗚呼！丕顯哉，文王謨！丕承哉，武王烈！啟佑我後人，咸以正罔缺。爾惟敬明乃訓，用奉若于先王。對揚文武之光命，追配于前人。"

倒句頓跌，有骨勢。

王若曰："君牙，乃惟由先正舊典時式，民之治亂在兹。率乃祖考之攸行，昭乃辟之有乂。"

吕氏曰："舜命契爲司徒，衹'敬敷五教'一語，而君牙之命，至累一篇，甚矣世降而文勝也。然周家之典制文獻多在焉。"格調平正，章法意旨却自成結構，間亦有雅峭可喜處。後人往往指爲僞作，且云竄入古語，罅縫宛然，甚矣其妄也。

冏命

今文無,古文有。

王若曰:"伯冏,惟予弗克于德,嗣先人,宅丕后,怵惕惟厲,中夜以興,思免厥愆。昔在文武,聰明齊聖,小大之臣,咸懷忠良。其侍御僕從罔匪正人,以旦夕承弼厥辟,出入起居,罔有不欽;發號施令,罔有不臧。下民祗若,萬邦咸休。"

平調常語。

"惟予一人無良,實賴左右前後有位之士,匡其不及,繩愆糾謬,格其非心,俾克紹先烈。今予命汝作大正,正于群僕侍御之臣。懋乃后德,交修不逮。慎簡乃僚,無以巧言令色,便辟側媚,其惟吉士。"

此節立政之旨,文法亦長短參差。

"僕臣正,厥后克正;僕臣諛,厥后自聖。后德惟臣,不德惟臣。"

語妙又翻出一意。

"爾無昵于憸人,充耳目之官,迪上以非先王之典。"

長句扶疎有致,文勢亦錯落。

"非人其吉,惟貨其吉。若時,瘝厥官。惟爾大弗克祗厥辟,惟予汝辜。"

"非人"云云,峭語。

王曰:"嗚呼!欽哉!永弼乃后于彝憲。"

吕刑

今文、古文皆有。

惟吕命,王享國百年,耄,荒度作刑,以詰四方。

先序書名,格例别。蔡氏以爲與《説命》同。按"惟説命總百官"爲一句,豈可比例也?"荒度"猶禹曰"荒度土功"也。"耄"句斷,言倦勤之年,猶以慎刑恤民爲事也。史官作書,恐不得有貶詞。

王曰:"若古有訓,蚩尤惟始作亂,延及于平民。罔不寇賊,鴟義姦宄,奪攘矯虔。"

"鴟義"猶言害義也,字法奇。《注》意牽曲。

“苗民弗用靈，制以刑，惟作五虐之刑曰法。殺戮無辜，爰始淫爲劓、刵、椓、黥，越兹麗刑並制，罔差有辭。”

“麗刑”者，言凡罪之麗于刑者，謂劓、刵、椓、黥以外之輕刑也，故曰“並制”。“罔差有辭”，工語。練句奇麗古奥。

“民興胥漸，泯泯棼棼，罔中于信，以覆詛盟。虐威庶戮，方告無辜于上。上帝監民，罔有馨香德，刑發聞惟腥。”

一段文氣莽蒼磅礴，古甚。

“皇帝哀矜庶戮之不辜，報虐以威，遏絶苗民，無世在下。”

特稱“皇帝”，端重有體。“皇帝”之稱始見于此。“報虐以威”較“代虐以寬”語深厚有味。

“乃命重黎絶地天通，罔有降格。群后之逮在下，明明棐常，鰥寡無蓋。”

“絶地天通”造語奇古，言分别民神之分界，俾無雜擾瀆亂，如地天隔絶不相通也。吕解未盡。

“皇帝清問下民，鰥寡有辭于苗。德威惟畏，德明惟明。”

“清問”字古雅。

“乃命三后恤功于民。伯夷降典，折民惟刑；禹平水土，主名山川；稷降播種，農殖嘉穀。三后成功，惟殷于民。”

禮、刑説成一事，妙！

“士制百姓于刑之中，以教祗德。”

皋陶另叙有法，書官不書名，變换。

“穆穆在上，明明在下，灼于四方，罔不惟德之勤。故乃明于刑之中，率乂于民棐彝。典獄非訖于威，惟訖于富。敬忌，罔有擇言在身，惟克天德，自作元命，配享在下。”

古奥奇崛。

王曰：“嗟！四方司政典獄，非爾惟作天牧？今爾何監？非時伯夷播刑之迪？其今爾何懲？惟時苗民，匪察于獄之麗，罔擇吉人，觀于五刑之中。惟時庶威奪貨，斷制五刑，以亂無辜。上帝不蠲，降咎于苗。苗民無辭于罰，乃絶厥世。”

申復言之，語亦警悚。自作問答，一唤一應，筆法靈醒。兩排收結有法，跌頓亦有情致。“庶威奪貨”言倚法以奪民貨也。凡吏之貪酷，未有不相濟者。蔡注誤。

王曰："嗚呼！念之哉！伯父、伯兄、仲叔、季弟、幼子、童孫，皆聽朕言，庶有格命。今爾罔不由慰日勤，爾罔或戒不勤。天齊于民，俾我一日，非終惟終，在人。爾尚敬逆天命，以奉我一人。雖畏勿畏，雖休勿休。惟敬五刑，以成三德。一人有慶，兆民賴之，其甯惟永。"

語有深情至理。"非終惟終"如"自周有終"之"終"，言或"非終惟終，在人"之自取也，蔡注誤。"雖畏勿畏"二語，句法頓挫，有姿態。

王曰："吁！來，有邦有土，告爾祥刑。在今爾安百姓，何擇非人？何敬非刑？何度非及？"

"祥刑"字和雅，嘉兵祥刑並奇語，確有至理。三排本句中作問答，更短峭。

"兩造具備，師聽五辭。五辭簡孚，正于五刑。五刑不簡，正于五罰。五罰不服，正于五過。五過之疵，惟官、惟反、惟内、惟貨、惟來。其罪惟均，其審克之。"

"五""疵"字義奇警。

"五刑之疑有赦，五罰之疑有赦，其審克之。簡孚有衆，惟貌有稽，無簡不聽，具嚴天威。"

此引贖罪之端。"惟貌有稽"，語亦工，可作色聽注解。

"墨辟疑赦，其罰百鍰，閲實其罪。劓辟疑赦，其罰惟倍，閲實其罪。剕辟疑赦，其罰倍差，閲實其罪。宮辟疑赦，其罰六百鍰，閲實其罪。大辟疑赦，其罰千鍰，閲實其罪。墨辟之屬千，劓罰之屬千，剕罰之屬五百，宮罰之屬三百，大辟之罰，其屬二百。五刑之屬三千。上下比罪，無僭亂辭，勿用不行。惟察惟法，其審克之。"

此條贖刑之令也。屢言"閲實其罪"，詞複而不殺，令典之文正宜、鄭重、詳明如此。正文止此一節，却以無限丁甯反覆出之，哀惻纏綿如見。

"上刑適輕，下服。下刑適重，上服。輕重諸罰有權，刑罰世輕世重，惟齊非齊，有倫有要。"

此廣用刑之比例也。律例中最精奥語，練法極簡峭。徐揚貢云："意精深而語更鍛鍊，曲折朗悉。"

"罰懲非死，人極于病。非佞折獄，惟良折獄，罔非在中。察辭于差，非從惟從。哀敬折獄，明啓刑書胥占，咸庶中正。其刑其罰，其審克之。獄成而孚，輸而孚。其刑上備，有並兩刑。"

申言聽獄之宜，慎以終之。三“折獄”疊出勁峭警動。“哀敬”字說“折獄”，學道深厚人語。“察辭于差”，要是聽獄妙訣，語亦工極。每條屢係以“其審克之”，收勒有力，自成章法。

王曰：“嗚呼！敬之哉！官伯族姓，朕言多懼。朕敬于刑，有德惟刑。今天相民，作配在下。明清于單辭，民之亂，罔不中聽獄之兩辭，無或私家于獄之兩辭。獄貨非寶，惟府辜功，報以庶尤。永畏惟罰，非天不中，惟人在命。天罰不極，庶民罔有令政在于天下。”

“單辭”“兩辭”，撰字新穎。“獄貨”云云，峭語精刻。“家”字用得奇妙。吕氏云：“出没于‘兩辭’之中，以爲囊橐窟穴者也。”反結森竦。

王曰：“嗚呼！嗣孫，今往何監？非德于民之中？尚明聽之哉！哲人惟刑。無疆之辭，屬于五極，咸中有慶。受王嘉師，監于兹祥刑。”

收結簡勁而餘情懍然，結語鄭重丁甯。古奥蒼堅，拗折纏綿，猶是初周文字本色。《吕刑》全以氣勝，有灝轉磅礴之勢。篇中言“敬”者七，言“中”者十，恤刑宗旨惓惓三致意焉，可謂能得其深矣。

文侯之命

今文、古文皆有。

王若曰：“父義和，丕顯文武，克慎明德，昭升于上，敷聞在下。惟時上帝，集厥命于文王。亦惟先正，克左右昭事厥辟，越小大謀猷，罔不率從，肆先祖懷在位。”

“懷”者，懷而不忘，即惟帝念功之意。蔡注作“安”字解，難通。

“嗚呼！閔予小子，嗣造天丕愆。殄資澤于下民，侵戎我國家純。即我御事，罔或耆壽，俊在厥服，予則罔克。曰：‘惟祖惟父，其伊恤朕躬。’嗚呼！有績予一人，永綏在位。”

沈痛一篇警勝處。求助之辭幾于呼籲語，極悲懇，然卑而不振矣。“侵戎”，倒字法。

“父義和，汝克昭乃顯祖，汝肇刑文武，用會紹乃辟，追考于前文人。汝多修扞我于艱，若汝予嘉。”

句法峭勁。

王曰：“父義和，其歸視爾師，甯爾邦。用賚爾秬鬯一卣、彤弓一、彤矢

百、盧弓一、盧矢百、馬四匹。父往哉！柔遠能邇，惠康小民，無荒甯。簡恤爾都，用成爾顯德。"

文侯扞戎戡亂，不可謂無功周室者。平王之命，非私賞也，孔子安得不録之，他説别存可也。

費誓

今文、古文皆有。

公曰："嗟！人無譁，聽命！徂兹淮夷、徐戎並興。"

只一句提明。開端關目安詳。

"善敹乃甲冑，敽乃干，無敢不弔！備乃弓矢，鍛乃戈矛，礪乃鋒刃，無敢不善！"

"敹""敽"等字法俱用意。

"今惟淫舍牿牛馬，杜乃擭，敜乃穽，無敢傷牿。牿之傷，汝則有常刑。馬牛其風，臣妾逋逃，勿敢越逐。祗復之，我商賚汝。乃越逐不復，汝則有常刑。無敢寇攘，踰垣墻，竊馬牛，誘臣妾，汝則有常刑。"

撰句。"風"字用得奇妙。"我商賚汝"，語有分寸，婉而嚴。此節嚴部伍、戒擄掠也。"馬牛其風，臣妾逋逃"謂所過居民之馬牛、臣妾也。"無敢越逐"謂不得越壘次而逐之。"越逐不復"本一事，《注》誤。"祗"字不作"敬"字解，言但復之。

"甲戌，我惟征徐戎。峙乃糗糧，無敢不逮，汝則有大刑。魯人三郊三遂，峙乃楨幹。甲戌，我惟築，無敢不供，汝則有無餘刑，非殺。魯人三郊三遂，峙乃芻茭，無敢不多，汝則有大刑。"

提明有筋節，如聞部署號令之嚴。"峙乃楨幹""無敢不供"本相屬，中間插"甲戌，我惟築"錯綜，妙！又與前段變换見奇。綴"非殺"二字，明白娟峭。連用八"無敢"、六"汝則有"，章法嚴整。孫鑛曰："句句實，更無空語。申意别是一格。"徐揚貢曰："詞無别旨，不過條約實語，而淵塞古奥，英氣勃萃，猶是西周文字本色。"

秦誓

今文、古文皆有。

公曰:"嗟！我士,聽無譁！予誓告汝群言之首。"

開端提掇鄭重。

"古人有言曰:'民訖自若是多盤,責人斯無難,惟受責俾如流,是惟艱哉！'"

拗折沈奥。孫月峰云:"鍊語極精工,然氣調却是今人語。余謂此文自渾古有味。"訖,終也。盤,樂也。"民訖自若是多盤"猶云死于安樂也。

"我心之憂,日月逾邁,若弗云來。"

徐揚貢云:"調法極似周《雅》。"余謂韻致悠逸,絶似《國風》。

"惟古之謀人,則曰未就予忌;惟今之謀人,姑將以爲親。雖則云然,尚猷詢兹黄髪,則罔所愆。"

婉切含蓄,風致絶佳。"忌"謂忌諱,"未就予忌"猶言未能順我意也,《注》牽曲。

"番番良士,旅力既愆,我尚有之。仡仡勇夫,射御不違,我尚不欲。惟截截善諞言,俾君子易辭,我皇多有之。"

三"我"字懇摯,此誓詞正文也。

"昧昧我思之,如有一介臣,斷斷猗無他技,其心休休焉,其如有容。人之有技,若己有之;人之彦聖,其心好之,不啻如自其口出,是能容之,以保我子孫黎民,亦職有利哉！"

節奏藴藉。"無他技"三字説大臣身分絶高。"不啻"句亦形容入微。

"人之有技,冒疾以惡之;人之彦聖,而違之俾不達,是不能容,以不能保我子孫黎民,亦曰殆哉！邦之杌隉,曰由一人;邦之榮懷,亦尚一人之慶。"

申繳上兩節作結,不更贅一語,妙！切摯高古,頓挫吞吐,意調風致韻甚。徐揚貢云:"《春秋》之文,漸近明淺,猶多沈渾之味,自然處高于《左》《國》。"

尚書評注卷之六終

讀尚書偶筆

（清）成瓘 撰
鍾雲瑞 點校

難孔穎達《尚書正義》

據《正義》言，《尚書》古文有二家，其漢世所出者，鄭康成傳之；其晉世所出者，枚頤傳之。二家並言孔壁所出，安國所授，而篇目迥異，文字絶殊。枚本古文《大禹謨》《五子之歌》《允征》《仲虺之誥》《湯誥》《伊訓》《太甲》《咸有一德》《説命》《泰誓》《武成》《旅獒》《微子之命》《蔡仲之命》《周官》《君陳》《畢命》《君牙》《冏命》，鄭本古文《舜典》《汨作》《九共》《大禹謨》《益稷》《五子之歌》《允征》《湯誥》《咸有一德》《典寶》《伊訓》《肆命》《原命》《武成》《旅獒》《冏命》，二家不同如此，即同篇目者十一篇，而以諸儒所引者校之，亦不相合，已詳閻若璩《古文疏證》中。孔穎達無以解之，則力詆鄭本，是張霸所造，且謂兩漢諸儒如劉向、劉歆、班固、賈逵、馬融、鄭康成皆不見，孔《傳》並誤，信張霸所造之僞書。

難之曰：張霸作僞書，事詳《漢書·儒林傳》。據《傳》，成帝時，東萊張霸以能爲百兩徵。其書百二篇，故名《百兩尚書》。帝以中書校之，非是，卒黜之。是其書一出即敗，固未得售其欺也。《傳》第言以中書校之，不言中書是何本，校之者是何人。據劉歆《責讓博士書》云，魯共王壞孔子宅而得古文於壞壁中，逸《禮》三十九，《書》十六篇。是鄭本也。鄭本以同題者同卷，異題者異卷，十六題，故十六篇，亦十六卷也。若枚本，以同序者同卷，異序者異卷。就序分之，乃十八卷有赢；若以篇目分之，則二十有五篇矣，與此斷不相合。又據《藝文志》云，成帝時，"詔光禄大夫劉向校經、傳、諸子、詩賦"，又云"劉向以中古文校歐陽、大小夏侯經文，《酒誥》脱簡一，《召誥》脱簡二，文字異者七百有餘，脱字數十"，是中書又謂之中古文也。然則親見壁中真古文者莫如劉向，其時專校經之任者，又止劉向一人。以古逸十六校《百兩尚書》而黜之者，固即劉向事也，而謂其誤信張霸僞書，可乎？

劉向校書未畢，劉歆繼之，又鋭意立《古文尚書》學博士，不肯置對。歆乃移書責讓致忤，師丹諸人或糾太學生與之爲難。歆懼禍，出爲太守。平帝時，歆得志，卒立古學，是殆以身之顯晦爲《古文尚書》之興廢矣。歆晚節殊不可問，然其校理中秘，得見古文，則有無容疑者。况歆又得安國再傳弟子膠東庸生之遺學，據《移責讓博士書》。是并安國所解説而亦獲之矣，它日立學，恃有此也。而謂歆不見真古文，誤信張霸僞書，可乎？

《漢書·儒林傳》：安國以《古文尚書》授都尉朝，朝授庸生，生授胡常，常授徐敖，敖授王璜、塗惲，惲授桑欽。《後漢書·賈逵傳》云：逵父徽受《古文尚書》於塗惲，逵傳父業。正史中古文授受之次明明可稽如此，則賈徽爲安國六傳弟子，逵其七傳矣。據《逵傳》，肅宗立，降意儒術，特好《古文尚書》。夫以帝王而好之，其得見孔壁古逸，不問可知矣。《傳》又云逵數爲帝言《古文尚書》與經傳《爾雅》詁訓相應，詔令撰歐陽、大小夏侯《尚書》古文同異，逵集爲三卷，帝善之。夫以好古文之帝王而善之，其不悖於孔壁古逸與安國遺學，又不問可知矣。《班固傳》：固初詔詣校書郎，除蘭臺令史，不久即遷爲郎，典校秘書。《逵傳》亦云逵與班固共校秘書，而謂班固、賈逵皆不見秘府真古文，誤信張霸僞書，可乎？

《後漢書·儒林傳》云："扶風杜林傳古文學，同郡賈逵爲之作訓，馬融作傳，鄭康成注解，由是古文遂顯於世。"據此則馬融、康成與賈逵所用之經，同是一本矣。杜林者，杜鄴之子也。班書稱林好古有雅材，其正文字過於其父，則所傳《古文尚書》自屬善本，故賈、馬、鄭三大儒皆依用之。馬融官拜校書郎中，詣東觀，典校秘書，鄭則受馬氏之業，用賈氏之經，而謂馬、鄭不見真古文，誤信張霸僞書，可乎？

辨杜林漆書之受誣

賈逵、馬融、鄭康成所用者，杜林經本也。而林適有得漆文《尚書》事，據本傳云："林前於西州得漆書《古文尚書》一卷，常寶愛之，雖遭困，握持不離身，出以示徐巡、衛宏，曰：'林流離兵亂，常恐斯經將絶，何意東海衛子、濟南徐生復能傳之，是道竟不墜於地。古文雖不合時務，然願諸生無悔所學。'宏、巡益重之，由是古文遂傳於世。"近世毛大可奇齡右祖枚書，謂杜林漆文是僞作，且謂鄭本五十八篇並是杜氏漆文，絶非西漢秘府之本。余謂杜所得於西州者，止漆文一卷耳，何嘗有五十八篇之説。唯一卷，故可握持不離身。若有五十八篇，則將纍然四十六卷之多且重，何能以身時時握持之，况流離兵亂時邪？且賈、馬、鄭之用杜氏本，亦從未有曉其故者。杜林者，杜鄴之子也。鄴母爲張敞女，鄴受業於敞子吉，林受業於吉子悚。班書《藝文志》云："倉頡古字，俗師失其讀。宣帝時，徵濟人能正讀者，張敞從受之，傳至外孫之子杜林，爲作故訓。"《杜鄴傳》云："鄴子林清静好古，有雅材。其正文字過於鄴，世言小學者由杜公。"據此則考正古字，唯杜氏爲天下所宗。林又傳《古文尚書》，則其本之考定字樣、音讀、故訓，天下當無出其右者。哀、平立學，時字樣固有中古文，而音讀、故訓未必不專藉杜氏本矣。劉歆創立古學，林定與之同事，且與之同志，第以校官草創，風教未宏，旋涉亂離，學人散去。光武中興，又廢古學。林所嘅斯經將亡，及古文不合時務，意固謂此。幸遇衛、徐，皆好古學，其相期自有出於尋常外者，投契既深，因出向所深秘之珍，與共欣賞，情理之常，何煩異議。一卷漆文，固不爲無助於《尚書》。若謂杜氏一生大業，及衛、徐所傾心於杜氏者，專在此區區之所得，必不然矣。賈逵受《古文書》於父，康成受古文於張恭祖，非早年不見古文，其後作注必依杜氏經者，從善本也。又據《林傳》："河南鄭興、東海衛宏皆長於古學。興嘗師事劉歆，林既遇之，欣然曰：'林得興等固諧矣。使宏得林，且有以益之。'及宏見林，黯然而服。"《鄭興傳》云："歆美興才，使撰《左氏》條例、章句、訓故，及校《三統曆》。"《左氏》固歆所立古學也。《東觀記》曰："興從博士金子嚴爲《左氏春秋》。"是古學博士姓名僅見者。興與歆相得如此，歆之所立，興必詳析之。倘杜林《古尚書》與歆所立者迥異，興能恬然受其欺乎？奇齡之言，實無稽也。

兩漢《古文尚書》傳人考

孔穎達謂："兩漢諸儒皆不見孔安國所傳之古文，隋唐以後，群從而和之。"余謂此失於東書不觀爾。《書》出孔壁以後，其漆書古文固獻之於朝，安國寫爲副本，且爲解説，一傳於世，即《西漢·儒林傳》所云都尉朝、庸生、胡常、徐敖、王璜、塗惲、桑欽以次流傳者也；一傳於家，即《東漢·儒林傳》所云自安國以下世傳《古文尚書》，至西漢末，孔僖之曾祖子建者也。别見於史傳者，則有從安國問而作史多古文説者，司馬遷也；有前學歐陽而後問安國者，兒寬也。此皆諸儒自適好古之懷，無與於利禄之路焉。其獻於朝之古文，自成帝發之。據劉歆《責讓博士書》言"得古文壞壁中，逸《禮》三十九，《書》十六篇，及《春秋》左氏所修，藏於秘府，伏而未發。孝成皇帝陳發秘藏，得此三事"是也。安國解説之書，亦自成帝求之。據《西漢·儒林傳》云："成帝時，求其爲古文者。張霸以能爲百兩徵。"又據《責讓博士書》言"傳問民間，唯膠東庸生遺學與此同"是也。出秘藏之古文，以校所求張霸書，非是，則黜之。庸生遺學是則存之，可謂灼然分明矣。其立學則始劉歆。計立學時，考定字樣則有秘府之古文，考定解説則有安國、庸生之遺學，考定音讀則有張敞父子祖孫及杜林父子之小學。既慰好古者之懷，又合之於利禄之路，上有博士，其爲弟子員者定繁有徒矣。然則古文之出，在西漢時已愈久愈章，原非等諸銷聲匿迹，彼僞書安得竄其間乎？

東漢光武中興，光武，故長安太學生受《尚書》者也。受業時，古文始立，其所受不知何書，而古文之立，則知之必審矣。即位六年，始入長安，史稱其愛好經術，未及下車而先訪儒雅，采求闕文，補綴漏逸。《儒林傳》語。至於章帝，尤好《古文尚書》。建初八年，詔群儒選高才生受學左氏、穀梁《春秋》、

《古文尚書》《毛詩》。《儒林傳》亦云："雖不立學官，然皆擢高第爲講郎，給事近署。"安帝延光二年，詔三署郎及吏人能通《古文尚書》《毛詩》《穀梁春秋》，選各一人。三署謂左、右、中郎將。五官中郎將即給事近署者也。下及吏人，並以能通古學者選之。上人既重古學如是，而又爲爲古學者旁通利禄之路，則爲之者衆於西京可知矣。傳安國家學者孔僖，因章帝幸魯，承詔入京，校書東觀。僖子季彦，守其家業，門徒數百人。其諸儒傳安國業，載於史者有賈徽、賈逵、杜林、衛宏、徐巡、張楷、周磐、張恭祖、孫期、蓋豫、周防、尹敏、楊倫若、度尚之治古文見於司馬彪書；孔喬、劉祐、王君仲、董春之治古文見於謝承書，正史則軼之。由是以推，史所軼而不可考者，又不知有幾矣。諸儒若周防、撰《尚書雜記》三十二篇，四十萬言。張楷、作《尚書注》。賈逵、作訓。衛宏、作訓旨。馬融，作傳。既莫不各有解説，而又考定字樣若古文官書，衛宏。《説文》稱孔書，許慎。以古文推三家，是正文字三百餘事，作《中文尚書》，劉陶。以《古文尚書》與經、傳、《爾雅》詁訓相應，撰古文及三家同異三卷。賈逵。至校其短長，許慎作《五經異義》，多述古文説，王充之《論衡》亦然。今考《論衡》，述古文家説、今文家説，亦述《百兩尚書》。是即張霸僞作，其書有曰"伊尹死，大霧三日"。别白正自分明，然則《古文尚書》在兩漢朝野共尚，本末兼修，亦幾如日月之經天，江河之行地，人人知之，而謂諸大儒之號經神儒宗者，反未之見，不亦傎乎？

孔壁《古文尚書》流傳考

孔壁《書》出，本四十六卷，析之則五十八篇。五十八篇者，同於今文三十卷。《堯典》《皋陶謨》《禹貢》《甘誓》《湯誓》《盤庚》《高宗肜日》《西伯戡黎》《微子》《牧誓》《洪範》《金縢》《大誥》《康誥》《酒誥》《梓材》《召誥》《洛誥》《多方》《多士》《立政》《無逸》《君奭》，《顧命》分出《康王之誥》，《費誓》《吕刑》《文侯之命》《秦誓》，凡廿九，題爲廿九卷，伏生本書也。別加河内女子《太誓》一卷，合三十卷。析之爲三十四篇，《盤庚》《太誓》各分出中、下也。得多古逸十六卷，前已詳之。析之爲二十四篇，以《九共》凡九篇故也。故云四十六卷、五十八篇。至後漢時，又亡一篇。《藝文志》四十六卷下原注云五十七篇，師古引康成《書序贊》云"後又亡其一篇，故五十七"。因取《書・小序》一篇充之，仍號五十八篇，此固與枚本迥異也。《杜林傳》云"林前於西州得《古文尚書》"，而曰漆書，此豈非孔壁所出，秘府所藏者邪？而曰西州，又豈非長安之地在西漢時爲帝京，在東漢時爲西州邪？王莽末，赤眉兩入長安，秘府文書豈無散落，而杜氏得其一卷？考西京秘書，前在温室，後徙天禄閣，則又豈非漆書之在天禄者，偶有一卷佚出，幸而入杜林之手邪？史未言所得何篇，余謂此不難考。古文本五十八篇，鄭康成既言後又亡其一篇，又注《書序》，《武成》篇目下云"《武成》，逸《書》，建武之際亡"，孔《疏》亦與《漢書・律歷志》所述《武成》逸句同引之。則杜之所得，豈非《武成》一卷邪？《武成》一卷在西漢時未亡，故劉向校中秘，定著五十八篇，劉歆修《三統曆》，亦得述古文《武成》至數十百言。至《武成》亡後，故東漢定著爲五十七，則又豈非杜所得止此一卷，此外五十七篇皆未亡邪？光武起兵早，即位紀元。建武元年九月，赤眉入長安。二年正月，又入長安，肆焚掠。三年閏正月，親征赤眉，降之。六年四月，帝幸長安，還遷洛陽，其經牒秘書載之二千餘乘，是中秘書無大放失可知矣。不第此也，東漢末，董卓移都，史稱"東觀、蘭臺、石室、宣明、鴻都諸藏典册文章，競共割散，其縑帛圖書，大則連爲帷蓋，小則制爲縢囊。及王充所收而西者裁七十餘乘，道路艱遠，復棄其半。後長安之亂，一時焚蕩，莫不泯盡焉"。據其言，則中秘之厄至此而極，然而孔壁漆文猶得歷魏以迄西晉，未散亡也。衛恒《四體書勢》云："魏時傳古文者出於邯鄲淳。敬侯寫淳《尚書》，後以示淳，而淳不别。"又云："正始中，立三字石經，轉失淳法，因科斗之名，遂效其形。"按：失淳法自是失其筆訣，非失其形意，正如後世行楷形意不殊，而虞、褚、歐、顔筆訣各不同耳。按恒所言，敬侯即其祖衛覬耳。覬與淳並能寫《古文尚書》，亦可知魏時不止重其學，且重其字樣，多有臨摹傳習者矣。此古文尚存之證，亦可兼證三字石經爲魏時立也。又嵇紹作《趙至序》云："至年十四，入太學，觀先君在太學寫石經古文。"嵇紹爲嵇康之子，康卒於魏，此又古文尚存之證，亦可兼證三字石經之爲魏時立也。孔《疏》於《盤庚序》述西晉束皙之言，"見孔子壁中書，'將治亳殷'作'將始宅殷'"。按皙本傳，皙嘗料理汲冢古文，以充内府之藏，固得入内府而見壁中書者。《隋志》亦云："晉世秘府所存有《古文尚書》，今亦無有傳者。"皆西晉秘府尚存古文之徵也，不幸而劉石之亂，洛陽受破，此本竟亡。

孔壁《尚書》字樣考

許氏《説文解字》本據秦篆爲之，然其自叙云“《書》稱孔氏”，又云“古文者，孔子壁中書”。今考其字下多有重文，重文又分籀文、古文二形，然則所收古文皆爲孔壁字樣矣。嘗通校一過，重文下多不引經，無以知爲何經之字，獨得其引《尚書》五事，其五字外參互考之，亦得十餘事，皆確然可信者也。

篆文“撻”下重文有“遽”，《注》云：“古文‘撻’。《周書》‘遽以記之’。”

按：此於古文形下引經，爲孔壁《尚書》無疑也。今在《虞書》而云《周書》者，傳抄之訛，不足多怪。

篆文“譙”下重文有“誚”，《注》云：“古文‘譙’。《書》曰：‘亦未敢誚公。’”

按：此亦於古文形下引《書》，明是今文作“譙”而古文作“誚”也。《史記》用《尚書》，作“未敢訓周公”，明是依古文作“誚”，而傳抄者誤損脱右旁“肖”字之下半耳，亦不足多怪。

篆文“𨽸”下重文有“𨽸”，《注》云：“古文‘𨽸’。《虞書》‘𨽸類于上帝’。”

篆文“𢧢”下重文有“𢦔”，《注》云：“古文‘𢧢’。《周書》‘我有𢦔于西’。”

按：今書無此文，疑古逸十六篇中語。百詩謂即《大誥》中文，而撮大意引之耳。説亦或然。

篆文“斷”下重文有“𠃧”，《注》云：“古文‘斷’。《周書》‘𠃧𠃧猗無他技’。”

右五事外，有可參考者，亦附於後。

篆文有“頮”字，《注》云：“古文作‘頮’，今文作‘沬’。”

按：此無古文字樣，亦未言是《尚書》，而《漢書·律歷志》引《顧命》“王乃洮沬水”。以此推之，知《漢書》用今文，許氏則定篆文從古文形，故無煩再出重文也。

篆文"𦉼"下注云:"《書》伯𦉼。古文㗊,古文囧字。"

按:此注卒不可曉,余謂許氏定篆文從今文作"𦉼",而言"古文㗊"者,謂古文字樣本作"㗊"形也。又言"古文囧字"者,是古文讀法也。許氏亦收㗊形入別部,而音讀不同,故爲人別白,謂篆文㗊形則讀爲誑,古文㗊形則讀爲囧也。

篆文"甹"下注云:"《商書》'若顛木之有甹枿'。古文言'由枿'。"

按:《説文》有甹字、粤字,無由字;有櫱字,無枿字,不從古文也。《釋文》引馬融云:"顛木而復生曰枿。"馬本從古文也。

篆文"巜"下引"濬く巜距巛"。

按:篆文"睿"下引《書》"睿畎澮距川",其"睿"下重文有"濬"字,《注》云"古文"。以此推之,知"巜"下所引乃古文全句也。

篆文"堲"字,《注》云:"古文垐。《虞書》曰:'龍朕堲讒説。'"

篆文"漾"下注云:"古文從養,作瀁。"

篆文"謨"下注云:"咎繇謨,古文作'暮'云,古文從口。"

篆文"臮"下注云:"臮咎繇,古文臮作褱。"

篆文"𩏂"下注云:"鮌𩏂洪水。古文𩏂作垔。"

篆文"祡"下注云:"至于岱宗祡。古文祡作禠。"

篆文"簬"下注引"簬楛",云:"古文簬作簵。"

篆文"霸"下注引"哉生霸",云:"古文霸作𩇯。"

篆文"碣"下注引"碣石",云:"碣,古文作䃮。"

篆文"扈"下注云:"夏后同姓所封,戰于甘者。古文從山弓作�。"

篆文"杶"下注云:"古文作櫄。"

篆文"典"下注云:"古文從竹作籅。"

篆文"勖"下注云:"古文勳從勛。"

篆文"玕"下注云:"雝州琅玕。古文作玗。"

右皆有明文確據者。若"㚔"下既引丹朱,而"絑"下又云"《虞書》丹絑如此絑";"玭"下既云"《禹貢》玭珠",而"蠙"下又云"《夏書》玭珠,從虫賓",此必各有一今文,一古文,而不可以臆定矣。

若乃魏立三體石經,其古文一體即孔壁經也,久已不傳,今唯有宋代洪适《隸續》尚存其殘字。洪云:"三字石經,皇祐癸巳年,洛陽蘇望民所刻,云得於故相王文康家,因取其完者刻之。"余嘗檢洪氏所刻,止《尚書》《左傳》二種,又錯雜刻之,不分別也。因摘出《尚書》殘文,凡六段。第一段古篆隸合五十九字,第五段古篆隸合四十一字,皆《大誥》之文。第二段合古篆隸二十二字,第三段合古篆隸六十三字,第四段合古篆隸十四字,皆《文侯之命》之文。第六段合古篆隸四十九字,皆《吕刑》之字。所存《尚書》殘文止於此,餘並《左傳》字矣。古與篆二形時有異同,唯認其鋒,鋒末鋭者是古文,鋒末鈍者是篆也。

按枚古文初出,亦是以隸寫古字,流傳至唐不廢。明皇不喜古文,詔衛包改從今字。然據陸德明《釋文叙録》云,既是隸寫古文,則不全爲古字。宋齊舊本及徐、李等音所有古字,蓋亦無幾穿鑿之徒,務欲立異,改變經文。德明乃陳、隋間人,去枚書之立未遠,所言已如此,則枚本之古字不可信矣。今世所傳有薛季宣《古文訓》,且不足以證晉本,又烏足以證漢本?

鄭本《尚書》流傳考

《古文尚書》，自兩漢時好古學者皆重之，至鄭氏作注而益大行於時。閻百詩謂鄭注以後，古文寖以磨滅，又謂古文之亡，亡於永嘉。余謂此言失考矣。書之存亡，實由學者之習與不習，豈皆兵燹之咎？今文立學，訖乎兩漢，自馬、鄭出，古學大明，人皆向往，而鄭更有經神之號。王嘉謂學者不遠千里贏糧而至，擬之於細流之赴巨壑。鄭氏古文興，則伏氏今文廢矣。三國之世，蜀僻在西南，又無國史，而志之所載已有許慈之治鄭書，李譔之治賈、馬書，賈、馬亦古文也。吳則程秉逮事康成，虞翻亦時論馬、鄭是非。士燮在交趾，《尚書》兼通古今，又欲奏上《尚書長義》，更足徵古文之及遠矣。魏晉居中州，尤尚鄭學。高貴鄉公幸太學，講《尚書》，止及鄭、王二家，而"稽古同天"獨申鄭義。王粲云："伊洛以東、淮漢以北，《尚書》則鄭氏一人。"王劭亦云："魏晉時，專經自許者，父康成，兄子慎。"服虔也，字子慎。鄭學爲人所重如此。東晉渡江，枚書突出，始有與鄭爲敵者，然而鄭學未亡也。是時朝分南北，《北史·儒林傳》云："河洛、《尚書》則鄭康成。"又云："齊時，北齊。儒士罕傳《尚書》之業，徐遵明兼通之，受業於屯留王聰，傳授浮陽李周仁及渤海張文敬、河間權會並鄭注《尚書》。"此鄭氏之行於北朝也。其在南朝，則《晉書·荀崧傳》云："元帝過江立博士，《尚書》則孔、鄭各一人。"《隋志》云："梁、陳所講有孔、鄭二家，齊代唯傳鄭義。至隋孔、鄭並行，而鄭氏甚微。"是鄭氏之行於南朝也。余以爲不特此也，《唐書·孔穎達傳》云："穎達受鄭氏《尚書》。"是自漢至唐，鄭本未嘗一日亡。鄭本存，即古文存也，豈得言康成作注以後，古文寖以磨滅乎？獨怪穎達本受鄭學，及作《正義》，乃投時好，而平昔所受一聽其放失，不爲收拾，反以僞書力詆之，是誠何心哉？穎達既力詆之，於是乎鄭本竟亡。

古逸十六篇流傳考

陳、隋之世，不第古文之立學有漢本，即古逸十六亦未亡也。陸德明《經典釋文》於《舜典》末注云："衆家經文並盡，此唯王肅本，此下更有《九共》《汨作》，故逸。"余謂陸氏明以經文言之，則古逸亦其逸經，非止篇目。若論篇目，即枚本此下亦有《九共》《汨作》，何獨王本邪？陸氏，陳、隋間人，得見王本故逸，此即十六篇未亡之明證。若鄭本，則無之。陸氏既言鄭注《尚書》亦不過伏生所傳之二十八，特中多古字，孔《疏》亦云賈、馬及鄭題曰《古文尚書》，而篇與夏侯等同，但經字異，可證也。古逸之出，劉歆首先用之，其修《三統曆》用古文《武成》甚多，而迥異枚本。朱子疑之，偶未考耳。朱子謂所言"燎于周廟"，而燎非宗廟之禮，又其曰庚戌，是剛日，不合宗廟内事用柔日之禮。閻百詩以《洛誥》"王在新邑，烝祭歲"，亦用戊辰剛日解之。余亦謂《祭義》"燔燎羶薌"，宗廟中固有燎也。朱子又疑六日之間三舉大祭，煩數近于不敬。百詩言周初得天下，事既非常，自難以常法拘之。所言亦有理。若《史記》之用《湯誥》，是親從安國問者，更在劉歆之先。鄭本古文，其《咸有一德》有"伊陟、臣扈曰"一語，按伊陟、臣扈在太戊時。太戊者，太甲之孫也。據《書序》，湯時有《疑至》《臣扈》之篇，未知其同異。其《伊訓》有"載孚在亳"及"征是三朡"二語。劉歆《三統曆》更有"誕資有牧方明"一語。孔《疏》於《益稷》篇目下云："馬、鄭、王本此篇名《棄稷》，又合此篇於《皋陶謨》，而别有《棄稷》之篇。"陸《釋文》列注解傳述人，有自注云："孔傳《堯典》止於'帝曰欽哉'，而馬、鄭、王之本從'眘徽'以下同爲《堯典》。"則三家古逸之《舜典》别有其篇可知矣。陸《釋文》云："《旅獒》，馬本作《旅豪》，酋豪也。鄭本作獒，而注云：'獒讀曰豪，亦謂西戎。酋豪來獻，見於周。'"據此則旅非國名，仍與《旅巢命》之旅同例，而獒亦非晉靈公所嗾之物可知矣。

鄭古文與枚絶異，與馬、王正同。王存古逸，鄭何爲削之？余以爲非鄭削之，乃立學者削之耳。枚本新出，學者翕然宗之，既以枚古文爲真，自以鄭古文爲僞，又適當伏書既亡之後，因削鄭本之古逸，獨留其同於伏書篇目者，强以當伏書。然則元帝立孔、鄭各一人，意固謂立一古文，立一今文云爾，此有實證。徐廣，晉人，其所注《史記》言《今文尚書》作某字者，不一而足，及考之，皆鄭及馬、王遺文，豈非呼鄭爲伏之明驗？後此而司馬貞、張守節注《史記》，並沿此訛，益無怪矣。其删削之古逸，則曰《尚書》逸篇。《隋志》有二卷，言出齊、梁之間，似孔壁書中殘缺者，此非鄭本古逸而何？《唐志》言三卷。《唐志》言徐邈注。徐爲東晉人，其時逸篇已别行，則鄭古逸爲元帝立學時所削，毫無疑義。若王本不立學官，民間傳習，式樣未改，陸氏猶及見之。立學而古逸亡，不立學而古逸存，存亡之數，亦安可料哉？

合考閻氏、毛氏、朱氏三家之議《古文尚書》

閻若璩百詩撰《尚書古文疏證》，力攻枚本古文之僞。毛奇齡大可撰《尚書古文冤詞》，力攻鄭本之僞。百詩所右者鄭本也，大可所右者枚本也。朱彝尊竹垞作《古文尚書辨》，反復數千言，似欲作兩家調人，因舉兩家所右者，一併摧陷而廓清之，謂鄭本亦僞，枚本亦僞。僞鄭本者，從大可説，取杜林漆書一卷，横以僞書四十六卷坐之也。僞枚本者，因《隋志》有晉徐邈注《尚書》逸篇三卷，因謂枚書取而綴緝，若拾遺秉滯穗以作飯，集雉頭狐腋以爲裘，此言亦涉率易。《尚書》逸篇烏知非即十六卷之放失僅存者？况徐邈卒於晉安帝隆安元年，得年五十有四，則當生於康帝之世，上距元帝立枚書日尚無徐邈，安得預取之而因以綴緝邪？天下事，真僞不能相揜。毛氏以《冤詞》名書，已若敵之不勝，姑爲無可奈何之計，效人世之傳貼冤黄也者，氣之餒而情之短可概見矣。閻氏欲黜枚古文二十五篇，以今文爲正，並搜羅馬、鄭、王三家逸文賸字，以改枚本之今文，亦屬無謂。三家本久已不存，縱極意搜羅，必不能盡合三家之舊。《疏證》第一百六所摘三家逸文，今考其脱誤之多，已不可悉數。是徒滋紛更淆亂耳，究何裨於《尚書》哉？大可云："宋人多集格言，亦有集唐人詩爲珍秘者，《千文集字》且至今傳之，《古文尚書》即僞作，而聖訓嘉謨會粹一處，則亦不可沫。"枚古文至精者，莫過"人心道心"十六字。百詩皆爲考其出處，反爲大可此説之助矣。竹垞以古文爲晉人所綴緝，而云"苟於大義無乖，遺言足取，似可以無攻"。余謂大可竟似乞鐃，竹垞自是調人本等語，枚本立學已逾千年，《尚書》必不可廢舍，此更有何本？二君所説，實無以易也。

伏生今文二十八篇、二十九篇兩説不同考

《史記》《漢書》皆云伏生獨得《尚書》二十九篇，以教於齊魯間。東漢王充作《論衡》及《孔叢子》，始有二十八篇取象二十八宿之説。《太誓》後得，《尚書》因益一篇，而二十九篇之説始定。其後陸《釋文》、孔《正義》皆從之，謂伏書二十八篇，因枚本有《太誓》，除去今文僞《太誓》故也。今文《太誓》實僞書，近世有因枚本《太誓》亦僞，反重今文《太誓》者，亦未免好古而不求其實之過。余謂王、陸、孔其説並非。考伏書實二十九篇，特因其中脱一《康王之誥》之題，故稱二十八耳。漢人刻石經，遇上篇之末、次篇之首，例空一格，以爲限斷。宋洪适《隸釋》中尚載其殘文，《魯詩》《論語》無不如此。所用《尚書》即伏氏今文，於《盤庚》"永建乃家"以下，"盤庚既遷"以上，正空一格，則伏書《盤庚》三篇，又何嘗如枚書《大序》所説，誤合爲一歟？《康王之誥》殘刻不具，以《盤庚》之例推之，其篇首亦當空一格。晉本起"王出"，漢本古文起"王若曰"，兩本不同。竊意伏本當同漢本，以無正據，不敢肊定也。余因悟《史》《漢》所言二十九篇者，已通《康王之誥》計之，此卷當是脱題，非是誤合。唯其脱題，故俟孔壁古文出而後知之；唯非誤合，故班、馬仍以二十九篇命之也。伏生於亂定求書，亡者數十，脱一《康王》之題，不足深怪。後以教齊魯間，亦豈不記此題？特以簡册者授之於師，流傳有自，雖或脱損，不敢續加，正守先聖闕文之義。教授及門，諒必口述之，相沿既久，漸念其實。後儒未知二十八篇内有脱題事，又不足深怪矣。二十八篇之説起於古文未出之前，二十九篇之説定於古文既出之後，漢世爲今者疾古文如讐，哀

帝時立古文不得，光武立《左氏》又不得也。唯株守二十八篇之説，於是取象二十八宿之附會紛紜，又不足深怪矣。又伏書三十一篇，實二十九題，古文出孔壁者亦如是。因悟此爲古來編書之定例，彼同序者同卷，異序者異卷，殊無謂矣。二十八與二十九異同之故，實因石經《盤庚》之空格悟之，古書之益於考據，有如此者。

伏生口授經文辨

漢世《尚書》經文唯伏生今文最先出，故以立學，而說者多云伏生口授經文，鼂錯受而書諸簡册。考《史記》及班、范兩《漢書》，並無此説。此説起自枚書孔氏《序》，朱子決孔《序》爲僞作，既僞作矣，何足取信？唯東漢衛宏有言："伏生老不能正言，言不可曉，使其女傳言教錯。錯，潁川人，齊人語與潁川異，錯所不知凡十二三，自以其意屬讀而已。"據此則二十九篇中真者十之七八，其餘十之二三皆錯依稀影響以爲之歟。又更學人數十百年之傳寫，至成帝時，其訛異當不下十之四五，而劉向以中古文校之，止言異文七百有餘，脱字數十，又何少歟。《漢書・儒林傳》云："秦時禁書，伏生壁藏之。大兵起，流亡。漢定，伏生歸鄉里，求之，亡書數十篇，獨得二十九篇，以教於齊魯間。"然則伏生固有出壁之《書》在矣，《書》出即以教張生、歐陽生、夏侯生，其人皆在鼂氏之前。史所云"山東大師亡不涉《尚書》以教"者，定自諸人始。當其時，《書》始出壁，伏生之口又能正言，言又可曉，來學者又不一人，則又豈少傳抄之書？《儒林傳》云："伏生孫亦以治《尚書》，徵不能明也。"是伏生明有孫，不止有女。鼂氏之來，曷不以出壁之本付之？不然，曷不告以諸生多有傳抄本，使求之？若伏生念《尚書》絶業特寄一身，雖有傳人，廢興未卜，天子忽崇經學，肫意求書，向之流離顛沛所拳拳護持不忍忘者，必親自付托而後快。則其孫既治《尚書》，雖不能明，亦何至不能代傳翁語，而必令其女稱説於詔使前邪？後得胡朏明語，心始快然，因亟録之。胡氏曰："伏生有孫，自應有子，何至使女傳言教錯？然生平過九十，子或先死，人事之常藐爾。孤孫未承家學，及門弟子諒亦業成辭歸矣。錯奉詔來，豈可空返身？又已髦，口不能宣，不得已令女傳授，理或有之。計其女亦非少艾之年，教錯無嫌也。若《大序》'伏生失其本經',此語非是。伏生縱髦,何至家無本經?或曰:然則取經授錯足矣,何用其女口傳?曰:漢人讀書與今異,楊子雲有言:'一閧之市,必立之平;一卷之書,必立之師。'如《春秋》有鄒氏、夾氏。夾未有書,故絶;鄒有書而無師傳之人,故亦絶。《尚書》簡册雖存,亦當爲點定章句,略陳義訓,方可承學,故令女授之。若字本今文,錯自能識,豈因齊語之故都不曉邪?"

伏生《今文尚書》二十九篇目録

既作《今文尚書》二十八篇、二十九篇兩説不同考，因列二十九篇之目於左。

第一堯典　聯“慎徽”以下爲篇，“慎徽五典”以上，“帝曰欽哉”以下，無“曰若稽古”二十八字。枚本加“曰若”二十八字於“慎徽”上，分爲《舜典》。

第二臯陶謨　聯“帝曰來禹”以下爲篇。枚本分“帝曰來禹”以下爲《益稷》。

第三禹貢

第四甘誓

以上名爲《虞夏書》，凡四篇。

第五湯誓

第六般庚

第七高宗肜日

第八西伯戡黎

第九微子

以上《商書》五篇。

第十牧誓

第十一洪範

第十二金縢

第十三大誥

第十四康誥

第十五酒誥

第十六梓材

第十七召誥

第十八洛誥

第十九多方

第二十多士

第二十一立政

第二十二毋劮

第二十三君奭

第二十四顧命

第二十五　此篇脱題，古文題曰《康王之誥》。

第二十六費誓

第二十七吕刑

第二十八文侯之命

第二十九秦誓

以上《周書》二十篇。

按：枚本《大序》云："伏生年過九十，失其本經，口以傳授。"余謂此言大非也。《儒林傳》既言"伏生壁藏之"，又云"伏生歸鄉里，求之，亡書數十篇，獨得二十九篇，以教於齊魯間"，然則伏生亦失其本經，止失數十篇耳，其所得二十九篇，以教於齊魯間者，固即曏日所壁藏之本經，初出即用之，以教山東大師，若張生及歐陽、夏侯者，未亡失者也。劉歆《責讓博士書》云："孝文皇帝始使掌故朝錯從伏生受《尚書》。《尚書》初出於屋壁，朽折散絶，今其書見在，時師傳讀。"然則《尚書》出屋壁而朽折散絶者，所云亡書數十篇者也。出屋壁而其書見在者，即伏生所得二十九篇，授之朝錯，而令女傳言教之者也。本經可考如是，而云"失其本經，口以傳授"，不亦悖乎？朝錯即鼂錯，亦作"晁"字。

又按：秦始皇三十二年下令禁書，後九年爲漢元年，至文帝元年，漢興廿七年矣。歷高帝十二，惠帝七，高后八。據《鼂錯傳》，自受《書》還，以爲太子舍人門大夫，遷博士，此當是《尚書》博士也。又拜太子家令。《傳》不具受《書》年月，而《西漢年紀》宋王益之所撰。隸之於文帝十年。按十五年詔舉賢良，錯以太子家令與選。其爲家令，因受《書》還，上疏請太子勤學，得之。事在十一年，則受《書》在十年可知矣。是時伏生年過九十，逆推至漢興元年，凡三十七歲，伏生年當五十餘，未望六也。高帝誅項羽，以兵圍魯。魯諸生已自興學,絃誦修經,帝至爲之感動。惠帝四年,又除挾書律,傳孔門舊業者各自奮發,爲五經之師。《書》始伏生,首以教張生及歐陽生。史所稱山東大師無不涉《尚書》以教者,定在此三十七年中。至文帝求書時,齊魯豈少傳本?第以此學開自伏生,天下别無它本,亦别無它師,沿流討源,幸伏生尚在,遣人物色其書,兼承述其説。《傳》言教錯者,非教其寫經,教其説經也。倘非説經,何以錯還便能爲博士乎?《大序》失其本經之言,真無稽矣。

校録漢石經《今文尚書》殘字

漢石經所刻《尚書》，即伏生今文也。今不復存，唯宋代洪适作《隸釋》，存其殘字五百五十四。洪言五百四十七，今校之，實有所羸。世雖多有其本，然重其爲吾鄉先儒之遺學，特校録之。

今何及相　散

言曰人維舊　救舊

有志女毋翕侮成人毋流

各恭爾事齊乃位度爾口

民之承保后胥高鮮以不浮

試以爾遷安定厥國今女不

其或迪自怨　永勸憂今其有今罔後女何

之勞爾先予丕　于兹高后丕乃知降罪疾曰

能迪古我先后　民女有近則在乃心我先后綏

興降不永於戲今予　絶遠女比猶念以相從各翕中

建乃家　般　既　衆曰女罔台民勖建大命今我

凶德綏績　今爾惠朕　祇動萬民以遷肆上

乘哉予其勖簡相爾念敬我衆朕不

右《般庚》之文。“永建乃家”之下，“般庚既遷”之上，有一定之空格，可正枚本誤合五篇之謬説也。

民中絶命民有不若德不聽罪天既寸

右《高宗肜日》之文。

厥遺任父母弟不迪乃維四方
不愆于四伐五伐六伐七伐乃
右《牧誓》之文。

伊鴻水曰陳其五行
曰建用皇極次六曰艾用三德
潤下作鹹炎上作苦曲直作
食二曰貨三曰祀四曰司空
極凡厥庶民無有淫毋人無有
明人之有能有爲使羞其行而
路毋偏毋黨王道蕩蕩毋黨
爲天下王三德一曰正直二
家而凶于而國人用　頗辟
乃心謀及卿　謀及庶民
右《洪範》之文。

維天命元朕不敢有
罪時維天命王曰告爾多
兹維予維四方罔攸賓亦維爾
有年于兹維爾小子乃興從遷
右《多士》之文。

嗇之艱難乃劮乃憲既延否則侮厥
中宗嚴恭寅畏天命自亮以民祇懼
或怨肆高宗之饗國百年自時厥後
功田功徽柔懿共懷保小人惠于矜
酒無劮于遊田維　共無兄曰今日
厥不聖人乃訓變亂正刑至于
則兄曰敬德厥愆曰朕之愆允
公曰於戲嗣王鑒于兹

右《無逸》之文。

道出于不祥於戱君曰時我
右《君奭》之文。

我則致天之
右《多方》之文。

常伯常任辟
辭謀面用
于厥邑其在
有會心以敬事
王維厥度心乃
受兹丕丕其於戱
旦以前人之微言
訓德是罔顯哉厥世
王之鮮光以揚武王
右《立政》之文。

几乃　召太保
通殷就大命在
非幾兹即
黼衣
右《顧命》之文。

趙岐《孟子注》所言舜事

《孟子·萬章》篇“九男二女”下,《注》云:“《堯典》曰‘釐降二女’,不見九男。孟子時,《尚書》凡百二十篇,逸《書》有《舜典》之序,亡失其文。《孟子》諸所言舜事,皆《堯典》及逸《書》所載。”“欲常常而見之”,《注》云:“‘常常’以下皆《尚書》逸篇之辭。”“《書》曰:‘祇載見瞽瞍,夔夔齋栗,瞽瞍亦允若。’”《注》云:“《尚書》逸篇。”而“父母使舜”至“汝其子予治”,未以逸《書》注之,蓋以前“九男二女”之注足以相賅。閻百詩疑“父母使舜”以下爲古《舜典》逸文,《史記》並載此事,亦可互證。閻説之有因,《疏》乃云:“學者不可執此以爲深然,當以意喻,默然有自判之論。”則戔戔拘拘,真成邵武士人口角矣。《隋志》有《尚書》逸篇,云:“出於齊、梁間,考其篇目,似孔氏壁中書之殘缺者,故附《尚書》之末。”又云:“唐有三卷,徐邈爲之注。”據此知逸《書》唐時尚存,特無人過而問之耳。前注云“《堯典》云‘釐降二女’,不見九男”,是説當時立學《尚書》也;繼言“孟子時,《尚書》凡百二十篇,逸《書》有《舜典》之序,亡失其文”,是説逸《書》有《舜典》之序,今立學《尚書》則亡失《舜典》之文也;末言“《孟子》諸所言舜事,皆《堯典》及逸《書》所載”,是説舜事今《書·堯典》、逸《書·舜典》分載之也。或疑趙氏未見古逸《舜典》,其説非是。蓋誤讀“亡失其文”四字,以爲承逸《書》言之,不知《注》中“逸《書》所載”明是指實之詞,後注一則曰“皆逸《書》之辭”,一則曰“《尚書》逸篇”,頻頻指實,亦可見矣。又《尚書·小序》亦自孔壁書出而後見之,前此未有也。或云武帝時,太史公作《史記》已載之,余則謂此正所云司馬遷嘗從安國問故,遷書多古文説之一事。

疑孔《疏》所引《晉書》不可據

《疏》據《晉書·皇甫謐傳》云："姑子外弟梁柳得《古文尚書》，故作《帝王世紀》，往往載孔《傳》五十八篇之書。"《晉書》又云："晉太保公鄭沖以古文授扶風蘇愉，字休預。愉授天水梁柳，洪季。即謐外弟也。柳授城陽臧曹，彦始。曹授郡守子汝南枚賾，仲真。又爲豫章内史，遂於前晉奏上其書而施行焉。"余撿《晉書》二人傳中皆無此説，唐初《晉書》存者有十八家，《疏》所據者不知何家。今所行之《晉書》，唐人所修耳。唐合十八家以成《晉書》，倘晉果有古文始出事及諸人傳授事，所關非細，謂唐人取《皇甫謐傳》而特削之，取《鄭沖傳》而又削之，此豈情理之所有歟？其可疑一也。一部《晉書》，惟《荀崧傳》有請立博士，《尚書》孔氏、鄭氏各一人而已，其《儒林傳》竟不言枚氏古文，亦不言其所授受，則所謂枚氏驀然而出，究亦何所自來歟？其可疑二也。陸德明，陳、隋間人也，其作《經典釋文》，每經各叙其注解傳述人，何獨於枚氏以上所云鄭沖、蘇愉、梁柳、臧曹者，竟無一字及之，未見《晉書》歟？抑亦鄭沖非傳枚本者歟？其可疑三也。《疏》所據《晉書》，既云"遂於前晉奏上其書"，而《疏》又云"東晉之初，豫章内史梅賾上孔氏《傳》，猶闕《舜典》"，前晉、東晉，其説兩歧，自當以東晉爲實。據陸《釋文》，梅賾上孔《傳》在元帝時；據《荀崧傳》，崧之請與帝之立博士，並在元帝時，然則今本《尚書》乃枚氏驀然而上之，荀氏即驀然而請之，元帝即驀然而立之，毋乃太匆匆歟？其可疑四也。考孔《疏》，亦抄隋人舊疏耳。《虞書》"鞭作官刑"，《疏》云："大隋造律，方使廢之。"《周書·吕刑》疏云："大隋開皇初，始除男子宫刑,猶閉婦人於宫。"余按唐人作疏,何煩於"隋"上加"大"字,知抄舊文耳。隋人作疏者,唯劉炫後出稱最。炫僞造書百餘篇,題曰《連山易》《魯史記》,録上送官,取賞而去,會有人告之,遇赦免死。然則炫不憚僞作《魯史》,又何憚僞作《晉書》?孔抄人疏,安知非抄炫疏,並其僞作《晉書》以爲證者,亦抄之歟?其可疑五也。

《正義》所言漢、晉兩古文篇卷異同

鄭本《尚書》、枚本《尚書》，以篇計之皆五十八，以卷計之皆四十六，而兩本之分篇分卷不同，鄭以同題者同卷，異題者異卷；枚以同序者同卷，異序者異卷故也，今詳列之。

鄭本今文二十九題，分二十九卷，計三十一篇。《盤庚》一題中分出中、下兩篇，故三十一篇。

鄭本古文十六題，分十六卷，計二十四篇。《九共》一題本九篇，分出八篇，故二十四篇。

鄭本别加《泰誓》一題，爲一卷，計三篇，合上通四十六卷，五十八篇，此西漢壁中所得也。至建武之際，亡《武成》一篇，止五十七篇、四十五卷，因加《小序》一篇以附於後，故仍爲四十六卷，而經文則五十七也。

若枚本之五十八篇、四十六卷，分之則殊多糾結，以同序者同卷，異序者異卷核之。

枚本今文三十二篇，今文同鄭本，而鄭本自"慎徽五典"以下合上爲《堯典》一篇，故三十一。枚本自"慎徽五典"以下分爲《舜典》，故多出一篇。分整序整卷二十五，一《堯典》，二《舜典》，三《禹貢》，四《甘誓》，五《湯誓》，六《盤庚》，七《西伯戡黎》，八《微子》，九《牧誓》，十《洪範》，十一《金縢》，十二《大誥》，十三《康誥》《酒誥》《梓材》，十四《召誥》，十五《洛誥》，十六《多方》，十七《多士》，十八《無逸》，十九《君奭》，二十《顧命》，二十一《康王之誥》，二十二《吕刑》，二十三《文侯之命》，二十四《費誓》，二十五《秦誓》。零序者、零卷者二，《皋陶謨》《益稷》止半卷，以序連《大禹謨》也。《高宗肜日》亦止半卷，以序連《高宗之訓》也。又從零序零卷中分出一篇，《益稷》也，不再分其卷，唯分其篇。以加於三十二篇，爲三十三篇。零者亦算爲卷，通計之，得二十七卷。

枚本古文二十五篇，古文異於鄭本。分整序整卷十七，一《五子之歌》，二《允征》，三《仲虺之誥》，四《湯誥》，五《太甲》三篇，六《咸有一德》三篇，七《説命》三篇，八《泰誓》三篇，九《武成》，十《旅獒》，十一《微子之命》，十二《蔡仲之命》，十三《周官》，十四《君陳》，十五《畢命》，十六《君牙》，十七《冏命》，通二十三篇。零序零卷者二，《大禹謨》止少半卷，以序連《皋陶謨》《益稷》也。《伊訓》亦止少半卷，以序連《肆命》《徂后》也。去伏生本所别，得之《泰誓》三篇。零者亦算其篇卷，通計之，得二十五篇、十九卷，合上通四十六卷、五十八篇也。

按鄭本古文得多之數，十六題，以題分卷，則十六卷；以題命篇，則十六篇。劉歆《責讓博士書》、班固《藝文志》、荀悦《漢紀》，皆以十六篇言之。枚本得多之數，則十九卷，兩本固齟齬而不相合。以題分，以序分，孔已明言其異殊，無煩再爲複覈也。然以枚之矛陷枚之盾，則亦有不可通者。枚以同序者同卷，異序者異卷，有定例矣。《大禹謨》《皋陶謨》《益稷》三篇，乃同序而非異序者也。枚本以《大禹謨》别分一卷，《皋陶》兩篇别分一卷，則已自亂其定例。若合爲一卷，則爲四十五卷，又無以盈四十六卷之數，豈非進退失據者歟？

毛氏《古文冤詞》比合漢、晉兩本篇卷之謬

鄭本今文二十九卷，加河内女子所得《泰誓》一卷，通三十卷。枚本今文止二十七卷，比鄭少三卷。鄭本古文十六卷，枚本古文十九卷，比鄭又多三卷。止總計多少而劑之，非强比合於今文三十卷之數、古文十六卷之數也。毛氏因攻枚本者皆據漢人十六卷之説以摧陷之，實中其要害，於是委曲爲之影附，先以枚本分出之《舜典》補足今文二十八篇之數，《漢志》云："《古文尚書》經四十六卷。"原注云："五十七篇。"師古《注》引鄭氏《書序贊》云："後又亡其一篇，故五十七。"據此則一篇未亡時，固五十八篇。其所補者已屬子虚烏有。鄭本、枚本皆無亡失《舜典》事。枚本亡失"慎徽"以下之傳，非亡失"慎徽"以下之經。孔《疏》於《武成》篇下引鄭云："《武成》一篇，建武之際亡。"鄭本所亡一篇，乃是《武成》，絶非《舜典》。毛氏云其所亡篇指《舜典》，言此語真無據。再以四十六卷、五十八篇計之，除去伏書今文三十三篇，此不誤。賸古文二十五篇，就二十五篇中除去七篇，則合漢人十八篇之説矣。就十八篇中再除去二篇，則合漢人十六篇之説矣。余謂影附漢人十八篇之説，已是無賴，漢人何嘗有十八篇之説？唯桓譚《新論》言："《尚書》有四十六卷，十八篇。"閻百詩謂此有脱字，當是五十八篇。余謂此言殊是，不然豈有四十六卷分之止得十八篇之理邪？且所除去之篇，尤不可解。毛云："以二十五篇就序分之，《太甲》《説命》《泰誓》九篇，共三序，應去六篇。此不誤。然去篇尚未去卷，其卷仍是十九卷也。'伊尹作《咸有一德》'，以無序語，不成序，當附《太甲》篇内，與'咎單作《明居》''周公作《立政》'同，又去一篇。二十五篇共去七篇，爲十八篇。"此去卷矣。按此則無賴且成武斷也。《咸有一德》雖無序語，然實一序，奈何去之。且别爲一序，不連《太甲》，奈何附之。毛氏又以《明居》《立政》作比例，《明居》已亡，不可考，而《立政》尚存，枚本曾

以無序語而去之，而别附之乎？不去《立政》，獨去《咸有一德》，此何例乎？枚本四十六卷具在，無論遽數之，悉數之，皆不能去此一卷，倘去之，則將四十五卷矣。既舉《立政》作比例，則亦宜去，去之，將四十四卷矣。更以其所比例推之，"周公作《無逸》"，亦無序語，不成序者，何獨不去？去之，將四十三卷矣，亦安有是理乎？毛氏云："又有稱十六篇者，以十八篇内《大禹謨》與《皋》《益》三篇同序。二十九篇既出《皋》《益》一序，則一序無兩出之例。《泰誓》一篇又當抵伏書《泰誓》，因又去二篇。"按此之所去，亦不可解。伏書三十三篇，鄭以題約之，得二十九；枚以序約之，止得二十七。已詳前篇。毛説若以枚亦二十九也，蓋張冠而李戴矣，其不可解一也。《大禹謨》一篇，本連《皋》《益》共序，枚本實兩出其卷，一入今文，一入古文，以合四十六卷，原屬遷就之局。已詳前篇。毛氏以例去之是矣，然古文之去者空去，今文之欠者仍欠，其不可解者二也。《泰誓》加於二十九卷内，爲三十卷，原非伏書去之，則竟去之，何煩抵補。毛氏欲抵之，亦止抵去伏書外所加之一篇耳，於伏書二十九卷仍欠二卷，其不可解者三也。出於伏書外者，謂之古文。毛氏以《大禹謨》入《皋》《益》卷，從古文二十五篇，及十八篇内去之，將使之爲今文乎？枚本《泰誓》非伏書所有，毛氏亦從古文内去之，又將使之爲今文乎？其不可解者四也。枚本今文比鄭本少三卷，枚本古文比鄭本多三卷，實欲挪移通融，將就了局。毛氏以兩《泰誓》相抵補，亦屬將就了却，所多所少之各一篇耳。而古文仍多二，今文仍少一，自若也。毛氏以《咸有一德》入古文《太甲》篇内，以《禹謨》入今文《皋》《益》篇内，雖了却所多之古文二篇，而今文所少之二篇，益絶通融之路，支離漏落，反大遜於孔《疏》之能成一家之學矣。

檢存《古文尚書》考異

東晉枚書出，人皆謂之古文。其謂之今文者，多指馬、鄭、王三家經字。自徐廣及裴駰父子已不能致辨於此，若唐之司馬貞、張守節，益無論矣。《史記》言“惟刑之静哉”，徐廣注云：“今文‘惟刑之謐哉’。《爾雅》曰：‘謐。静也。’”余按《史》所用非經語，乃班氏所云“從安國問故，遷書多古文説”，此即用古文説也。《爾雅》以静釋謐，又即賈逵所云“古文與《爾雅》訓詁相應也”。徐廣，晉義熙時人。枚書行世已久，異於枚本者便謂之今文，蓋馬、鄭、王三家經字矣。

《史記》“黎民始飢”，亦用古文説也，徐廣注云：“《今文尚書》作‘祖飢’。祖，始也。”考《周頌・思文》篇，陸《釋文》云：“馬融《尚書》作‘祖飢’。注云：‘祖，始也。’”知徐廣所云今文者，明指馬本矣。《漢書》作“祖飢”，孟康注云：“祖，始也。古文言阻。”余按枚本實作“阻飢”，然孟氏，晉初人，時枚本未出，孟何由预見之？考《思文》鄭《箋》所用正作“阻飢”，《疏》又引其書注云：“阻讀曰俎。阻，厄也。時讀曰蒔。”知孟康所云古文者，明指鄭本矣。馬、鄭皆古文，而字樣及讀法亦時有同異。鄭本以阻出義訓，自是經文字樣。其云“讀曰俎”者，當是定其音聲，否則俎是祖字之訛，且疑誤倒，其文當云“祖讀曰阻”，或云“俎讀曰阻”，方與鄭氏它處改經字之例相符。

孔《疏》言：“賈、馬及鄭題曰《古文尚書》，而篇與夏侯等同，但經字多異。夏侯等書‘宅嵎夷’作‘宅嵎鐵’，‘昧谷’曰‘柳谷’，‘心腹腎腸’曰‘憂腎陽’，‘劓刵劅剠’曰‘臏宫劓割頭庶剠’，是鄭注不同也。”余按《疏》言明析如此，而閻氏《疏證》第一百六錯讀孔《疏》，以“嵎鐵”“柳谷”“憂腎陽”“臏宫劓割頭庶剠”屬之鄭本，未悟孔以此四事屬之夏侯書也。《魏志》王基有“優賢揚歷，垂聲千載"之語,裴松之注引今《尚書》"優賢揚歷"。考基本傳,言基據持鄭義與王肅抗,蓋受業於鄭,力持師説而不移者,所用爲鄭本古文可知矣。《文選·魏都賦》云:"優賢著於揚歷。"劉淵林引《尚書》注云:"歷,試也。"亦即鄭注。"憂胥陽"乃"優賢揚"之訛文。

《史記》"便章百姓",《索隱》云:"《今文尚書》作'辯章百姓'。"余按此非伏書,乃是鄭本。《後漢書·劉般傳》注引《書》"辯章百姓",並引鄭《注》云:"辯,别也。章,明也。"可證矣。陸《釋文》言馬本四"平"字皆作"苹",云"使也"。刻本相傳如此,實則所訓爲便、爲使,殊難分其字形。若以《史記》"便章""便程"例之,則宜作便,而與辯、辨同義。《索隱》引《尚書》作辯秩,《詩·采菽》疏又引作辯秩,雖屬《大傳》,亦《尚書》也。若以使字訓之,則宜讀如伻,而與《爾雅》俾、拼、抨同義。然《洛誥》"伻來",漢人又作"辨來"。王伯厚《漢志考證》。《毛詩》"平平"、《爾雅》"便便"、《左傳》"便蕃",皆訓辨治,而《韓詩》"便便左右",又訓以閑雅,則聲形意展轉相引,不可窮詰矣。惠定宇謂辨字作乎形,平字《説文》作采形,當因形相類而亂之,是也。

《禹貢》"沿于江海",《釋文》云:"鄭本'沿'作'松'。'松'當爲'沿'。馬本作'均',云'均平'。"余按裴駰《史記集解》引鄭云"均讀曰沿",是鄭本亦作"均",但與馬異讀耳,殊無作"松"之事,當是學者因鄭《注》改"均"爲"沿",俗多寫"台"爲"公",其木旁、水旁,篆文又易亂,故訛爲"松"。《釋文》言鄭本作"松",是據已改而又訛之本。裴氏言"均"當爲"沿",是據未改時本也。

《大誥》"矧肯構",孔《疏》云:"此下鄭、王本亦有'厥考翼,其肯曰:予有後,弗棄基'十二字。"謂"不應重出",余以爲何嫌重出,蓋語長心鄭重,陳壽所以謂周公之誥煩而悉也。

《史記·宋世家》述《洪範》之文"曰雨、曰濟、曰涕、曰霧、曰克",以濟爲《尚書》之霽,以涕爲《尚書》之驛,以霧爲《尚書》之蒙,用字小異,而涕在霧上,與枚本之次亦異。鄭注《尚書》"卜五"謂雨、濟、圛、霧、克,其次與《史》同,唯以圛爲涕,與《史》異。《毛詩》"齊子豈弟",鄭《箋》云:"豈讀當爲闓。《古文尚書》以弟爲圛。圛,明也。"孔《疏》本弟作悌。《疏》云:"《古文尚書》即今鄭注《尚書》,無以悌爲圛之字。唯《洪範》稽疑論卜兆有'五曰圛',《注》云:'圛者,色澤光明。'蓋古文作悌,今文作圛。賈逵以今文校之,定以爲圛,故鄭依賈氏所奏,從定爲圛,於古文則爲悌也。"余謂《疏》言鄭從賈所定,此語爲確,第謂今文爲圛,猶恐未然。蓋因古字形相似,聲相通,遂相亂耳。圛聲近夷，夷形近弟，《易》"匪夷所思"，夷或作弟字可驗。悌脱立心亦爲弟。許氏《説文》於《書》稱孔氏，非止稱其經，亦稱其説經之語。圛字下引《書》曰"圛圛升雲，半有半無"，即孔安國説經語也。後因聲而訛爲悌，《史》又因形而訛爲涕，賈據安國"升雲"之明文，遂定爲圛，故鄭氏從之。孔氏作《詩疏》時，"齊子豈弟"當作"愷悌"，今則各脱其立心之旁。《爾雅・釋言》云："愷悌，發也。"是鄭之所從爾。闓同開，開明，即行與發夕同類，舍人李巡、孫炎、郭璞解《爾雅》並從此説。

《史記》用《尚書》，亦多異文，如以"在治忽"作"來始滑"三字，義不可曉，而《漢書》以爲"七始詠"三字，又屬别義。司馬《索隱》謂："古文作'在治忽'，今文作'采政忽'。今依'采政忽'三字及劉伯莊之説。"考裴駰《集解》所引鄭本，"忽"字作"曶"形，而訓爲"笏"，伯莊則云欲采聽諸侯之能爲政者及怠忽者，其説兩歧。揔之皆不易解者也，唯以鄭本爲今文，則小司馬之誤。

《史記》"舜讓于德不懌"，徐廣注云："《今文尚書》作'不怡'。怡，懌也。"此亦用古文説，非用經文。經文必作"怡"字，否則作"台"，《太史公自序》中語有云"虞舜不台"者是也。《漢志》作"嗣"，則異文矣。然有一事適相類，《詩・鄭風・子衿》篇，《毛詩》作"嗣"音，《韓詩》作"詒"音，豈二文古亦相涉歟？

《史記・宋微子世家》用《書》"我其發出往"，鄭本亦作"往"，《索隱》以爲今文。《文選・陸韓卿奉答内兄希叔》詩注引"畯民用康"，亦以爲今《尚書》，皆不悟三家本爲漢古文。

檢存《今文尚書》考異

鄭氏注《周禮》引《書》云"王啟監"，是用《古文尚書》也，今文則不如此。王充《論衡·效力篇》引《尚書》"强人有王開賢，厥率化民"，並述其解云："賢人亦强壯於禮義，故能開賢，其率化民。"驗其文，即"王啓監"所聯上下之文。"啓"字作"開"，自因避諱。以㦰爲强，以宥爲有，以監爲賢，以亂爲率，或因聲而亂，或因形而亂也。若以以爲作化，則古來二文互通，南訛或作南譌，或作南爲，皆可證矣。

《論衡》於《金縢》述古文家説，成王疑周公，周公奔楚。《史記》及秦蒙恬皆有此言，則流傳久矣。奔楚之説，經傳未聞，疑非事實。若今文家説，直涉怪妄。謂公卒，王欲葬公以天子禮，而公人臣也；欲葬公以臣禮，而公有王功也。成王狐疑。天大雷雨，動怒示變。王悟，乃迎公喪，葬以天子之禮。明是戰國時好事者之言，而兩漢學官相承用之，不可解也。

洪容齋《隸釋》云："《無逸》叙三宗以年之多少爲次，漢石經以世次爲叙。以祖甲爲太甲也。石經獨缺祖甲，計其字在中宗以前。"余爲覆校良然。石經每行約有七十五六字，《無逸》篇每行皆缺五六十餘字，不容第一行至二行止缺二十餘字也。以"祖甲"一節移置中宗以前，則與每行缺字適相等。又按石經"高宗之饗國百年"與今書亦異，且此後無"祖甲"一節文字，自當與"自時厥後"一節相連，不宜有缺空。

鄭注《禮記》"周田觀文王之德"云："今博士讀'周田觀'爲'厥亂勸'，古文作'割申勸'。"余按三者不同，似皆因聲與形之依稀仿佛而亂之，實則三家文義皆未易解也。

漢時唯《今文尚書》立學，故兩漢人用《尚書》與馬、鄭、王本異者，皆今文也。《漢書・谷永傳》引經曰“繼自今嗣王，其毋淫于酒，毋逸于遊田，惟正之共”，其文與石經正同。《史記・周本紀》用《尚書》“尚桓桓，如虎如羆，如豺如離”，徐廣注：“離，猛獸也。”按離即螭字。《文選・西都賦》注引歐陽《尚書》説，以螭爲猛獸。知《史記》用今文矣。由是推之，《漢書》所用之“假我一日”，《楊賜傳》。“即我御事，罔克耆壽，咎在厥躬”，成帝鴻嘉元年詔。“公無困我”，凡兩引。《論衡》所用之“乃逢是吉”，《卜筮篇》，且解云：“卜曰逢，筮曰遇。”“子惟率夷憐爾”，《雷虚篇》。“我舊云孩子，王子弗出”，《本性篇》，且解云：“紂爲孩子時，睹其性惡不出衆庶。”或文異而義同，或文異而義亦異，大抵如石經之例爾。

鄭注《禮》引《書》“度西曰柳穀”，《疏》以爲濟南伏生《書》，此説是也。鄭《注》云：“柳，聚也。齊人語。”《疏》云：“柳者，諸色所聚。日將没，其色赤，兼有餘色。”説則大費委折矣。許叔重《説文》云：“丣爲春門，萬物已出。丣爲秋門，萬物已入。”丣即卯字，其上不聯，開門象也。丣即酉字，其上聯之，閉門象也。鄭訓爲聚，或取閉門萬物已入之義。伏生《書》定從閉門之丣，不從開門之丣。加木旁者，正如夷加金旁作嵎銕，夏侯又因銕譌作鐵。平加艸頭作苹秩耳。鄭之此注，乃用今文，其注《尚書》，則從古文作“昧谷”，故《吴志・虞翻傳》注有“翻奏鄭注《尚書》違失事云”。古大篆卯字讀當爲柳，古柳、卯同字，而以爲昧，據今文以駁今文也。顧傳寫易訛，不知所言。柳、卯者，是從閉門之形。從開門之形，裴松之以翻言爲然，又以王莽卯金刀之文爲疑。余以爲《尚書》用“昧谷”可也，用“柳穀”亦可也，兩義宛轉皆通，第柳之右旁宜明辨耳。卯金刀之文，直以卯爲東方之丣，實爲謬妄。劉字從閉門之丣，裴松之言“劉、留、聊，從卯同聲”，却是也。不從東方之卯。莽據讖文，遂不識字。光武時，尹敏有言：“讖書非聖人所作，其中多近鄙别字，頗類世俗之辭，恐疑誤後生。”考卯金刀三字，實出於讖，即所云“近鄙别字”，不足疑也。

檢存枚本《尚書》考異

《酒誥》篇首“王若曰”，《釋文》云：“馬本作‘成王若曰’。《注》云：‘言成王者，未聞也。俗儒以爲成王骨節始成，曰成王。或曰：成王少成二聖之功，生號曰成，没因爲謚。衛賈以爲戒成康叔以慎酒，成就人之道也，故曰成。此三者吾無取焉。吾以爲後録《書》者加之，未敢專從，故曰未聞也。’”余按俗儒即博士爲今文者，衛賈爲古文者，是漢世兩家並作“成王”矣。“王”上加“成”，實爲窒礙。骨節始成之説，尤是笑資。枚本一直刪之，却省葛藤。

《舜典》篇首，枚本亦無“曰若”二十八字，乃隋開皇二年購募得之，造此文者，姚方興也。初止十二字，“曰若”起，“協于帝”訖。阮孝緒本從之，别本乃有二十八字，陸《釋文》不勝其疑。《釋文》云：“齊建武中，姚方興采王、馬之注造孔傳《舜典》一篇，云於大航頭買得，上之。時梁武帝爲齊博士議曰：‘《序》稱伏生誤合五篇，皆文相承接，所以有誤。若《舜典》首有“曰若稽古”，伏生雖髦，何容合之？’遂不行用。”是不特疑之，且明斥其僞書出南朝。陸氏，南朝人，必悉其事。《釋文》自叙言“癸卯之歲，承乏上庠”，陳至德元年也，是年在北朝爲隋開皇三年，上距購募《舜典》傳時才隔數月耳。陸氏斥之，隋乃購募之，皆一時事，設有人傳諸南朝，吾知陸氏聞此必胡盧大笑不止矣。

毛氏論《舜典》首二十八字

陸《釋文》云:"'曰若稽古'至'協于帝'十二字,是姚方興所上,孔氏傳本無,阮孝緒《七録》亦云。然方興本此下或更有'濬哲文明,温恭允塞,元德升聞,乃命以位',異聊出之,於王注無施也。"毛氏謂王肅、范甯注《古文尚書》時已有之,又云:"《釋文》云姚方興所上止十二字,更有'濬哲'四句,凡廿八字,總出之王注,則不然,此廿八字在姚方興奏上時一齊並出,從無方興十二字、王注廿八字之别。"朱竹垞答毛氏書云:"謂二十八字,王、范注《尚書》時具有其文,僕以爲不然。《正義》云'多用王、范之注補之',言'慎徽'以下之注,是時方興之書未上,此二十八字,王、范安得有其文而注之?"又云:"足下據《釋文》,信二十八字出之王注,然陸氏言方興所上止十二字,其曰二十八字異聊出之,於王注無施也,其辭有深疑焉。使濬深哲知等訓果出之王注,則亦何必加'聊'字及'無施也'字。足下截而取之,非《釋文》致疑之義矣。"毛氏豈不曉解《釋文》者?直有心變亂是非耳。朱氏此書殊盡相規之誼,然書中亦仍有可議之處。《隋志》載魏高堂隆奏議所引有"曰若稽古,帝舜曰重華,建皇授政,改朔"凡十五字,是時枚本未出,或爲古逸《舜典》本文。朱氏欲毛氏加此十五字於"月正元日"之上,以爲《舜典》。余謂此則果可亂真矣。使《舜典》訖於"陟方",《堯典》訖於"遏密",二帝事各有起訖,且於《孟子·咸邱蒙章》所引《堯典》亦不相齟齬,得莫得於此矣。然而本非《舜典》而强以《舜典》命之,懵千古是非之實,欺一心知覺之明,亦無謂也。

檢存舊校閻氏《疏證》脱誤事

閻氏云："《左氏春秋傳》引《書》二十一，引逸《書》二十三，《外傳》引《書》四，引逸《書》十。枚書出而杜、韋兩家注所云逸《書》者，歷歷具在，其終爲逸《書》，僅昭十四年'《夏書》曰：昏墨賊殺'一則而已。"余謂閻氏仍脱一事，昭六年晉叔向引《書》曰"聖作則"一語，杜氏以逸《書》注之，亦未爲枚古文所用。

《疏證》第一百六摘陸《釋文》、孔《正義》所載馬、鄭、王三家本遺字及訓，可謂勤矣，而脱誤往往不免，如"宅嵎鐵""柳谷""憂臀陽""臏宫劓割頭庶剠"四事，既誤讀《正義》，謂爲鄭本矣，而《酒誥》"成王若曰"，又誤以馬融語爲陸德明語。此誤據汲古閣本，未以善本及《釋文》校之。於《禹貢》脱二事，一鏐字，梁州貢璆，枚本玉名，是玉旁之字。《釋文》述馬曰"紫磨金"，則金旁也。一秸字。枚作秸。《釋文》云："馬云：'去其穎曰秸。'"《盤庚》脱一事，枿字。枚作蘖。《釋文》云："馬云：'顛木而肄生曰枿。'"《無逸》脱一事，輈字。枚作譸。《釋文》云："馬本作輈。"《君奭》脱三事，一其崇，枚本作"其終"。《釋文》云："馬本作'其崇'，云充也。"汲古閣《注疏》本又作"崇受"也。一我迪，枚作"我道惟寧王"。《釋文》云："馬作'我迪惟寧王'。"一南君，枚本作"南宫"。《釋文》云："馬本作'南君'。"一狎字。枚作"甲于内亂"。甲字，《釋文》云："鄭、王本作'狎'。"《顧命》脱一事，勖贛。枚本作"冒貢"。《釋文》云："馬、鄭、王作'勖贛'。"馬本又注云："贛，陷也。"《吕刑》脱一事，悊字。枚本"折民惟刑"。《釋文》云："馬、鄭、王本'折'作'悊'，智也。"《秦誓》脱一事，訖訖。枚作"仡仡"。《釋文》云："馬作'訖訖'，云無所省録之皃。"又《釋文》於《堯典》"寅餞"下注："馬云：'滅也。滅猶没也。'"疑馬本定非"餞"字。

又閻氏斷自唐以上《書》，摘三家本經字亦勤，而脱誤亦所不免。其採自裴駰《史記集解》者，如馬本之“揖五瑞”，鄭本之“眚栽過赦”，王本之“于帝其順”，此例凡四十餘事，並詳且確矣。然太史公嘗從安國問故，班氏謂“遷書多古文説”，蓋不止用安國經文，並安國説經之語而亦用之。如《史》用《書》“惟明能信”，是用古文説，非用今文。馬注云：“當明其罪，能使信服。”閻氏以其訓與《史》文合，便謂《史》與馬所用古經同作“惟明能信”，誤矣。《史》所用古文説，即枚本亦相承用之。《史》云：“慎其身修，思長。”枚本注曰：“慎修其身，思爲長久之道。”亦可謂枚經爲“慎其身修，思長”乎？《史》云：“九江甚中”，枚本注曰：“江於此州界分爲九，甚得地勢之中。”亦可謂枚經爲“九江甚中”乎？二者亦即裴駰《集解》之所用。此例凡十餘事，皆閻氏之誤。

《史記》梁州璆下，裴注引孔曰“璆，玉名”，又引鄭曰“黄金之美者謂之鏐”，明是兩家經文有異，而閻未之辨也。《史》於“踰于沔”下，裴氏引鄭曰“或謂漢爲沔”。沔既是或體之字，則正體之字，鄭本必作“踰于漢”矣，閻亦未之辨也。“祖飢”“刑謐”之屬，其不及辨者尤多，蓋校書之難如此。

《説文》稱《書》確義

今《尚書》“浮于淮泗，達于河”，“河”下枚傳無所説，唯《音義》言“河如字”，謂“達大河也”。《説文》“菏”下注云：“菏澤水在山陽胡陵。”其引《書》作“達于菏”。《漢書・地理志》湖陵縣下自注引《禹貢》“通于河”，字與今本同，而下云“水在南，莽曰湖陸”。考《水經》，湖陸正菏水所逕，非大河所行，知《漢書》本亦作菏，後人據枚書妄改之，未悟淮、泗古不通，大河唯通菏水也。胡、何二文，古不同形，而同聲同意，因而湖、胡、菏、河互相涉歷，或讀菏如河聲，亦無不可。若解作大河，則非矣。

今《尚書》“一人冕執鋭”，枚傳云“矛屬”，《疏》中引鄭亦云“矛屬”。陸德明爲枚本作《音義》，云“以税反”，則字形爲鋭無疑矣。若鄭則未可知也。《説文》“鋭”下注云“芒也”，不引《書》，而於“銳”字下注云“侍臣所執兵也”，引《書》“一人冕執鈗”，據此則鈗、鋭二文聲意絶殊，而形可相溷，安知非鄭本作鈗，而後人訛改作鋭乎？閻百詩以《説文》“鋭”字無兵器之解，而鄭改作“鋭”，爲矛屬，其解紕繆。余謂百詩此言太易，鄭本原是古字，《説文》“鋭”下無古文，而籒文作㓹形。倘古文形近，籒文㓹形則與鈗形斷不相涉。倘鄭本是鈗字，則易與鋭形相亂。鄭本作“鋭”，未有明文，烏可以武斷行之？

《説文》引《書》有可信者，“匪”下引《逸周書》“實元黄于匪”，“㝁”下引《周書》“若藥不眄眩”，“暋”下引《周書》“暋不畏死”，“𢽨”下引《周書》“凡民罔不𢽨”，“殂”下引《虞書》“放勛乃殂落”，此五事與今《書》或異，與《孟子》多同，故可信也。亦有可補今本字句之闕者，“玠”下引《書》“稱奉玠圭”，今《康王之誥》作"稱奉圭"三字,《説文》於"玠"下引《書》,知古文定作"賓稱奉玠圭"也。又有可以徵今《舜典》實爲《堯典》者,《説文》引"五品不悉"爲《唐書》,古豈有《唐書》? 以出《堯典》,故云《唐書》,亦猶伏生《大傳》之有《唐傳》耳。紀唐事,故叔重以《唐書》命之,不必唐史所作,更不必古有此名也。然據此可以決"慎徽"以下定非《舜典》之文。

#《說文》兼稱孔氏學

叔重《自叙》言:"《詩》稱毛氏,《書》稱孔氏。"余謂不止稱其經文,亦兼稱其解經之説。如稱《毛詩》曰"不醉而怒謂之奰",毛氏經無此文,而《蕩》之六章,《毛傳》正作此義,非稱經兼稱傳之明證歟? 稱《詩》如是,稱《書》自應如是。

"旻"下引《虞書》"仁覆閔下,則稱旻天",此非經文,乃孔氏學也。許又有《五經異義》云:"今《尚書》歐陽説:春曰昊天,夏曰蒼天,秋曰旻天,冬曰上天"古《尚書》説與毛訓同。"及檢《毛詩・王風・黍離傳》,果有"仁覆閔下"之訓,知是稱孔《傳》,非是稱孔經。以此推之,益信"圛"下之"圛圛升雲"二語定孔氏學也。今枚傳亦沿用之。

"欙"下引《虞書》"予乘四載,水行乘舟,陸行乘車,山行乘欙,澤行乘楯",此稱經並稱傳也。閻百詩謂下四語亦孔經佚文,其説非是。今枚傳亦沿用之矣。百詩因《史記》引《夏書》曰"禹抑鴻水,十三年,過家不入門",下言"四載"與此小有異同,遂決認爲古經逸句。今以《史記》與經互校,其用經説者幾過於經。《漢書》言遷書多古文説者,洵非誣妄。百詩多執爲經文,誤矣。

許氏所稱,互考之,即可以得其實。如"諞"下注云"便巧言也",引《周書》"戩戩善諞言",是經文無疑矣。"戔"下又引《周書》"戔戔巧言",經無此文,"戔戔"即"戩戩"之訓,"巧言"即"諞言"之訓,亦無疑矣。此經與傳各稱者也。不第此也,"渭"下注云:"杜林説《夏書》,以爲出鳥鼠山。""黺"下注云:"從黹從粉省,衛宏説。"二人亦爲古文之學者爾。

《金縢》"我之弗辟",馬、鄭以爲辟居東都,王肅及枚傳以爲致辟,謂討罪也。朱子兩從之。馬、鄭之説於"罪人斯得"四字杌隉不安,得郝京山解之,而後宛轉關生,了無窒礙。京山自詫其解,千古所無。閻百詩韙之。余謂韙之是也。百詩惡王與枚,遂謂致辟之説起自魏晉之世,漢人無此説,亦屬未然。《説文》"䢃"下注云"法也",引《書》"我之不䢃",則固有以致法爲訓者矣,而余實傾心於京山之解。

四十年前,心折於京山《金縢》之解,後熟讀《尚書》及《毛詩》,别爲考覈,自以爲委曲詳盡,亦可備一解也,已具《讀詩隨筆》中。戊戌五月識。

又按:《左傳·襄公二十九年》吴公子札來觀周樂,工爲歌《豳》,公子曰:"美哉!蕩乎,樂而不淫,其周公之東乎?"此亦周公避流言居東之古證。杜《注》以爲東征,亦沿王肅之謬解耳。居東在豳,征東在殷。在豳二年,歸以秋;在殷三年,歸以春夏之交。首章之桑蠋,末章之倉庚,皆歸時風物。《毛序》云"二章言其思,三章言室家之望女",亦以風物渲染,成文則曲體,勞人思婦,心中虚構之情形,非實象也。

檢存舊校《説文》稱《書》餘義

《説文・自叙》云："《書》稱孔氏。"今校之，所引《書》與今本多異文，其可考爲古文者，已詳著之矣。餘如"平秩"之"秩"爲"㶣"，"朞"之爲"稘"，"屬婦"之爲"嫋婦"，"拙謀"之爲"炪謀"，"常伯"之爲"常敀"，"篾席"之爲"莫席"，"氄毛"之爲"毴髦"，又爲"褎毛"，毴，正體之字；褎，或體之字。篆隸異文，不可考其何者爲壁中所得。如此類者，正復不少。究其實，則音訓與今文多通，無大岐異也。舊嘗摘出排比之，今皆略去，唯存其少别者。

其標名《逸周書》者，唯"匪"下引"實元黄於匪"與《孟子》合，可信其爲古逸矣。此外如"侊"下所引，朕實不明，以侊伯父。"躩"下所引，不躩不卵，以成鳥獸。"櫐"下所引，疑沮事闕。"砅"下所引，土兮民之砅。"竘"下所引，竘匠。"熮"下所引，辛而不熮。"翰"下所引，大翰如雉。"貑"下所引。貑有爪，不敢以撅。又有標名《周書》者，"惎"下引，來就惎惎。"粤"下引，粤三日丁亥。"苢"下引，芣苢其實如李，食之宜子。《周書》所説。敿下引，《周書》以爲討。"詷"下引，《周書》："在夏后詷。"詷，共也。"丏"下引，《周書》："若藥不眄眩。""睯"下引，《周書》："睯不畏死。""䵝"下引。凡民罔不䵝。《周書》唯末三事與《孟子》合，餘多出於今世所傳《逸周書》者，亦有不可考者。

其標名《虞書》者，"絑"下引，《虞書》丹絑如此絑。"浩"下引，洪水浩浩。"旺"下引，《虞書》矦字。嫛下引，一曰《虞書》雉嫛。"㚖"下引，有能俾㚖。㚖，治也。"殂"下引，放勛乃殂落。末一事與《孟子》合。若雉嫛，則"二生、一死、贄"之文。旺與矦古有相通之聲，當是"矦以明之"之文也。

其標名《夏書》者，"筱"下引，《夏書》："瑶琨筱蕩。"而"琨"下又引以爲《虞書》，《虞書》："瑶琨筱蕩。"或亦從伏生《虞夏書》之例歟？其標名《商書》者，

“懱”下引，以相陵懱。殊不可考。若“返”下引，祖甲返。亦不可考。

其止言《書》而不標代名者，“槢”下引，竹箭如槢。“冗”下引，宫中之冗食。亦不可考。若文句小異者，“懋”下引，時惟懋哉。“陶”下引，東至于陶邱。“諴”下引，不能諴于小民。“嵞”下引。予娶嵞山。然異者多非《説文》本字，不能保傳抄者無小誤也。唯“育”下引，《書》：“教育子。”是本字有異，鄭注《禮》亦同，作“教育子”，知古本定有以“冑”爲“育”者矣。

《説文》稱《書》有誤者，“㲋”下引，讀若《夏書》“天用勦絶”。而“剿”下引，《周書》：“天用剿絶其命。”又誤以《夏書》爲《周書》也。“戓”下引，西伯既戓黎。“黿”下引，《西伯戡黿》兩引皆言《商書》，不誤。而“摯”下引，《周書》：“大命不摯。”又誤以《商書》爲《周書》也。“鍰”下引，罰百鍰。又誤以爲《虞書》也。“暘”下引，暘谷。又誤以爲《商書》也。“相時思民”，又誤以爲《詩》也。“執鍨立于東垂”，又誤以爲《周禮》也。此傳抄之誤，勿容多疑。其引“在夏后之詷”，而“詷”訓以“共”，馬本《顧命》亦作“詷”，云“共也”，獨無“夏”字。按“夏”字難解，此傳抄者誤加一字耳，亦勿容多疑。

其引“孜孜無怠”一事，“王出涘”一事，“師乃搯”一事，皆漢本《太誓》之文也。“敻”下引《商書》“高宗夢得説，使百工敻求得之傅巖”，“坶”下引“武王與紂戰于坶野”，此又皆《書序》之文也。“珣”下云“《周書》所謂夷玉”，又以《尚書》之文證《爾雅》之“珣玗琪”也。獨“逑”下引《書》“怨匹曰逑”，當是經訓。

記顧氏譏唐石經《尚書》事

顧亭林《金石文字記》言得石經本而詳校之，中間繆戾非一，謂唐石經與版本相乖也。《記》中舉《尚書》繆戾凡七事，涉古文者凡四事，且置勿論其涉今文者。則云"乃祖乃父，丕乃告我高后，曰：作丕刑于朕孫"，石經於"乃父"誤作"先父"，又"孫"上多"子"字；"太保乃以庶殷攻位于洛汭"，石經"攻"誤作"公"；"用端命于上帝"，石經"于"誤作"予"。嘉慶乙丑年，在京師讀此《記》，又適遇石經未裱之拓本，因覆校之。"乃祖先父"及"作丕刑于朕子孫"，誠如亭林所言，至"端命"句已殘缺，爲予爲于，竟不可辨。若"攻位"之"攻"，左方工旁雖缺，而右方文旁，其迹甚明，不知亭林何以認作"公"字，亦怪事也。亭林亦以今版本校石經，始得其繆戾之迹耳。今版本《禹貢》"浮于洛，達于河"本是六字，石經作"達于洛河"四字，亭林反不譏之，又怪事也。暇日與座師雲素先生言及之，先生云："向得唐石經拓紙，召工裱之，索價奇昂。問其故，則曰：'爲此殊勞，須多覓殘揭文字，倩人對本補正，然後成帖。'"先生囅然曰："如此則勞不足酬，且當捆責四十矣。"因一笑而罷。以此言之，亭林所據者，定是裱本石經，爲俗工所誤也。

弼成五服異義

《書》云"弼成五服,至于五千",賈逵、馬融以爲甸服外每百里爲差,所納不同者,是甸服外特爲此數。其侯服以下所言三百里、二百里者,還就服内言之。其語詳載《詩疏》。鄭康成以爲侯服以下所言三百里、二百里者,亦就服外言之。余謂鄭意以爲每服五百里是舊服,服外百里及三百里乃禹所弼成者,每面合成五千里。若賈、馬所言,每面止有三千里,與經繆矣。魏世王肅特創異説,以百里及三百里均就服内言之,則每面止有二千五百里,益與經繆。孔穎達作《詩疏》,駁之曰:"經言'弼成五服',若五服之廣猶是堯之舊制,何弼成之有哉?且言'至'者,皆從此到彼之詞,明是從京師到四境爲五千耳。若四面相距爲五千里,則經文將從何而往?"按孔氏此駁,可云破的。《禹貢》具在,考其山川,並其聲教之所漸被暨訖,豈五千里所能囿乎?枚本孔《傳》出,反勦王説,可云眯目而道黑白矣。孔氏本傳鄭學,故明古義,及作《書疏》,又爲王肅曲成其説,云《地里志》言漢之土境,東西九千三百二里,南北萬三千三百六十八里,驗其所言山川,不出《禹貢》之域。夫山川載地,古今必同,而得里數異者,《尚書》所言,據其空虚鳥路方直而計之,《漢志》所言,乃人迹着地屈曲而量之。故王肅言五千里者,直方之數耳,讀之可爲失笑,雖曰神禹,亦安能一望而輒得五千里之空虚鳥路,其亦將飛行絶迹以定之邪?勾股弦互求之術,可以得空虚鳥路,故裴秀《禹貢圖序》亦及之。然測望之法,止用之一方一隅,若用之以測五千里,則其術窮矣。况古聖隨刊本就實地,成實功,若求之空虚鳥路,欲何爲邪?

九族異義

陸《釋文》云："九族，上至高祖，下至玄孫。"馬、鄭同義。孔《疏》引許慎《五經異義》載夏侯、歐陽説，"九族者，父族四，母族三，妻族二"，其説不詳。《詩·王風·葛藟疏》引歐陽説云"父族四者，五屬之内爲一族，父女昆弟適人與其子爲一族，己女昆弟適人與其子爲一族，己子適人與其子爲一族。母族三者，母之父姓爲一族，母之母姓爲一族，母女昆弟適人者爲一族。妻族二者，妻之父姓爲一族，妻之母姓爲一族。"而鄭駁之，云："異姓之服，不過緦麻，謂不廢昏也。《昏禮》請期云：'唯是三族之不虞'，亦恐廢昏也，知九族明非外族。"余謂以《昏禮》及服制言之，自有專條。若堯以德親之，自可兼古、今文兩家之説。鄭爲此駁，豈古帝止重本族而不及於外族乎？其義爲拘。

《尚書》無偏無頗

《洪範》本文作“無偏無頗，遵王之義”，唐明皇詔改“頗”爲“陂”，以協“義”音。後人多議之，謂義、儀二文古讀爲“莪”，音正與“頗”協耳。惠定宇《九經古義》言明皇詔書所舉《尚書》文是“遵王之誼”，非“義”字也，又謂古文“頗”作“詖”，本有“詖”音，正協“誼”字，勿容改“陂”。而朱竹垞《經義考》引《唐大詔令》所載明皇敕文，又作“遵王之義”。二公所述歧異如此，爲誼爲義，竟無定準。余謂即作“誼”字，亦未嘗不與歌韻中之“頗”音相協矣。誼從宜旁，宜從多得聲。《説文》言“宜，古文作㝖”，自是横多，又言“古文作宐”，自是豎多。唯從多得聲，故《棫樸》之二章以“髦士攸宜”協“奉璋峩峩”，即可以協“頗”矣。

西漢大河自貝邱南折考

禹河不經今山東界内，胡氏《禹貢錐指》考之確矣詳矣。西漢大河則行今清平縣界内，以縣境内有貝邱故城，西漢大河所經也。西漢大河乃周定王五年禹河初徙之道，至王莽時空，故謂之王莽河。《水經注》謂之大河故瀆。閻百詩《尚書古文疏證》曰："《史記》'禹斷二渠'之解有二，其一孟康曰：'一出貝邱西南，南折者也；一漯川也。'其一酈道元曰：'一則漯川，今所行也；一則北瀆，王莽時空。'孟氏'南折'二字大有訛缺，南折則入漯川矣，不然，將從何道入海？"余謂百詩失考矣，出貝邱者，即是北瀆。《漢志》云："宣帝地節時，郭昌使行河，北曲三所水流之埶皆邪直貝邱，恐水盛，隄防不能禁，迺各更穿渠，直東，經東郡界中，不令北曲。"又成帝時，馮逡奏云："郭昌穿直渠，後三歲，河水更從故第二曲間北可六里，復南合。今其曲埶復邪直貝邱，百姓寒心。"據此則南折自是當時爲保全貝邱之計，屈其入東郡界中，下流仍北行耳，何至入漯。

九河古證

九河所在，漢人已不能詳。成帝時，馮逡言“禹穿九河，今既滅難明”。哀帝時，平當奏九河今皆填滅。而唐宋以後至今，九河渠名，班班具在，此尚足以考信歟？九河分後，歷數百千年，不必循定分渠，豪無兼并。至周定王五年，大河東徙，九河分出之道已不免爲徙河所截，況禹河之東，徙河之西，中間别行一清河亂之，此清水、蕩水、洹水所行也。本入禹河，禹河自南而東徙，三水别成此道，今衛河是也，由臨清入運河。而九河上游於是湮矣。其下游注海處，又爲漢代決河所奪，館陶之決别屯氏河。屯氏河又分别河，而别河又分北渠、南渠，又别分篤馬河、張甲河，皆穿九河故道。後漢大河徙，由千乘入海，去禹河雖益遠，而北行者仍有商河、厭次河、鹿角津。唐宋以來，益以永濟渠、馬頰河、商胡決河之兩派。近代救水患者，更因時勢而通塞之，於是注海之地，新渠舊道交絡縱横，不可識别，欲求九河而一一釐之，此必不可得之事矣。漢許商云：“古説九河之名有徒駭、胡蘇、鬲津，今見在成平、東光、鬲界中。自鬲以北至徒駭間，相去二百餘里，河雖數徙移，不離故域。”是漢人得其三也。《魏書・地形志》般縣有故般河，《水經注》云：“般河亦九河之一。”是元魏人又得其一也。此四者皆有古據，爲考之如後。

許商言徒駭、鬲津相去二百餘里，按以今地驗之，南不過山東之陵縣，北不過直隸之獻縣。胡氏《錐指》考出禹河爲鄴東故大河，北合漳水故道，至阜城，又北至交河，爲徒駭，屬大河之經流，交河之上流滹沱枯河，即徒駭之故道，是九河之最北者也。胡氏以鄴東故大河爲禹河，立十五證以證之；以漳水合滹沱枯河者爲徒駭，立五證以證之，皆空前絶後之特識，考禹河及徒駭者，宜取於是。其書具在可讀，勿庸勦之。

許商謂胡蘇在東光,《漢志》東光縣有胡蘇亭,《水經注》:"清河東逕東光縣西南胡蘇亭。"于欽以滄州南之大漣澱爲胡蘇河。按《舊唐書》云:"東光,漢縣,歷代不改。"又云:"隋於故胡蘇亭置胡蘇縣,天寶元年改臨津。"《宋史》廢臨津,《金史》又有臨津,《元史》則曰寧津,是則今之寧津即胡蘇所逕也,上游分河,下游注海,均無古證之可據矣。

《漢志》平原有般縣,《魏書·地形志》般縣有故般河。後漢初平二年,公孫瓚破黄巾於槃河,又瓚與袁紹相攻,瓚引軍屯槃河。《水經注》云:"篤馬河自西平昌縣故渠川派東入般縣,爲般河。"按篤馬河不知何時所行,要亦漢決河之别道。孫禁欲决平原金隄,開通大河,令入故篤馬河。許商謂篤馬河在九河之南,失水之迹,不可許。余謂"在九河之南"者,上流耳,下注於海,何必不合九河之一渠?今西平昌故城在德平縣之北界,德平縣東北茫茫巨窪之中有故般城,土人皆能言之,其爲般河無疑也。上、下游則均無古證。

許商謂鬲津在鬲,《漢志》鬲縣下又言"平當以爲鬲津"。《通典》云:"鬲縣故城在安德縣西北。"唐德州治安德,即今之陵縣也,其西北之故鬲城,據《舊唐書》,隋於鬲置弓高縣,又於縣置觀州,又爲景州。今之景州,則漢蓨縣之地。古之鬲縣大約不出今景州之東南、陵縣之西北,鬲津亦在此,無可疑矣。元魏有鬲縣,治臨齊城,乃别置於異地者。《隋志》開皇十六年,分樂陵置鬲津縣。大業初廢,入樂陵。《舊唐書》武德四年,分饒安置鬲津縣。貞觀元年,省入樂陵。此皆漢縣之東,相去頗遠,不足爲考古之據。今德平界有鬲縣故城,當是隋唐之所置矣。《三齊記》云:"鬲城東南有蒲臺。"周嘉猷《齊乘考證》云:"《魏書·地形志》厭次縣下有富城,即富平城之省,在今武定府,東與古蒲臺近。所云鬲城,即富城之訛耳。"按此言殊確。鬲津分河,據經文在"過降水,至於大陸",而降水及大陸以北,無有能考知其地者。《水經注》以九河播自元城之沙邱堰,今大名府元城縣界也。漢水河播於此,流爲屯氏三瀆及張甲、鳴犢諸渠者也。《水經注》以爲禹之所播,誤矣。其誤寔沿於康成之注。康成以《左傳》魏獻子田於大陸,大陸近甯,遂引《地説》,自甯至鉅鹿合千里爲大陸,而無以應"過降水"之文,則以"過降水"爲過淇水。因淇水出於共城,乃以淇水爲共水,轉降音爲共音,以遷就之。《水經注》沿其誤,因以有元城沙邱播河之説。胡氏以淇水至黎陽入河,黎陽至甯二百餘里,豈先過大陸,後過降水乎?此一言可以解紛矣。按甯爲漢之修武,今獲嘉縣也。後世以後漢永平大河爲徒駭,西漢篤馬爲馬頰,亦因元城沙邱之播而誤也。自胡氏考出鄴東故大河爲禹河,由是至斥彰縣爲北過降水,降或作絳。《水經注》:"絳水發源屯留,下亂漳津,與漳俱得通稱也。"斥漳,即今廣平府曲周縣。至鉅鹿爲大陸,今順德府平鄉縣界。可謂怡然理順矣。又北至南宫縣界，正可以討論九河最南鬲津一渠之播，而諸家又生一異議，何者？《水經注》濁漳所行，至斥漳下歷叙所逕曲周、鉅鹿諸縣，又北逕南宫縣故城西，"又北，絳瀆出焉，今無水"，下又叙無水之故瀆十許語。程大昌據此以應"北過降水"之文，而以逕深而入滄者爲大陸，其解自誤。胡以無水之故瀆考之，至阜城始入故河，而深州在阜城西北，縱移大陸在此，亦無解於先過大陸，後過降水。余謂誤不止此，九河之播在大陸之北，如程氏言，則至今舊滄州北始播鬲津之渠，則與今陵縣之鬲城豈相及乎？胡氏亦無以解之，第據"今無水"三字疑爲漳水一時之徙流，其後又復北道，故《水經》叙漳水仍自信都而東北行。余謂此説良是，而亦不盡然也。《水經》有互受通稱之例，漳亦可以稱絳漳，絳亦可以證河。夫絳既可證河，獨不可證河所播之九河乎？况《水經注》言"絳瀆出焉"，出與過原不相同，絳自漳渠出，即自河渠出，出即播耳，安得執過降以相疑乎？胡氏，南人，未諳北方地勢，故致不詳。今掇"絳瀆"十許語爲疏通而證明之。

《禹貢錐指》"濁漳"注云："漳水，自南宫縣故城西，城在今縣西北。又北，絳瀆出焉，今無水故瀆，東南逕九門城南，城在今藁城縣西北二十五里。又東南逕宫城北，《元和志》："絳水故瀆在南宫縣東南六里。"又東南逕繚城縣故城北，《十三州志》曰："經縣東五十里有繚城故縣也。"按河水注云："張甲左瀆北逕經城東、繚城西，又逕南宫縣西，又注絳瀆。"即此水也。繚城在今南宫縣東南，經城在今威縣北。左逕安城南，故信都之安鄉也，今在冀州東南。又東北逕辟揚亭，今冀州東南二十五里有辟揚故城也。又北逕信都城東，散入澤渚，信都城，即今冀州治。西至於信都城。句。東連於廣川縣之張甲故瀆，同歸於海。今棗强縣東三十里有廣川故城。河水注云："張甲河右瀆自廣川縣東北逕其故城西，又東北至蓨縣東，會清河入漳。"故《地里志》曰：'《禹貢》絳水在信都東入於海也。'"淇水注云："清河東逕蓨縣南，又東北，左與張甲屯絳故瀆合，又東北逕東光，會大河故瀆，又東北逕南皮、浮陽，滹沱别瀆注焉。"濁漳注云："漳水會滹沱别瀆，又東北入清河，又東北逕章武、平舒入海。"此即信都絳水入海之道也。

余按：漳水是禹河故道。禹播九河，唯鬲津最南，濁漳注"漳水至南宫所出之絳瀆，即河之播爲鬲津"，可知也。就其枯渠中所合諸瀆考之，有清河，有張甲左瀆，有張甲右瀆，有屯氏别河。自禹河東徙，東徙之河，即《水經注》所云故大河，及大河故瀆，及王莽河。鬲津之瀆遂空。即漳水所出之絳瀆故渠。淇水、蕩水、清水、洹水之入禹河者，亦别爲清河一渠，以行於禹河之東、徙河之西，戰國時，蘇秦説趙曰"東有清河"，説齊曰"西有清河"，皆是此水也。至漢已微甚。清河，即今臨清之衛漕河也。自曹孟德修復故道，隋修爲永濟渠，今爲漕河，益以漳及滹沱二水，乃成川耳。《漢志》則云："清河出内黄縣南，無清水可來，所有者唯鍾是水耳。"蓋謂淇也，其微可知矣。屯氏、張甲則漢武帝時河決所行，至後漢永平河成，《水經注》所言河水也。諸渠與西漢大河一切都廢。考《水經注》，諸渠所合之地在蓨縣之東，今景州境。蓨縣之東即鬲縣之西，絳渠至此，其爲鬲津可知矣。漳絳既可證河，而《漢志》於信都出漳之絳上加"禹貢"二字，則果爲禹所播之鬲津可知矣。《漢志》於絳瀆云"東入於海"，此語亦確。由今陵縣東北行至德平縣，又東北，有般城，爲般河，般河派在第八，又南，第九則鬲津。般東行至德平之東北，則鬲津亦自陵縣而東行可知矣。胡氏謂絳瀆同清河逕章武、平舒入海，今天津府界内。又謂《漢志》"禹貢"二字爲誤，反爲失考，何者？張甲實爲兩瀆，左瀆自南宫東南之經城已合絳渠，其右瀆自蓨縣東始合絳瀆，既合而分，合清河至章武者，是其右瀆也；合張甲至廣川同歸於海者，引《漢志》"東入於海"證之，明是左瀆，安得無别乎？胡氏以"禹貢"二字爲誤者，因其與"過降"爲礙，而忘其文作"出"非作"過"也。

《周官》三公考

周立太師、太傅、太保，以爲三公，又立三少，以爲三孤，出枚本古文《周官》篇。鄭本古逸無此篇目，唯《漢書·百官公卿表》有云："太師、太傅、太保，是爲三公。又立三少，以爲之副。少師、少傅、少保，是爲孤卿，與六卿爲九。三公無官，有其人，然後充之。"與枚古文正同。朱子疑之。《朱子語類》引《漢百官表》"太師、太傅、太保，是爲三公"，"其與《周官》合者，豈孔氏所云'傳之子孫，以貽後代'者，果私有所傳授，故班固得以述之與？"閻百詩力攻枚本，謂枚本襲用《漢表》，語惡。聞朱子此言，頗涉武斷。百詩云："余方以枚書從《漢表》出，此又以《漢書·表》從枚書出，毋乃顛倒，見當盡從抹摋。"《鄭志》中又有趙商問云："按成王《周官》立太師、太傅、太保，兹惟三公。"所述更與枚書文句正同，尤爲百詩所惡，均以抹摋之術拒之。百詩云："此分明是枚書古文，康成時人，安得預見以相咨問？學者凡遇此等處，盡從抹摋，不必復疑焉，以藉口可也。"語詳《疏證》第六十二。夫事當覈其有無，權其是非，烏可武斷如是邪？趙商自問周家官制，不必述《尚書》之文，即謂述《尚書》之文，亦未爲不可。鄭本古逸實無《周官》，然壁中之零章墜簡不少流傳，即如枚、鄭兩家古文均無《嘉禾》《帝告》，而佚句時見於《尚書大傳》及《漢書》，然則趙商所述，安知古文《周官》不有零章墜簡如《嘉禾》《帝告》之流傳者邪？虞世南《北堂書抄》第五十引許叔重《五經異義》云："古《周禮》説天子立三公，曰太師、太傅、太保，無官屬，與王同職，故曰'坐而論道，謂之王公'。又立三少，以爲之副，曰少師、少傅、少保，是爲三孤。冢宰、司徒、宗伯、司馬、司寇、司空，是謂六卿之屬。大夫、士、庶人，在官者萬二千石。"古《周禮》説有成文如是，是爲《漢表》之所出，非出枚書也。朱子之疑，亦似未考此文。

《五經異義》許君案："周公爲傅，召公爲保，太公爲師，無爲司徒、司空之文。師、保、傅，三公，官名也。"許意似謂三公不兼六官，而鄭注《周禮·地官·序官》云："王置六鄉，則公有三人。三公者，内與王論道，中參六官之事，外與六鄉之教。其要爲民，是以屬之鄉。"按經文中實無鄉老之職事，非司徒之屬官可知矣。唯"三年大比鄉老"與興賢興能之典厥明，"獻賢能之書於王"，因此事，故敘之於《地官》中，而坐論而外，唯得人爲經邦第一重務，亦可知矣。此鄭氏所以謂"外與六鄉之教"也。《尚書大傳》及夏侯、歐陽《今文尚書》説並云："天子三公，一曰司徒，二曰司馬，三曰司空。"鄭注《尚書大傳》謂："一公兼二卿，舉下以爲稱。"所云下者，司徒上該大宰也，司馬上該宗伯也，司空上該司寇也，此鄭氏"中參六官"之説。以二卿一公之例比之，義當如此。而鄭又有一義，其注《地官·保氏》云："《書序》曰：'周公爲師，召公爲保，相成王，爲左右。'《君奭》序語。聖賢兼此官也。"按師氏，中大夫；保氏，下大夫。以三公兼此職，其尊卑之次，毋乃太懸。《疏》言："三公無師保之名，兼此二官，乃得師保之稱號。"然則兼者，非兼二官之職，第兼二官之稱號。唯兼此稱號，始有所據，而加以"少"，加以"太"耳，義尤愜矣。以《尚書·顧命》篇考之，太保當是大宰，芮伯當是司徒，彤伯當是宗伯，畢公當是司馬，衛侯當是司寇，毛公當是司空，此可爲"中參六官"之據。而以《禮·文王世子》考之，"《記》曰：虞、夏、商、周有師保，有疑丞。疑即大傅在前也。丞即少傅在後也。設四輔，此輔世子。及三公不必備，唯其人，語使能也。"余疑三公是六官加秩，師、傅、保又三公加號，六官是卿加秩，則優於卿。司徒、司馬、司空爲三卿，天子之三公不必同此。不然《顧命》之芮伯即是司徒，唯未加秩，故不稱公。官至三公，無秩可加矣。《王制》："三公，一命衮。若有加，則賜也，不過九命。"是三公有加賜。《尚書·顧命》畢公、毛公尚未加號，故止稱公。召公加號已久，故稱太保也。

三江異義

《禹貢》三江，揚州水也。説之者，言人人殊，古今聚訟。余謂無難别其得失，要在以經文爲斷耳。揚州下止言"三江既入"而已，後於"導漾""導江"兩章合，詳其實，蓋導漾雖舉漢水，亦兼爲江，舉左右兩旁之水，並及其下流之方向；導江則專言江之所行，並著其獨得瀆名之義。合考之，而主從分明，原委昭晰矣。導漾言漢至大别入江，是舉江左旁之水；言東有所匯之澤，號爲彭蠡，是舉江右旁之水。於彭蠡止言匯，猶既豬耳，尚未言其流也。導江言"東迤北會于匯"，則流其所豬而成川矣。彭蠡非漢所匯，亦非江所匯，經明言彭蠡，則是彭水綜揚州西南諸水，鍾爲大澤。揚州西南，即今江西全省地也。彭水，即今章江之上源也。《漢書·地里志》南埜縣下有彭水，《水經注》謂之豫章水。今止呼章江。彭水所綜者，或云九水，或云十水。《漢志》贛縣之豫章水、今贛州府。雩都縣之湖漢水、今曰貢江。長沙國安成縣之盧水、安成在今吉安府安福縣西。宜春縣之南水、今袁州府治。南城縣之盱水、今建昌府治。建城縣之蜀水、今高安縣，瑞州府治。艾縣之脩水、今甯州西百里。餘汗縣之餘水、汗音干。鄱陽縣之鄱水。今饒州府東。而彭水之源，其來最遠，源出湖南郴州南三十六里黄岑山，自宜章縣流入江西界，逕聶都山之南。至南埜縣，故城在今南安府南康縣西南。爲彭水，至贛縣，爲豫章水，右會湖漢水爲贛水。劉澄之謂章水、貢水合爲贛水。貢即湖漢水也。《水經》謂贛水總納十水，同湊一瀆，俱注彭蠡。彭蠡，即今江西之鄱陽湖也。大江會於匯之地，即今九江府東之湖口縣也。彭蠡既出湖口，江、漢之合流者可得而會之；彭蠡未出湖口，江、漢之合流者不得而匯之，何者？湖能入江，江不能入湖，入湖則無入海之路矣。鄭康成《書注》云："左合漢爲北江，右會彭蠡爲南江，岷江居其中，則爲中江。故《書》稱東爲中江者，明岷江至彭蠡與南北合，始得稱中也。"余謂鄭注於三江之分合，説既分明，於"中江"二字，又特加鄭重。加鄭重者，著其爲瀆也。古云瀆之爲言獨也，發源注海者也。江與漢同出梁州，漢亦源遠流長，衹以南入于江，附之入海，不得名瀆。導江章"東爲中江，入于海"，著其獨專入海之爲瀆也。導漾章"東爲北江，入于海"，從於江瀆入海之方向也，漢從於江者也。上爲舉江兩旁之水，下爲舉江入海之方向，始荆終揚，一切從之，亦尊江之爲瀆也。康成《書注》正善會經文兩章，而爲鄭重分明之説。胡朏明得之於徐堅《初學記》，而珍之爲秘寶，語載《錐指》卷首。有以哉。《東坡書傳》云："豫章江入彭蠡，而東至海爲南江。岷江，江之經流，會彭蠡以入海爲中江。漢自北入江，會彭蠡爲北江。三江入海，則吴越之間始有可宅之土，而水所鍾者獨震澤而已。"朏明與康成説同珍，而余不謂然。蓋彭蠡以東，《漢志》又分中江、南江，各有首尾。余未讀《東坡書傳》，而覈其所言中江、南江，恐拘守。《漢志》以解《書》者援爲口實，且謂水鍾震澤，説未完密，不可與康成並美也。

三江上流，自九江、東陵來，自《漢志》及《水經注》《唐元和志》皆未能各得其實。宋初胡旦始以洞庭湖爲九江，曾旼以沅、漸、元、辰、叙、酉、湘、資、澧九水入洞庭者爲九江。朱文公又以瀟、湘、蒸、同承。資、沅、漸、叙、辰、酉當之，至東陵，則皆云是岳州也。漢唐諸説，覈其由來，實《漢志》誤之，而《漢志》又實秦誤之也。秦不師古，别置九江郡於壽春，今江南鳳陽府屬之壽州。兼得廬江、豫章之地。廬江，今江南廬州府。豫章，今江西南昌府。皆古時揚州之地。王莽又改豫章郡曰九江郡，因豫章有九水，即彭水所合之水。欲以應《禹貢》之九江也，而不合於經。劉歆言九水入彭蠡，則非九江。更求九江於彭蠡之西，於是尋陽九江之説興焉。尋陽，漢縣，屬廬江郡，其縣故城在今黄梅縣東北。班《志》廬江尋陽下"《禹貢》九江在南也"。後桓温移尋陽於江南，今爲九江府德化縣地，故江在其北。且鑿鑿爲其名目，尋陽，《地記》云："九江，一烏白江，二蜯江，三烏江，四嘉靡江，五畎江，六源江，七廩江，八提江，九箘江。"而張須元《緣江圖》則又云："一曰三里江，二曰五洲江，三曰嘉靡江，四曰烏土江，五曰白蚌江，六曰白烏江，七曰箘江，八曰沙提江，九曰廩江。"并所過之東陵，及大龜之所出，一切皆具。班《志》廬江郡下云："金蘭西北有東陵鄉。"《水經注》亦云："江夏有西陵縣，故此言東。《尚書》曰'江水過九江，至于東陵'者也。"又云："灌水導源廬江金蘭縣西北東陵鄉大蘇山，褚先生所云神龜出江灌之間，嘉林之中，蓋謂此也。"胡朏明考校所言，東陵當在河南光州固始縣之西南。至朱子始辨其説之妄。辨略曰：派别爲九，若必首尾短長均布如一，一水之間當有一洲，九江沙水相間，乃爲十有七道，於地將無所容。若曰參差取之，不必齊一，則又不知斷自何許而數其九，况洲渚出没不常，是豈可以爲地理之定名乎？此不可通之妄説也。若曰旁計横入小江之數，則岷山以東至海，不知當爲幾十百江矣，此又不可通之妄説也。且經言"孔殷"，正以見吞吐壯盛，其勢浩無津涯，決非尋常分派小江之所可當，又繼此而復及夫沱、潛、雲夢，又見其決非今日江州甚遠之下流，更可證前二説爲不可通之妄説也。所指東陵之地，胐明亦折其説之非。金蘭之東陵去江六百餘里，安得至之，一非也。九江若在尋陽，東陵若在金蘭，則是先迆北而後至于東陵，二非也。書"江漢朝宗于海"，盡之矣，而復於其下流書"九江孔殷"，不亦贅乎，三非也。余謂江過今江西九江府，倘謂其行六百里，至今河南固始縣界，又東而迆北，乃至江西鄱陽湖，説經至此，不令人胡盧大笑矣乎？

三江下流，東有震澤。《周禮·職方》謂之具區，毗連五湖，今曰太湖。康成《書注》"三江既入，入于海，不入震澤"，知未嘗於震澤下流又分三江也。及考《國語》，則子胥曰："吴之與越，三江環之。"范蠡亦言："吴與我共三江五湖之利。"是三江之名，古實有之。韋昭云："三江者，松江、浙江、浦陽江也。"環越有餘，而環吴則不足。《漢志》毗陵縣，季札所居。北江在北，韋遺北江，故包吴不足。庾仲初《吴都賦注》云："三江者，松江、婁江、東江也。"環不及越，而環吴亦不足。此止是松江之一經流、兩支流耳，其細已甚，不知蔡《傳》何以獨取之。郭璞云："三江者，岷江、松江、浙江也。"環越、環吴，兩無所漏，解似宏通。然吾謂宜溯其所從來，來從彭蠡之東，見於經者，止北江一川，即成瀆而號爲中江者，亦北江一川耳。枚本孔《傳》於導漾云："自彭蠡江分爲三，入震澤。"其書出魏晉間，何處得此奇創語？震澤亦曰五湖，今太湖也。大江入太湖，古今無其文，亦無其路。以《漢志》考之，有云"江至江都入海"者，此據北岸言之。江都，今爲揚州府地。有云"江在毗陵縣北"者，此據南岸言之。毗陵，今爲常州府之武進、常熟諸縣，皆其故地。皆大江之經流，至今不改，其無出彭蠡、入震澤之路也，昭昭矣。唯《漢志》丹陽郡蕪湖縣下云："中江出西南，東至陽羡入海。"會稽郡吴縣下云："南江在南，東入海。"中江、南江之文，粲然具列。及考中江之出蕪湖者，又無其路。雖有河名縣河，亦東至魯陽五堰之銀林而止。五堰接溧陽之鄧步，堰西則宣歙、金陵、姑孰、廣德，及大江水豬而成固城、石臼、丹陽諸湖；堰東則有三塔湖、長蕩湖，及宜興之荆溪，又東則震澤矣。自宜興航太湖，經溧陽至鄧步，凡兩日水路，自鄧步登岸，陸行十八里至銀林，復行水路百餘里，乃至蕪湖，入大江。據傅同叔所言。五堰在高淳縣東五十里，堰首尾十八里，中有三五里高阜。吴王用伍員計，開渠以通饟道，今尚名胥谿，及旁有伍員山。據韓邦憲《廣通垻考》，胥谿在高淳縣東三十里，俗曰胥河。《河渠書》言於楚西方則通渠漢川、雲夢之際，東方則通溝江淮之間。蓋通江於淮，即夫差所開之邗溝；通湖於江，即闔廬所開之胥谿，是其徵矣。然則蕪湖所出，東入太湖之渠，乃春秋之末所鑿，其渠又止闊三五里，至唐已久廢。《元和志》蕪湖水在當塗縣西南，而西北流入大江，是不入震澤矣。當塗縣爲太平府治。夫以後世所開三五里之小渠，時通時塞，乃欲儕諸漢與彭蠡之列，配大江而參三之，不亦失倫矣乎？且考《漢志》所言，南江又無其路。南江隸於吴縣下，而上流從池州府來，漢爲石城縣。班《志》丹陽郡石城縣下云："分江水首受江東，至餘姚入海。"此南江首尾也。《水經》不叙中江所行，其於南江則稍詳之。胡朏明謂南江久湮，故道不盡可考。余核其水所經歷，仍是宣歙、金陵、姑孰、廣德之間，亦與蕪湖、高淳相涉，頗疑其與中江同路，從吴王所開三五里之渠共趨震澤，唯渠首分江，一從今池州府之貴池縣，一從今太平府之蕪湖縣，爲有異耳。大江從西南來，至今貴池，先分一支津；至今蕪湖，又分一支津，同會聚於高淳之東，胥谿開則同趨震澤。若五堰塞，則出貴池者，還自貴口入江；出蕪湖者，自丹陽西北入江，其路同，故通塞亦同。《水經》於南江叙次其所逕，亦舉南江，足以見中江耳，非遺之也。朏明疑自池州至餘姚别有相通之路，又疑山中有高地斷絶之，殆不然矣。沈括《夢溪筆談》云："江、漢至五湖，自隔大山，其末乃繞出五湖之下流，徑入於海，何緣入於五湖？"朏明曰："銀林、鄧步之間，江水有入湖之理。然謂自古所有，則非也；謂後世所開，則是也；謂平時分受，則非也；謂横流溢入，則是也。"其論甚確。横流之世，銀林、鄧步間三五里高阜，何能遏水之逆行？禹導北江注海，此三五里中不納江流，震澤因以底定。後世一開胥谿，東南不能支，塞以五堰而後止。後人與淮之高家堰並論。倘謂三江並入震澤，則底定何以著解？益知枚本孔《傳》之説妄矣。太湖聯七縣之地，蘇州之吴縣、吴江縣，湖州之烏程縣、長興縣，常州之武進縣、無錫縣、宜興縣。五堰未塞之前，西北宣歙、金陵、九陽江之水，由常州之百瀆以入；在宜興者，七十四瀆。在武進者，二十六瀆。自五堰加築，始不入太湖。西南有苕霅諸水，由湖州之七十二漊以入。在烏程者三十八漊，在長興者三十四漊。湖之上游有五湖口，歷五湖口而東南行，合浙江、浦陽江入海。其地有三江口，口東則餘姚矣。湖之下流爲松江入湖口，東行至松江、婁江、東江分支處，亦有三江口。《水經注》明言不與《職方》同，則亦當不與

《禹貢》同。彼浙之三江口，更無論矣。《國語》之三江，自是其方隅之所名，且屬後起，不必用《禹貢》《職方》之文。《水經注》述《漢志》，亦及《國語》，且兼列郭璞、庾仲初、顧夷之説，顧同庾説。而曰"東南地卑，萬流所輳。濤湖汎決，觸地成川。支津交渠，世家分夥。故川舊瀆，難以取悉。雖依縣地，緝綜所纏，未必一得。"其實蓋言難也。亦有求三江於上游者，《山海經》言江出岷山北，江出曼山南，江出高山。郭璞《山海經注》言江出岷山北，江出崌山南，江出峽山。《水經注》《元和志》又言巴陵有三江口，謂岷江、澧江、湘江也。此梁州、荆州之川，非揚州川。《初學記》及《説文繫傳》謂江出岷山，至楚都爲南江，至尋陽九道爲中江，至南徐州爲北江。就一川而分截之，其説新異。然説經者以經文爲斷，用經證經，若合符節者貴耳，他皆存而不論可也。

今世《尚書》立在學官者，晉本孔《傳》、唐孔氏《疏》、宋蔡氏《集傳》，皆以震澤即五湖，今太湖也。然《周禮·職方氏》於揚州則曰："其川三江，其浸五湖，其藪澤曰具區。"竊疑澤藪當與川異，亦與浸異，其地亦水亦陸，貨財之所生。經文以澤名之，具區或即震澤之别號。古云五湖方員五百里中有七十二山，其著名者包山、山有洞室，入地潛行。夫椒山、《左傳·哀元年》吴伐越，敗之於夫椒。杜《注》云："太湖中椒山也。"胥母山、《越絶書》闔閭旦食於紐山，晝游於胥母。《史記正義》謂之莫釐山。大雷山、小雷山、楊脩《五湖賦》："大雷小雷，連波相逐。"三山。張元之《吴興山墟名》云："三山在太湖中，白波天合，三點黛色。"黄子鴻云："今土人自包山以西謂之西太湖，水極淵深。自莫釐武山以東，水極淺，即古震澤。"胡朏明亦云："莫釐武山至平望、八赤之間，松江左右，笠澤之地，《國語》越伐吴，吴禦之笠澤。皆古具區，《禹貢》謂之震澤者也。"余於道光丙戌道出平望、八赤之間。平望，鎮名，在吴江縣南四十五里。八赤，市名，在縣南二十里。震澤，亦鎮名，在縣南八十餘里，聯浙江湖州府界。震澤之寥濶如是。宋易氏曰："《禹貢》三江自入于海，不通震澤，經何以'底定'言之？當時洪水實有横流之勢，想其際，震澤與江水莽爲一壑。自大禹疏導而三江入海，震澤乃底于定，亦自然之勢也。"

《金縢》《大誥》合考

《尚書》有漢、晉兩本，諸儒因多異説，而關於大義，有不可不爲鄭重分明者。《金縢》"弗辟"二字，亦其一也。鄭康成謂避居東都，王肅解作"致辟"，即是東征三年。晉本孔《傳》同王説。余謂此説不確。管叔特先撼公，非遽撼成王。"不利孺子"一語出於流言，必非叔對衆彰明較著，倡言以謗公。即謂叔倡言謗公，口角之間，亦似乎心憂孺子，叛迹未形，公將何辭以致辟乎？况出於流言，是叔陰謀，暗布流言，藉多口以撼公。叔方佯爲無事之人，旁觀局外，朝廷尚未知言起自叔。縱知言起自叔，而叔尚未以殷叛，特兄之忌弟耳，公豈遽將興師，東征以修私怨乎？王、孔之説不確，則康成避居東都之説，乃事理之可信者矣。《書》言"居東二年，罪人斯得"，罪人者，叛人也。叛者，殷武庚，而周以懿親居邶、鄘、衛爲三監。殷武庚一區區亡國之餘，何能爲後患？三監挾之以叛，其罪名尤大，於武庚罪有首從。《左傳》言"管、蔡啟商，惎間王室"，是罪人爲管、蔡也。《孟子》言"管叔以殷畔"，是罪人之主名首管叔也。《書》所言"得"，是得罪人主名，猶未得罪人而殺之蔡之。《左傳》王殺管叔而蔡蔡叔，在東征以後，非此時之事。而得罪人主名，實朝野共知之，亦非居東之周公所獨得也。武王之母弟八人，以殷叛者有三，周公亦被流言之謗，而主使監殷者又周公也，是公本有可誚監殷者叛矣。公又上《鴟鴞》之詩，讀其詩，第憂王室之漂摇，亦未詳陳救亂之方略。王於斯時，誚公則未敢，欲知公心則未能，故徘徊遲疑，倉卒無以決計耳。千古忠孝之情，至周公實造其極。前日壇墠册祝，以身代武王，成王不知，二公亦不知。祝史感公有隱德，而默乎乎自以爲功之意，故勿敢言，非公命以勿言也。經文"公命"乃"今我即命于元龜"之命，非命祝史與百執事。迨卜風雷之變，啟金縢之書，而公之大忠大孝，兩造其極。昔之厚自韜晦者，乃一切宣昭。二公始知，王亦始知，而執書以泣。王之感荷尤深，不待二公之勸，徑自決策，迎公以歸，大誥多邦，命公帥士東征，獨專救亂之局。事之委折如是，而王肅謂居東二年即是東征三年，果如王説，則東征以後，誰實欲利孺子？誰實欲不利孺子？功罪兩兩分明。公雖未歸，而於孺子恩勤，勿毁其室，不啻再造。公又何煩作《鴟鴞》之詩以貽王？公即貽王，王當如何感泣？《書》乃言"未敢誚公"，"誚公"二字，何等意薄語凉。"未敢"二字，何等勉强隱忍。豈成王所以對叔父待元勳乎？王説實不確也。蔡氏《傳》以"避"解"辟"字，固得之矣。而於"秋大熟"節下及《大誥》篇目下兩言以流言罪管，王悟其罪，迎公歸。管叔懼罪，因以武庚叛，而二年後，公上《鴟鴞》之詩，首以鴟鴞比武庚，"既取我子，勿毁我室"，明言鴟鴞與我管、蔡同毁王室矣。蔡氏豈讀《周書》，未暇讀《毛詩》乎？其爲不確，亦同於王氏也。

禹貢正字

（清）王筠 撰
鍾雲瑞 點校

續修四庫全書總目提要·禹貢正字一卷

清王筠撰。筠字菉友，號貫山，山東安丘人。自唐玄宗改《尚書》，又令衛包改之，於是群經所無之俗字，多見於此經。其字既改，其義即别，是經義亦自此而謬矣。是編以《漢書·地理志》爲主，兼采他書，雖未必能復古文之舊，而唐人之陋，庶幾少洗。惟其謂《禹貢》篇題之貢與篇中之貢，大小迥别，不可合爲一也。《説文》曰："貢，獻功也。"又曰："貢，功也。"《曲禮》曰："五官致貢曰享。"鄭注曰："貢，功也。享，獻也。致其歲終之功于王，謂之獻也。"據此三事推之，知題曰"禹貢"者，謂禹獻其治水之功於堯也。篇末云"禹錫玄圭，告厥成功"，此即篇題"禹貢"二字之正解。且經以"禹敷土"三句總冒之，以"告厥成功"總結之，而安得以儕于厥田、厥賦、厥篚、厥包、厥名之厥貢，爲一篇命名之本義乎？禹之自道其功也，曰"烝民乃粒，萬邦作乂"，即本篇之旨，何嘗計及貢賦之戔戔者乎？其辭甚辨，然以備一解則可，非篤論也。案《尚書大傳》云："《禹貢》可以觀事。"《史記·夏本紀》："禹乃行相地宜所有以貢，及山川之便利。"又《河渠書》："以别九州，隨山浚川，任土作貢。"《漢書·地理志》："堯遭洪水，懷山襄陵，天下分絶爲十二州，使禹治之。水土既平，更制九州，列五服，任土作貢。"皆不以貢訓作功。況經明言"庶土交正，厎慎財賦，咸則三壤，成賦中邦"，何嘗不計及貢賦乎？然如蔡沈《書傳》從林少穎説，謂夏之貢與商之助、周之徹，皆一代取民之總名，故以名篇，則其言非是。夏后有天下之後，始定五十而貢之制。《禹貢》作於虞時，烏得以後世定制名篇邪？至於"泲河維沇州"，謂泲依《周禮》《爾雅》《漢志》改。據《説文》，泲爲四瀆之一。濟水則出贊皇山，爲《禹貢》所無之水。雍沮會同，謂雍，《史》《漢》同然，當作雝，雍則隸字也。《職方氏》沇州"其浸盧維"，鄭注云："當作雷雍。"即引"雷夏即澤"以證。晉人改雍爲灉，非也。《説文》云："河灉水在宋。""艸木蔪苞"，謂依《説文》引，改其説曰："艸相蔪包也。"則二字一義，但言艸者，以字從艸也。《蜀都賦》曰："柯葉漸苞。"注曰："漸苞，相苞裹而同長也。"即引《禹貢》以證。是知字即作漸，仍同許義，非如僞孔曰"漸進長苞叢生"，截然分爲兩義。此正經字，俱確當不移，蓋由其本深於小學故也。

唐明皇改《尚書》,又使衛包改之,於是群經所無之俗字,多見于此經,是白龍魚服也。况其字既改,其義即别,是經義亦自此而謬也。《漢書·地理志》,《禹貢》具在,《史記·五帝本紀》所用《尚書》,率以訓詁易本文,然亦有足正者。兹以《漢志》爲主,兼采他書,録爲一編,以教家塾,敢曰能復古文之舊,庶或少洗唐人之陋云爾。道光己酉冬日,安邱王筠。

《禹貢》,《書序》曰:"禹别九州,隨山濬川,任土作貢。"《釋文》曰:"貢字或作贛。"非也,《説文》:"贛,賜也。"是自上下下之詞。"貢,獻功也。"是自下上上之詞。端木子名賜,故字子贛,見《樂記》,又見《論語·學而》篇。《釋文》以後不復見,蓋苦其繁重者,借同音之貢也。僞《孔傳》曰:"任其土地所有,定其貢賦之差,則於貢之外加以賦矣。"《尚書精義》所引諸説,皆不出此,三山林氏則謂賦亦在貢中。案皆爲篇中厥貢云云所蔽也,筠竊謂篇題之貢,與篇中之貢,大小迥别,不可合爲一也。《説文》曰:"貢,獻功也。"《廣雅》:"貢,獻也。"又曰:"貢,功也。"《曲禮》曰:"五官致貢曰享。"鄭《注》曰:"貢,功也。享,獻也。致其歲終之功於王,謂之獻也。"據此三事推之,知題曰"禹貢"者,謂禹獻其治水之功於堯也。篇末云"禹錫玄圭,告厥成功",此即篇題"禹貢"二字之正解。叙九州敷土之事,是旋轉回環而横治之,功一也;道九山,是使山得其性,自西而東而直治之,功二也;山既道,斯水乃可道,故道九川次之,功三也;分畿内爲五服以供賦税,合中外爲五服以揚威靈,則四面内望,如星之共辰矣,功四也;漸被臮訖,布帝堯之德於無外,功五也。有此五功,足以貢矣。且經以"禹敷土"三句總冒之,以"告厥成功"總結之,而安得以儕於厥田、厥賦、厥篚、厥包、厥名之厥貢,爲一篇命名之本義乎?禹之自道其功也,曰"烝民乃粒,萬邦作乂",即本篇之旨,何嘗計及貢賦之戔戔者乎?

禹敷土,隨山栞木,奠高山大川。

敷,《大戴禮》《史記·夏本紀》皆作傅,《荀子·成相篇》作溥,今仍作敷者,《詩·長發》曰"禹敷下土方",當是用《尚書》古本也。《周禮·大司樂》疏引鄭《注》云:"敷,布也。布治九州之木土。"似乎未合,雖本文三句,一篇之總冒,敷土冒下九州,奠高山冒下道九山,奠大川冒下道九川,然實與末節漸被暨訖相呼應。《大司樂》鄭《注》曰:"禹治水傅土,此足徵鄭君所據《禹貢》,亦是傅土,然當是同聲假借,《荀子》之溥亦然。言其德能大中國也。"《長發》箋曰:"禹敷下土,此不作傅者,《詩》作敷也,釋經之體固然。正四方,定諸夏,廣大其境界。"是知海隅日出,爲水隔絶之處,禹皆身履其境,以布二帝之德,使蠻夷戎狄皆近天子之光，是日鬬國百里也，故曰敷土。《荀子》作溥土，《釋詁》："溥，大也。"栞，依《説文》引改。栞之篆文作栞，《漢志》用之。栞，槎識也。槎，衺斫也。謂衺斫其木以記識道路，非僞《孔傳》斬木通道之説。衛包改作刊。刊者，剟也，與删同訓，非其義也。蓋《孟子》叙益焚山澤，在禹治水之前，則林木多已廓清，然不能盡赭其山也。況山川同脈，治水必須隨山。《皋陶謨》："予乘四載。"《説文》釋之曰："水行乘舟，陸行乘車，山行乘欙，澤行乘朝。"欙，《夏本紀》作樺，《河渠書》作橋，《漢書·溝洫志》作梮，高注《淮南》作虆，僞《孔傳》作樏。朝，《夏本紀》作橇，《河渠書》《溝洫志》作毳，高注《淮南》作蕝，僞《孔傳》云："泥乘輴。"必無山之處，乃以四載濟其窮，要之山行爲多。然大麓弗迷，聖人乃能之，禹所經過，必斫路旁大木，以爲後來者之記識。然刊皮則創易合，故衺斫之。《夏本紀》曰"行山表木"，以表釋栞，此所謂"從安國問故"者也，僞孔何足以知之？

冀州既載。

馬、鄭、王皆如此斷句。

壺口治梁及岐。

《三輔黄圖》引此六字爲句。

既脩太原，至于嶽陽。

脩，依《史記》。嶽，則《史》《漢》皆然，下文"至于太嶽"放此。太當作大，古書作太者少。原當作邍，《周禮》有邍師，《説文》同，皆寫訛也。石鼓文作邍，從彖聲也，説又見下文"東邍厎平"下。

覃懷厎績，至于衡漳。

厎，《史記》作致，此以訓詁易本文也。漳，《史記》同，《漢志》作章。衡章兩字爲水名，本不必從水，姑仍之。

厥土惟白壤，厥賦惟上上錯，厥田惟中中。恒衛既從，大陸既作，鳥夷皮服。

鳥，《史》《漢》同。《正義》曰："孔讀鳥爲島。"又引郑氏云："鳥夷，東方之民，搏食鳥獸者也。"《史記集解》引同，惟搏作賦爲異。案吾鄉猶呼閩船曰鳥船，其人曰鳥蠻，或古之遺語。蓋《孟子》所謂"鴃舌之人"。然《宋書》詈曰"島夷劉裕"，必是時經本已有作島者矣。

夾右碣石入于河。泲河維沇州。

泲，依《周禮》《爾雅》《漢志》改。據《説文》，泲爲四瀆之一，濟水則出贊皇山，爲《禹貢》所無之水，下放此。維、沇，皆依《史記》改。維及今本惟，皆借字，語詞本無專字也，然《毛詩》作維，《釋言》："伊、維，侯也。"亦然，故改之，上下文之無據者則仍之。《說文》口部台下，艸部藪下，皆云沇州。《曹全碑》作兖，蓋隸變也。從六從允，文不成義。今本"惟導沇水"未改，亦可見其不識字。

九河既道，雷夏既澤，雍沮會同。

《說文》作靁，《毛詩》同，則此亦當然。《字林》省作雷，漢隸皆然。雍，《史》《漢》同，然當作雝，雍則隸字也。《職方氏》："沇州，其浸廬維。"鄭《注》云："當作雷雍。"即引"雷夏既澤"以證。晉人改雍爲灉，非也。《說文》云："河灉水在宋。"

桑土既蠶，是降丘宅土。厥土黑墳，厥草惟繇，厥木惟條。

屮，依《漢志》改，揚州厥屮放此。《說文》引"厥艸惟繇"，然屮部說云："古文或以爲艸字。"小徐本作繇，是。大徐本作蘨，後人依篆文改之。《漢志》作繇，與今本同，亦可證。《說文》無繇字。

厥田惟中下，厥賦貞。作十有三年迺同。

年，依《釋文》所引馬、鄭本，散文則通，不必拘《爾雅》"唐虞曰載"也。《孟子》引《堯典》"二十有八載，百姓如喪考妣三年"，《春秋繁露·暖燠孰多篇》引同，皆上言載，下言年，必非單改下字也。迺，依《史記》改。

厥貢漆絲，厥篚織文。

漆當作桼，豫州漆枲放此。桼，木名。漆，水名也。棐字依《漢志》，然當作匪，孫宣公《孟子釋文》作"匪厥元黄"，"實元黄于匪"，《說文》引《逸周書》同。又曰："篚，車笭也。"棐固借字，然勝今本之篚，後竝放此。

浮于泲漯，達于河。

漯不成字，當依《說文》作濕。蓋後人以濕爲溼，因改濕爲漯，又訛從累，聲不諧矣。

海岱維青州，嵎夷既略。

《說文·土部》云："堣夷，在冀州陽谷。"引《書》"宅堣夷"，則非青州之嵎夷也。山部又云："嵎鐵嵎谷。鐵，一本作銕。"既不一律，姑從今本。

惟甾其道。

惟、甾竝依《漢志》改，《釋文》作濰，云："本亦作惟，又作維。"案唐初《書》無刻本，故各本不同而尚存古字。《說文》有濰，然《地理志》引本句既作惟，而琅邪郡"朱虛"下、"箕"下又作維，與陸氏所引兩本同，乃"靈門"下、"横"

下、"折泉"下又作淮，吾鄉呼爲槐河，不知淮爲借字故也。由無正字，故所借不一。然則《説文》濰字，或是後人羼入。《説文》無淄，《夏官·職方氏》幽州"其浸菑時"，菑、甾同字，見《説文》艸部。

厥土白墳，海瀕廣庰。

瀕依《漢志》改，徐州泗瀕放此，濱即瀕之俗字。庰，《漢志》作滷，《史記》作瀉，《廣韻》收此二字，均有斥音。然《爾雅·釋言》："滷，苦也。"《釋文》音魯，則是鹵之異文。《地官·草人》"鹹瀉用貆"，《釋文》："瀉音昔，一音鵲。"則均是假借之字，《説文》又均不收，故但改用正體庰而已。《海賦》曰"襄陵廣舃"，注引《史記》曰："斥爲舃，古今字也。"

厥田惟上上，厥賦中上。

《史記》："田斥鹵，田上下，賦中上。"案上文既曰"海濱廣瀉"矣，繼以"田斥鹵"則贅，且似青州之田概斥鹵矣，此《史記》之誤。

厥貢鹽絺，海物惟錯。岱畎絲枲，鈆松怪石。萊夷作牧，厥棐檿絲。

畎，徐州既作甽，則此亦當然。檿，《史記》作畲，《集解》引《傳》亦作畲，惟《索隱》直以《爾雅》檿山桑説之，知畲是借字。《説文》："畲，酒味苦也。"

浮于汶，達于泲。

海岱及淮維徐州。淮沂其乂，蒙羽其蓺。

蓺，依《漢志》改，《説文》雖有埶無蓺，然木部槸有重文槸，知蓺即埶之重文，今本捝也，隸字作藝，加云無取，下文"岷嶓既蓺"放此。

大壄既豬。

壄，依《漢志》改，竝足正《説文》"壄從予"之訛矣。豬，《史記》作都，皆假借字也，不須改，下文"彭蠡既豬""滎波既豬""被孟豬""至于豬壄"，竝放此。

東邍厎平。

《尚書大傳》："東邍厎平，大而高平，謂之大邍。"《説文》云："邍，高平之野。"李注《西京賦》亦引《爾雅》"高平曰原"，則今《爾雅》作"廣平"亦誤。下文"原隰厎績"放此。

厥土赤埴墳。

埴，鄭本作戠，云："戠讀曰熾。熾，赤也。"案赤熾相連似複。《説文》："埴，黏土也。"僞《孔傳》與之合，蓋可從。沇州厥土黑墳，馬《注》曰："墳，有膏肥也。"案埴墳蓋與豫州墳壚相反，鄭《注》："壚，疏也。"埴則不疏也。

艸木蔪苞。

依《説文》引改，其説曰："艸相蔪苞也。"則二字一義。但言艸者，以字從艸也。《釋詁》："苞，豐也。"《釋言》："苞，稹也。"郭《注》："今人呼叢緻者爲稹。"《蜀都賦》曰："柯葉漸苞。"《注》曰："漸苞，相苞裹而同長也。"即引《禹貢》以證，是知字即作漸，仍同許義，非如僞孔曰"漸進長"，"苞叢生"，截然分爲兩義。

厥田惟上中，厥賦中中。厥貢惟土五色，羽畎夏翟。

《説文》甽之古文作𤰝，從田川。《天官・染人》注引"羽畎夏狄"，《考工記》匠人畎字，亦從巛，皆誤也。説文之𡿨巛，與《周禮》甽澮同。狄字同《漢志》，然借字也。翟則正字，《史記》亦同。

嶧陽孤桐，泗瀕浮磬，淮夷蠙珠臮魚。

《説文・玉部》玭有重文蠙，以爲出《夏書》。糸部紕下云"讀若《禹貢》玭珠"，是許所據有兩本，一作蠙，一作玭。臮，《史》《漢》同。《説文》臮下引《書》"臮臯陶"，下文"朔南臮"，則惟《漢志》爲然，《史記》亦作曁。

厥篚玄纖縞。浮于淮泗，達于河。

《説文》菏下引如此，《水經注・濟水》篇引同。馬、鄭、王注皆不傳，今注疏本又無傳無疏，恐傳寫挩此二句，今有者蓋後人校補，故譌菏爲河也。本篇以貢名，八州之末數句皆貢道也。帝都三面距河，故必達河乃可入貢。沇州近在冀州之東，故直云"達于河"；青州在沇州之東，故云"達于泲"，謂由沇州所浮之泲以達河也。徐州在青州之南，故曰"達于菏"。菏者，泲之枝流，謂由菏以泝青州所達之泲而達河也。《説文》："泗水受泲水，東入淮。"是淮、泗合流，即由淮、泗以泝泲也。

淮海維揚州。彭蠡既豬，陽鳥逌居。

逌，依《漢志》，然亦俗字，《漢書・韋賢傳》作卣，乃與《説文》合，下文"灃水逌同"，"九州逌同"，竝放此。

三江既入，震澤底定。筱簜既敷。

《説文》引下文作筱，則此亦當然，《史記》作"竹箭既布"，非也。《説文》："箭，矢竹也。筱，箭屬，小竹也。簜，大竹也。"引《書》"瑶琨筱簜"，大小各有其用，不當第目爲箭也。《釋文》："簜，或作篡。"按《説文》："篡，大竹筩也。"當是樂器，或本同聲假借耳。

厥中惟夭，厥木惟喬。

此兩惟字，《史記》同。

厥土惟塗泥。

塗當作涂，《説文》無塗字，荆州放此。

厥田惟下下，厥賦下上上錯。

錯，《史記》作雜，以訓詁代本文。

厥貢惟金三品，瑶琨篠簜，齒革羽毛，惟木。

《史》《漢》皆無"惟木"二字。

鳥夷卉服。

鳥，依《漢志》改，《史記》作島，與冀州違異，恐後人以既譌之《尚書》改不譌之《史記》也。

厥篚織貝，厥包橘柚錫貢。

鄭君斷"錫貢"二字自爲一句，蓋據《職方氏》揚州産錫也。王子雍則曰："橘與柚，錫其命而後貢之，不常入，則與豫州錫貢磬錯同義矣。"案八州厥貢，皆在"厥篚"上，"厥包"二字，惟此一見。荆州"包匭菁茅"，則在"厥篚"上，與此不同。然諸家斷句各異，姑置勿論。而荆州"九江納錫大龜"，與此錫字同，其文在"厥篚"下。豫州錫貢，正同此文矣，其文亦在"厥篚"下，恐王子雍説是。特《説文》柚下引"厥包橘柚"，則其斷句亦與鄭君同，當再詳之。

均于江海，達于淮泗。

《史記》："均江海，通淮泗。"《漢志》："均江海，通于淮泗。"本經馬季長注曰："均，均平。"鄭君所據之本，與師不同，其文作"松于江海"，故破之曰："松當作沿。沿，順水行也。"蓋以㕣字鐘鼎文作台，則枀字右半與沿相似，水木之形，又不甚遠，故云然。且上文已言"三江既入"，下文又有導江，本文又指言貢道，非施功之義，故不從師説。"達于淮泗"，承徐州"浮于淮泗"也。松字既無理，沿字又是鄭君所改，故依《史》《漢》作均，且以見鄭君無改經之例，如《詩》"願言則疐"，《周禮・司服》"希冕"，皆後人依鄭注而擅改之，非鄭君本然。

荆及衡陽維荆州。江漢朝宗于海，九江孔殷，沱灊既道。

九江孔殷，《史記》作"九江甚中"。灊，依《漢志》改。《史記》："沱涔已道。"涔者，借字。已字則以訓詁改本文。《説文》："灊水出巴郡宕渠，西南入江。"又曰："潛，涉水也。一曰藏也，一曰漢爲潛。"案此潛乃梁州之潛，本自漢出者也。《説文》又曰："涔，潰也。"列之於雨露諸字之間，則所謂涔者，以

《淮南》"牛蹏之涔"爲正義，《史記》用以代灊，則借字也，猶之《周頌》"潛有多魚"，借字也。《韓詩》作涔，説曰："涔，魚池。"則正字也。擇其用正字者而從之，庶令人一目了然。

雲土夢作乂。

《釋文》："雲，徐本作云。"案《説文》，雲之古文作云。《史記》："雲夢《索隱》曰："夢，一作瞢。"土爲治。"僞《孔傳》亦云雲夢之澤，是皆雲夢連文，土字在其下也。《夢溪筆談》："舊《尚書》云'雲夢土作乂'。唐太宗時得古本，作'雲土夢作乂'，詔從古本。"《尚書後案》曰："《左傳》定四年，'楚子濟江，入于雲中'。郢在江南，楚子濟江而北入雲，則雲在江北明矣。昭三年，'鄭伯如楚，王以田於江南之夢'。則夢在江南明矣。"筠案：此説甚確，豈讀《史記》者以既譌之《尚書》改之乎？

厥土惟塗泥，厥田惟下中，厥賦上下。厥貢羽毛齒革，惟金三品，杶榦栝柏。

《説文》杶有重文櫄，引《書》"杶榦栝柏"，《考工記》鄭注則引作櫄。鄭《注》曰："柏葉松身曰栝。"《正義》引《釋木》亦云然。然《釋木》："檜，柏葉松身。"《衛風・竹竿》毛傳、《説文》並同，是知檜、栝同聲借用也。栝篆作桰，隸變昏爲舌，然與訓"炊竈木"之栝相似。

厲砥砮丹。

厲，依《漢志》改。砥於《説文》爲厎之重文。案厂者，山石之厓巖，故厲、厎與石皆從之。此由暴厲、厲鬼皆借厲，厎定、厎貢皆借厎，反於《正義》加偏旁以别之。然砥從石尚合，礪從厂又從石則重複。且《儒行》爲後世之書，尚曰"砥厲廉隅"，豈有《夏書》作礪者？至于《詩・大東》"周道如砥"，《孟子》尚引作"厎"，故《説文》列厎爲正文。

惟箘簵枯，三邦厎貢。

《説文》簬有古文簵，而引《書》作"惟箘簬楛"，此由引於簬下而然。木部枯下則引作"唯箘輅枯"，輅雖捝竹，亦足證也。枯，依《説文》改。《考工記》注引作"箘簵楛"，《儀禮・鄉射禮》注引《國語》"肅慎貢楛矢"，《釋文》出貢枯而説之曰："音户，字又作楛。"案此枯字之僅存者也。《士虞禮》注云："古文爲枯，今文或爲苄。"案苄亦音户，此又旁證也。爲枯槀義所專，遂以同音之楛代之。《説文》所引之楛，亦不知者改之。諸家以箘簵爲一物，枯爲一物，與《説文》同，而《傳》獨分爲三物，是漢人相傳之訓詁，彼皆不知，謂之僞孔，不誣也。〇上文貢品,通指一州,一州不啻數百國,而箘簵與枯惟三國貢之,故以"惟"字區别上文以領本文。

厥名包匭菁茅。

《正義》曰:"鄭氏以'厥名'下屬'包匭菁茅'。"案本篇厥土、厥田、厥賦、厥貢、厥棐,皆以"厥"字領句,而"厥包橘柚錫貢"尤與本文相類,皆特見之文,他州所不見也。謂之名者,蓋以其爲宗廟莤酒之物,故殊異之。鄭《注》曰:"匭,猶纏結也。"蓋匭者,《説文》簋字之古文,本無纏結義,而匭糾聲近,故如此説之。《傳》乃曰"匣也",是因器皿字多從匚,不知其爲假借也。又以菹説菁,與茅爲兩物,然非菹曰菁,豈冀州所無而遠取諸荆?《管子》曰:"一茆三脊,名曰菁茅。"是菁茅一物之證。《左傳》齊桓公責楚曰:"爾貢包茅不入。"彼言包茅,此言包匭菁茅,文有繁省,只是一意。

厥棐玄纁璣組,九江内錫大龜。

内字無據而改之者,案下文"納總",《釋文》曰:"納又作内,音同。"《大雅·生民》"出納王命",《釋文》亦云然。《堯典》"納于大麓","夙夜出納朕命",《釋文》皆無説。《天官·職内》鄭注:"主入也。"以主釋職,以入釋内,正當音納矣。而《釋文》無音,惟《論語》"出納之吝",《釋文》作内,云:"如字,又音納"。此下又有句云:"本今作納。"案此當是宋人羼入。《説文》:"入,内也。""内,入也。"蓋兩字同義且通用也。又曰:"納,絲溼納納也。"無入義,蓋爲内外之義所專。出内之内音納,故以音讀改之以爲别,改久則人不知内爲正字,獨幸"納總"、《烝民》《堯曰》三《釋文》猶存古本也。《春官·鐘師》納夏,《注》:"故《書》納作内。"杜子春曰:"内當爲納。"然則後漢已誤,今不可不盡改之也。《史記》納錫作入賜,亦可證。《孟子》"内交於孺子之父母",又"閉門不内",孫宣公《音義》尚作内,然則宋以後尚有改經者。

浮于江、沱、灊、漢,逾于雒,至于南河。

灊,依《漢志》改。雒,依《史記》改。豫州之雒、雍州之洛,不同字也。下文"伊雒""浮于雒""東過雒汭""道雒",竝放此。逾,《史記》作踰。案《説文》兩字音義竝同,故不改,下文"逾于沔"放此。

荆河維豫州。伊、雒、瀍、澗,既入于河,滎播既豬。

《史記》:"榮播既都。"《職方氏》鄭注引同。《正義》曰:"馬、鄭、王皆作滎播。"謂此澤名滎播。

導菏澤，被孟豬。

導，當依下文作道。菏，《史》《漢》皆作荷，借字也，下放此。孟豬，《史記》作明都，《漢志》作盟豬，猶孟津之作盟津也。《職方氏》作望諸，鄭《注》云："望諸，明都也。"《爾雅》作孟諸，僖公八年《左傳》同。《周禮·稻人》"以瀦畜水"，鄭《注》引鄭司農說作豬。此外皆作豬，《釋文》亦不出瀦字，是經本作豬也。《檀弓》鄭注曰："南方謂都爲豬。"《博物志》："停水，東方曰都。"是知都、豬疊韻，豬、諸同音，皆停水之名。瀦則後作之專字也，故《說文》不收。

厥土惟壤，下土墳壚。厥田惟中上，厥賦錯上中。厥貢漆枲絺紵，厥篚纖纊，錫貢磬錯。浮于雒，達于河。

《漢志》作"入于河"。

華陽、黑水維梁州。

《尚書後案》據《說文》改華爲崋，非也。四嶽之名，惟岱從山，華山自以形如蓮華得名，即如《左傳》之華不注，惟其是華，故有不注。不音柎。不注即《小雅》之"鄂不"也，下放此。

岷嶓既藝。

下文岷字，《漢志》作崏，則此亦當改。《史記》作汶，則借字也。《說文·水部》涐字下亦云汶江。

沱潛既道。

潛，《史記》作涔，《漢志》作灊，皆借字。

蔡蒙旅平。

《釋文》："旅，如字。韋音盧。"案：韋音是也。《論語》："季氏旅於泰山。"《漢書·敘傳》云"季氏臚岱"，是也。僞孔曰："祭山曰旅。"是以旅爲祭名也，亦似是而非。《爾雅·釋詁》《廣雅·釋天》其"祭也"一條內，並無旅字。旅者，陳也。臚亦陳也，音義竝同，故班書以臚代旅，知是祭事而非祭名。

和夷厎績。

《釋文》："和，又作龢。"鄭君破讀爲桓。

厥土青黎。

黎，《史記》作驪。

厥田惟下上，厥賦下中三錯。厥貢璆鐵銀鏤砮磬，熊羆狐狸。

鄭《注》曰："黃金之美者謂之鏐。"《說文》："鏐，一曰黃金之美者，今本作璆，即雝州所貢之球也。"誤。《爾雅·釋器》注："鏐即紫磨金。"《書釋文》引韋昭云:"紫磨金是梁州所貢。"

織皮西頃,因桓是來。

依鄭注斷句。頃,依《漢志》改。傾即頃之累增字也。來,《漢志》作倈。案當作徠,《漢書·郊祀志》有之,楚詞亦有之,既訛從人,故《集韻》始收倈爲徠之重文也。然《玉篇》以徠爲來之古文,而《説文》不收者,蓋來字足以兼之。《玉篇》既宗《説文》,以來爲麥名之專字,即以徠爲來去之專字,而經典皆借來,其作徠者不多見,故云古文。

浮于潛,逾于沔,入于渭,亂于河。

《史記》亦作潛,《漢志》則借灊。

黑水、西河維雝州。

《説文》玕下、藪下皆作雝州。《爾雅》:"河西曰雝州。"今據改。《毛詩》猶無雍字。

溺水既西。

下文"導弱水",《釋文》:"弱,本或作溺。"案《説文》正同,今據改。此借溺爲休既久,遂以訓詁代本文。

涇屬渭汭。

《釋文》:"汭,本又作内。"案作内已足,而《説文》有汭字,故不改。

漆沮既從,灃水逌同。

灃,《史記》同,《漢志》作酆,案當作豐。《詩·文王有聲》"作邑于豐",字不作酆;又曰"豐水東注",字不作灃,蓋其地名豐城與水皆因以納稱,故兩字皆《説文》所收,然皆偏枯,不可從,下放此。

荆岐既旅,終南惇物,至于鳥鼠。邍隰厎績,至于豬壄。三危既宅,三苗丕叙。

《史記》:"三危既度,三苗大序。"度者,音近假借字,《坊記》引"度是鎬京"。大者,丕之訓義。序者,同音借字。《大戴禮》曰:"殺三苗于三危,以變西戎。"此其明效也。

厥土惟黄壤,厥田惟上上,厥賦中下,厥貢惟球琳琅玕。

《説文》:"球或作璆。"故《史記》作璆。

浮于積石,至于龍門西河,會于渭汭。

織皮昆侖、析支、渠叜,西戎即叙。

竝依《史》《漢》改。昆侖者,渾淪也,土丘非石山,故即其狀以爲名,加山則不能見意矣。《漢書》顔注曰:“叜讀曰傁。”案云讀曰,則是以傁爲正字,然非也。《五帝本紀》作渠庋,《詩·生民》“釋之叜叜”,《釋文》“叜叜又作溲溲”,而《釋訓》則作“溞溞”,皆後起之專字,作叜自足。

道岍及岐,至于荆山,逾于河。

道,《史》《漢》同,下文放此。導字亦《説文》所收,然古文多假借也。岍,《史》《漢》同。《地理志》曰:“吴嶽在扶風汧縣西,古文以爲汧山。”《水經注》曰:“汧水出汧縣之蒲谷鄉弦中谷。”是知汧本水名,山與縣皆因以納稱。《史記》云:“道九山,汧及岐。”下文“道九川,弱水至于合黎”,皆自加九山九川以爲提掇之筆,然本經既云“奠高山大川”矣,不須再提掇也。

壺口雷首,至于太嶽。底柱析城,至于王屋。

底,《史記》作砥。今本則與荆州厲砥異字者,緣是山名,故忽之。

太行恒山,至于碣石,入于海。

恒,《史記》作常,避漢文帝諱。

西頃、朱圉、鳥鼠,至于太華。熊耳、外方、桐柏,至于倍尾。

倍,依《漢志》改。《志》又曰:“横尾山,古文以爲倍尾山。”則知古文本如此。凡今人言背者,古人作倍,“上恤孤而民不倍”,“斯遠鄙倍矣”是也。然此倍謂以背負之,故《史記》作負尾也。蓋此山如獸之負其尾者然,故得名。《説文》:“竭,負舉也。”豕部云:“竭其尾,故謂之豕。”至于倍之音讀,仍可依《釋文》音裴。《金縢》“是有丕子之責于天”,《史記》作負子,及此負尾,皆以音近之字易之。

道嶓冢,至于荆山。内方,至于大别。崏山之陽,至于衡山。

崏,依《漢志》改。《史記》作汶,下放此。《説文》作嶅。

過九江,至于敷淺原。

此原是泉原,下文“九川滌源”,既經妄改,此則否者,誤以爲邍字也。《漢志》豫章郡歷陵縣有傅昜山、傅昜川。《文獻通考》曰:“德安縣有傅淺水。”德安即漢歷陵,則敷淺原者,本是水名,即以爲山名矣。

道溺水,至于合黎,餘波入于流沙。

道黑水,至于三危,入于南海。

道河積石,至于龍門,南至于華陰,東至于底柱,又東至于孟津。

孟津,《史》《漢》竝作盟津。

東過雒汭，至于大伾。

伾，當依《説文》作坏。《釋山》："山一成坯。"郭注引《書》曰"至于大坯"。坯、坏一字。《尚書疏》則引作"一成伾"。《水經注》引《説文》："坯，丘一成者也。"《釋丘》："丘一成爲敦丘。"《釋名》："丘一成曰頓丘。"木之《衛風·氓》篇毛《傳》，敦、頓同音。坏則轉音。《史記》作大邳，及此大伾，皆借字。

北過降水，至于大陸。

《漢書》"降"作"洚"，非。

又北播爲九河，同爲逆河，入于海。

嶓冢道瀁。

此"道"字，《史記》作導，寫者記誤本《尚書》，因改。瀁，依《夏本紀》改。《説文》漾之古文作瀁。《漢志》隴西郡氐道縣下云"《禹貢》養水所出"，則又省形存聲也。

東流爲漢，又東爲滄浪之水。

《史記》作蒼浪，似是。此疊韻字也，猶之《易·説卦》"爲蒼筤竹"。《釋文》："筤，或作琅。"亦似以琅爲是。《説文》固有筤字，然連緜字以聲爲義，言水之清曰蒼浪，言竹之青曰蒼琅，豈必言水即字從水，言竹則字從竹乎？庾仲雍《漢記》謂之千齡洲、千與滄。齡與浪，皆雙聲，語轉也，亦足證其無專字矣，特以《孟子》、楚詞皆作滄浪，故不改。

過三澨，至于大别，南入于江。東匯澤爲彭蠡，東爲北江，入于海。嶓山道江，東别爲沱，又東至于醴。

醴，依《史》《漢》改。鄭《注》曰："醴，陵名也。"是據本原作醴，馬季長作澧，云"水名"，鄭君不肯苟同其師如此。屈原《九歌》"遺余褋兮醴浦"，《注》："醴，一作澧。"案：云浦，則醴亦水名。

過九江，至于東陵。東迆北會于匯，東爲中江，入于海。

道沇水，東流爲泲，入于河，軼爲滎。

軼，依《漢志》改。僞孔作溢，固謬，《史記》作泆。泆者，水所蕩泆也，亦不得其情，乃泆、軼同聲假借耳。《説文》："軼，車相出也。"清泲貫濁河，故以車相出之軼狀泲之勇。酈氏泲水注引《晉地道志》云："泲自大伾入河，與河水鬥，南泆爲滎澤。"鬥與軼，同一譬況之詞矣。

東出于陶丘北。

《説文》引作"東至于陶丘"。桂未谷曰："李善、顔師古引本書亦無北字，竝無于字。"丘古文作𠀉,或以𠀉之一字訛爲丘北二字與? 鄭注導水云:"言過言會者,皆是水名。言至于者,或山或澤,皆非水名。"據此則鄭本亦是"至于"。《禹貢》下文云"又東至于菏",是先至于陶丘,又至于菏也。

又東至于菏,又東北會于汶,又北東入于海。

北東,《史記》作東北,俟再詳。

道淮自桐柏,東會于泗、沂,東入于海。

道渭自鳥鼠同穴,東會于澧,又東會于涇。

《史記》:"又東北至于涇。"《漢志》:"又東至于涇。"與鄭君説不合。

又東過漆、沮,入于河。

道雒自熊耳,東北會于澗、瀍,又東會于伊,又東北入于河。九州逌同,四奧既宅。九山栞旅,九川滌原,九澤既陂,四海會同,六府孔修。

竝依《漢志》改。《史記》惟逌仍作攸,其餘竝同。又宅作居,孔作甚,則以訓詁易本文也。《説文》:"墺,四方之土可定居者也。"《玉篇》則引《夏書》"四墺既宅"。《廣韻》:"墺,四墺。"然則當以墺爲本經之專字,顧仍用《漢志》者,《尚書疏》曰:"室隅爲隩。"案《爾雅》:"室西南爲奧。"《疏》既依奧説隩,或所據本有仍作奧者,或即據《漢志》解之,要是譬況之詞。四方之土皆可定居,有如堂奧,則謂之奧者,猶云出洚水而登之衽席云爾。即如"瞻彼淇奧",《毛詩》至今借用,《大學》引之則作澳,是知澳、隩、墺三字皆奧字所字乳,隨所施而異其偏旁耳。《説文》原之正文作厵,三泉出于山厂之下,是泉原也。俗不知泉即泉字,而增水旁,斯爲贅矣。

庶土交正,厎慎財賦。

厎,《漢志》作致。

咸則三壤成賦。

鄭君斷句如此。

中邦錫土姓,祗台德先,不距朕行。

邦,《史》《漢》皆作國,避漢高帝諱也,下放此。

五百里甸服。百里賦内總,二百里内銍,三百里内戛服,四百里粟,五百里米。

内,依《漢志》改。《釋文》所引一本同。戛,亦依《漢志》改。《釋文》云:"秸,本或作稭。"《説文》有稭無秸。《禮器》"稾鞂之設",鄭《注》引《禹貢》"三百里納鞂服",然《説文》亦不收鞂。本篇《正義》又引《禮器》作稾秸,今依《漢志》作戛者，古字少，故用假借之戛。《説文》收稭，已是後作之專字，《釋文》所引或本是也。且《説文》"䕯，麻藍也"，而艸部亦不收，是知秸、稭、藍又皆稭之異文，唐虞之世，所不當有。〇本節之首，《史記》有"令天子之國以外"七字，蓋謂上文中邦通言五千里以内，本文則但言王畿千里也。

五百里侯服。百里采，二百里男邦，三百里諸侯。

男，《史記》作任，亦以訓詁代也。《大戴禮·本命篇》云："男者，任也。"《白虎通》引《書》云"侯、甸、任、衛作國伯"，今《酒誥》"侯、甸、男、衛作邦伯"。

五百里綏服。三百里揆文教，二百里奮武衛。

五百里要服。三百里夷，二百里蔡。

《釋文》不爲蔡字作音，疏也。鄭《注》曰："蔡之言殺，減殺其賦。"讀殺爲色界反，亦誤也。《左傳》昭元年、定四年，皆云"蔡蔡叔"，《釋文》云："上素葛反，下如字。"《説文》云："𥽕𥻦，散之也。"蔡者，古文假借字。𥻦者，後作之專字也。《孟子》引《書》"殺三苗于三危"，殺與蔡同，惟其假借，故字不同。然殺亦當讀素葛反，乃放流之謂。今《堯典》作"竄三苗"，則義是而字非也。《説文》："竅，塞也。"案此邊塞之塞，而又曰"讀若《虞書》曰竅三苗之竅"，案似當作𥻦三苗之𥻦，而《堯典》究當以殺爲正。《大戴禮·武帝德》曰："殺三苗于三危，以變西戎。"惟是放流，故曰"以變西戎"也。《史記·五帝本紀》與此同文，惟殺作遷爲異，乃以訓詁代也。

五百里荒服。三百里蠻，二百里流。

《堯典》曰："五流有宅，五宅三居。"竊疑上文"二百里蔡"，距帝都二千里；本文"二百里流"，距帝都二千五百里。似此蔡流與五流相當，惟三居尚少其一耳。

東漸于海，西被于流沙，朔南臮，聲教訖于四海。禹錫玄圭，告厥成功。

僞《孔傳》以爲帝錫禹，似與"告厥成功"不合，豈可曰升中于天乎？案《堯典》"師錫帝曰"，即是下錫上之詞。蓋猶朕字，古爲上下通稱，至秦爲天子專稱。錫在唐虞爲通稱，至周爲天子專稱也。錫之山川，成王時事；錫山土田，宣王時事。周之鼎彝，君賜臣皆言錫，而字作易，偶有言賜者，則字有貝旁。僞孔牽於後世之語，遂謂唐虞亦如此耳。〇錫貢、内錫，似亦同此，錫在貢上，猶可曰錫命而后貢；内在錫上，豈可曰業已入貢而后錫命乎？疑是凡不常貢之物，特立此名耳，即如大龜，乃寶也，豈可列之每歲貢品中乎？《洪範》曰"用敷錫厥庶民"，此上錫下也；又曰"錫汝保極"，此下錫上也。陳疇之時，去治水之時業已一千一百餘年，仍用錫爲上下通詞，豈可於《禹貢》錫字概説爲錫命乎？明孫瑴《古微書》所引《尚書璇璣鈐》曰："禹開龍門，導積石，玄圭出，刻曰：延喜玉，王受德，天錫佩。"案緯書多不足信，此詞又鄙俗，且是天錫而非禹錫也。

尚書小札

（清）郭夢星 撰
鍾雲瑞 侯張嶺 點校

續修四庫全書總目提要·尚書小札二卷

清郭夢星撰。夢星字西垣，山東濰縣人。以舉人養親不仕，好讀書，隨時札記。是編於《尚書》今古文不甚區别，然亦頗疑晚出古文。如《大禹謨》，則謂："典，册也，所以記事；謨，謀也，所以記言。帝爲典，臣爲謨。《大禹謨》篇末及於巽位、征苗二事，則記事之文非謨體。且《虞書》成於夏史，禹乃夏之先王也，列其王於謨，得毋有不安乎？"《武成》則謂："《武成》一篇，不足取信者多矣，不第'血流漂杵'一語也。"《周官》則謂治神人，"治，以上馭下之辭。神人曰治，似未允協。且繹六官命名之義，惟冢宰、宗伯不言司，冢宰統百官，所理者衆，不能名司；宗伯所典，無非天地宗廟祭祀之事，不敢言司也。不敢言司而言治，此後出古文之難以盡信處"。是皆能獨抒己見。又謂《洪範》惟辟作福、惟辟作威，"福、威爲人主御下之柄，然應福者福之，應威者威之，仍視其人之自取，人主何敢自作威福哉？因對臣'無有作'而言，故曰'惟辟作'也"。又謂《無逸》以萬民惟正之供，"蔡《傳》謂：'文王爲西伯所統庶邦，皆有常供。'引《春秋》貢霸主，唐有送使之制爲證。義恐未確。庶邦當是小國，若周附庸之屬，貢賦不能自達於天子，方伯代達。文王則第取其正供，不受私遺也。若謂諸侯於方伯例有常供，是以大臣受小臣之賂遺，與近世之陋規相若，文王必不出此"。其説並正。惟於"時則有若保衡"，引顧炎武云："尹在湯時未爲保衡，至太甲始爲此官。"謂"《太甲》篇首即言'惟嗣王不惠于阿衡'，《説命》亦言'昔先正保衡作我先王'，先王指成湯也。顧説恐未確"。《太甲》《説命》皆晚出，此則仍未能無惑於東晉古文也。

張昭潛序

道之不行，非盡由知愚之過不及也，有闇然日章之儒者，出庶幾乎一言足以行道，而世弗加察焉耳。道之不明，非盡由賢不肖之過不及也，有闇然日章之儒者，出庶幾乎一言足以明道，而世弗加察焉耳。蓋孔孟之道，即二帝三王之道，於何見之？於典謨訓誥見之，故典謨訓誥者，二帝三王之心也。儒者讀《書》而見二帝三王之心，斯見二帝三王之道矣。吾濰郭西垣先生以名孝廉，養親不仕，嗜讀書，終其身，手不釋卷。性淵默沈静，與之對，恪共終日。每讌集，座論蠭起，徐出一言，則人人自失。著有《尚書小札》二卷、《午窗隨筆》四卷、《漢書古字類》一卷。大抵依據經史而不失之穿鑿，抉摘古人而一歸於忠厚。今其喆嗣申堂與其從孫蓉汀校付梓人，而問序於余。余讀其所著《尚書》而躍然曰："旨哉言乎！設非灼見二帝三王之心者，不能言之坦白如是也。"曩閲《陳眉公集》，謂："天下大勢惟有兩戒，兩戒之中是爲中條。中條以豐鎬爲首，洛邑爲腹，齊魯爲尾，姬氏父兄子弟皆據而有之。"竊嘗以爲誣聖至斯而極，先生則謂："堯都平陽，舜都蒲坂，禹都安邑，皆在河北冀州之地。冀於天下爲中州，建都於此，朝覲訟獄，道里均平。厥後成湯都亳，終殷之世凡六遷，大都去冀不遠。周之王業開於豐鎬，而必别營洛邑以爲東都，亦是此意。秦漢而後，專講形勝，遂以秦中爲帝王州。"而《尚書·西伯戡黎》篇，顧炎武亦從而爲之説曰："以關中并天下者，必先有事於河東。秦取三晉而後滅燕齊，苻氏取晉陽而後滅燕，宇文氏取晉陽而後滅齊，故西伯戡黎而殷人恐。"先生則謂："西伯戡黎猶之成湯伐葛，既受弓矢鈇鉞之賜，得專征伐。黎爲不道，當伐則伐之耳，未有一毫天下利之心也。顧氏竟以嬴、苻、宇文相提並論，可謂不倫不類。"嗚乎！先生之言，何其深得二帝三王之心，而不惑於雜霸之説也。文中子有言曰："美哉，公旦之爲周也！""遷都之義曰：洛邑之地，四達而平，使有德易以興，無德易以衰。"李文貞公讀之而歎曰："是可以觀聖人之心之公且普矣。"彼爲雜霸之學者，即以雜霸之心仰窺聖人之心，相去奚啻天壤。吾因序先生書而得爲學者正告之曰：利者，義之反也；霸者，王之賊也；是非者，一定不易之則也。南宋以來，義利雙行、王霸並用之説，朱子之力闢之也，有以哉！光緒甲午冬十有二月既望，邑後學張昭潛序。

孫葆田序

《尚書小札》二卷，郭西垣先生讀《尚書》所隨時札記也。先生治《書》，不甚區别今古文，然於僞古文之害義者，必據理以辨之。如論《大禹謨》篇末及於巽位、征苗二事，則記事之文非謨體也。《説命》篇"夢帝賚予良弼"，但憑一夢，遽立相臣，雖云立賢無方，亦不應如是輕易。《武成》篇"惟九年，大統未集，予小子其承厥志"，下文"恭天成命，肆予東征"，是承志者，承伐商之志也，以伐商爲文王之志，是何言與聖人？弔民伐罪處，萬不得已之時，豈視爲美德而歸之於君父哉？文縱有是心，武亦不忍出諸口，况"以服事殷""至德"之文考，而誣以此乎？其自抒所得如此。至其説之精卓者，如謂"罔水行舟"，乃無水而不行舟。古人多爲急詞，言凡有可行舟之處，即流連忘反也。"小子同未在位"，小子乃周公自稱，位謂三公之位也。又從蘇氏説，謂《文侯之命》爲忘親背義，以平王先仇未報，國耻未洗，宜於命文侯時痛哭言之，乃第曰"恤朕躬"，曰"有績予一人"，其如先王何宜？蘇氏深譏之也。又論秦穆公作誓歲月，當從金氏主《史記》，謂作於茅津渡河時，故屏去誓師恒詞，而但言其既往之悔。三軍感憤，乃有取城封尸之效。其不肯阿附僞《孔傳》及蔡《傳》又如此。書凡百八十餘條。先生殁後數年，子祐之申堂等裒録付梓。昔聖門以六經教人，而《經解》一篇，或疑其言非出於聖人。然於《書》之教曰"疏通知遠"，又曰"《書》之失誣"，則其説殆無以易也。夫誣，非《書》之失，乃學《書》者之易失之誣耳。孟子論《詩》，不以詞害意，蓋因《詩》有比興，讀者宜於言外得之。若《書》乃記言記事之體，苟或誤解，則悖理害道之譏興焉。

近世治《書》家尤齗齗於今古文與僞古文之辨，其説亦已繁矣。先生獨記心得，故不必皆詳其義之所本。予爲揭其一二，以告世之讀是書者，知先生所得於"疏通知遠"之教爲多，然猶不敢自足，故以爲此，特其"小札"云。光緒乙未夏，榮成孫葆田。

上卷

平章百姓，百姓昭明。

百姓與黎民並言，蔡《傳》遂以百姓爲畿内民庶。竊思唐虞夏商之際，錫以土而後錫以姓，姓非人所同有，至周人尚文，始人人而有姓矣。“百姓”二字，或指卿士大夫世禄之家而言。言帝德之感被，由貴逮賤也。《舜典》“百姓如喪考妣”，亦當作如是解。楊慎云：“‘百姓如喪考妣’三年，百姓，有爵命者也。爲君斬衰三年，禮也。禮不下庶人，四海則但遏密八音而已。”

敬授人時

昊天曰欽若，宜矣。人時亦曰敬授者，聖帝顧畏民喦，無時不懔懔也。《周禮》“獻民數於王，王拜受之”，即是此意。人時謂民事早晚之所關，即下東作、南訛等事。按星鳥、星火、星虚、星昴，蓋稽諸天文；孳尾、希革、毛毨、氄毛，又驗之物理，不必第言民事。然順時乃可以作事，盡人性方能盡物性，故曰人時。

厥民夷

蔡《傳》以爲暑退而人氣平，亦通。但春曰析，夏曰因，冬曰隩，皆指民之居處言。此獨以氣體言，不類。竊謂：夷，安也。仲秋之時，暑氣既退，無待散處於外；寒氣未來，無待聚處於内。或内或外，各安其常而已。

宅朔方，曰幽都。

高誘注《淮南子》云：“古之幽都在雁門以北。”

平在朔易

在，察也。三時皆云“平秩”，此獨云“平在”者，授時首重農功，春之耕種，夏之耘耨，秋之收穫，皆有次第可循，秩之使勿造次，勿失時也。至冬則歲晚務閑，凡有所作，皆除舊布新之事。但稽其勤惰，無分乎後先，故不曰“秩”而曰“在”。易，改易也，春夏秋，禾皆在野，冬則入倉，民多野居，冬則室處，是人與物皆改易。曰“在”曰“易”者，王肅云：“謹約蓋藏，循行積聚。”不第此也，即于茅索綯、簡稼器、修稼政諸事，皆所當然。

岳曰：“异哉，試可乃已。”

驩兜、共工、鯀同在四凶之列，驩兜舉共工，本屬聲氣相投。至四岳，《書》雖不著其名，然以一人而總四岳諸侯。帝堯且有巽位之言，其德高望重可知。乃承俾乂之問，既同衆舉鯀，經帝吁咈，復獨舉以對，是鯀之才必有過人者，特恃才而自用，不知集思廣益，故三考而功用弗成。

否德忝帝位

蔡《傳》云：“否、不通。”蓋言“否”之字義與“不”相通，以不德居帝位，忝孰甚焉，非訓“否”爲“不通達”也。

有鰥在下

四岳舉舜，但就其庸行質言之而已，發端必曰“有鰥”，何哉？蓋家庭之間，所可見者，父子、兄弟、夫婦三倫而已。舜之父頑、母嚚、象傲而能克諧烝乂，其於父子、兄弟之間，已了無可疑，獨夫婦一倫無由見耳，故下文堯曰“女于時，觀厥型于二女”。

有鰥在下曰虞舜

鰥，無妻。下，無位之謂。虞舜，蔡《傳》但言：“虞，氏；舜，名。”不詳其所自出，而《史記》世系則以堯、舜皆出於黄帝，堯爲黄帝玄孫，舜爲八世孫，其説甚謬。考之《左氏》史趙之言曰：“自幕至于瞽叟，無違命。舜重之以明德。”第言“幕至于瞽叟”，無所謂黄帝、昌意、顓頊、窮蟬、敬康、句望、橋牛以至于瞽叟者。《國語》史伯亦曰：“虞幕能聽協風，以成樂物生者也；夏禹能平水土，以虞庶類者也；商契能和合五教，以保于百姓者也；周棄能播殖穀疏，以衣食民人者也。其後皆爲王公侯伯。”夫以虞幕並夏禹、契、稷而言，則幕爲有功始封之君，虞爲有國之號，而舜所自出明矣。若如《史記》所云，則舜與堯正在九族之内，乃任其耕稼、陶漁、鑿井、焚廩，艱苦備嘗，屢瀕於危，而堯曾不一顧，所謂親睦九族者，安在乎？况降嬀嬪虞，瀆倫亂化，豈大聖人而出乎此？

肆類于上帝

吴澄曰：“非時告天，禮之重者謂之郊，輕者謂之類。”今受終告祭，非輕禮矣。然堯方在上，舜以攝位祭天，故不曰郊而曰類。類者，類乎郊也。

禋于六宗

六宗之説，先儒議論紛如，未能折衷一是。臨川李紱云："解'六宗'者，或就'禋'求之，或以'六'求之，獨未嘗一考'宗'字之義，宜其雜出而無當也。"孔《傳》據《祭法》，以時、寒暑、日、月、星、水旱六祭當之。孔光、劉歆當以乾坤六子。賈逵謂："天宗三：日、月、星辰；地宗三：河、海、岱。"馬融以爲天地、四時。鄭康成以禋與祭天同名，引《周禮·大宗伯》謂："六者皆天神之祀，指爲星、辰及司中、司命、飌師、雨師，則文、昌二星甚微，固不足以當六宗之名。"蓋宗之祭，指人鬼，考堯以前創制立法之君，可爲帝王之宗者，無若五人帝。太昊以木德王，炎帝以火德王，黄帝以土德王，少昊以金德王，顓頊以水德王，此歷代所祀，以配五天。帝者，又以虞夏商周宗法推之，則高辛爲堯所當宗，合高辛於五人帝，以爲六宗，孰有確於此者？

巡守

春東、夏南、秋西、冬朔，而獨遺中岳者，疑嵩高近在畿内，有事則聞，無待於巡。

車服以庸

禮有九錫，車馬、衣服、樂、朱户、納陛、虎賁、鈇鉞、弓矢、秬鬯。此但言車服者，《白虎通》云："能安民，故賜車馬，以著其功德，安其身。能使人富足，衣食倉廩實，故賜衣服，以彰其體。"民功曰庸，固宜以車服旌異之也。

肇十有二州

中古之世，但有九州，及舜即位，始分冀、青之地爲并、幽、營三州，蔡《傳》言之詳矣。《傳》又以舜既分十有二州，而至商時又但言九圍、九有，《周禮·職方氏》亦止列爲九州，謂十二州之復合爲九，不知始自何時。考之《春秋傳》曰："昔夏之方有德也，遠方圖物，貢金九牧。"是十二州之名，僅虞時爲然，至夏禹則復爲九州矣。

惇德允元，而難任人，蠻夷率服。

三句與下"黜陟幽明，庶績咸熙"意同。彼言舉錯當而事功成，此言舉錯當而人心悦。彼承上"時亮天工"言，故曰"庶績咸熙"；此承上"柔遠能邇"言，故曰"蠻夷率服"。蠻夷服，則中國可知矣。

舜曰："咨！四岳，有能奮庸熙帝之載，使宅百揆。"

《舜典》一篇，叙重華事，凡在格文祖以前者則稱舜，以後則稱帝，此史官之例也。四岳之咨在格祖以後，而猶言“舜曰”者，蓋承上啟下，別乎前之“帝曰”爲堯，後之“帝曰”爲舜耳。至末“徵庸”節，總叙舜之生平，非盡爲帝時事，故復曰舜。百揆爲揆度庶政之官，猶周之冢宰。堯之試舜，即以此界之。至是舜求自代者，而咨岳用禹，則禹之繼舜而有天下，即命官時已見其端倪矣。

伯禹作司空

虞廷命官，先命禹作司空兼百揆，又命契作司徒，又命皋陶爲士。《洪範》亦先司空，次司徒，次司寇。蓋司空掌土以安居，司徒掌教以成性，司寇掌禁以治姦。民居不安則教無從施，教之不從則爲姦民，乃繩之以法。其官不可闕，其序不可紊，唐虞夏商無能易也。周以養民爲重，以司徒兼后稷之官居前，移司空居後，故《牧誓》曰司徒、司馬、司空，《周官》篇次第亦然。後世因之，司空遂爲六卿之末。

帝曰：“棄，黎民阻飢，汝后稷，播時百穀。”帝曰：“契，百姓不親，五品不遜。汝作司徒，敬敷五教，在寬。”帝曰：“皋陶，蠻夷猾夏，寇賊姦宄。汝作士，五刑有服，五服三就。五流有宅，五宅三居。惟明克允。”

帝既命棄爲后稷，播時百穀；又命契作司徒，敬敷五教；其命皋陶也，則曰“蠻夷猾夏，寇賊姦宄。汝作士，五刑有服”，可見中天之世，教養分爲二官，兵刑合爲一事，與周制異矣。又虞廷命官皆有讓，而稷、契、皋陶不讓，蔡《傳》以爲仍舊職而申命，亦似。然玩其命辭，曰“黎民阻飢”，曰“百姓不親”，曰“蠻夷猾夏，寇賊姦宄”，使三聖久於其官，安得復有此？竊謂其所以不讓者，因讓而改命，非由咨而後命也。不由咨而命，則簡在帝心；因讓而改命，則量能授職。簡在帝心，則不敢讓；量能授職，則無庸讓，故夔、龍亦不讓。詢岳咨牧，方是申命舊職，稷、契、皋陶當不其然。

有能典朕三禮

“巡守”節，《皋陶》篇皆曰“五禮”，此獨曰“三禮”。五禮者，吉、凶、軍、賓、嘉也；三禮者，祀天神、祭地祇、享人鬼也。蓋以人事而言，則禮之用有五；以祀事而言，則禮所重惟三。“國之大事，在祀與戎”，命官典禮，自應以祀事爲重。且吉、凶、軍、賓、嘉，五禮之行，皆有祀神、祀先之舉。三禮，禮之綱領也；五禮，禮之條目也，言三禮而五禮自在其中。

三載考績，三考，黜陟幽明。

考績必俟三載者，蓋久於其位，而後政治之得失可見也。三考而後黜陟，帝舜用人，其慎重如此，無慮朝有倖位，野有遺賢矣。然此特爲賢否在疑似之間者言耳。若夫善惡昭著，則舉之惟恐不先，去之惟恐不速，安肯使英俊久沈下僚，奸回久竊高位乎？鯀之治水，九載而績弗成，然後殛之。可見三考黜陟之法，自舜攝位時已然，特於命官後復申言之耳。

大禹謨

典，册也，所以記事；謨，謀也，所以記言。帝爲典，臣爲謨。《大禹謨》篇末及於巽位、征苗二事，則記事之文非謨體。且《虞書》成於夏史，《春秋傳》所引多云《夏書》。禹乃夏之先王也，列其王於謨，得毋有不安乎？

罪疑惟輕，功疑惟重。與其殺不辜，寧失不經。

虞廷命官，其詔皋陶之詞曰"惟明克允"，今曰疑，則所謂明者安在？曰失，則所謂允者安在？蓋推言仁愛忠厚之心，無所不至，爲下"好生"二字寫照耳。不然，以舜爲天子，皋陶爲士，功罪刑賞間，豈有疑與失哉？

正月朔旦，受命于神宗。

歲首告禹居攝之事也。蔡《傳》據《禮》曰"有虞氏禘黄帝而郊嚳，祖顓頊而宗堯"，以神宗爲堯廟。或駁之云："舜不應舍瞽叟而宗堯。"引《益稷》篇"祖考來格，虞賓在位"證之。若祖考之中有堯，則丹朱不得稱賓，其説亦似。但堯以天下授之舜，舜爲堯立廟以祀，理也，亦情也；舜既敬其所尊，不能忘其所親，爲堯立廟，復爲己之祖考立廟，情也，即理也。舜受堯天下，復以天下傳之禹，自當告於堯廟，與瞽叟無與。至所稱"祖考來格，虞賓在位"者，則指叟廟而言耳。孔子稱舜之大孝，曰"宗廟饗之"，亦可爲瞽叟有廟之一證。

滿招損，謙受益，時乃天道。

日中則昃，月盈則虧，天道之滿招損也。天何言哉？四時行焉，百物生焉，天道之謙受益也，而人道之感召，亦即如此。舜謂禹曰："不自滿假，惟汝賢。"則禹之謙而不滿可知，益猶以此言贊之，其勸勉規戒，有慎益加慎之意。禹曰"惠迪吉，從逆凶"，益曰"滿招損，謙受益"，古人所謂吉凶損益者，惟於自身卜之，非若後人之妄譽也。

在知人，在安民。禹曰："吁！咸若時，惟帝其難之。"

知人最要。帝之難，難於知人耳。自古帝王無論賢愚，未有不欲民之安者，特所用非人，則民擾擾矣，故安民必先知人。帝憂洪水而用鯀，卒使績用弗成，亦"惟帝其難之"一證。

天秩有禮，自我五禮有庸哉。

孔氏注《尚書》，以《舜典》之五禮爲吉、凶、軍、賓、嘉，以此處之五禮爲公、侯、伯、子、男，於義未協。公、侯、伯、子、男係五爵，何得謂之五禮？且"列爵惟五"乃周制，唐虞未聞。《易》曰："上天下澤，履。君子以辨上下，定民志。"《禮》之中自有等級隆殺之别，如祭禮，吉禮也，上帝則曰"類"，六宗則曰"禋"，山川則曰"望"。《周禮》："享先王則衮冕，享先公饗射則鷩冕。"是即吉禮中之品秩，餘可類推。然則所謂五禮者，其即吉、凶、軍、賓、嘉歟？

同寅協恭，和衷哉。

同，協和也。曰寅曰恭，則有正色，立朝不敢唯阿意。可見古人所謂"和衷"者，正和而不同也。

益稷

今文《益稷》本屬於《皋陶謨》，篇中盡記皋陶、禹、夔之言，其不曰"禹謨"者，明禹之不終於臣也；其不曰"夔謨"者，夔之言簡，附見於篇也。若益稷初未有一辭之贊，不過禹言偶爾及之，古人用以名篇而止系以"益稷"二字者，明此篇爲簡册所限，不得不分爲二，而實則一篇也。

帝曰："來，禹！汝亦昌言。"禹拜曰："都！帝，予何言？予思日孜孜。"皋陶曰："吁！如何？"禹曰："洪水滔天，浩浩懷山襄陵，下民昏墊。予乘四載，隨山刊木，暨益奏庶鮮食。予決九川，距四海，濬畎澮距川。暨稷播奏庶艱食鮮食，懋遷有無化居，烝民乃粒，萬邦作乂。"皋陶曰："俞！師汝昌言。"

舜詔禹昌言，禹乃自陳治水始末，似所答非所問，然歷觀數語，己溺己飢之心，隱然若揭。其除害也，因小以及大；其興利也，先本而後末，且不矜己能，不掩人善，和衷共濟之中有安不忘危之意。昌言孰大於是？宜皋陶之贊美而歎服之也。

慎乃在位

舜之命禹曰"慎乃有位"，禹之告舜亦曰"慎乃在位"，君臣交儆如此，所以爲大聖與。

日、月、星辰、山、龍、華蟲，作會；宗彝、藻、火、粉米、黼黻、絺繡。

此當是互文，不必拘定日月六者繪於衣，宗彝六者繡於裳也。《毛詩》："君子至止，黻衣繡裳。"韋孟《諷諫詩》："黼衣朱黻，四牡龍旂。"是黼黻亦繪於衣可知。若謂成周與有虞制度互有異同，而周制自當畫一。《周禮》以龍、山、華蟲、火、宗彝繪於衣，以藻、粉、黼黻繡於裳。《秦風》固周時詩，何以又云“黻衣”乎？

宗彝

獸名，狀類獮猴，産山中，以樹爲巢。老者居上，子孫依次居下。老者不輕出，居下者出覓食，得食則自下傳遞而上，老者食畢，復傳遞而下，挨次相食，不敢有紊。貴州思南、石阡一帶多有之。

罔水行舟

蔡《傳》以爲如奡盪舟之類，但陸地行舟，特形容奡之力耳，與慢遊何涉？蓋古人多爲急辭，“罔水行舟”當是無水而不行舟，凡有可行舟之處，即流連忘返也。

州十有二師，外薄四海，咸建五長，各迪有功。

蔡《傳》云：“每州立十二諸侯以爲之師。薄，迫也。九州之外，迫於四海，每方各建五人以爲之長而統率之也。”然《禹貢》要服已曰夷，荒服已曰蠻，爲罪人放流之地，要、荒之外即爲外國，理應羈縻而已，設官總理，恐有不安。竊謂十有二師者，即十有二牧也。十二牧宣帝聲教，訖于四海。然五服之廣，十二牧不能獨理，故五服之中咸建君長，爲衆諸侯，而五服之長亦能奉揚德化，各就有功也。

苗頑弗即工，帝其念哉。

《大禹謨》曰：“七旬有苗格。”曰“苗頑”，則尚未格可知；臯陶曰“何遷乎有苗”，曰“帝念”，則尚未遷可知，故蔡《傳》以爲此言雖在三謨之末，而實則禹未攝位之前也。

祖考來格，虞賓在位。

蔡《傳》云：“虞賓，丹朱也。堯之後爲賓於虞。”而祖考不言何人，或以《禮》有“有虞氏禘黄帝而郊嚳，祖顓頊而宗堯”之文，遂以堯及帝嚳以上諸聖當之，是必不然。祖考當爲舜之祖考，與堯無涉。若來格者有堯在，則丹朱安得稱爲“虞賓”乎？

笙鏞以間

東方鐘磬謂之笙，西方鐘磬謂之庸。“以間”者，分乎階之東西也。《周禮》眡瞭職“擊頌磬、笙磬”，鄭注：“磬在東方曰笙。笙，生也。在西方曰頌。頌或作庸，功也。”《大射禮》“阼階之東笙磬，其南笙鐘；西階之西頌磬，其南頌鐘”是也。《疏》曰：“東爲生長之方，故曰笙。西爲成功之方，故曰頌。頌者，美盛德之形容，以其成功告於神明也。”與鄭説同。《毛詩》：“笙磬同音。”

《傳》亦云:"笙磬,東方之樂。"則以笙庸分東西,不第鄭氏爲然矣。自東晉後出古文改"庸"爲"鏞",解爲大鐘,後遂並以"笙"爲竽笙之笙。

惟時惟幾

"惟時"者,無時而不敕天命;"惟幾"者,無事而不敕天命。幾,始也,微也。《易》曰:"幾者,動之微,吉之先見者也。"凡事莫要於始,而易忽於微,虞廷君臣以此交相儆戒,故不曰事而曰幾。

元首叢脞哉,股肱惰哉。

《詩》毛《傳》:"烹魚煩則碎,治民煩則散。"此叢脞之釋爲煩碎也。按:南面者當臨下以簡,簡則易從,臣下之奉行自謹。若條教煩瑣,號令不時,則奉令承教者無所適從,而怠心生矣。元首以知人爲貴,知人善任則百廢俱興,股肱各盡其職。若君行臣職,則必致叢脞,而爲之臣者亦皆懈怠而不任事矣。

禹敷土,隨山刊木,奠高山大川。

此節爲一篇綱領,而其序不可紊。敷土,治水前事也。洪水橫流,區域莫辨,必先畫地分疆,而後施功有所措手。隨刊,治水時事也,當懷山襄陵之時,洪水泛濫,山林之壅蔽實多,非隨刊無以奏疏通之效。水患既平,乃定其山之高、川之大者爲各州之鎮,而使主其祭,又治水以後事矣。

既載壺口,治梁及岐。

始治謂之載。壺口、梁、岐皆冀州山名。九州之地,兖最下,禹受命治水,乃從冀入手者,一爲帝都不得不先其所急,且冀州三面距河,而本州之地山爲多,不隨山之势,相其便宜,去其壅遏,雖下流疏濬,水势亦不能暢流。故禹先有事壺口,而次及梁、岐,亦可見治水之要,隨刊外無他道也。

桑土既蠶

蔡《傳》謂"兖地宜桑",故獨於兖言之,而其實宜桑之地,不第兖州也,青州則貢檿絲矣,徐州則貢纖縞矣,荆、豫則貢玄纁與纖纊矣,皆繭物也,而不言"既蠶"者,蓋蠶性惡溼喜燥,兖當河之下流,地氣最爲卑溼,兖既水退可蠶,則他州不待言矣。今湖州之絲甲天下,兖絲則寂寂無聞。湖在虞夏時隸揚州,無貢繭之文,豈土宜亦今昔有異與?

厥賦貞

貞,舊訓爲正,謂兖賦最薄,君天下者以薄賦爲正,其義亦通。但《尚書》乃史臣記載之詞,獨以兖賦爲正,豈八州之賦皆不正乎?不若作"貞下起元"

貞字解爲妥。蓋元以成始，貞以成終，《禹貢》賦定九等，而兖居其末故云。

作十有三載，乃同。

兖當河下流，被害尤甚，今水患雖平，而卑溼泥淖，不能樹藝之處尚多，使一體征輸，民生未免拮據，故賦額雖定，而當時納賦者，不過高原平野而已，餘則俟。作治十有三載，沮洳盡去，荒田成熟，而後合一州之民同依額輸納。可見聖人軫念民依，無微不至，溺由己溺，飢由己飢，豈虛語哉？

萊夷作牧

蔡《傳》謂夷人以牧畜爲生，“作牧”言可牧放。然此爲沙漠之地，不能樹藝五穀者。言青州“厥田上下”，係沃壤可知。考萊之爲地，非盡當廣斥之鄉，若因以夷名而遂疑爲畜牧，則徐有淮夷，揚有島夷，以及徐、雍、荆蠻亦皆舍粒食而謀鮮食乎？竊謂“作”當如“大陸既作”之作，“牧”當訓爲養，言水土既平，萊夷亦得安於東作，而牧養有資矣。

淮、沂其乂

濰、淄言“其道”，此言“其乂”。“其道”者，泛濫既去，水自循其道。乂則猶須疏瀹之，方乂治也，待人而後治也。

三江既入，震澤厎定。

震澤，一名具區，即吴縣西南之太湖也。太湖北受荆溪百瀆，南受天目諸山之水，爲吴中巨浸，所恃以分疏宣洩者，則以三江爲要。“既入”者，順軌安流入於海也。震澤之水，震而難定，但下流之三江已順，震澤自厎定而不震動矣。按：松江下七十里分流，東北流者爲婁江，東南流者爲東江，中爲松江，一名吴淞江，是謂三江。東江故道自宋已湮，明永樂間别開黄浦，寬廣與三江相若，今亦名爲東江。

沿于江海，達于淮、泗。

蔡《傳》言“禹時江、淮未通，故沿于海”，《孟子》言“排淮、泗而注之江”，記者之誤也。錢大昕辨之曰：“趙邠卿注《孟子》，於此文未嘗疑。宋以後儒乃疑之，孟子長於《詩》《書》，豈不能讀《禹貢》？且生於鄒嶧，淮、泗之下流近在數百里間，何至有誤？蓋天下之水莫大於海，而江即次之。南條之水皆先入江，後入海。人第知毘陵爲江入海之口，不知鈎山以南、餘姚以北之海皆江之委也。漢水入江二千餘里而尚有北江之名，淮口距江口五百里，其爲江之下流何疑？《禹貢》云‘沿于江海，達于淮、泗’，即淮、泗注江之證。注江者，會江以注海，與導水之文初不相悖也。漢儒言江之下流，不專指毘陵一處，如知會稽、山陰亦爲江水所至，則無疑乎淮、泗注江之文矣。”其説雖極詳晰，第考九州貢道，除冀州外，其餘七州皆言浮于某、達于某，或至于某，惟揚州不曰“浮于江海”，而曰“沿于江海”，順流而下曰沿，玩句義，自係沿江入海，而入淮、泗，不能由江直達淮、泗也。

雲土夢作乂

玩本文，雲、夢截然爲二，《左傳》“楚子濟江，入于雲中”，言雲而不及夢；又載令尹子文之生，“鄖夫人棄諸夢中”，言夢而不及雲，是二澤明矣。《漢陽圖經》：“雲在江之北，夢在江之南。”曰“土”者，前此皆水，今始見土也。曰“作乂”者，前雖見土，而泥淖不可以耕種，今則農功始作也。

三邦

三邦説多異同，顔師古以荆、楚、蠻三國當之，毛晃駁云：“《春秋》‘荆人來聘’，荆即是楚，《詩》稱‘百蠻’，蠻非一國之名。”桐鄉陸敬安又主顔而駁毛，以爲“《禮》言九蠻，《周禮》言八蠻，《詩・蓼蕭序》注又言六蠻，雖有百蠻之稱，亦何不可指爲一國？”其説近似。至云荆與楚在禹時或爲二國，後爲楚并，故楚亦稱荆，猶梁惠王之稱晉也，未免臆斷。按：《詩・殷武》一篇中，或言荆楚，或第言楚，未嘗分爲二。《魯頌》“荆舒是懲”，《注》言：“荆爲楚别號。舒，楚與國。”荆楚非二國，在殷已然。當依蔡注“三邦，未詳其地”，闕疑爲是。

九江納錫大龜

大龜，尺有二寸，所謂“國之守龜”，不能常有，偶得則貢，故曰“納錫”。黄州府黄梅縣南有山出大龜，因名蔡山。黄梅，正漢之九江郡地。

導菏澤，被孟豬。

時菏澤泛溢，無所歸宿，大禹導其餘波，使入孟豬。不曰“入”，曰“被”者，明其不常入也，水漲則然，水退則否。“被”蓋取“覆被”之義。

厥土青黎

《疏》云：“青，黑色。黎，小疏也。”竊謂青當如字，黎作黑解。言梁州之土或青或黑，其色不一。如云青即是黑，引《郊特牲》“或素或青，夏造殷因”爲徵，則黎字注解終屬牽强。

厥田惟上上

林之奇曰：“物得其常性者爲貴。雍州之土黄壤，故其田非他州所及。”其説恐未確，黄固土之正色，而色黄者未必皆平原膏腴之地。或又謂：“《禹貢》田分九等，蓋以地勢論，雍州地最高，田故上上；揚州地最卑，田故下下。”説更難通。九等之田，自當以肥磽爲定，關中沃野千里，雍州所以第一。若但以地勢論之，則兖爲河、濟下流，其田何以尚居六等？徐爲淮水下流，其田何以反居二等也？

厥貢惟球琳、琅玕

諸州貢物惟雍最少，雍當虞夏時僻在荒服，地曠人稀，後世所謂“陸海”者，地利尚未盡開也。球琳，蔡《傳》謂美玉；琅玕，則以爲“石之似珠者”，説本《爾雅》。但聖王不貴異物、賤用物，方物之貢，必爲天家所需，似珠之石，王府何用？竊謂球琳，玉屬。琅玕，或是竹木之屬，《韻會》：“崑崙山有琅玕樹。”竹、木皆列八音，或貢作樂器之用。藍田多玉，渭川多竹，與崑崙皆隸雍州境，故貢此二物歟？

導岍及岐

蔡《傳》引《地志》以吴山爲岍山。按吴山在隴州南七十里，岍山在隴州西四十里，即古之汧源縣，汧水所出。吴與岍自是兩山。

導淮自桐柏，東會于泗、沂，東入于海。

桐柏山，《地志》在南陽郡平氏縣東南。淮水出南陽平氏縣胎簪山，至桐柏而盛，故自桐柏導之。沂水出艾山西南而入於泗，泗水出陪尾東南而入於淮，淮會二水而東，自淮浦以入海。二水勢均相合，故曰會。按入淮之水不僅泗、沂，經不言及者，順軌而行，無煩疏瀹也。淮爲四瀆之一，導之之方較他瀆最易爲力。

九山刊旅，九川滌源，九澤既陂。

九州之山，刊木通道，俱可祭告，則不獨“蔡蒙旅平”“荆岐既旅”矣。九州之川，滌源順流，各無壅遏，則不獨“導淮自桐柏”“導洛自熊耳”矣。九州之澤，皆有陂障而無決潰，則不獨“彭蠡既豬”“震澤底定”矣。九字自當依蔡《傳》作九州解，必求某山、某川、某澤以實之，不惟失於鑿，且三者皆限以九數，於義未圓。

底慎財賦，咸則三壤，成賦中邦。

財賦，土田所出，水土既平，而財賦始可議矣。三壤，即上中下也，以厥田之上中下定厥賦之重輕。曰慎，則無苛斂可知。曰成，則爲一定之法。虞廷命官無理財用者，禹爲司空，獨議及之，蓋中天之世，司空制財用云。

錫土姓

錫土以立國，錫姓以立宗，《左傳》所謂“胙之土而命之氏”者也。然錫土所以酬庸，非人人而得錫，錫姓亦然，必錫土而後錫姓。若舉天下之大，人人而錫之姓，勢必不能。且古人往往以國爲氏，則錫土即所以錫姓也。

告厥成功

告成功於舜也，此乃史官之書法，不然，則修府正土，則壤成賦，錫土姓，以建侯國。禹既鄰於專擅，在舜亦未免權柄下移矣，結以錫圭告成，見禹之所爲皆舜之所命，禹特奉行之耳。夫然後重華之君道尊，文命之臣心白。

大戰于甘，乃召六卿。

天子有征無戰，變征言戰，且言大戰者，啟能討叛伐罪，有扈之負固不臣，兩義俱見。誓師而召六卿，天子六軍六卿，各掌一軍，故並召也。蔡《傳》謂：“有事出征，則各率其一萬二千五百人，屬於大司馬。”蓋因“胤侯命掌六師”句而言之，然玩其語句，第渾舉六卿，未嘗有所側注。且《牧誓》亦司徒、司馬、司空三卿並言，未聞獨誓司馬。意者司馬統六師，殆周室定鼎以後之制，夏、殷不其然歟？

怠棄三正

三正之義未詳，蔡《傳》謂：“按此章，則子丑之建，其來已久。”又謂：“子丑之建，唐虞以前當亦有之。”亦想當然之辭。夏用寅正，有扈爲夏之諸侯，但責其不用夏正而已，於子丑之建何與焉？且《堯典》言授時，《舜典》言巡守，皆用寅正，啟即欲統舉前朝，亦不應舍近求遠。

用命，賞于祖；不用命，戮于社。

此與《禮記》“爵人于朝”“刑人于市”同意，皆言好惡不敢自私。爵于朝，刑于市，所以順乎人也；賞于祖，戮于社，所以承乎天也。左祖右社，左爲東，春位，春主生，故用賞；右爲西，秋位，秋主殺，故行戮。

予則孥戮汝

孥戮，蔡《傳》以爲戮及妻子，於義未安。皋陶之誦舜也，罰弗及嗣；文王之治岐也，罪人不孥戮。及妻子，乃後世連坐之法，夏啟之賢，成湯之聖，似不宜出此。閻循觀云：“孥者，坐爲奴也。罪輕者孥，重者戮，故曰孥戮。”其説甚善。

予視天下，愚夫愚婦，一能勝予。一人三失，怨豈在明？不見是圖。予臨兆民，懔乎若朽索之馭六馬。爲人上者，奈何不敬？

此節仍是大禹之訓，非五子之言也。前言民可近，此言民可畏；前言得衆則得國，此言失衆則失國。若謂"予"乃五子自稱，則"予臨兆民"句説似難通。

有此冀方

堯都平陽，舜都蒲坂，禹都安邑，皆在河北冀州之地，故曰冀方。冀於天下爲中州，建都於此，朝覲訟獄，道里均平。厥後成湯都亳，終殷之世凡六遷，大都去冀不遠。周之王業開於豐鎬，而必别營洛邑以爲東都，亦是此意。秦漢而後，專講形勝，而秦中遂爲帝王州矣。

胤后承王命徂征

征者，上伐下也。諸侯有伐無征，此獨言征者，以承王命故也。故《甘誓》不言征而言戰，所以著有扈之不臣；《胤征》不曰伐而曰征，所以見仲康之能君。

我后不恤我衆，舍我穡事，而割正夏。

亳衆沐湯德澤，未被桀之虐焰，故憚於征役，而爲是語。三"我"字，便見祗爲己、不顧人意。此外夏邑之民則曰"時日曷喪，予及汝皆亡"也，東西南北之人亦皆曰"徯我后，后來其蘇"也。若徇一隅衽席之安，不拯四國之水火，非聖王公溥之量，即非天地覆載無私之心，故諭以"予畏上帝，不敢不正"。

惟有慙德

慙德者，慙不能格君心之非而已，其禍變耳，非既放之，復悔之也。觀其進伊尹於桀，殷殷致諫，成湯之心，何嘗一日不望其悔過遷善哉？

惟王不邇聲色，不殖貨利。

二語看似極淺近，然聖王之育德也，必先私欲淨盡，而後天理流行。觀《虺誥》一篇中既曰天錫勇智，又曰克仁，又曰彰信，又曰義制事、禮制心，三德是兼，五常具備，推崇湯德亦云至矣。向非清心寡慾，毫無繫戀之私，則日新又新，何所措手乎？蔡《傳》故云："本原澄澈，然後用人處己，各得其當也。"

好問則裕，自用則小。

好問，歉然不足之象也，不足與裕相反；自用，侈然自大之概也。大與小相殊，然遇事必問，則知日深，業日進，行之悠久，應事接物，自綽乎有餘裕矣。若師心自用者，徒矜己長，不取衆善，滿必招損，有的然日亡而已，小孰甚焉？好問能自得師之實功，自用謂人莫己若之。究竟承上二句而申言之，勉之又戒之也。

王徂桐宫居憂

桐宫之居，伊尹實放之，乃史氏不曰尹放而曰“王徂”者，蓋正名分，嚴冠履，立千古之大防，其意深矣，故孟子曰：“有伊尹之志則可，無伊尹之志則簒也。”

任官惟賢才，左右惟其人。臣爲上爲德，爲下爲民。其難其慎，惟和惟一。

官，群官，左右大臣也。百爾之職，凡一材一藝者，皆可量能器使，至輔弼大臣，則非實能論道經邦、寅亮天地者不可，故曰“惟其人”。臣兼大小言，上以輔君德，下以綏民生。“爲上”句承左右言，“爲下”句承任官言。《孟子》云“國君進賢，如不得已”，又云“可不慎與”，即伊尹“其難其慎”之意。和者，如樂之和，無所不諧。一者，宫中府中，聯爲一體。難慎在官人之前，和一在官人之後。

于今五邦

五邦者，湯自南亳遷西亳，仲丁遷囂，河亶甲遷相，祖乙遷耿，又遷邢。其遷大都，圮於河水，非有强鄰之逼處也，故盤庚遷殷，即西亳，而商道復興。若因畏逼而遷都，未有能自振者，东晋、南宋可爲殷鑒。漢孔氏謂並盤庚遷殷爲五邦，而無遷邢之説，然以下文“今不承于古”考之，則盤庚之前當已有五遷云。

無或敢伏小人之攸箴

天下有道，則庶人不議；庶人之議，必朝有可議者在也。古人採列國之風，聽輿人之誦，有由然矣。當遷殷之時，世家大族總於貨寳，胥動浮言，小民中間有審知利害，欲適有居者，又爲巨室所阻撓，其情不能自達於上，故盤庚作誥，首訓及之。

今予命汝一，無起穢以自臭。

一，誠也。言今予反復告汝者，皆本於愛民之誠心。予既以誠心相告，汝亦當以誠心相從，毋惑浮言而起穢惡於心，以自臭敗厥事。

用奉畜汝衆

奉者，承上之謂。畜，養也。“汝衆”曰“奉畜”，見“民爲重，君爲輕”之意。

無俾易種于兹新邑

易乃"易其田疇"之易。種,播種之種。言不使得耕種於此新邑也,非不留種類之謂。上文"無遺育"句屬上,劓爲肉刑,殄滅則大辟,故曰"無遺育"。"無俾易種"句又申言之耳。蓋將遷時,嚴明告戒,不憚反復如此。

肆上帝將復我高祖之德,亂越我家。朕及篤敬,恭承民命,用永地于新邑。

高祖,成湯也。湯因水患而適山,今復因蕩析離居而爲遷殷之舉,是上帝將復我成湯之德也。王者以天下爲一家,家即國。篤敬,臣庶之老成者。惟時世家大族雖多安土重遷,亦有一二深謀遠慮,洞悉利害,與盤庚之謀合者。下云"弔由靈"即指"篤敬"而言。

夢帝賚予良弼

但憑一夢,遽立相臣,雖云立賢無方,亦不應如是輕易。意者高宗遯野之時,於傅説之爲人必有習聞,迪知者故欲舉以爲相,但以匹夫驟畀鈞衡,恐駭物聽,殷人尊神,故假"帝賚",以神其説歟?

爰立作相,王置諸其左右,命之曰朝夕納誨。

《説命》一篇,高宗諷傅説以進諫,傅説啟高宗以納諫。爲主立相而置諸左右,則無地不可諫矣;納誨而命曰朝夕,則無時不可諫矣。

台小子舊學于甘盤

《君奭》篇周公曰:"在武丁時,則有若甘盤。"然則高宗亮陰三年,百官聽於冢宰者,以有甘盤故也。湯之於伊尹學焉,而後臣之,高宗於甘盤亦然,可謂善承家法矣。

西伯既戡黎,祖伊恐。

黎國在上黨壺關,地爲秦中門户。顧炎武曰:"以關中并天下者,必先有事於河東。秦取三晉而後滅燕齊,苻氏取晉陽而後滅燕,宇文氏取晉陽而後滅齊,故西伯戡黎而殷人恐。"愚謂西伯戡黎猶之成湯伐葛,既受弓矢鈇鉞之賜,得專征伐。黎爲不道,當伐則伐,未有一毫利天下之心也。而祖伊之所以恐者,彼爲殷臣,以理以勢,不能不防患未然耳。觀其終篇,第望紂之改過遷善,無一語及周事,則西伯之心迹可知。乃顧氏竟以嬴、苻、宇文相提並論,可謂不倫不類。

下卷

王乃大巡六師

大國三卿，武王誓師之時，猶爲諸侯，安得有六師乎？蔡《傳》謂史臣之辭。《牧誓》亦史臣之辭，而但言司徒、司馬、司空，不言有六卿也。故《傳》於篇首亦引吴氏之説，疑其書之晚出，非盡當時之本文也。

牧誓

《牧誓》言簡意明，其數紂罪，"惟婦言是用"數語而包括無遺，深得誓師之體，可與《湯誓》相表裏，非若《泰誓》之鋪張揚厲也。

及庸、蜀、羌、髳、微、盧、彭、濮人

先言友邦冢君，後言此八國者，蓋八國在江漢巴蜀之地，逼近豐鎬，西京政教所被，久已傾心，武王征商，奔走率從，罔或敢後，非若不期而會之友邦，猶待三令五申也。由遠及近，先難後易，誓師之次第當然耳。

今商王受，惟婦言是用。

二語與《泰誓下》篇皆言商紂内嬖之罪，意本相同。然不曰"獨夫"而曰"商王"，則猶有冠履之分。不曰"作奇技淫巧"，而但曰"婦言是用"，語亦從容温厚，不惡而嚴。聖人當王室多難時，弔民伐罪，乃萬不得已之舉。若暴揚君惡，迫切憤激，窮形盡相，固知其必不然矣。即此可見後出古文難以盡信。

不愆于六步、七步，乃止齊焉。

戒其輕進也。輕進可以致敗。

不愆于四伐、五伐、六伐、七伐，乃止齊焉。

戒其貪殺也。貪殺則波及無辜，且亦可以致敗。六七步而止齊，教其足法也；四五六七伐而止齊，教其手法也。數語爲千古兵法之祖，《太公陰符》可見一斑。

勖哉夫子！爾所弗勖，其于爾躬有戮。

《甘誓》篇終曰“用命，賞于祖；不用命，戮于社”，《湯誓》篇終曰“爾尚輔予一人，致天之罰，予其大賚汝”，又曰“爾不從誓言，予則孥戮汝”，兹《牧誓》終篇亦復云云。誓師之言，夏商周如出一口，蓋兵凶戰危，非勸無以激勵其衆，非法亦無以整肅其衆，誓辭必應如是。大禹征有苗，但曰“爾尚一乃心力，其克有勳”；胤侯征羲和，但曰“爾衆士同力王室，尚弼予欽承天子威命”，二篇語意相類，與三誓不同。

王朝步自周

蔡《傳》但言豐去鎬京二十五里，文王廟所在，而步之義未解。鄭氏以爲出廟、入廟皆步行。今按：《書》言“步自周”，則不但於廟矣。《雍録》以爲步行二十五里，則又太遠，且“于征伐商”句，説更難通。《天禄識餘》引黄公紹曰：“步，步輦也。人荷而行，不駕馬。”若然則是今之肩輿，較乘車尤安逸矣。國之大事，在祀與戎，豈臨大事而反自佚乎？顧炎武謂“不敢乘車而步出國門”，較諸説最爲得解。

放牛于桃林之野

古人兵車祇駕馬，而師行糧食，一切負載任重之事，則多用牛，故“放牛”與“歸馬”並言。

惟九年，大統未集，予小子其承厥志。

下接“恭天成命，肆予東征”句，是承志者，承伐商之志也。是伐商乃文王之本心，有待於武王之善述也。嗚呼！是何言與成湯放桀，惟有慙德，武王亦然？大聖人處萬不得已之時，不得不弔民伐罪，易揖讓爲征誅，此聖人之不幸也，豈視爲美德而歸之於君父哉？文縱有是心，武亦不忍出諸口，况以服事殷至德之文考，而誣以此乎？《武成》一篇，不足取信者多矣，不第“血流漂杵”一語也。

惟食、喪、祭

食以養生，喪以送死，祭以追遠，所以維身家者在此，所以厚風俗者在此，萬世不易也。商季政刑顛倒，於攘竊犧牲者容之，他則刳剔炮烙，淫刑以逞，瑣屑殘忍極矣。武王與民更始，故所責重者惟此務本報本之事，餘不具論，所謂“乃反商政”也。漢高帝除秦苛政而約法三章，亦師此意。

洪範

惟十有三祀，即《泰誓》之"十有三年"，彼曰年，此獨曰祀者，箕子，商人，不臣周，故從商而曰祀也。觀篇内稱武王曰"而"曰"汝"者，不一而足，其不肯臣周之意可見。按：《洪範》原列《商書》，經孔子删定後始改入《周書》，故《左傳》文公五年、成公六年、襄公三年，三引《洪範》，猶謂之《商書》。

鯀陻洪水，汨陳其五行。

《禹貢》言禹之治水，曰"導"曰"播"；《孟子》言禹之治水，曰"疏"曰"瀹"，無非去其壅，分其流，順水性而利導之，無所謂"陻"也。陻訓爲塞，即後世隄防之謂，借隄防以遏水，乃用人力强制，非水之性矣。水爲五行之首，鯀逆水性，故五行乖敘。

農用八政

食、貨所以養生，謂之農可也。若祀以報本，賓以柔遠，師以除暴，以及三卿各有所司，皆朝廷之大計，何以亦曰農用哉？德惟善政，政在養民。滕文公問爲國，孟子曰："民事不可緩也。"國計、民生原無二理，體國即所以經野，八政曰農，正見民爲邦本之意。

次五曰建用皇極

極猶"峻極于天"之極，言聖道之高，至極而無以復加也；又如"無所不用其極"之極，言聖道之正，極善而無一毫差失也。其次在五者，五於九數爲中，帝王授受，不外執中，皇極位中宫，有居中而御四方取正之義。疇目雖有九，壹皆以皇極爲本。前乎皇極者，本五行，協五紀，以敬修乎五事、八政，奉天道以勵人道，人君之所以立極，極之體也。後乎皇極者，用三德以馭世，復借稽疑以明之，庶徵以驗之，福極以感應而勸懲之，盡人道以占天道，人君之所以錫極，極之用也。極之體，如下敷言蕩蕩、平平、正直是；極之用，如下敷言王義、王道、王路是。

次五曰建用皇極，次六曰乂用三德。

極爲至理，萬物之本。建，立也。本立而後道生。皇極獨不言數者，一物一極，物物各有一極，斂之爲一理，散之爲萬殊，不能以數名也。三德，即下正直、剛克、柔克之謂。人君以身立極，止是一理，以德馭世，不外三端，故曰乂用三德。五、六，天地之中，合而皇極，三德適居其次，以下則休徵、咎徵、五福、六極，隨感而應，其示戒於帝王者，至深切矣。

一曰水，二曰火，三曰木，四曰金，五曰土。

蔡《傳》引唐孔氏之説，言五行之體，由微而著。其解最爲透澈，竊謂民非水火不生活，有水火然後有萬物，故水火居始；木得水而生，故序居三；金遇火能煅，故序居四；土爲萬物所歸宿，水火木金終歸於土，位次居終，確乎不易。

從作乂

乂，治也。言中乎倫，則事得其理矣。《論語》云："言不順，則事不成。"正與此句反照。

睿作聖

此聖字當與《多方》"惟狂克念作聖"，"聖"字一例，非大而化之謂也。《左傳》御叔曰："焉用聖人。"杜《注》云："武仲多知，時人謂之聖。"即是此義。《毛詩》"人之齊聖"，《大學》"人之彦聖"，諸聖字皆與此同。楊慎云："目擊道存之謂睿，故其字從目；聲入心通之謂聖，故其字從耳。"

三、八政：一曰食，二曰貨，三曰祀，四曰司空，五曰司徒，六曰司寇，七曰賓，八曰師。

王國之立政也，六卿分職，缺一不可。八政條目，列有司空、司徒、司寇，則掌土、掌教、掌禁皆有所司矣。祀與賓爲典禮所關，是即宗伯之所掌。師爲軍旅之事，是即司馬之所掌。惟食、貨所以養民，似與天官無涉，不知《周禮》九貢九賦掌於冢宰，未有貢賦不均而民生得遂者，故食、貨之充裕全賴冢宰之經營。六官各得其人，則八政舉。列司空於前者，虞廷命官，禹以司空宅百揆，意者夏殷以上，司空班次在先，箕子殷人，仍沿其舊制云。

凡厥庶民，無有淫朋，人無有比德。

民亦人，人亦民。"淫朋"二句貫言，謂在外無淫邪之黨，則存心自無朋比之私矣。按："皇極"首節云"斂時五福，用敷錫厥庶民"，末節云"凡厥庶民，極之敷言，是訓是行"，以庶民始，以庶民終，誠以言民，而臣在其中，何必因此處一"人"字而强分有位、無位乎？

凡厥庶民，有猷、有爲、有守，汝則念之。

猷，謀猷；爲，作爲；守，操守，皆有位之人所當知，庶民安得有哉？然庶民無政而有事，誠能於事未至而謀慮能周，則有猷矣；事既至而措施得當，則有爲矣；事既過而始終如一，則有守矣。是三者雖非造極之詣，而皆中人以上之質，念之者不忘其質之美，尤思成全其美質，而日進於極也。

無虐煢獨，而畏高明。

煢獨，民之無告者。不教而殺謂之虐。高明，民之有才智者。“畏”與《孟子》“天下畏齊之强”同，忌也。煢獨之人，救死恐不贍，奚能協於極哉？人君當飲食之，教誨之，使不罹於咎，則無虐矣。高明之人能協於極而免於咎矣，人君當誘掖獎勵，使得盡其才，則非畏矣。虐煢獨，畏高明，紂之亡國以此，箕子痛心已久，故舉以爲言。

凡厥正人，既富方穀。

言人之所以克正者，必仰事俯畜有資，而後可責其爲善也。上云“有能有爲，使羞其行”，則不畏高明矣；下云“汝弗能使有好于而家，時人斯其辜”，則虐煢獨矣。蓋承上章而申明之，不必據定有位。蔡《傳》以爲正人乃在官之人。夫養而後教，何必官人爲然哉？《孟子》曰：“無恒産而有恒心者，惟士爲能。若民，則無恒産，因無恒心。”由此言之，“既富方穀”照庶民説尤切。

惟辟作福，惟辟作威。

福、威爲人主御下之柄，然應福者福之，應威者威之，仍視其人之自取，人主何敢自作威、福哉？因對臣“無有作”而言，故曰“惟辟作”也。

三人占，則從二人之言。

凡卜筮必立其人爲占之之人，而數不必三。《白虎通》云：“天子占卜九人，諸侯七人，大夫五人，士三人。”此言三人占，從二人言者，言宜從衆，舉一以例餘也。

謀及乃心，謀及卿士，謀及庶人，謀及卜筮。

首言“乃心”，先主而後賓；終言“庶人”，由貴而逮賤。夫庶人至賤，猶在龜筮之前者，大疑當前，必盡人之明而不決，然後謀之鬼神焉。鬼神可敬不可瀆也。《大禹謨》曰“惟先蔽志，昆命于元龜”，《西伯戡黎》曰“格人元龜，罔敢知吉”，皆先言人，後言龜。

龜從，筮從。

上文言謀及龜筮在卿士、庶民之後，此獨先言龜筮者，有大疑之始，必以人謀爲先，既卜筮之後，則以龜筮爲重。

曰休徵：曰肅，時雨若；曰乂，時暘若；曰哲，時燠若；曰謀，時寒若；曰聖，時風若。曰咎徵：曰狂，恒雨若；曰僭，恒暘若；曰豫，恒燠若；曰急，恒寒若；曰蒙，恒風若。

肅作於恭而體諸貌，貌澤水也，故時雨應之。乂作於從而體諸言，言揚火也，故時暘應之。哲作於明而體諸視，視散木也，木性喜燠，故時燠應之。謀作於聰而體諸聽，聽收金也，金質本寒，故時寒應之。聖作於睿而體諸思，思通土也，風行於天上，實起於地中，故時風應之。狂則致惑，有積陰之象焉，故曰恒雨若。僭則過亢，有驕陽之象焉，故曰恒暘若。豫則過舒，有弛緩之象焉，故曰恒燠若。急則必暴，有拏拘之象焉，故曰恒寒若。蒙則多昧，有塵霾之象焉，故曰恒風若。休徵、咎徵，雖不必執定某徵爲某事之應，而天人感召之機，各以其類，理固有如此者。

歲月日時無易

言由五事之得而休徵應，故歲、月、日之間，雨、暘、燠、寒、風不失其時。古人言日必言時，凡曰時者，皆指時候而言，觀"王省惟歲"三句，則此時字義自見。

日月之行，則有冬有夏。

日有中道，月有九行。中道者，黄道也。日極南至於牽牛，則爲冬至，去極遠；極北至於東井，則爲夏至，去極近。蔡《傳》但言遠近，未曾確指其度數。按《漢書・律歷志》張衡《渾儀》曰："赤道横帶渾天之腹，去極九十一度十分之五。黄道斜帶其腹，出赤道表裏各二十四度，故夏至去極六十七度而强，冬至去極百一十五度亦强也。"由此類推，東至角爲春分，西至婁爲秋分，各去極九十一度可知。冬至日光所照影極北，夏至影極南，可爲日行南北之驗。月有九行者，黄道四旁有青、赤、白、黑道各二，並黄道爲九也。《五代史・司天考》："九道者，月軌也。其半在黄道内，半在黄道外。"《博雅・釋天》："月行九道：立春、春分，東從青道二；立夏、夏至，南從赤道二；立秋、秋分，西從白道二；立冬、冬至，北從黑道二；四季之月還從黄道。"是日月之行，四時自有常軌，猶卿士、師尹之自有常職也。言冬夏而不言春秋，省文耳。

二公曰："我其爲王穆卜?"周公曰："未可以戚我先王。"公乃自以爲功。

二公居師保之尊，貴戚懿親與周公相埒。武王有疾，三公同申祈禱，固臣子所心安，事理所極順。乃周公固却之者，蓋身代之謀出於愛兄憂國之至誠，懇懇不能自已，而此心不可爲外人道也，故婉辭相謝而自以爲功。

惟爾元孫某

《牧誓》之言曰"今予發"，《武成》之言曰"周王發"，至《金縢》獨言"元孫某"者，《牧誓》，武王誓衆之辭；《武成》，武王告神之語，武之名出於武之口，何嫌之有？若《金縢》册祝，則周公致禱之言，臣豈敢名其君乎？

周公乃告二公曰:"我之弗辟,我無以告我先王。"周公居東二年,則罪人斯得。

"我之弗辟","辟"字,孔安國以爲"大辟"之"辟",鄭康成則讀爲"避",蔡《傳》從鄭而駁孔,是已,但所云"是時,王方疑公,公將請王而誅之",王未必從,將自誅之,又非所以爲周公。然則管、蔡何由誅哉?考《破斧》之詩,東征一事,周公實主持之。成王既得《鴟鴞》之詩,又感風雷之變,始悟而迎周公。則管、蔡未誅之,先王與公固不能無疑也。王方疑公,而公竟誅管、蔡,其果請而誅之乎?抑自誅之乎?竊謂流言方起,公亦不知罪人爲誰,故不能不避以全義。既居東二年,而後知流言爲管、蔡,則不敢遠小嫌而廢大義矣。前之避居,所以告我先王;後之誅囚,亦所以告我先王也。

王亦未敢誚公

成王既知管、蔡流言,又見《鴟鴞》之詩,疑心已可全釋矣,乃僅云"未敢誚公",是猶存芥蒂,未能渙然也。沖齡踐阼,智量未充,於元聖之公忠不能深悉,亦無足怪者。獨是太公、召公不聞出一言匡救,其言之而不用耶?抑引嫌而不言耶?然當主少國疑之際,周公復出居於外,二年間朝野宴然,則二公翊贊之功正不可少。

弗造哲,迪民康,矧曰其有能格知天命?

迪,進也。言弗能造明哲之域,以進民於安康。此隱含三叔監殷事,使三叔監殷,三叔以殷畔,是弗哲也。殷畔則民不康矣,不斥言其故,爲親者諱耳。夫造哲迪康,人道也;天命,天道也。人道邇,天道遠,人道且有未盡,況於靡常之天命而敢云迪知乎?按:哲屬知,康民則行仁之事,語意似不相蒙,然《虞書》皋陶曰"在知人,在安民",禹曰"知人則哲,安民則惠",亦先言知人,繼言安民,蓋非哲無以知人,非知人不能安民。成王之言與禹、皋陶所云如出一口,先聖、後聖,其揆一也。

寧王遺我大寶龜

吕祖謙曰:"此節爲一篇之關鍵。"按:《大誥》一篇多主卜言,意當時衆畔親離,流言四起,邦君、御事必有畏疑,以爲不可征者,故周公借卜吉以慰諭之。龜乃甯王所遺,未畔之前,兆已先見,亟言卜之可信不可違已。

有大艱于西土,西土人亦不静。

此當日寶龜所命之兆也。武庚作亂於東,而艱難之任,西土實肩之。西土人,蓋指三叔。三叔奉命監殷,反助殷畔亂,非不静而何?"亦"字對武庚言。

民獻有十夫，予翼以于。

"民獻"與"黎獻"同。言愚陋雖畏難，而黎民之賢者無不思同仇敵愾，輔我以往也。十者，數之終，特舉其極數而言，必泥定十夫，舉其人以實之，則鑿矣。

天棐忱辭

"棐"字，諸家多訓爲"輔"，文理艱澁，殊爲費解，獨朱子引顏師古注《漢書》："'棐'與'匪'通。言伐殷之舉，天匪誠有辭以命之，考之民而可見矣。"較作"輔"字，其義明甚。《孟子》曰："天不言以行與事，示之而已矣。"與此二句文正相似。

率寧人有指疆土，矧今卜并吉？

按篇中言天者十七，言龜卜凡九，蓋因當時倡亂者爲殷之冢嗣，助惡者又周之懿親，主少國疑，人心惶惑，邦君、御事所以疑懼而不敢輕舉也。周公欲釋其疑懼，不得不於天命吉卜反復懇切言之，而終仍斷之以理。若第言數不言理，則非聖人之言矣。

微子之命

武王封微子於宋而命之，當曰"宋公之命"，其仍以殷爵名篇者，原微子之心也。微子之受封，所以存殷祀，非所以爲周臣，故終身但稱微子，即天下後世亦未有稱之爲"宋公"者。觀此可知微子臣節之貞，且見武王聖量之遠。

殷王元子

《爾雅·釋詁》："元，始也。"《廣韻》："長也，又大也。"微子爲帝乙長子，其謂"元子"固宜。《召誥》曰："皇天上帝，改厥元子。"又謂紂爲元子者，紂嗣天位，爲天之元子耳。《召誥》之所謂元子者，所以尊王；此之所謂元子者，所以序齒也。

乃祖成湯

按：成湯至微子凡十七世，此云"乃祖成湯"者，蓋自父而上之皆謂之祖，自子而下之皆謂之孫。《詩》云："后稷之孫，實爲太王。"義與此同。

克明德慎罰

德曰明，有日新又新意。罰曰慎，有毋枉毋濫意。二者雖同爲一篇綱領，而本末自分。

有叙，時乃大明服。

叙，秩叙；明謂明允；服猶"五刑有服"之服。言在上者於刑殺宥赦悉有當然之敘，時乃無枉無縱，大明五服之用也。罰屬刑，敘屬禮，用罰而有敘，齊以刑，仍爲齊以禮，蓋勉康叔以明德爲慎罰之本。

若有疾，惟民其畢棄咎。若保赤子，惟民其康乂。

四句文雖對舉而義實貫，言使民皆去其疾，"若保赤子"，使無飢寒疴癢，而民有不康乂者乎？"保赤"與上文"用保乂民""用康保民"不同，蓋"祇遹乃文考"節勉康叔以明德之事，"保"字專指懷保言。自"恫瘝乃身"而後，則皆推言慎罰之意，去疾乃所以保赤也。"赤子"之義，或曰始生之兒其色赤，故名；或曰赤、尺古通用，言始生小兒長僅一尺也。

司師兹殷罰有倫

司，有司；師，法也；有倫，即有敘。言使有司取殷罰之有倫敘者，損益而用其中耳。《多方》篇云："以至于帝乙，罔不明德慎罰。"又云："殄戮多罪，亦克用勸。開釋無辜，亦克用勸。"可見殷先王之明罰敕法，其可師承者正復不少，特降至末世，"罪人以族"，"攘竊神祇之犧牷牲，用以容"，則刑罰不中矣，故曰"師兹殷罰有倫"。

亦惟君惟長，不能厥家人，越厥小臣外正。

君、長謂康叔。"厥家人"二句，責康叔修身以齊家，正身以率屬，欲其以德用罰也。《康誥》一書自"敬明乃罰"以下，於罰之事反復申言，至詳且盡，刑亂國用重典，不得不爾，而歸本於君長之明德，是知謹罰爲治殷之本，而明德又謹罰之本矣。

文王誥教小子有政有事，無彝酒；越庶國，飲惟祀，德將無醉。

小子，少年也。少年血氣未定而嗜好漸開，最易縱酒敗德，故文王既通毖之，又特教之。庶國，西伯屬國，文王誥敕所及者。承上言始作酒，"惟元祀"，則人之飲酒，亦惟祭祀時，猶當以德將之，無至於醉也。舊説妹土酗酒之風，小民沾染尤甚，此"小子"專謂民之小子。竊覺未協，文王申戒酒令，當由貴逮賤，由近及遠，西土之民初未聞沈湎特甚也，且"小子"若專指民言，則下文"我民迪小子"句亦覺重複。愚意"小子"二字直貫通節，言朝廷官府及餘國之小子皆當如是。至"妹土"二節，武王誥教妹邦，則先民後臣而輕重判矣。

妹土，嗣爾股肱，純其藝黍稷，奔走事厥考厥長。肇牽車牛，遠服賈，用孝養厥父母。厥父母慶，自洗腆，致用酒。庶士、有正越庶伯、君子，其爾典聽朕教。爾大克羞耇惟君，爾乃飲食醉飽。丕惟曰：爾克永觀省，作稽中德。

爾尚克羞饋祀，爾乃自介用逸。兹乃允惟王正事之臣，兹亦惟天若元德，永不忘在王家。

首節教妹土之民，次節教妹土之臣，先民而後臣者，妹邦染酗酒之惡，厥民尤甚，觀下文"厥或告曰"二節，一殺一教，輕重固判然矣。《盤庚》之作也，巨室總於貨寶，胥動浮言，故其誥先臣而後民；《酒誥》之作也，商民群聚飲酒，謀爲姦惡，故其誥先民而後臣，皆先其急也。

群飲，汝勿佚，盡執拘以歸于周，予其殺。

妹土染沈湎已久，非殺無以繩之，即"刑亂國用重典"意。然必群飲而後殺，蓋姦宄狡謀往往從群飲而生。若非群飲，則如下文所云"勿庸殺之，姑惟教之"矣。必"盡執拘以歸于周"者，又有一番核奪於其間，如今之大辟，必待部覆而後情實，緩決分焉，可見聖王於重法之中，未始無明慎用刑之意。

梓材

名篇之義，殊不可解，若以文中有"梓材"二字之故，則似三百篇之義例，而《尚書》五十八篇中，未之有也。且《詩》之名篇，或用首句，或用首二字，今"梓材"字既非在簡端，又與"稽田""作室"二項不分重輕，何獨取於此二字乎？按此篇必有脱簡之處，或命名之義即在脱簡之中。若謂以"梓材"比"稽田""作室"爲雅，故以爲簡編之别，亦屬强釋。

至于敬寡，至于屬婦。

屬婦，《疏》云："妾婦，以妾屬於人，故言屬婦。"又謂："對寡弱言，自非嫡妻可知。"其説未免牽合，不若蔡《傳》云："人之寡弱者則哀敬之，使不失所；婦之窮獨者則聯屬之，使有所歸。""屬"對上"敬"字，明白直截。

王其效邦君越御事

《牧誓》御事在三卿、亞旅之上，概指諸官而言也；《大誥》御事在尹氏、庶士之下，即指尹氏、庶士而言也。此處邦君下但言御事，則統卿士皆在其中。蓋御事猶言執事，非官名，故上下皆可稱之。

用牲于郊，牛二。

郊係分祭、合祭，先儒紛紛聚訟，迄無定論。東坡主合祭，引《詩序》"郊祀天地"爲證；潁濱主分祭，引《周禮》"冬用圜丘，夏用方澤"爲證，兄弟自相牴牾。此處因有"牛二"句，蔡《傳》亦謂祭天地，不知《郊特牲》云"帝牛不吉，以爲稷牛"，可見郊祭必用二牛。二牛者，帝牛、稷牛也。朱子曰："郊祭天，社祭地。"丁巳郊，戊午社，次序井然，分祭之説，似無可疑。若謂洛邑草創，配天之典未遑舉行。夫同一祭耳，既暇於敬天，獨不暇於尊祖乎？古者冬至祀天於郊，孟春祈穀於郊，四時兆帝則於四郊，其他非時告天，禮之重者亦謂之郊，是郊乃祭天之定名。而祭地則不然，惟夏至一祭謂之北郊，其次則祭地於社。此時非冬、夏至，乃曠舉之典，故祭天則曰郊，祭地則曰社。

天迪從子保，面稽天若，今時即墜厥命。今相有殷，天迪格保。

蔡《傳》以"天迪"二字離讀，而"從子保""格保"另爲一義，未協。兩"天迪"當連下爲句，蓋禹繼堯舜之統，不傳賢而傳子；湯承虞夏之後，變揖讓爲征誅，雖行事與前人不同，然皆時勢所迫，不得不然，禹、湯無所容心也，故曰天啟迪而保佑之。或曰"從"讀去聲，言禹若舜從子然，其説誕不足信。

用顧畏于民碞

顧者，言民之疾苦，常如在目。畏者，言民之疾苦，常惕于心。碞，險也。惟其險，故可畏；惟其顧，故知畏。

祀于新邑，咸秩無文。

新都即建，祀神以告成功也。雖祀典不載者，亦咸秩序而祭之。所謂秩者，如《禮》云"五嶽視三公，四瀆視諸侯"之類，其餘或伯或子男，各以等殺而差。按洛邑之新營，既先郊祀乎天地；洛邑之初立，又先徧祭乎群神。"國之大事，在祀與戎。"戎外事不常有，况戎亦必祀，然則古聖所最重者，其惟祀事乎？

茲予其明農哉

明農謂修明農事，蓋欲歸老田間也。嘗考周公於召公之求去，反復告諭，歷言天時人事之難知，以言其必不可去。周固與召同受命輔成王者也，其親貴有過之無不及，乃於洛邑初成，先召公而有"明農"之請，是誠何心哉？蓋自流言以後，王雖感悟而迎周公，而主少國疑，必有腹誹之者，故明知不可去而不得不爲，是語特以釋群疑，安衆心耳。

惟周公誕保文武受命，惟七年。

蔡《傳》引吴氏説，謂"周公自留洛之後凡七年而薨"。然考史，周公留後治洛，爲成王在位之七年，至十有一年而公薨，則周公留洛僅四年，何七年之有？朱子亦曰："戊辰烝祭，爲周公攝政之七年，則七年當屬成王言，承上'十有二月'句，明戊辰爲十二月之日，十二月爲成王七年之月也。"記其月，復記其年，與史説既符，本篇章法亦合。

惟三月，周公初于新邑洛，用告商王士。

《洛誥》云："王命周公後，作册逸誥，在十有二月。"則"三月"爲次年之三月可知。是時周公至洛雖久，所爲者無非相宅告卜諸事，於地方無涉。至是始承王命治洛留後，故曰"初于新邑洛"。篇中言"爾殷多士"者三，蓋商自遷殷之後，業已改號，而篇首猶曰"商王士"者，又由殷上溯，言此多士實爲成湯至于帝乙數十王愛養所留遺者。曰"王士"，尊之也；曰"商王士"，尊而又尊之辭也。史臣因誥辭自稱爲小邦，故於殷士鄭重言之。

罔顧于天顯民祇

此承上"誕罔顯于天"句而申言之。"天""民"二字，非平舉，蓋天有至順之理，凡民無不敬畏者。商嗣王淫泆之心，亦悍然罔顧也。

昔朕來自奄

《多方》篇首曰："惟五月丁亥，王來自奄。"此處加一"昔"字，則《多士》之誥當在《多方》之後。

王曰又曰

"王曰"之下定有闕文，或曰：當移《多方》篇"今王曷敢多誥，我惟大降爾四國民命"二句於此。今按：此處增此二句，與本篇"予大降爾四國民命"句文脈相承，與《多方》篇末"王曰""又曰"二節體意正相類，《多方》篇去此二句，上下文脈亦較融貫，理或然與？

無逸

《大傳》作"毋逸"，王充《論衡》同。毋者，禁止之辭，其義尤切。古人毋、無字通用，觀《論語》"無友不如己者"及"毋意毋必"句可見。

君子所其無逸

君子以位言，指爲君者，對下"小人"便知。蔡《傳》謂"君子以無逸爲所"，最得解。帝王一日萬幾，無時無事不當用其兢業，一有不檢，則怠心萌矣，然事有輕重，則情有緩急，兢業之中，亦當知所先後，故下緊接"先知"句。

先知稼穡之艱難，乃逸，則知小人之依。

逸就君位言。君位雖逸，君心則勞，必先知稼穡之艱，乃可以居逸位，即《孟子》所云"不勞力而勞心"。依，謂稼穡。小民之於稼穡，固相依爲命也。先知知民之事，則知知民之情。

以庶邦爲正之供

蔡《傳》謂"文王爲西伯，所統庶邦皆有常供"，引《春秋》貢霸主，唐有送使之制爲證。義恐未確。庶邦當是小國，若周附庸之屬，貢賦不能自達於天子，方伯代達。文王則第取其正供，不受私遺也。若謂諸侯於方伯例有常供，是以大臣受小臣之賂遺，與近世之陋規相若，文王必不出此。

時則有若保衡

顧炎武云："尹在湯時未爲保衡，至太甲時始爲此官。"按《太甲》篇首即言"惟嗣王不惠于阿衡"，《説命》亦言"昔先正保衡作我先王"。先王，指成湯也，顧説恐未確。

今在予小子旦，若游大川。

成王之大誥天下也，曰："予惟小子，若涉淵水。"兹周公謂召公語，亦猶是怵惕危慄之詞，君臣如出一口，所以堂陛交孚，國祚永久。至微子曰："若涉大水，其無津涯。"其言與成、周正復相類，而無救於殷之淪亡者，則以有是臣而無是君耳。

小子同，未在位，誕無我責。

"小子"承上"小子旦"句，仍周公自稱。位，公位也。言予雖在三公之位，汝視之當與未在位同，無引身求退，而大以艱鉅之任專責於我也。

乃惟成湯，克以爾多方簡，代夏作民主。

蔡《傳》云："簡，擇也。民擇湯而歸之。"於義未安。天位受之自天，雖民心所歸，即天心所向，而民固不得主之也。竊謂此章承"上天惟時求民主，乃大降顯休命于成湯"而申言之，與下"今至于爾辟，弗克以爾多方享天之命"反對簡拔也。言天厭夏祚，惟成湯之一德，能以爾多方簡在帝心，代夏而有天下也。

以至于帝乙，罔不明德慎罰。

武王誥康叔曰："惟乃丕顯考文王，克明德慎罰。"周公傳王命誥多方，亦曰："至于帝乙，罔不明德慎罰。"先聖、後聖若合符節，誠以德爲仁心，罰爲仁政，雖有本末之分，而不能偏廢，誥本應爾也。《康誥》於德罰之事敷陳詳盡，蓋康叔就封，不得不剴切誥諭，俾有遵循，此不過述殷先哲王所以能勸民享天心之故，固無庸枝辭矣。

我則致天之罰，離逖爾土。

罰曰天罰，承上天威來，見刑賞非人君所得私。離逖爾土，言將析之遠方，不得宅爾宅，畋爾田也，與《盤庚》"無俾易種"句意同，如後世徒流之類。致罰而僅用離逖者，誥士與誓師不同，誓師不得不嚴，誥士則當從寬。

王左右常伯、常任、準人、綴衣、虎賁。

書以《立政》名篇，夫政有萬幾，官人爲要；官以百計，近御尤嚴。常伯、常任、準人，以職事而在左右者；綴衣、虎賁，以職役而在左右者。職事者，治忽所由關；職役者，漸染所由自，故周公殷殷致戒焉。常伯者，常所伯長，即今尚書也，胡氏謂"顔魯公再爲常伯"可見。

宅乃事，宅乃牧，宅乃準。

宅，居也。三官皆曰宅者，使久於其位而不復遷移也。若朝令夕改，委任不專，非宅之謂矣，故必"迪知忱恂"而後可。

克知三有宅心，灼見三有俊心。

克知、灼見，即所謂"迪知"也。知、見皆言心者，即所謂"忱恂"而非謀面也。知之中亦有見，見之中亦有知，二句互文，不必拘定已任、未任之説，而以克知專屬三宅，灼見專屬三俊。

官不必備，惟其人。

太師、太傅、太保，非經綸天下之大經，參天地之化育者，不足以當之，故有其人而後授此官，不必皆備。《顧命》篇"乃同召太保奭、芮伯、彤伯、畢公、衛侯、毛公"，此六卿也，惟時召公以太保領冢宰，畢公以太師領司馬，毛公以太傅領司空，可見成康盛時，三公之官猶以六卿兼領，未嘗特置，其慎重如此。畢公代周公爲太師，周公爲太師時仍位冢宰，其兼領亦可知。

統百官

有專統、總統之别。天子侍衛、飲食、衣服、貸賄之官，皆屬於天官，此冢宰所專統，然非若司徒而下但領一官而已。冢宰爲六卿之首，故凡六官所屬，冢宰莫不總統之。

均四海

均，平也。四海異，宜能調劑而均平之，則或遠或近，或多或寡，咸得其正矣。蓋冢宰爲相臣，相代天理物，當以均平爲準。伊尹爲世阿衡，周公旁作迓衡，皆取公平之意。

宗伯掌邦禮

宗伯在唐虞爲秩宗。《國語》觀射父云："能知四時之生、犧牲之物之屬，而率舊典者爲之宗。"《春秋傳》云："夏父弗忌爲宗人。"又云："使宗人釁夏獻其禮。"是宗伯又有宗與宗人之名，禮官名稱雖不一而不離乎宗者，禮以事神爲主，神以宗廟爲重。伯即長也，春官於四時之序爲長。

治神人

《説文》:"治,理也。"《孟子》云:"勞心者治人,勞力者治於人。"蓋治,以上馭下之辭。神人曰治,似未允協。成周宗伯即唐虞秩宗,舜之命伯益曰"夙夜惟寅",則祀事宜必敬必誠可見。且繹六官命名之義,惟冢宰、宗伯不言司。冢宰統百官,所理者衆,不能名司;宗伯所典,無非天地宗廟祭祀之事,不敢言司也。不敢言司而言治,此後出古文之難以盡信處。

作德,心逸日休;作僞,心勞日拙。

天君泰然,行所無事,故心逸日休者坦蕩蕩也;矯情飾貌,揜著彌縫,故心勞日拙者長戚戚也。

王曰:"君陳,爾惟弘周公丕訓,無依勢作威,無倚法以削,寬而有制,從容以和。"

君陳雖賢不及周公,何能宏周公之訓,亦何至倚勢法而作威福哉?然"取法乎上,僅得乎中",至予奪之間,稍以愛憎爲好惡,則失寬和之意矣,故或勉或戒,必極而言之,命體之自然也。寬者,爲政之大體;制者,馭世之大權。寬而有制,則不怠不迫,民氣樂而物情舒,所謂從容以和也。歷觀《尚書》中,《舜典》曰"敬敷五教在寬",《大禹謨》曰"御衆以寬",《伊訓》曰"代虐以寬",《微子之命》曰"撫民以寬",但言"寬"而已,此獨曰"寬而有制",雖爲殷頑而言,亦可以觀世變矣。

今王敬之哉! 張皇六師。

康王初立,召公導以治師整旅,似非文治所宜。然守成之主多溺宴安,況周以忠厚開基,忠厚之餘往往流爲積弱。召公有見於此,故切言之。《立政》篇云"其克詰爾戎兵",亦是此意。可見周、召所見正復相同,使周之嗣王世守此語,何至若春秋以後王室之不振哉? 且曰"張皇六師",而必先之以敬,則導王以整武而非導王以讀武也。

無壞我高祖寡命

高祖,蔡《傳》謂"文武"。歷觀《周書》諸篇,凡文武並舉之處,或曰"文武",或曰"文王武王",未有他稱。其稱文王也,亦不過曰"文考""文祖"而已,"文"之外無他謚也。武王則不然,《大誥》稱爲"寧王",《洛誥》稱爲"光烈考",不必定以"武"名。《盤庚》曰:"肆上帝將復我高祖之德",固以始有天下者爲高祖也,則此之"高祖"宜專指武王爲是。《盤庚》以成湯爲高祖,而《商頌》曰"衎我烈祖",又曰"武王載旆",高、烈與武意義固相類也,武王既曰"烈考”,何不可爲高祖乎?

則亦有熊羆之士,不二心之臣,保乂王家。

此對“張皇六師”句言之也。言文武當日底至齊信者,祇此務德不務罰之心。至於“保乂王家”,則全在武勇之士、忠實之臣戮力同心而已。蓋“張皇六師”者,臣以整軍經武勉其君;“保乂王家”者,王又以干城腹心望之臣,所以爲報誥也。

世變風移,四方無虞。

三十年爲一世,世既變而風始移,言殷民之難格也,殷民格而四方無可虞矣。上言遷殷頑於洛邑,不過蕞爾一隅耳,而曰“四方無虞”者,人主之有天下,猶人之有一身,一指不伸,則通體爲之不適;一隅不靖,則四方爲之不安。

僕臣正,厥后克正;僕臣諛,厥后自聖。后德惟臣,不德惟臣。

命辭鄭重若是,是穆王之責望於伯冏者,不減於君牙矣。何以迹其生平?造父爲御,西巡忘歸;導諛而迪非者,仍出於僕御之臣,所言如此,所行如彼,何其判若兩人耶。歷觀篇中一則曰“思免厥愆”,再則曰“繩愆糾謬,格其非心”,極似悔過之言,在八駿巡行之後,而以《通鑑》年月考之又不符,疑《通鑑》未審與。

蚩尤惟始作亂,延及于平民,罔不寇賊,鴟義姦宄,奪攘矯虔。

此節推原立刑之由。上古民氣敦龐,下無罪戾,上無刑章。至蚩尤始爲亂,延及平民,無不寇贼,鴟義姦宄奪攘,於是聖人矯正而虔劉之,此刑之所謂作也。但係不得已而後用之,所以制亂非以虐民,故下言苗民尚刑之害。

士制百姓于刑之中,以教祗德。

此與上“伯夷降典”二句相應。伯夷,禮官,所降者典,而失禮則入於刑矣,故曰“折民惟刑”。皋陶,刑官,所制者刑,而懷刑則敬乎德矣,故曰“以教祗德”。有虞爲治,總以禮教爲主,明刑正所以弼教也。

何度非及

及,波及也。己本無罪,人有罪而波及於己也,此等人最宜哀矜。乃後世之司刑者往往以羅織爲能,株連蔓引,動輒千萬,傷國脈,干天和,莫此爲甚,故穆王特舉以訓曰用刑之事。何者當審度?非獄詞之所牽連者乎?

非佞折獄

三代以後,折獄者全憑口給禦人,非佞不得謂能吏。然以佞折獄,則喜得其情而不知哀矜矣。《賁》之《大象》曰:"山下有火,賁;君子以明庶政,无敢折獄。"正恐明有所限,不敢恃此察,察者而輕忽民命也。

曰:惟祖惟父,其伊恤朕躬!嗚呼!有績予一人,永綏在位。

祖、父,謂同姓諸侯。恤,憫也。斯時平王播越東遷,宗周傾覆,正君臣卧薪嘗膽之時。既命文侯爲方伯,宜將先仇未報、國耻未洗於策書痛哭慷慨言之,乃無一語及此,第曰"恤朕躬",曰"有績予一人",其自爲謀也則善矣,如先王何宜?蘇氏以忘親背義深譏之也。

我惟征徐戎

征者,上伐下。伯禽爲方伯,得專征伐,故云征。夷戎並起而獨征徐戎者,以其逼近東郵,自宜先其所急。且淮夷久叛,徐戎新爲,脅誘人心未固,征之易於奏功,徐戎破則唇亡齒寒,淮夷必爲奪氣。審緩急,權時勢,兵法之要務也。

秦誓

蔡《傳》云:"晉敗秦師於殽,囚其三帥。穆公悔過,誓告群臣。"蓋從《孔傳》據《書序》而言,《史記》則云:"穆公三十六年伐晉,自茅津渡河,封殽尸,哭之三日,乃誓於軍。"金氏履祥主其説。是作誓之歲月雖不同,而爲班師後作,則諸書皆合也。然誓爲六體之一,《尚書》之以"誓"名者,夏有《甘誓》,商有《湯誓》,周有《泰誓》《牧誓》,魯有《費誓》,禹之征苗亦誓於師,皆未戰之前誓師而作,此外無以"誓"名者。若班師後告諭群臣,則是誥體,不應名之爲"誓"矣。意者秦師既敗於殽,又敗於彭衙,穆公此時已深悔用杞子之言,違蹇叔之謀,而於拜賜之名耿耿於心,思欲一洗此耻,故於王官誓師之時,屏去弔民伐罪、坐作進退恒辭,而但言其既往之悔,冀其將來之善,三軍感奮,乃有取城封尸之效。孔子所以取之者,以其悔過思善,髣髴有王者之意象焉,不以人廢言也。

書經管窺

（清）李景星 撰
鍾雲瑞 趙性傑 點校

續修四庫全書總目提要·書經管窺二卷

李景星撰。景星字紫垣，山東費縣人，諸生。是書上卷虞夏商書，下卷周書，有自作弁言並凡例。主發明各篇大義，間及文法。其分段分節處，自謂融會經文，訂坊本之錯誤，又多引史事爲佐證。每朝書終，則總其治亂興衰之故而論之，大率皆陳言也。惟謂《武成》改本“丁未一節，當在‘恭天成命’以後，蓋諸侯受命於周，必有命辭，‘王若曰’四節，即周之命辭也。既命以後，乃率諸侯告祭，‘丁未’一節，告祭也。告祭以後，乃有列爵分土諸政，故史臣叙之以終此篇”云云。又謂“《伊訓》五篇，皆今文所無，然皆言近而旨遠，辭約而義博，迂儒何得肆口僞之”。又謂“夏商誓師，皆有孥戮之罪，蓋古法也。惟《牧誓》言‘爾所不勖，其于爾躬有戮’，即文王罪人不孥之實事”。又謂揚子《法言》稱《酒誥》之篇俄空，而《酒誥》今古文皆有，惟《大傳》引《酒誥》曰“王曰封，惟曰若圭璧”，今無此句，或即脱簡之一證。若此之類，則亦未嘗無獨見矣。

弁言

《書》之爲義大矣，上自典謨，下及誓誥，凡二帝三王之政教，與夫《春秋》未作以前之王綱侯度，無不備載，而其間道理之淵深、文辭之古奥，後世傳注家竭生平之力或不能得其萬一，甚矣其難也。余以庚戌之秋承乏肥校講席，分門教授，擔任四科，而經學一科，即以《書經》爲正課，遵功令也。每講一課，輒反覆開導，不厭詳盡。一篇講畢，又書其大義以示之，至字句之間偶有會心，亦並及焉，積久成帙，釐爲二卷。同學阿好屢請付諸棗梨，余未之應也。邇來南方告警，各省響應，前路茫茫，不堪設想。余欲辭去此席，暫返鄉里，以爲避亂之計。偶繙行篋，適得是編，乃少加删汰，録而存之，凡以寓雪泥鴻迹之感爾，若云著作，則吾豈敢？宣統三年秋八月，費縣李景星自序於肥城縣官立高等小學校。

凡例

一、是編分上、下二卷，上卷《虞書》《夏書》《商書》，下卷《周書》。

一、讀書之道，先求綱要，綱要既得，始有下手處。是編先列六綱於前，以爲學者向導。

一、是編著録，以發明各篇大義爲主，其字句之間偶有見到處，亦備書之。

一、經史相爲表裏，是編於史書内與經文相發明者，必引之以爲佐證。

一、經書不但義理好，文字亦好。是編於經文有關文法處，亦間爲提明，以備觀覽。

一、虞、夏、商、周每一朝書終，必將其治亂興衰之故總而言之，以爲論世之資，間有叙於前者，用意則同。

一、坊本逐段解釋，亦自分明，然間有錯誤處，不可不知。是編融會經文，參之傳注，分節分段，與坊本時有出入。

一、編内引前人説，皆標明姓氏，惟自己意見與前人暗合，及用前人之意而不襲其辭者，不再標明，以歸簡易。

一、《武成》[①]篇内，於今本改定，妄參末議，不敢自是，以質高明。

一、是編隨手著録，間有未及審處，閱者諒之。

---

① 武成，原作“武城”，據今本《尚書》篇名改。

綱要

《尚書》名義

孔氏穎達曰:"聖賢闡教,事顯於言,言愜於心,書而示法,因號曰《書》。後人見其久遠,自於上世,尚者,上也,言上代以來之書,故曰《尚書》。"

《尚書》功用

揚氏雄曰:"説事者莫辨於《書》。"劉氏勰曰:"子夏嘆《書》'昭昭若日月之明,離離如星辰之行',言昭灼也。"又曰:"《尚書》覽文如詭,而尋理即暢。"劉氏知幾曰:"《尚書》者,七經之冠冕,百氏之襟袖。學者必先精此書,次覽群籍。"司馬氏光曰:"《尚書》者,二帝三王嘉言要道盡在其中,爲政之成規,稽古之先務也。欲求楷模,莫盛於此。"董氏鼎曰:"一書之中,其於明德新民之綱、修齊治平之目,即《堯典》已盡其要,而'危微精一'四言,所以開知行之端;'主善協一'四言,所以示博約之義。務學,則《説命》其入道之門;爲治,則《洪範》其經世之要。他如齊天運,則有羲和之曆;定地理,則有《禹貢》之篇;正官僚,則有《周官》之制度;修己任人,則有《無逸》《立政》諸書。煨燼壞爛之餘,百篇僅存其半,而宏綱實用尚如此,故嘗謂'六經莫備於《書》'。"

删定以前《尚書》之情形

林氏之奇曰:"孔子之前,《書》之多寡不可得而見。《書緯》云:'孔子得黄帝玄孫帝魁之書,迄於秦穆公,凡三千二百四十篇,爲《尚書》;斷遠取近,定其可爲世法者百二十篇,爲《簡書》。'此説不然,古書簡質,必不如是之多也。班孟堅《藝文志》於古今書外又有《周書》七十一篇。劉氏向云:'周時號令，蓋孔子所論百篇之餘。'於周時所删去者纔七十一篇，自周以前疑愈少矣，謂有三千餘篇，非也。"

删定以後《尚書》之流派

陸氏德明曰："《書》者，本王之號令，右史所記，孔子删録。及秦禁學，伏生失其本經，口誦二十九篇傳授。伏生授濟南張生、千乘歐陽生，歐陽生授同郡兒寬，寬授歐陽生之子，至生之曾孫高，作《尚書章句》，是爲歐陽氏學。高孫地餘授元帝，傳至歐陽歙，歙以上八世，皆爲博士。濟南林尊受《尚書》於歐陽高，以授平當及陳翁生。翁生授殷榮、龔勝，當授朱普、鮑宣。後漢濟陰曹曾又受業於歐陽歙，傳其子祉及陳弇、牟長。沛國桓榮受《尚書》於朱普，以授漢明帝。遂世相傳，故歐陽氏之學，東京最盛。其張生一派，張生授夏侯都尉，都尉傳族子始昌，始昌傳族子勝，勝受詔撰《尚書説》，號大夏侯氏學，傳周堪、孔霸。霸傳子光，堪授牟卿、許商，商授唐林、吴章、王吉、炔欽。至後漢時，北海牟融亦傳大夏侯《尚書》。夏侯勝從父兄子建，師事勝，左右采獲，又從五經諸儒，問與《尚書》相出入者，牽引以次章句，爲小夏侯氏學。傳張山拊，山拊傳李尋、鄭寬中、張無故、秦恭、假倉，寬中授東郡趙玄，無故授沛唐尊，恭授馮賓。至後漢時，東海王良亦傳小夏侯《尚書》。古文《尚書》者，孔惠之所藏也，皆科斗文字。博士孔安國以隸古寫之，又爲作《傳》，以授都尉朝，朝授庸生，庸生授胡常，常授徐敖，敖授琅邪王璜及塗惲，惲授乘欽。歐陽《尚書》立學官最早，宣帝時，立大小夏侯；平帝時，立古文。永嘉喪亂，衆家之書並滅亡，而古文孔《傳》始興。"

古今文字之異同

歐陽氏修曰："開元十四年，明皇以《洪範》'無偏無頗'聲不協，詔改爲'無偏無陂'。天寶三年，又詔集賢學士衛包，改古文從今文。"馬氏端臨曰："漢之所謂古文者，科斗書；今文者，隸書也。唐之所謂古文者，隸書；今文者，世俗所通用之俗字也。"

各家傳注之得失

李氏延壽曰："齊時儒士罕傳《尚書》之業，徐遵明兼通之。"又曰："下里諸生略不見孔氏注解。武平末，劉光伯、劉士元始得費甝《義疏》，乃留意焉。"朱氏熹曰："諸經皆以注疏爲主，《書》則兼取劉敞、王安石、蘇軾、程頤、楊時、晁説之、葉夢得、吴棫、薛季宣、吕祖謙。"真氏德秀曰："蔡季默，西山先生季子也，從文公遊。文公晚年，訓傳諸經略備，獨《書》未及整，環視門生，求可付者，乃以屬君。君沈潛反覆數十年，然後克就，其書考序文之誤，訂諸儒之説，以發明二帝三王群聖賢用心之要。《洪範》《洛誥》《泰誓》諸篇，往往有先儒所未及者。"合以上諸説觀之，知各家傳注均有得失，是在善讀者之慎擇焉耳。

目録

卷上

虞書

二典三謨，謂之《虞書》。夏氏僎曰："三聖授受，實守一道。謂之《唐書》，則可以該舜，不可以該禹；謂之《夏書》，則可以該舜，不可以該堯。惟曰《虞書》，則見舜上承於堯，下授於禹。"黄氏鎮成曰："《堯典》雖言堯事，而自'疇咨'以下實爲禪舜張本。三謨等篇，亦舜時事，所以均謂之《虞書》也。"王氏樵曰："舜史記堯事，禹史記舜事，紀載出於虞史，而緒成於夏史之手，《春秋傳》多引爲《夏書》，據所成也；孔子定爲《虞書》，原所作也。"具此三説，而《虞書》之義乃備。

堯典

《堯典》是順綱文字，首節提起全篇，"克明俊德"以下，言"光被四表"也；"乃命羲和"以下，格於上也；"帝曰疇咨"以下，格於下也。篇内以欽爲主，以修德、敬天、用人爲節目。明俊德，是修德事；命羲和，是敬天事；曰疇咨，是用人事。而三事之中，全以欽敬之心爲貫注，故能繼天出治，立萬世人君之極。如此看來，較爲自然，坊本所分節段，似未盡允。

"光被四表，格於上下"，爲"放勳"二字形容盡致。

"寅賓""敬致""寅餞"等字，正是"欽若昊天"實在處。

"静言庸違，象恭滔天"，千古大奸人不能出此兩句。《堯典》是言，直爲用人者留一面照妖鏡。

矯情之人，能欺衆人，或不能滿於妻子、家庭之間，真情易露也。堯觀刑二女，亦是此意。

舜典

《舜典》是倒綱文字，“四罪而天下咸服”以前，徵庸事也；“二十有八載”以後，在位事也；舜生一節，總束全篇。徵庸以前，是治未平之天下。治未平之天下，不能無事，故璿璣以欽天，肆類以敬神，輯瑞以懷侯，肇州以奠地，象典以明刑。在位以後，是治既平之天下。治既平之天下，不必多事，故詢於四岳，以謀治也；咨牧，命外侯也；咨岳，命内官也；咨汝，總命也；三載，考成也。孔子曰：“無爲而治者，其舜也與?”是據其既平而言，所謂寓有爲於無爲之中，而不見其爲也。不然，黄老之風，已自舜開之，不待漢文之世矣。

自“粤若稽古”至“乃命以位”，此二十八字，今、古文《尚書》皆缺，蓋今文《尚書》堯、舜《典》本爲一篇，古文雖分爲二，當梅賾上《孔傳》時，《舜典》已失，各家據今文補苴，從“慎徽五典”起，故亦無上文二十八字。至蕭齊建武四年，姚方興上古文《孔傳》，云於大航頭得之，内有《舜典》，且多篇首二十八字，未及施行，方興以罪誅。隋購遺書，始得之，以行於世。自此《典》分爲二，勢不可合矣。

“烈風雷雨弗迷”，極言聖人處變如常，不必實有其事，蓋與上“克從”“時叙”“穆穆”，同是形容之辭耳。

王氏應麟曰：“《夏小正》《月令》《時訓》詳矣，而《堯典》命羲和，以數十言盡之；《天官書》《天文志》詳矣，而《舜典》在璣衡，以一言盡之。叙事當以此爲法。”

“四罪而天下咸服”，罪所當罪也。孔子曰：“舉直錯諸枉，則民服。”《舜典》此條，可爲錯枉民服之證。

惇德允元，而難任人，小人不去，君子必不能安其位也。後世賢奸並用，欲望治如唐虞，難矣。

曰敬、曰寬，唐虞之善教也。後世教民，文具而已，敬於何有？强迫而已，寬於何有？

大禹謨

《大禹謨》分三段看，首段三節，陳謨也；次段十一節，命總師也；末段二節，征苗也。首段重一“艱”字，次段重一“中”字，末段重一“謙”字，而“德”字尤爲三段之主，首段之“敏德”“帝德”“德惟善政”“正德”，次段之“朕德”“種德”“好生之德”“懋德”，末段之“敗德”“惟德動天”“文德”是也。至於以“文命”起，以“文德”結，是其眼目關照處，亦宜留心。

"后克艱厥后，臣克艱厥臣"，所謂爲君難，爲臣不易也。

"惠迪吉，從逆凶，惟影響"，只此三言，已包括後世一切勸善書。

"人心惟危，道心惟微，惟精惟一，允執厥中"，此帝王傳心之要。"滿招損，謙受益"，此聖賢處事之要。

皋陶謨

《皋陶謨》分五段看，首段言爲治之本，在於迪德；次段言迪德之要，在於知人、安民，每段各一節；三段三節，詳知人也；四段一節，詳安民也；末段一節，則總上意以結之。蓋王者之治天下，安民而已；安民非一人之事，故必本於知人；知人非一日之長，故必原於修德。分言之，則知人、安民爲一篇之大綱，而推其用意，則知人爲安民之本，迪德尤知人之本也。舜以天下遜禹，禹獨推皋陶，孟子論道之正傳，亦曰："若禹、皋陶，則見而知之。"又曰："舜以不得禹、皋陶爲己憂。"子夏亦曰："舜舉皋陶，不仁者遠。"觀於此謨，而知皋陶之學之粹矣。

"乃言曰：載采采"，載，行也；采，事也，謂所行某事某事也。古人用人，不採虛名如此。

王氏應麟曰："古文'天明畏，自我民明畏'，今文下'畏'字作'威'，蓋衛包所改。"按《釋文》，"畏"如字，徐邈作"威"，馬融本作"威"，據此，則非衛包所改矣。或曰：古"畏""威"二字通用，其義一也。

"思曰贊贊襄哉"，蔡《傳》曰："'曰'當作'日'。"林氏之奇曰："張横渠、薛氏皆以'曰'當作'日'字，此説比先儒爲優。雖治經者不當變易經字以就己意，然考之於經，如《洛誥》曰'今王即命日'，《釋文》一作'曰'；《吕刑》曰'今爾罔不由慰日勤'，《釋文》一音作'曰'，以是知'日''曰'兩字，經文多相亂，而此下文又有'予思日孜孜'，與此文勢相類，故可從也。"

益稷

《益稷》，今、古文皆有，但今文合於《皋陶謨》，古文析爲此篇。上世簡册用竹，多則不便檢閲，故析而二之，無他意也。因篇首有"益稷"二字，遂取以名篇，與禹、皋二《謨》相别，其實多禹、皋之言，無益稷之言也。篇内分三段看，首段八節，記禹、皋保治之言；中段二節，記后夔論樂之言；末段一節，記舜、皋責難之言。治定制禮，功成作樂，唐虞之治，至是爲極盛矣，而猶兢業如此，中天之世，所以不可及也。秦苻堅、唐明皇稍知此意，則淝水之敗、西蜀之奔，可以免矣。

《禹謨》中有益，篇名《大禹謨》，以禹爲主也；《皋謨》中有禹，篇名《皋陶謨》，以皋陶爲主也；《益稷》中無益稷，篇名《益稷》，别於上二篇也。虞史既述二典，其所載有未備者，於是又述其君臣之嘉言善政，以爲三謨。二典，經也；三謨，緯也，合以觀之，唐虞之盛見矣。

以上開荒五大篇文字，心法之祖、治法之祖，亦文法之祖。

夏書

《夏書》僅四篇，《禹貢》是開國規模，《甘誓》是嗣位氣象，《五子之歌》是中衰原由，《胤征》是中興張本，四百年全局，已具於此。

禹貢

《禹貢》記禹功也，分四段看，首段一節，已立全篇之綱，"冀州"至"成賦中邦"一段，詳治水之事；"錫土姓"至"二百里流"一段，終治水之功；末段一節，總通篇以結之。就中冀州一段，又分爲三層，冀州八十二節爲一層，叙治九州次第；導岍十三節爲一層，叙導山水原委；九州二節爲一層，則本段之結也。極錯綜亦極整密，《史》《漢》文字，無有能彷彿者，王景文謂"序山水當用《禹貢》"，非虚言也。

自漢以來，注是篇者頗多，大抵紛如亂絲，錯誤層疊。近代惟胡氏《錐指》頗稱善本。内如三江、滎波，以鄭康成之説爲主；"浮于淮泗，達于河"，謂"河"當從《説文》作"菏"；梁州黑水，與導川黑水，不可混而爲一，皆能糾蔡《傳》之失，研是篇者所當究也。《孟子》曰："禹之行水也，行其所無事也。"讀《禹貢》，當看禹之行水，行所無事處。

自新學盛行，地理之研究愈密，如北條之河、南條之江，近來地理家謂其源出於青海，不但導河積石，非河之所自出，即岷山導江，亦是江之别派，非江之正源。此等處，隨世運發現，從前經生家固不能知，後來窮河源者，亦未及盡知也。

甘誓

《甘誓》文字簡而盡，一篇之中僅八十字。凡六軍之制、車乘之法、誓師之辭、刑賞之典，無不具備，且其討有扈也，與禹之征三苗同；其召六卿也，與禹之會群后同；其勉以恭命也，與禹之言"一乃心力"同。啓賢能敬承繼禹之道，即此一端，亦略見之。

"大戰于甘"，見有扈抗王之罪；"乃召六卿"，見帝啟馭臣之權，八字之中，史法森然。

五子之歌

《五子之歌》分兩段看，前段三節，史臣叙作歌之由；後段六節，乃其歌辭也。“述大禹之戒以作歌”，是一篇之主，歌辭五章，俱本此意。音節沈痛，辭意凄凉，令人不能卒讀。

豪傑舉事，必順民心；奸雄起事，亦因民心。“因民弗忍”四字，是千古盜神器者之所憑依，撫有斯民者，尚其加之意哉！

民雖至愚，亦知愛身家、保妻子，不得已而爲叛亂，非一朝一夕之故，其所由來者漸矣，故曰：“怨豈在明？不見是圖。”

胤征

《胤征》亦分兩段，看前段一節，史臣之辭；後段六節，胤侯告衆之辭也。告衆不過三意，前述國憲，中罪羲和，末申軍令，而其間曰王命、曰天子威命、曰天戒、曰天紀，承王者之命，以行上帝之罰，正大光明，儼然純臣氣象，下視桓文摟伐，如泰山之於培塿矣，且“殲厥渠魁，脅從罔治，舊染污俗，咸與維新”，深得弔伐之意，後世惟曹彬之下江南、徐達之克燕京，足以當之，餘則未有合也。至有夏一代之典章法度，《夏書》簡略，俱未及詳，其得存什一於千百者，尤賴有此篇云。

商書

《商書》十七篇，《湯誓》三篇，開國之事也；《伊訓》五篇，繼統之事也；《盤庚》三篇，遷都之事也；《説命》四篇，再興之事也；《西伯戡黎》[①]二篇，亡國之事也。

湯誓

《湯誓》分二段看，前段三節，誓以興師之意；後段一節，誓以治師之律。篇内一曰“天命殛之”，再曰“予畏上帝，不敢不正”，當日順天救民，不得已之苦衷，隱然見於言外。孟子曰：“天下信之，信以此也。”孔穎達曰：“各誓發首皆有序引，以言其誓意，記其誓處，惟此與《費誓》無之，蓋史非一人，故辭有詳略耳。”

蔡《傳》曰：“禹之征苗，止曰‘爾尚一乃心力，其克有勳’，至啟則曰‘用命賞于祖，不用命戮于社，予則孥戮汝’，此又益以‘朕不食言’‘罔有攸赦’，亦可以觀世變矣。”

---

① 西伯戡黎，原文作“西北戡黎”，據今本《尚書》篇名改。

仲虺之誥

湯既滅夏，惟有慚德，仲虺解之，乃作是誥。首節誥序，以下誥辭也。誥辭分前後兩段，前段五節，因其有慚而解之；後段三節，既解其慚而勉之。君聖臣賢，心心相印，故於勸慰之中，兼寓責難之義，非若後世臣子，但頌功德也。吕氏祖謙曰："湯心之慚，仲虺之釋，皆不可少。"陳櫟曰："湯之所以慚者，以居萬世君臣之始變。"二家説經，殆得聖人之微意哉！

曹丕之篡漢也，託之舜、禹；蕭衍之篡齊也，託之湯、武；邵陵、海西之廢，託之伊尹；新都之攝、臨湖之變，託之周公。後世亂臣賊子，動援古人以自解，不知古人已料及之也。"予恐來世以台爲口實"，湯之此言，直是聲淚俱下。

湯誥

《湯誥》，誥萬方也。首節是史臣序言，下分兩大段，皆誥語也。前段言君道之重，桀不能君，故奉天命以伐之；後段言君道之難，已既爲君，尤願諸侯以助之。兩段各四節，而總以"綏猷"句爲主，蓋猷者，道也，原於天，賦於人，能盡其道，則天與人歸，天子之位可以世守；不能盡其道，則天怒人怨，天子之位不可一朝居也。三代聖王，皆知此義，故其所言亦大略相同。後世此義不明，遂以君位爲擅作威福之具，蓋生民之阨極矣。吾願世之爲君者熟讀此篇，尤願人臣膺講筵之責者，先將此篇進讀之也。

羅氏欽順曰："六經之中，言心自舜始，言性自湯始。舜危微四言，未嘗及性，性固在其中，至湯始明言之，孔子言之加詳，曰：'一陰一陽之謂道，繼之者善也，成之者性也。'子思述之，則曰：'天命之謂性，率性之謂道。'孟子祖之，則曰'性善'。古聖賢言性，不過如此。自告子而下，初無灼然之見；宋程朱出，始别白而言之，其説於是乎大備。"

商周之事，大略相同，《湯誓》當合《泰誓》看，《虺誥》合《旅獒》看，《湯誥》合《武成》看。

伊訓

《伊訓》以下五篇，皆伊尹訓太甲也。是篇作於太甲即位之初，其時太甲之過，尚未彰著，而訓辭已危懼。若是，非過慮也，蓋有以窺其微矣。篇内以"明言烈祖之成德"句爲主，分三段看。首段，序也；"有夏"四節爲一段，言烈祖受命之難，以期德之能繼；"敷求"三節爲一段，言烈祖貽謀之遠，以見德之當修。防微杜漸，語重心長，後來惟諸葛《出師》二表足以配之。

《伊訓》曰："今王嗣厥德，罔不在初。"《召誥》曰："若生子，罔不在厥初生，自貽哲命。"從來人君之善惡，皆於初嗣位定之，故老臣之輔幼主，皆著意於此，非語言之偶合也。

"爾惟德罔小，萬邦惟慶；爾惟不德罔大，墜厥宗。"漢昭烈訓子之語，蓋取諸此。

太甲上

《太甲》三篇，爲太甲有過，以致訓也。是篇作於太甲初過之時，伊尹不欲激之，故其辭極婉。分三段看，首段三節，因太甲不順，作書以訓之；中段四節，因太甲不聽，面陳以戒之；末段三節，因太甲不改，行權以化之。每段之首，皆以史臣之言提起，在諸篇中又是一體。篇内三段，三提先王，無非欲其法祖。後來諸葛《出師表》，一篇之中，先帝凡十三見，意與此同。

"顧諟天之明命"，是存心養性功夫，孟子所謂"存心養性，以事天也"。

"自周有終"，"周"字，蔡《傳》引《國語》爲訓，雖迂遠些，究自穩當。後人改"周"爲"君"，不爲無理。總之説經之得不敵改經之失。

"習與性成"，總是習之過，非性之失。荀子於此等處，剖判不清，故直認爲性惡。

伊尹桐宫一役，實是千古變相，亦是千古疑獄。自孟子以"有志無志"辨之，其案乃定，後來説經家，那能有此識力。

太甲中

《太甲中》篇，伊尹爲太甲悔過而作。首節序言，下分兩段，前段一節迎太甲歸亳，作書以慶終德之美；後段五節，因太甲求助，拜手以答圖終之道也。"克終厥德"是前段主句，"圖惟厥終"是後段主句。篇中辭意温和，全是欣喜氣象，足見桐宫一役，是萬不得已之事。

"弗克于厥初，圖惟厥終"，雖是伊尹之功，亦是太甲天資過人處，遍閱史册，再覓不出第二個人來。

"欲敗度，縱敗禮"，亦是閱歷中語。千古回頭敗子，皆知此中况味，只是不肯如太甲自認不諱耳。

太甲下

《太甲下》篇，伊尹因太甲改過而作。分三段看，前段三節，言君道在與治，而舉先王以爲準；中段五節，詳與治之事；末段一節，則與治之防也。敗類之人，回頭難，再誤易。太甲雖已改過，伊尹猶慮其不終，故是篇辭意較前爲嚴厲。宋神宗用荆舒，以辨言亂舊政也；霍光族誅，以寵利居成功也。千古類此者，指不勝屈，彼二人其尤甚矣。

咸有一德

《咸有一德》，亦訓體也。首節叙訓德之由，下分三段，一段四節，言德之關係；二段四節，言德之功效；末段二節，言德之分量也。篇内"一"字最重，一則能密，大醇不間以小疵；一則有常，始勤不至於終怠。人君如此，則可以常保天位矣。後世人君，亦知修德，往往一念之疏，一事之差，遂爲盛德之累，只坐不能一之故，漢光武、唐太宗是也。伊尹此訓，其真知君德之本哉！

修德之道，當博而求之不一之善，約而會諸至一之理，此"德無常師"數語，所爲始於無常，終於克一也。張敬夫謂"虞廷十六字外，惟此爲精密"，洵然。

湯既殁，而保嗣王以永商命者，伊尹也；武既殁，而保嗣王以永周命者，周公也。《伊訓》五篇，當合《金縢》十六篇看。

《伊訓》五篇，皆今文所無也。言近而旨遠，辭約而義博，《大學》《孟子》皆嘗引之，漢世諸儒，孰能彷彿萬一哉？然則謂古文爲僞書者，真迂儒之見也。

盤庚上

《盤庚》三篇，爲遷民而作也。是篇作於未遷之時，分兩段看，前段四節，爲告民之辭；後段十三節，爲告臣之辭。告民之意，重在趨利避害；告臣之意，重在黜傲戒康。每段皆以史臣之言發端，與《太甲上》篇略同，亦變體也。蓋安土重遷，人之恒情，況世家大族有祖業可守，有田宅可戀，即明知遷之爲貴，終不肯以數世之遠利奪目前之近安，其病中於從康，其惡乃至於傲上，斯亦情勢之自然矣。篇中告臣之語詳於告民，亦以此故。

"人惟求舊，器非求舊，惟新"，是反比例，是倒裝語，猶言器求新，人求舊也。古人文字樸拙，往往如此。

盤庚中

《盤庚中》篇，將遷時作也。首節記事，下三段俱告辭。"明聽"以下，以古今之利害曉其遷；"失政"以下，以神明之責罰儆其遷；"今予"以下，則又總上意以決其遷。殷人尚鬼，相沿成風，篇内屢言鬼神，因其所懼而攝之。已開劫制之端，但情辭悱惻，將以至誠，終異後世之矯誣耳。

"鮮以不浮於天時"，看似夸張，實關至理。漢鼂錯云："堯有九年之水，湯有七年之旱，而國無損瘠。"正是此句確證。

盤庚下

《盤庚下》篇，既遷後作也。以"綏爰有衆"句爲主。首節叙綏衆之意，下分兩段，俱綏衆之辭。前段六節，合綏臣民；後段六節，專綏其臣也。蓋臣者，民之表率，民之未遷，視此爲從違；民之既遷，尤以此爲依賴。故《盤庚》三篇，雖統告臣民，而於告臣一面，獨加詳焉。後世人臣，若能盡知此義，明之思宗，何至臨朝而嘆，謂"朕非亡國之君，臣皆亡國之臣"哉！

當日遷都之舉，通國皆不欲，而盤庚毅然行之，遂奠社稷於苞桑之固。惟忍乃濟，惟斷乃成，盤庚有焉。

説命上

《説命》三篇，記高宗、傅説問答之言，總稱"説命"者，"高宗命説"實三篇之綱領也。是篇爲三篇之首，分三段看。首段四節，記高宗相説之由；中段六節，高宗以輔德命説；末段一節，説以受言望高宗也。中間夢説一層，極離奇亦極虚渺，其實至理所存，不足爲異。蔡《傳》曰："高宗恭默思道之心，純一不二，與天無間，故夢寐之間，帝賚良弼，乃念慮所孚，精神所格，非偶然而得。"數語詮説精當，所見極是。

"啟乃心，沃朕心"，極君臣契合之致，非高宗學有心得，不能爲是言。

説命中

《説命中》篇，詳於論政，分兩大段看。前段十一節，説因受命於王，而告以爲政之要；後段二節，説因見美於王，而責以行政之實。篇内以"憲天亂民"爲主，"惟口啓羞"八節，皆是發明此意。蓋天下之事，無一不本於天理，從其理則爲順天，順天者無事不治；違其理則爲逆天，逆天者無事能治。論政而至於此，是從源頭上立説，非傅説不能言，非高宗亦不足與言也。篇末曰"匪知之艱，行之惟艱"，尤屬探原之論。千古政學兩家，當各書一則讀之。

禹曰"安汝止"，伊尹曰"欽厥止"，傅説曰"惟厥攸居"，居亦止也。三代傳心之學，於此見之。

説命下

《説命下》篇，詳於論學，亦分兩大段看。前段七節，傅説承君命之重，而備陳聖學之全；後段四節，高宗因論學之言，而深望良臣之助。六經言學，始於此篇，而所謂學者，不過曰"遜志"，曰"時敏"，曰"念終始典于學"。"遜志"則心虚，"時敏"則功純，"終始典于學"則有恒，以虚心運純功，而又將之以有恒，爲學之道，盡於此矣。尼山論學，集千古之大成，猶不能出此數言之外，信乎《説命》爲言學之祖也。

《説命》僅三篇，而中篇言政，王道也；下篇言學，聖功也。總内聖外王之道以告其君，是乃真相臣哉！二十四史之中，幾人足以當之？

命官之辭，唐虞已有之，然多止數言，少或一言，皆出於當時面命，無專書也。有專書自《説命》始，其事既屬非常，而其所陳，則大訓微言在焉。夫子録之，實與《三謨》《伊訓》相表裏，非他篇比也。

高宗肜日

蔡《傳》："《高宗肜日》，訓高宗也。不言訓者，以本有《高宗之訓》，故只以篇首四字爲題。"首節史臣敘言，下分三段。"祖己"[①]段，提出"格王正事"，爲一篇之綱；"乃訓"一段，格王也；"嗚呼"一段，正事也。殷人尚鬼，已成習慣，雖以高宗之聖，猶不免此。故傅説論政，既以黷祀爲戒，而祖己復作此篇以訓之。其人既已指明，其事又復相類，合以觀之，其爲訓高宗無疑也。後儒昧於追《書》之義，以爲既訓高宗，不當稱其廟號。自史遷以下，議論紛紜，殊屬作繭自縛，當仍以蔡《傳》爲正。

祖己曰："惟先格王正厥事。"孟子曰："惟大人爲能格君心之非。"若祖己者，可謂"大人"矣。

西伯戡黎

讀《西伯戡黎》，而知周之所以興也。當是時，周師逼近，舉國皆驚，大臣諫君，何妨舉以爲戒？乃觀祖伊之言，曰"天棄我"，曰"民欲喪"，曰"乃罪，不歸之於天，則歸之於民；不歸之於民，則歸之於君"，而絶無一語及周，知周德之深，而其心久爲天下所共諒矣。篇内多危懼之辭，首節史序，言祖伊奔告之由；下分爲二段，前段四節，祖伊入告，而王拒而不納也；後段二節，祖伊出言，欲王聞而自悟也。

王氏應麟曰："商都朝歌，黎在西境，黎亡則商震矣。"顧氏炎武曰："以關中並天下者，必先得河東。秦取三晉，而後滅燕齊；苻氏取晉陽，而後滅燕；宇文氏取晉陽，而後滅齊。故西伯戡黎，而殷人恐矣。"以上二説，於理皆合，終以前説爲優。蓋祖伊之恐，只是驚其逼迫，不必有天下大局於心中也。

---

① 祖己，原作"祖伊"，據《尚書》經文改。

微子

讀《微子》而知商之所以亡也。君子之去留，國之存亡係焉，故《夏書》終於《汝鳩》《汝方》，《商書》終於《微子》。篇内分三段看，前段三節，微子歷言喪亂，而謀救商之策；中段五節，箕子詳陳喪亂，而示存商之道；末段一節，箕子又言去就之義，而冀無愧於商家也。亡國之書，語語沈痛，令讀之者不能終篇。

讀《西伯戡黎》《微子》二篇，不禁掩卷而嘆也，以成湯之創造，太甲之悔過，盤庚、高宗六七君之經營，而卒敗於獨夫之身，雖有三仁、祖伊諸臣，徒嘆息痛恨，以身徇國，無能救其覆亡焉。祖功宗德，培之百年而不足；敗子逆孫，壞之一旦而有餘。家國一理，可哀也哉！

卷下

周書

《周書》三十二篇，《泰誓》七篇，記武王開國規模；《金縢》十六篇，記周公相成王事業，蓋經營若是之難，德澤若是之厚，而制作又如是之大且遠也；《顧命》三篇，成康之書，周公之成法，賴此不墜；《君牙》三篇，穆王之書，文、武、成、康之緒，至此寖衰微矣；《文侯之命》三篇，附於卷末，蓋傷幽厲之危亡，慨東周之不振，用以思周公，究世變焉。中間略宣王中興書，《雅詩》已詳，故不復載，學者當參觀之。

泰誓上

伏《書》二十八篇，本無《泰誓》。武帝時，僞《泰誓》出，與伏生之《書》合爲二十九篇，漢儒所引，多本乎此。晉時，孔壁書行，古文《泰誓》始著，今所傳三篇是也。此爲上篇，是武王未渡河時作。首節史辭，下分兩大段看，前段五節，原天立君之意與紂爲君之惡，以見商罪當誅；後段五節，推天愛民之心與己救民之誠，以期群情共助，而“王曰嗟”及“天矜于民”兩節，又爲兩段之總起結焉。篇内天、民並重，蓋順天應人，武王興師之本心，有如此也。

“十有三年”，蔡《傳》謂武王即位之十有三年，此定解也。漢孔氏因《泰誓序》“三”字誤“一”字，遂以爲十一年觀兵，十三年伐紂，又以虞芮質成爲文王受命改元之年，凡九年而文王崩，武王立，二年而觀兵，三年而伐紂，合爲十有三年，其説荒誕無憑，諸儒駁之是矣。

觀《洪範》曰：“惟十有三祀，王訪于箕子”，足爲此篇“十有三年”之證。蓋訪範、陳疇，均是此年事也。

“惟天地萬物父母”節，發明君道，中邊俱徹，蔡《傳》所謂“雖一時誓師之言，實萬世人君所當體念是也”。後世此理不明，爲君者視爲世守之業，而不思立君之義，以致統馭失宜，禍亂疊起，極其末流，或創爲廢君主之説，而五倫之道，傳於上古，萬世而不變者，至此幾缺其一，是非細故，而推厥由來，亦非偶然也已。

泰誓中

《泰誓中》篇，武王既渡河時作。首節叙作誓之由，以下言紂之惡，而比之於桀；言伐紂之意，而比之於湯，俱是誓衆之辭，可作一大段讀。“天命”二字，亦一篇之綱領也，且篇内誓辭，既曰“戎商必克”，又曰“罔或無畏”，臨事而懼之，誠溢於言表，斯其爲王者之師歟？後世兵家，可奉爲祖訓矣。

“天視自我民視，天聽自我民聽”，發明天人相與之理，至爲親切。

泰誓下

《泰誓下》篇，亦既渡河時作。首節爲序，是史臣之言，以下誓辭，分爲兩段，俱以“嗚呼”發端。前段三節，言商紂之惡，爲天人並棄，而勉衆以共討也；後段二節，言文王之德，爲天人同歸，而自期以必克也。篇内大旨，亦以天、民爲主，與上中二篇意同。

《易》曰：“順乎天而應乎人。”《詩》曰：“桓桓武王。”讀《泰誓》三篇，當看其順天應人及其桓桓處。

湯伐桀，只《湯誓》一篇；武王伐紂，《泰誓》乃至三篇，且湯之辭裕，武之辭迫；湯之數桀也恭，武之數紂也傲，斯皆湯、武之不同處，君子於此，因以觀世變焉。

牧誓

《牧誓》，臨戰時作也，因前有《泰誓》三篇，故此以地名别之。首節，史臣叙篇之緣起，以下分三段，一段三節，將誓而肅其容也；次段二節，誓以伐商之由；末段四節，誓以進兵之律。蔡《傳》曰：“此篇嚴肅而温厚，與《湯誓》《湯誥》相表裏，真聖人之言也。”按周時兵制，除《周禮·夏官》所載外，應以此篇爲最詳。世言桓文節制，不敵湯武仁義，觀此，則知仁義之中，又未嘗不兼節制矣。

夏商誓師，皆有孥戮之罪，蓋古法也。至此曰“爾所弗勖，其于爾躬有戮”，不戮其孥，而戮其躬，二代之風變矣，推其原因，蓋始於文王罪人不孥焉。

武成

《武成》，總叙伐商始終也。古本錯簡，難尋端緒，應以改定本爲是。改本分兩段看，"惟一月"以下，叙伐商事；"厥四月"以下，叙告成事。叙伐商，則曰"告于皇天后土、所過名山大川"；叙告成，則曰"祀廟"、曰"柴望"，首尾照應，極自然之妙，不似舊文顛倒，故曰改本爲是也。惟"丁未"一節，似當在"恭天成命"以後，蓋諸侯受命於周，必有命辭，"王若曰"四節，周之命辭也。既命以後，乃率諸侯告祭，"丁未"一節，告祭也。告祭以後，乃有列爵分土諸政，故史臣叙之以終此篇，而結之以"垂拱而天下治"，如此看來，似更周密。予夙持此見，未敢自決，後閱江南方氏《潛書説》，意與予合，不禁狂喜，謹附於此，以俟知言君子。

馬氏森曰："《武成》一篇，雖在《泰誓》《牧誓》之後，其所記之事，則有在於《泰誓》《牧誓》之前者。""惟一月壬辰"一節，是記其出征之時；"厎商之罪"至"神羞"，是歷記其告神之辭，皆《泰誓》前事。"既戊午"，即中篇"惟戊午"；"甲子昧爽"，即《牧誓》之"甲子日"；"四月哉生明"，是《泰誓》後事。蓋《泰誓》歷記其誓師之節次，《武成》歷記其伐紂之始終，故以此篇叙於《牧誓》之後。

洪範

《洪範》包孕萬有，與《易》相準，是宇宙第一篇文字。分四段看，首段一節，叙作書之由；次段二節，叙武、箕問答之辭；三段一節，箕子述禹疇原文；四段三十節，則箕子之所衍也。篇内論天人相通之故最爲精密，歷代《五行志》皆本乎此，而究其實，皆襲此篇之粗迹耳。蓋天人原是一理，天未生人，則萬殊統於一本；天既生人，則一本散爲萬殊，是以善言天者，必驗之於人，而善言人者，胥本之於天。禹知此理，以叙九疇；箕子知此理，以衍九疇；武王知此理，以訪九疇。三聖人心心相印，而《洪範》一篇乃傳於世，其義理最正，其綱目最明，其功用所關最廣，其歸宿樞機最精，信乎唐虞以來授受之微言也。

天子不仁，不保四海；諸侯不仁，不保社稷；卿大夫不仁，不保宗廟，貴未必即爲福也，故《洪範》"五福"，言富不言貴。

能自振，則諸福隨之；不能自振，則諸禍因之，無國家一也。老友王一樵嘗本此意以釋"六極"終弱之故，細繹之，其説良然。

旅獒

《旅獒》，以“慎德”二字爲主。首節叙訓王之由，下分兩段，皆以“嗚呼”起。前段七節，以本事言；後段二節，推廣一層言之也。篇内凡關貢獒處，俱用暗射，惟言德之當慎，不言獒之當受不當受，蓋知德之當慎，獒之不當受，不待言矣。用意極遠，文法亦極高，後世文家，有所謂“背面敷粉法”，即指此類。

召公此篇與宋李沆《日奏水旱盜賊》用意略同，此防之於初，彼慎之於早也，斯其所以爲大臣歟？

金縢

《金縢》分兩段看，“乃瘳”以上，見周公以孝格祖，而起武王之疾，是《金縢》之始事；“既喪”以下，見周公以忠動天，而回成王之意，是《金縢》之終事。前言史乃册祝，後言乃問諸史，照應之中，極見章法，雖繫兩段，實如一段也。郝氏敬曰：“學者讀《金縢》，但當思聖人忠、孝、誠、敬，迫切至情，而不必奇其事。方其請代，惟知臣爲君死，何暇計事之有無，而藏册金縢，亦何期後日見知，惟自盡其心，以告無愧，至於受命如響，則有莫之致而至者矣。”

“我之弗辟”，孔《傳》訓“辟”爲“法”。鄭氏箋《詩》，始讀“辟”爲“避”。朱子初從孔《傳》，後與蔡沈帖，力主鄭説，蔡《傳》遵朱，故亦以鄭説爲主。各家雖往復辨駁，不能奪也。

大誥

王莽擬《大誥》，蘇綽亦擬《大誥》，直是無人心者，非但侮聖言也。試看《大誥》篇中，辭危而意迫，語重而情長，諄諄誥諭，全是一片至誠，與後世官樣文字，有天淵之分，况以矯誣之辭，上擬聖經，此亂臣賊子所爲，得不爲千秋笑駡乎？篇内分四段看，首段九節，歷叙東征及所以作誥之故；次段一節，重責舊臣；三段二節，承上意以人事證之；四段三節，承上意以天道明之。“考翼”二字，是一篇骨子；“卜”字，是一篇眼目。

微子之命

《微子之命》，亦是順綱文字，分四段看。首段，綱也；次段，申言“崇德”；三段，申言“象賢”，各一節；四段二節，總統承五句之意而申言之，爲一篇大結。章法整齊，較他篇爲易讀。

微子封宋，是成王時事，蔡《傳》本自分明，他家謬引《樂記》等説，直是自尋荆棘。

康誥

《康誥》以下三篇，小序以爲成王、周公之書，五峰胡氏始定爲武王之書，蔡《傳》因之。按三篇語氣，確是武王時作，只緣代遠簡錯，誤以《洛誥》首節移冠《康誥》，故序《書》者列其次於《微子之命》以後，其實三篇篇次當在《金縢》之前，蔡氏所辨者是也。是篇乃三篇之一，因篇内所載皆武王誥康叔之語，故名《康誥》。篇分三段，以"明德慎罰"爲主。首段三節，言文王"明德慎罰"以造周，見得封之有由；中段十八節，欲康叔"明德慎罰"以治國，見保封之有道；末段二節，以天命人心結之。

李氏杞曰："《康誥》一篇，始終以敬哉敬典爲言，是知致敬之道乃修身治民之本。康叔所以化商民之綱要，莫大於此。"

酒誥

《酒誥》，亦武王誥康叔也。商紂酗酒，天下化之。妹土[①]，商之都邑，染惡尤甚。武王既封康叔於此，故作此篇以誥之。"明大命于妹邦"爲一篇綱領，以下分三段，"乃穆考文王"七節爲一段，勉其守文王之教也；"我聞惟曰"四節爲二段，勉其以殷爲監也；"予惟曰"五節爲三段，勉其以身爲率也。

揚子《法言·問神》篇："昔之説《書序》以百，而《酒誥》之篇俄空焉。"《藝文志》云："劉向以中古文校歐陽、大小夏侯三家經文，《酒誥》脱簡一。"按：《酒誥》今、古文皆有，揚氏之言，未知何據，而《大傳》引《酒誥》曰"王曰封，唯曰若圭璧"，今無此句，或即脱簡之一證也。

《朱子語録》："人言荆公穿鑿，只是好處亦須還他，且如'矧惟若疇'至'定辟'，古注從'父'字絶句，荆公從'違''保''辟'絶句，敻出諸儒之表。"按《小雅·祈父》箋引《書》曰"若疇祈父"，知古文以"父"字絶句也。朱子《詩傳》引《酒誥》曰"祈父薄違"，從荆公。

"勿辯乃司，民湎于酒"，説者不同，句讀亦異。孔氏作一句讀，吕氏讀"勿辯"爲句，至蔡氏《傳》始讀"勿辯乃司"爲句，其説最優於諸家。

梓材

朱子曰："吴才老辨《梓材》後半截不是《梓材》，緣其中多是勉君，乃臣告君之辭，未嘗如前一半，稱'王曰'，又稱'汝'，爲上告下之辭。"又曰："'欲至于萬年'云云，却似《洛誥》之文。"按：是篇語氣，前後不倫，必以後半爲《洛

---

① 妹土，原作"妹上"，據《酒誥》經文改。

誥》之文，固無確據，强合爲一，義又難通。今遵蔡《傳》，仍分爲兩段。前段四節，是武王告康叔之辭，欲其通上下之情，寬刑辟之用，而勉於成終也；後段四節，是大臣戒君之辭，欲其懷諸侯以德，化小民以道，而永保天命也。如此看來，則前半爲本書，後半爲錯簡，傳信傳疑，庶兩得之。

"和懌先後迷民，用懌先王受命"，創業固難，守成亦不易，此祖有功，所以尤貴，宗有德也。

召誥

《召誥》，分兩大段，前段七節，史記營洛之事，爲召公致誥張本；後段十七節，則召公之誥託周公轉達者也。蔡《傳》曰："是篇拳拳歷年之久近，反覆夏商之廢興，究其歸，則以諴小民爲祈天命之本，以疾敬德爲諴小民之本，一篇之中，屢致意焉。古之大臣，爲國遠慮蓋如此。"數語已盡此篇之要領矣。

《湯誥》曰："降衷于下民，若有恒性。"此性善之説所自來也。《召誥》曰："節性，惟日其邁。"此性相近之説所由出也。凡若此者，所謂心法也。

洛誥

《洛誥》，叙周公留洛之事。分六段看，首段一節，錯簡於《康誥》之首，是作洛之始辭；次段四節，公以營洛之事告王，而王答之；三段十三節，公以治洛之事勉王，並以求去，王因挽而留之；四段七節，王留公於洛，公受命而致其責難；五段四節，王慰公於洛，公復命而陳以忠告；末段三節，倒補日月，收拾通篇，則作洛之終辭也。起結兩段，全是史臣語氣；次段，公在洛，王在鎬；三段，公與王俱在鎬；四段，王與公俱在洛；五段，王在鎬，公在洛。惟往返日月，史不能詳。篇内又多難通之處，故先儒以爲脱簡尚多，是在善讀者以意會耳。

陳氏櫟曰："此篇大可疑者，惟有公告王宅洛、行祀、出命之辭，而不載王至洛之事與其日月。觀十二月在洛祭告，命周公留至洛之事，尚謹書之，則自三月後至十二月前，此數月中至洛之大事，其當書也必矣。又此篇首章九句，脱簡在《康誥》之首，則首至洛之事，其脱簡又可想矣。且'孺子其朋'及'汝惟沖子惟終'等處，聱牙難通，又'王曰公功棐迪篤'之下無周公答辭，而即又繼以'王曰'，豈非此等處有脱簡錯簡耶？"

多士

商民遷洛者，多有位之士，故周公洛邑初政，先以王命告之，史録其篇爲《多士》。吕祖謙曰："遷洛之事，《召誥》經營之，《洛誥》考成之，《多士》則慰安之也。”首節爲序，下分六段，一段起“殷遺多士”，訖“王家我適”，是告以周家革命之公；二段起“予其曰”，訖“無我怨”，是告以殷民遷洛之故；三段起“惟爾知”，訖“時惟天命”，申言革命之公；四段起“王曰多士”，訖“臣我多遜”，申言遷洛之故；五段三節，以遷洛之利爲殷人勉；末段一節，則言作誥之意也。委婉開導，不厭詳盡，愛民之意，溢於言表，當與《盤庚》篇參看。

王氏綱振曰：“‘三月’當從《洛誥》十二月爲定，蓋八年之三月也。七年三月，周公初基作洛，十二月周公受命留洛，至次年三月，公方代王用誥治洛，此所謂‘誥告庶殷’者也。”

“王曰，又曰：時予乃或言爾攸居。”按蔡《傳》：“‘王曰’之下當有闕文，以《多方》篇末‘王曰又曰’推之可見。”王炎曰：“‘王曰’下必有脱簡，‘又曰’下必有脱文。”

無逸

自古有國家者罔不以勤而興，以逸而敗。成王初政，德性未堅，周公懼其流於逸也，因作《無逸》以訓之。篇内分爲七段，俱以“嗚呼”發端。首段三節，泛言“無逸”之道，領起全篇；二段四節，以殷事證之；三段四節，四段二節，以周事明之；五段二節，承上意而動其真聽；六段三節，總上意而勉以實行；末段一節，復致其丁寧之意。總之“無逸”之要，在於知小人之依，而欲知小人之依，遠之則在於鑒殷，近之則在於法祖，中間流連往復，訓誨周詳，上自天命精微，下至閭閻怨詛，無不備載，豈獨成王所當知，實萬世人主之龜鑑也。八百餘年之鞏祚，豈偶然哉？

自孔安國以祖甲爲湯孫太甲，後儒多祖其説，往復辨證，總多未合。蔡《傳》謂祖甲非太甲，其説良是。蓋蔡《傳》所據者，一以經文世次甚明，一以鄭氏之説甚當。鄭氏之言曰：“武丁欲廢祖庚，立祖甲，祖甲以爲不義而逃之民間。”夫曰“以爲不義”，與此之“不義爲王”合矣；曰“逃之民間”，與此之“舊爲小人”合矣，而揆之經文，世次不差，名諱又合，此蔡氏所以遵之無疑也。若注疏所據，惟以《國語》“祖甲亂”二語，及《史記》亦有祖甲淫亂之言，遂謂不當與二宗並舉。殊不知《國語》訛謬，多採曲説，遷《史》又多採《國語》，其謬略同，皆難據以爲信，況經文祖甲享國下即云“自時厥後立王，生則逸”，又云“罔克壽”，既以祖甲爲太甲，則中宗、高宗皆太甲以後之主，安得云“生則逸”“罔克壽”耶？此尤理之必不可通者，故曰蔡《傳》爲是也。

君奭

《君奭》，記周公挽留召公之辭。分六段看，第一段六節，從天命説起，極言大臣關係之重，見召公不當求去；二段四節，遠舉商臣而望召公媲美；三段七節，近引周臣而期召公共濟；四段一節，以先王顧命之切激厲召公；五段四節，以在己呼籲之誠感動召公；末段一節，以民德結，欲其輔王保民，以永天命也。深情摯語，悱惻動人，想見老臣謀國，絶無畛域之見。厥後召公秉政，歷相成康，篤棐之忱，至老不倦，其有味於周公之言也夫。

林氏之奇曰："《無逸》《君奭》皆周公所作，方其爲成王言，則謂商周之治，無不在其君之憂勤；及其爲召公言，則謂商周之治，無不在其臣之輔相，言各有所當也。"

蔡仲之命

蔡叔既殁，蔡仲改行，周公以王命封之於蔡，作《蔡仲之命》。王應麟曰："觀《蔡仲之命》，知周所以興；觀中山靖王之對，知漢所以亡。周公弔二叔之不咸，方且封建親戚，以蕃屏周；漢懲七國之難，抑損諸侯，以成外戚之篡。心有公私之殊，而國之興亡決焉。"篇内分兩段看，前段一節，《書》之本序；後段七節，則皆命仲之辭也。

"率德改行，克慎厥猷"，蔡仲一生行誼，盡此二句。

"皇天無親"數語，論國家治亂十分透徹，後世人君當各書一則讀之。

"作聰明，亂舊章"，亡國之本，三復是言，未嘗不太息痛恨於宋之神宗也。

多方

《多方》一篇，直是一則王命論。蓋當時天命雖定，而反側各國尚存覬覦之心，故周公因商奄之滅，以王命爲天下正告之。首節叙作誥之由，下分兩大段，以"告爾四國多方""惟爾殷侯尹民"二句爲提綱。前段二十二節，泛爲天下而言，所謂"告爾四國多方"也；後段八節，專爲殷士而言，所謂"惟爾殷侯尹民"也。前段分五層看，"王若曰猷"二節，言商奄之所以亡；"惟帝降格"四節，以夏事證之；"乃惟成湯"五節，以商事證之；"嗚呼王若曰"七節，又統夏商與周之受命而言之；"今我曷敢多誥"四節，則前段之結也。後段分四層看，"王曰嗚呼猷"一節，總呼多士；"越惟有胥伯"四節，以盡職爲多士勉；"自時洛邑"一節，以違命爲多士戒；"我不惟多誥"二節，則後段之結也。前段重一"圖"字，見天命不可妄干；後段重一"和"字，見臣工各當自勵。流連往復，語重情長，蓋周公之誥愈詳，而周公之志彌苦矣。

蔡《傳》："此篇之中，一曰'周公曰王若曰'，再曰'嗚呼王若曰'，《書》無此體也。蓋周公居聖人之變，史官豫憂來世傳疑襲誤，蓋有竊之爲口實者矣，故於周公誥命終篇，發新例二，著周公實未嘗稱王，所以别嫌明微，而謹萬世之防也。"

立政

《立政》爲周公之絶筆，周公之告王止於此矣。與《無逸》對看，蓋立政以用人爲本，而用人立政必以無逸先之。孟子有言："人不足適，政不足間，惟大人能格君心之非。"《無逸》爲周公格君心之書，《立政》即其行政用人之書也。篇内劈分五段，以"知恤鮮哉"句爲主，首段一節，述周公告王之意，領起"知恤"；次段四節，言夏商之知恤，而慨其後王之不遵；三段十三節，言文武之知恤，而深望成王之能繼；四段二節，承上意而力戒憸人，是知恤之要事；末段四節，結通篇而提出兵刑，乃知恤之餘波也。因篇中屢言"立政"，故以"立政"名篇，而周公之相業，亦於此可想見云。

《立政》一篇，爲全書之界限，自此而上，其君則堯、舜、禹、湯、文、武，其臣則伊尹、仲虺、傅説、祖乙、箕子，及周、召二公，後世以爲聖賢不可及者也，是以所傳諸篇，文峻而旨遠；自此而下，其君則成王、穆王、康王、平王，其臣則伯禽、君陳、君牙，下至秦穆公，其辭則一時太史之所爲也，視前爲有間矣，是以其文亦平易明白，可爲世法，然意盡於言，無從前淵深氣象，孔子取之，特以其合於吾道焉爾。

周官

《周官》，成王訓官也。分四段看，首段一節，記訓官之由；次段三節，成王自述訓官之旨；三段十節，分訓各官，示以當盡之職；末段七節，總訓各官，勉以當行之道。通篇以"訓迪厥官"句爲主，而三段之末，詳言統率之法、考核之典，尤得執簡馭繁之意。蓋國之治亂，係於用人，周公以是爲訓，成王即以是爲行，享祚久遠，全在於此，是篇所以繼《立政》之後也。惟所言三公、三孤與六年五服一朝，皆與《周禮》不符，又篇出古文，今文不載，故讀者不能無疑焉。

學古入官，所以敦本；典常作師，所以趣時。古人爲學，本末兼備如此，所謂學即政，政亦學也。自後世政學分爲兩途，乃有學非所用，用非所學之譏矣。

君陳

周公既殁，成王命君陳尹東郊，是篇乃其命辭也。分兩大段看，前段六節，欲其法周公之訓；後段八節，欲其廣周公之訓。蓋周有天下，至是幾二十年，殷之餘民，屢撫屢叛，經周公再三化導，始厎於平。若使繼其後者少涉張皇，誠恐餘燼復燃，一發難收，故成王鄭重其事，深望君陳之能繼周公，無負朝廷之委任焉。至"君陳"二字，漢之孔氏但曰臣名；康成注《禮》，始以爲周公之子；宋世諸儒固已疑之。篇内"順於外"數語，亦近導諛，成王明辟，似不至此，年代久遠，《書》缺有間矣。張氏居正曰："此篇之言，甚切於治道，君陳所以成和中之治，歷三紀而世變風移，皆本於此。"

顧命

《顧命》一書，是一篇極凄慘文字。分兩段看，前段十節，記成王之傳顧命；後段十九節，記康王之受顧命。今文《尚書》合《康王之誥》爲一，古文則分爲二，兹之爲篇，乃古文也。真德秀曰："此篇見周公養成君德之效，又見召公當危疑之際，區處周密，皆可爲後世法。文法亦佳，故張安國欲記《考古圖》，王景文曰'宜用《顧命》'。"惟是時成王初喪，康王與群臣乃服吉服，又"未没喪，不稱君"，今曰"王麻冕黼裳"，是踰年之君也；"周卒哭而祔"，今曰"諸侯出廟門俟"，是已祔之後也，皆非當日新喪情形。蔡《傳》雖力爲遷就，終覺未安，故或以爲脱簡，或以爲有闕文云。

"思夫人自亂於威儀，爾無以釗冒貢于非幾"，讀此二語，知成王學問純粹，其有得於周公者深矣。

康王之誥

《康王之誥》，康王初立，誥諭諸侯也。分爲四段，首段末段各一節，首段記朝見之禮，末段記朝畢之事；二段二節，是群臣進戒於君；三段三節，是康王求助於臣。與《顧命》篇對看，《顧命》成王之終，此篇康王之始也。篇内黄朱圭幣等事，喪用吉禮，最不可解，各家皆曰禮之變，蘇氏以爲禮之失，既難臆斷，不妨兩存。蔡《傳》所言，仍是主蘇氏耳。

《立政》曰："詰爾戎兵。"《康王之誥》曰："張皇六師。"承平久則武備易弛，故周、召諸公先事防之。

畢命

《畢命》，康王命畢公也。分五段看，首段史臣叙事，提出"保釐"二字，立一篇之綱，以下四段爲命辭，俱以"嗚呼"起。自"王若曰"至"仰成"，歷述得殷化殷之難，見保釐之責非畢公莫能任；自“今予祗命”至“于何其訓”，是勉以保釐之功；自“邦之安危”至“成式惟乂”，是期以保釐之效；末節，總上意作結，欲其盡心保釐也。

王柏曰：“康王即位之初，報誥之外，只此一命存於後世。”

王應麟曰：“《畢命》一篇，以風俗爲本，殷民既化，其效見於東遷之後。盟向之民，不肯歸鄭；陽樊之民，不肯從晉；及其末也，周民東亡，不肯事秦，王化之入人深矣。”

君牙

《君牙》，穆王命司徒也。分三段看，首段二節，述君牙先代之美，與己求助之切，是前路文字；中段四節，勉其盡教養之職，無負委任之意，是中路文字；末段一節，總上意作結，是後路文字。蓋君牙之先曾有爲司徒者，故篇中曰“世篤忠貞”，曰“纘乃舊服”，曰“無忝”，曰“追配”，末復言“由先正”“率祖考”，勤勤懇懇，專以守家法爲言，於此見世臣與國同休，而周祚之長，有由來矣。惟舜命司徒止於一語，是乃衍至一篇，令人讀之，不無世降文勝之感爾。

周至穆王，其德衰矣，而《君牙》一篇猶兢兢於教化如此。此其雖荒，而不至於亡歟。抑令人於此想見文武之遺澤焉。

冏命

《冏命》，穆王命太僕也，亦分三段看。前段三節，言僕臣所關之重；中段五節，示伯冏以正僕臣之法；末段一節，重申上意，言君德之成總賴於僕臣也。蓋侍從之臣與人主相爲起居，氣體移養，常由乎此，故周公作《立政》，特以虎賁綴衣同三事並論，而穆王此命，册書昭然，與前之用司徒等，家法相承，由來遠矣。漢初此意猶存，禁闥侍御尚用儒者，但不知慎簡之道耳。自後世視爲賤品，正人君子不肯爲，乃易以市井厮養，於是人主親賢士大夫之時少，親宦侍宫妾之時多，而宦官之禍遂不絶於史册矣，可勝慨哉！

陸贄在唐，欲使諸司長官各舉其屬，深得《冏命》“慎簡乃僚”之意。

吕刑

《吕刑》，吕侯承王命以訓刑也。篇首一節，史臣叙訓刑之由，下分四段，首段十一節，從源頭説起，歷述古來用刑之得失，以立刑法之準；二段一節，爲同姓諸侯言之；三段八節，爲同異姓諸侯並言之；末段一節，又爲後世言之也。篇中惟贖刑一條，實爲弊政，餘皆精理名言，上合天地生物之心，下符聖王制刑之意，後世一切律書，舉不能出其範圍。蓋周自文王以來，以“明德慎罰”傳爲家法，而一時大臣如蘇公之流，又能承上之意，式敬由獄，以長王國，故君臣上下皆知人命爲重，雖以穆王之髦荒，猶於此道三致意焉。是篇之所以作也，後人以王之晚節不終，遂並是篇而詬厲之，或以爲權宜之計，或以爲衰世之書，詎非以人廢言歟？至篇名“吕刑”，而引者或作“甫刑”，以吕後爲甫，後人遂以子孫之國號名之，如荆之稱楚，商之稱殷，其實則一，無他説也。

居停謝𤏲，宰嶧縣，號能折獄，嘗曰：“余聽訟無他謬巧，不過引訟者使言，言多必失，庶真情可得也。”又曰：“獄官不可護短，苟悟其失，雖讞定，猶反之。”竊惟上層即“察辭於差”意，下層即“非從惟從”意。謝不甚讀書，而所言偶合經義如此，所謂此心同，此理同歟？

文侯之命

《文侯之命》，平王命晉文侯也。分二段看，前段三節，歷叙周家盛衰之故，見文侯之功不可泯；後段一節，備述當時賞賚之隆，見文侯之歸當自勵。法語舊典，雖有一二之存，而陵遲頹墜之意已見於辭命間，故東萊吕氏曰：“此篇作於東遷之初，由此而上，爲成康、爲文武，由此而下，爲春秋、爲戰國，乃世道消長升降之交會也。”又曰：“周室至此，尚可有爲，使平王能復文、武、成、康之遺澤，即可繼二帝三王之盛軌，天下無復有春秋戰國矣。惟平王止於苟且因循，自然降爲列國。夫子編此書於二帝三王之後者，深惜平王不能推文、武之餘澤，而流爲春秋戰國也。”

其“歸視爾師，寧爾邦”，推平王之意，自以爲天下從此無事矣，甚矣，其忘讎也！

費誓

《書》存《費誓》，表宗國也。魯秉周禮，當王室衰弱之際，領袖諸侯，且數百年。至漢初，國滅已久，其俗猶厚，故漢祖以爲禮義之邦，蓋周公之澤長矣。是篇作於伯禽就封之初，作一大段讀。當此之時，國家新造，衆難交乘，而舉動周詳，無微不備。以戰則兵甲精鍊，以居則營廄嚴肅，以動則軍無侵掠，而又申之以戒令，儆之以邦刑，節制之明，萬衆一心，蓋儼然王者之師，可以上蕃王室，下率群侯矣。《春秋》紀事，冠以魯年，而費地誓師，列於周後，豈無意哉？

今之費境，兼漢四縣地，所謂費、華、南城、南武城是也。此篇之費，蓋四縣之一，在今治西北二十里。

費邑舊事,見諸經傳者始此。余昔作《邑志》,於《兵事》一門首録此篇,從其朔也。

秦誓

《書》終《秦誓》,誌代周也。讖緯術數,聖人不言,而至誠之道,可以前知。是時周室初弱,諸侯未强,天下大勢,已有所趨,加以秦穆悔過,痛哭陳辭,以一國之尊,屈萬衆之下,其堅忍刻摯,籠罩一世之概,已駸駸乎不可遏止。聖人知之,故登此以殿四代,既寓興亡之感,亦以爲古今運會於是乎變,而上世之隆軌,不再覯矣。篇内以悔過爲主,首節提起,下分三段,"古人"二節,叙其改過之意;"惟古"二節,詳其改過之實;"昧昧"至末,推其改過之由也。

羅氏洪先曰:"《秦誓》一篇,有可爲後世法者二,悔過遷善,知所以修身矣;明於君子小人之情狀,知所以用人矣。慎斯術也,以往帝王之治,其殆庶幾乎?"

洪範宗經

（清）丁裕彦 撰
鍾雲瑞 劉 晨 點校

續修四庫全書總目提要·洪範宗經三卷

清丁裕彦撰。裕彦字毓清，山東濰縣人。是書首有陳官俊、賈楨、宋慶和諸序。陳序稱其於蔡《傳》之渾舉大意，義藴渾含處，言之務詳且盡。賈序稱其即九峰《集傳》之説，引伸其旨，曲暢旁通，期於學者之共曉。宋序稱其發揮聖人立言之旨，務使理無不實，義無不揭，剖析無不精當云云。今觀是書，亦主蔡《傳》，而闡發特詳，頗嫌繁衍。其“五行”“五事”兩章，假物理以爲喻，亦能發人所未發，惟“陰陽”二字，不足以盡五行之藴。而五行之分屬五事，究嫌附會，“陰陽”二字，尤不足以顯之。斯則一孔之儒，不足與談天地之秘奥矣。

陳官俊序

丁子毓清深於《易》者也，《洪範》一書，言陰陽五行之理，天人相應之機，包舉無遺，尤與《易》相表裏者也。丁子於讀《易》之暇，取《洪範》經文字義一一詮釋，研精殫慮，至廢寢食，著《洪範宗經》三卷。其於蔡《傳》之渾舉大意，義蘊渾含處，言之務詳且盡，誠以不詳且盡無以發明奥窔，而爲後學讀《洪範》者之梯航也。乙未春仲，丁子來都，以是書付梓，非急於問世也。《易》之道，廣大精微，丁子潛心數十年，惟即孔子"十翼"之所以释卦象、彖辭、爻辭者，熟讀深思，日有心得，今已融會貫通，具有解釋。俟是書刊竣，始一意《易》理，修輯成帙，俾《易》道愈闡而愈明，而於《洪範》之理，亦若合符節也。志士之用心，豈易量哉？是爲序。

道光十五年三月望前一日，賜進士出身通奉大夫内閣學士兼禮部侍郎眷侍生陳官俊序。

賈楨序

薛德温曰:“《洪範》一篇,造化氣數、天理人事皆具,《書》之《易》也。”蓋九疇一五行,五行一陰陽,《洪範》之與《易》,其理一也。説《洪範》者,劉向有《五行傳》,《隋經籍志》及歐陽永叔皆不許。厥後訓詁家甚夥,而惟蔡《傳》稱最真。景元謂其於《洪範》諸篇,有先儒所未及者,固後學之所宗矣。濰陽丁子毓清,幼年嗜學,淹通經義,具有心得,而於《易》理尤深。年三十餘,鍵户著書,闡明《易》理,輯有成編。讀《易》之暇,則取《洪範》經文詳爲注釋,即九峰《集傳》之説引伸其旨,曲暢旁通,期於學者之共曉,彙次三卷,名曰《洪範宗經》。語焉必詳,擇焉必精,凡以宗經之文義,務使傳之,渾含者明辨以晳,而經中義藴有所探尋也。是書也,與《易》互相發明者也。觀丁子之書而讀《洪範》者,益知《河圖》《洛書》相爲經緯,八卦、九章相爲表裏也已。

道光十五年三月下浣日,賜進士及第奉直大夫翰林院侍講鄉愚弟賈楨序。

宋慶和序

六經相表裏，惟八卦衍於《河圖》，九疇出於《洛書》，尤聖人心傳之秘，注釋以來，遞相傳述。然耳食者務摭拾，臆説者好詭異，此皆不能致心之明，故致力多歧耳。吾邑丁子毓清，余友人也，賦性篤實，心思善入，每對經尋義，心不外馳，故思力直入經義之中，而無朋從往來之擾，因得經義旨歸也。自童年以邃《易》著，英鋭之思，沉鷙之氣，予遊歷半天下，未見其比兹。余由京師赴粵，過里舍，得讀所著《洪範宗經》，計三卷，共三十二篇。閱其解釋，豁然於經義之旨歸。夫《洪範》，參天人之奥，究理數之微，窮道德之淵源，勵人事之得失，豈易識哉？丁子以學《易》之餘，竭十餘年之力，專宗經文字義，發揮聖人立言之旨，務使理無不實，義無不揭，剖析無不精當，並前人所未發與雖發而未盡者，亦無不爲之探索而詳著焉。要皆平昔有制心之功，故能深究經旨，以擴其義理之藴也如此。嗚乎！謂自有此書而《洪範》始得真解可也，謂自有此書而説經者始免於耳食臆説之失可也。獨計丁子邃於《易》者也，其説《易》之微恒見於晤對之際，而此書有功於《洪範》者，已寄之筆墨間矣，猶復諄諄研析，不欲據以問世。然則不讀此書，亦誰能知我丁子者噫？

道光四年，歲次甲申仲秋月望日，己巳進士現任泗城府知府愚弟宋慶和序。

洛書

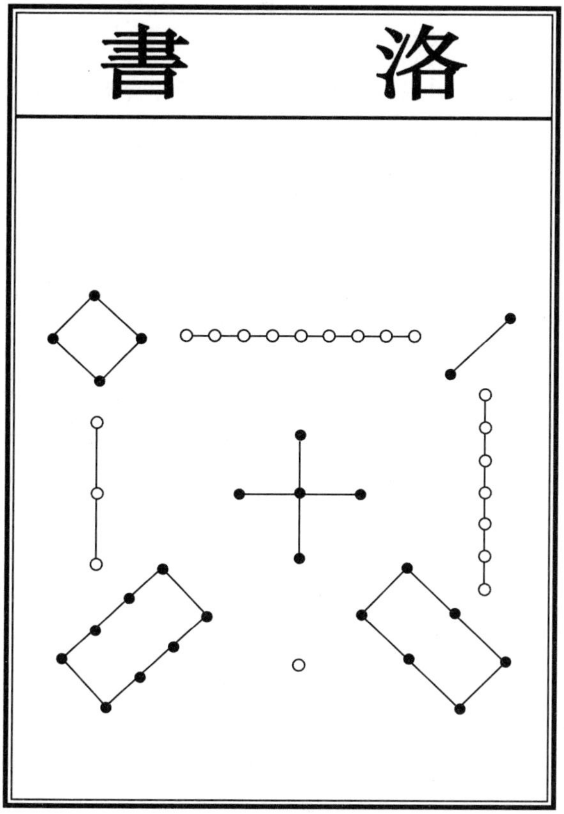

洛書

卷上

洛書

禹治洪水之時，洛水出靈龜，背負文理之數，戴九履一，左三右七，二四爲肩，六八爲足，當中則五，列爲九數，數皆文理如書，因謂之《洛書》。禹即《洛書》之數，衍爲洪範九疇，從九數也。九數中馭八方，以著象者也。其中有五數而無十數，十數爲陰，陰土之質也；五數爲陽，陰土中之陽氣也。陰土之質散碎，碎若飛塵之積，空虛無爲，全憑陽氣行於陰土之中，爲生生之氣。故十數之陰不用事而化於無，陽數之五用事而著於有也。於是五數之陽居中，通於四正之陽，陽氣四達之象，凡陽氣爲主，無不生生也。中除十數之陰，不用退於四隅，以從陽隅，亦不用。以陰用事，則凝閉而不能生生也。是則《洛書》之爲象，可一言以蔽之，曰："一陽氣通行於地中，爲生生之氣也。"今以中五陽數爲生氣之原而言之，以正北之一數起首，一得中五，陽數則爲六數。故正北一數而西北則六數也，一必得五數者，是凡物之生，皆得土中陽氣而生也，再由正北陽數之一，合西北陰數之六，則爲七。故西北仍六，而正西則七也。其必由陽數而合陰數者，陽麗於陰而後能生也。此時不以六之陰數合七之陽數者，陰用事則凝閉而不能生也。亦猶遇十之陰則除之也，故又自正西之七數起首，七得中五，陽數則爲十二。遇十，陰數不用而除之，則餘二數，故正西七數而西南則二數也。七必得五數者，亦凡物之生，皆得土中陽氣而生也。再由正西陽數之七，合西南陰數之二，則爲九，故西南仍二而正南則九也。亦陽數而合陰數，陽麗於陰而後能生也。此時不以二之陰數合九之陽數者，亦陰用事則凝閉而不能生也。亦猶遇十之陰則除之也，故又自正南之九數起首，九得中五，陽數則爲十四。遇十，陰數不用而除之，則餘四數。故正南九數，而東南則四數也。九必得五數者，亦凡物之生，皆得土中陽氣而生也。再由正南陽數之九，合東南陰數之四，則爲十三。遇十，陰數不用而除之，則餘三數，故東南仍四而正東則三也。亦陽數而合陰數，陽麗於陰而後能生也。此時不以四之陰數合三之陽數者，亦陰用事則凝閉而不能生也。亦猶遇十之陰則除之也，故又自正東之三起首，三得中五，陽數則爲八。故正東三數，而東北則八數也。三必得五數者，亦凡物之生，皆得土中陽氣而生也。再由正東陽數之三，合東北陰數之八，則爲十一。遇十，陰數不用而除之，則餘一數，故東北仍八而正北則一也。亦陽數而合陰數，陽麗於陰而後能生也。此時不以八數之陰合一數之陽者，亦陰用事則凝閉而不能生也。亦猶遇十之陰則除之也，故又自正北之一起首，一得中五，陽數則爲六。如前所云云，如是循環不已，乃純一陽氣出於大地陰質之中，爲生生之氣也。即今歲自春陽氣出自地中，爲生生之氣，至冬則陰氣用事，凝閉而不生，必待來春，又陽氣出自地中，爲生生之氣也。是即《洛書》專以地中生生之氣言也，而生生之氣必藉地陰爲根柢。故地陰雖不用事，而氣出地陰，爲生生之氣所由出，即生生之數所由行，因以氣出於地陰者爲右旋也。若氣已出地陰之外，氣不能離陰而動，依地球而動，動於陽氣生生之方，自適於左旋。左旋之急，自遺陰氣，退後而爲右。故《洛書》四圍於外之陽，以三乘之，遇十不用，則左旋。《洛書》四圍於外之陰，以二乘之，遇十不用，則右旋。陽左陰右，乃陰陽之氣周流於四外之迹也。而其氣之出自地中，則右旋也，故曰《洛書》右旋也。夫惟《洛書》右旋，則氣之出自地中者，先寓地中。氣寓地中，則勢有所蓄；有所蓄，則氣之所動，任其旁礴布濩於大地散碎空虛之中，醖釀蒸騰，無不透徹，徹出地外，爲生生之氣，發育萬物。將見地之八方，無非生生之氣所出，即無非生生之氣發育萬物，而要皆以氣出地中，故如此也。《洛書》之數，獨以中五之陽出馭八方，爲八方之樞紐，正謂此也。夫天地開闢，極其洪荒，人類蕃生，徧於地際。即凡有人類之處，四散而居，猶地中陽氣四散於外也。而四散之中，必有所統，以爲之主，自然之勢也。而所以能自統者，由中達外，爲治化之根源，始能統此，四外徧及八方也。故依古以來，凡治世之主，皆一人建極於中，以馭八方；八方環拱於外，會歸一人，而後國可恒立。此天道人事之自然，非强爲之勢也，審是而知天地之生《洛書》也，乃天地陰陽之氣際於和平之會，盤旋凝聚，聚其理數之自然者，結爲文理，垂爲由中達外之象，畀之於禹，使禹深知天地陰陽化育之際，悉由中達外，爲致治之根源。故禹之作洪範九疇也，即效此《洛書》所載陰陽自然之象，推爲由中達外之治，爲帝王致治之根源，而贊化育於萬物，各得其所之妙。則人君馭世，悉天地自然之化矣。然則《洛書》所出，洪範九疇之所作，皆天地聖人隨化育之自然而然，著天道人事之自然而然者也。而《洛書》之有功於世，可以明天地有生以來，億萬斯年之無盡，無非此化育之自然而然，彰著於其間也。而洪範九疇之有功於世，亦所以明聖人遞出爲治，億萬斯年之無盡，無非因此化育之自然而然，參贊於其際也。

洪範

洪者，大也。範者，范金之範，物之則也。範出於天，天以理氣之自然者爲化育萬物之定規，則範所從出者大也。範行於人君，人君御世，即一身所得於天者還奉天，以陶成萬物，使萬物亦行其得於天者，而與化育並適，又範所由行者大也。洪範分爲九疇，九者，數之極也；疇者，類也。循其類之始以遞，及其類之終，則天人始終之際，循序而治，而九疇條目所由列也。禹之神聖，原知天人始終之化，又自治水以來，得《洛書》之文，數始於一，數終於九，遂即數之始終爲天人之始終，布列而爲洪範九疇，用開聖治之淵源。作者之謂聖，大禹有焉。禹固行其道於當時矣，厥後得其傳者惟箕子。箕子雖深通其傳而未得行其道，幸遇武王永清之後，急就箕子，訪以天道。首言天者，知致治之當法天也。箕子知爲聖君可行此道，故舉禹之洪範九疇而詳授之，亦先言天者，明治道本出於天也。然授武之際，獨有推詳之意，是洪範之作於禹者，已列九疇之條，而千載之後，箕子推衍增益，對武以詳說，自成一篇文字，周史因以録之，則箕子之傳洪範洵哉，述者之謂明矣。又授受之際，武王初得天下，求治若是其急，真乃萬世帝王求治之師矣。而箕子語武曰：汝師道居之天人精微之學，參贊化育之奥。授武以和天下，以覺萬世。一時德音道貌，至今如見。是箕子不僅爲武王師，又爲萬世帝王闡治道之師矣。孔子序此篇於武王初定天下之始，見帝王御世，皆道學之授受爲先也。古古今今，帝王授受，億萬斯年，若合符節，是人道之際於無窮者，無非此洪範之至理也。而萬世之下，天人之道，常明於天壤，又全賴孔子删定之功，傳至萬世而不已，功業與天地同流矣。又曰：《洪範》一書，始終以天言，乃人動於天，人道馭於天道也。《尚書》多言天人之道，《尚書》至《洪範》一篇，乃《尚書》中一大關鍵也。

惟十有三祀，王訪于箕子。

商曰祀，周曰年。十有三祀，即《泰誓》十有三年也。此不書年而書祀者，因箕子之辭也。箕子嘗言："商其淪喪，我罔爲臣僕。"則終爲殷臣，不爲周臣，因此而書祀也。王，武王也，何不稱武，此時未有謚號也。訪，就而問之也。箕，國名。子，爵也，紂之叔父，殷封之，爲箕子深明禹之洪範通治天下之道者也，此箕子所以不可臣而可爲帝王之師也。武即不敢臣之而就而問之，故周史於書"王"之下仍著其舊日邑爵也，而武王求治之急，尊賢之誠，於是乎見矣。

王乃言曰："嗚乎！箕子，惟天陰騭下民，相協厥居，我不知其彝倫攸叙。"

武王欲天下之人各順天之所以予人者以爲治，而深知其難，故致敬而乃言也。嗚乎，歎辭。膺其難，不禁而發歎也。呼箕子，重其所學之大，故稱其舊日邑爵而不敢臣之也，尊之也。首言天者，道之大，原出於天也，惟天生民，有所陰騭。陰，暗也。騭，定也。天於冥冥之中暗有所定。氣之所聚，即理之所寓，而暗中自爲安定者也。暗定之理，各以其序爲官骸形器之所居，是謂厥居。厥居之理，凝於形化之中，而悉有所承載，是相之之義也；醖於神明之會，而悉動以天和，是協之之義也。相協則陰騭有成迹，而厥居有所保全也。天於下民厥居，若是其鍾培也。夫厥居之理，達之於行，則謂彝倫。彝，常也。倫，理也。惟此常行之理，可以恒立於天地之間也。順其常理，條條不紊，則謂之叙。叙則各盡其理，並適於天地之化也。人君代天而治，必使在人之彝倫各就其叙，以符陰騭相協之始，而後天地化育，有以參贊於其中，始爲君道之克盡也。但我不知其彝倫何以使之條條不紊，而皆得其所以就叙也。武言不知，一以發箕子之言，一以見聖學之無窮也。

箕子乃言曰："我聞在昔，鯀陻洪水，汨陳其五行。帝乃震怒，不畀洪範九疇，彝倫攸斁。鯀則殛死，禹乃嗣興。天乃錫禹洪範九疇，彝倫攸叙。"

箕子以洪範之學知天道化育之自然爲彝倫，所從出而叙之，所由行難言之也，故亦從容敬慎而乃言也。言"聞在昔"，明自古叙彝倫者，出自順天者也。順天以叙彝倫，無非使五行之化各適於所性之順而已矣。水性下流，天道化育之自然，至順之迹，可順以爲治者也。鯀治洪水，乃獨陻之。陻，塞也。强塞其流，拂水之性，知其所事之逆，不能順天道化育之自然以爲治，故於水而汩陳焉。汩陳，亂列也。五行之化，順序而生，而水爲之始。水一汩陳，則於生化之始有所亂，即五行之順序而生化者無不亂列矣，是逆化之人也。夫化育之主宰謂之帝。帝固生生化化所從出也，逆化即所以逆帝，故帝乃震怒，怒其所事之逆，失大化之至順也。而化之至順者，自不適於逆化之人。洪範九疇，化之至順者也，奚以畀逆化之人哉？此所以不畀洪範九疇。鯀不知洪範九疇之理，但自憑其意，以拂化育自然之性而亂列焉，此彝倫所以敗斁也。逆天者亡，鯀故殛死。嗣鯀而興者，禹也。禹順水之性，至於地平天成，則與化育之自然者合矣。天者，化育所行，理之自然者也。順天理自然之化以爲治，則化育本順者更安於自然之化，因釀自然之象，以予順化之人。洛水出書，排列九數，即天錫禹洪範九疇也。夫書未出洛，數已昭昭於天下矣，而洪範獨以九數錫禹，以一爲始，以九爲終，與十之全數不同，全則化而爲一，而九數乃一爲陽之始，九爲陽之終。純陽之氣始終變化於天地之間而不息，乃純一天道之不息也。禹感觸於此，愈見化育之自然而然，以馭乎人者，無出此九數之爲始爲終，以盡天道之不息者也。因作洪範，分爲九疇，各彰其類，各著其治，即天所以必錫禹以洪範九疇也。禹自受天之錫，將天人之際，無不循其自然之化以爲治，即彝倫莫不循序而不紊，是彝倫之所以叙也。

"初一曰五行，次二曰敬用五事，次三曰農用八政，次四曰協用五紀，次五曰建用皇極，次六曰乂用三德，次七曰明用稽疑，次八曰念用庶徵，次九曰嚮用五福，威用六極。"

此禹之洪範九疇其大綱也。九疇備天人之常理，即彝倫所在也。順其常理之次，以盡其宜，乃所以叙之也。始五行，天之所以生人，人事之肇端也；中皇極，人君體天治人，天人之樞紐也；終福極，天之所以馭人，人事之終效也。自其大綱而言之，天之所以馭人者，先寄於五行。天以陰陽之氣釀爲五氣，五氣流行於天地之間，司天地之化，故天地之化即此五氣，流行不息，因名五行。五行爲生機所由出，人道所由肇，而彝倫之出自天也，故初及之人，生於五行者也。五行之氣，相與絪緼，釀爲太和，賦於人身，爲五氣之和。五氣之和，生生不已，各露其氣之所化者，爲官骸之動。官骸動於五氣之和，發爲五氣所司之事，事自著爲五焉，而五事出矣。五事出，則彝倫之行自人也，故五事次之。事由五行所生者，達爲五事，亦即五事所通者，審乎萬幾，於是乎有政。政者，正也。酌事之正，爲致治之事，隨人事之多所資賴者而多爲處治，始可以無遺漏。計無遺漏之政，約至於八，以該致治之全，而無有加於八政之外者，此八政所由出也。八政出，則彝倫之見於人治者也，故八政次之。政之所行，在順天時。天以五行之氣運爲四時之行，行有不能齊者，遞行之際，自有以會其齊，乃於不齊之遞於齊者，各紀其所以不齊，所以能齊而至於齊焉。爲陰陽寒暑之正，時事之宜，故必多列條例，至於五焉，而後紀乃明備，此五紀所以出也。五紀出，則彝倫之昭於天時者也，故五紀次之。若乃上通乎天，下馭乎人，而獨得天人至極之理者，則爲皇極。皇，君也；極，至極也。何爲至極？即其所受於天。五行之理爲五事之實，適如其理之分，無過不及，斯謂之極，乃至極之善也。至極之善，盡人所寓。人君獨以其所寓者，全其至極之善，是之謂皇極也。皇極則彝倫之盡於人君，獨處至中至正之地，爲天人之樞紐也，獨列於九疇之中以爲次，故皇極次之。至五行之理已凝於虛靈之舍，全具其理於一心，即理得於心之謂德也。心含此德而適於動，動得其至正之理；心含此德而適於静，静得其至正之理；心含此德而適於無動無静，又無動無静而得其至正之理，是理得於心者又謂之三德也。三德則彝倫之得於心者，有以應乎外也，故三德次之。三德則理之存乎人者，實有可憑矣。而人之在天地也，動乎氣運之中，以爲趨焉者也。乃適值陰陽之際會，有兩可之見，不能遽決其動静之宜；遇乎五行之代嬗，有多議之歧，不能遽決其失得之旨，爲可疑。疑則必有所稽，以定其趨，惟鬼神默運乎陰陽之氣，五行之化爲所趨之定塗，此稽疑所由起也。稽疑則彝倫之未定於人者，求定於鬼神者也，故稽疑次之。至若所適之無可疑，而因人以驗於天者，人身官骸所聚之氣，原聚於在天五行之氣。人能於五行之氣，各致其氣於在天之際，以感乎天；天自以五行之氣，仍敷其氣於予人之際，以應乎人。其氣之應，如物各様氣臭，即招各様氣臭之物趨與相合，此庶徵所由來也。庶徵來，則彝倫之在人者，可驗於在天者也，故庶徵次之。至以人所爲者得驗於天，實可以通天之所以馭人者矣。天以陰陽五行之氣，御於陰陽五行之理，理御乎氣，氣御於理，理氣釀於太虚之中，藹然其生生者，爲太和之氣。人得太和之氣，則氣所聚者盡出於和。氣和則一生際會順乎生生之氣，湊輯其瑞，則謂之福。人違太和之氣，則氣所聚者有乖於和。氣不和則一生際會違乎生生之氣，至違極爲災，即謂之極。福何以五？得太和之氣，至各所得之究竟，爲各醞釀之福，則有五也。極何以六？違太和之氣，至各所違之究竟，爲各陷溺之極，則有六也。五福六極，乃彝倫之人馭於天，人道終於天道者也，故五福六極又次之。夫九疇之次，皆天之五行寄於天人始終之際，爲彝倫所在。人君奉天而治，亦即以一心之天所得於天之五行，通貫乎天人始終之際，各盡其用，將以各就叙也。五行不言用，無適而非用也。自天地陰陽之氣生五行，五行生生而大化行焉，大化行則絪緼形色無微不著，出没變化，遞嬗不窮，盈乎天地，際乎古今，無非五行之所爲，即無非五行之爲用也。列五行於無適非用之屬而不勝言用，乃所以使五行之化無一不從化育之自然，爲五行之所以叙也。五事固一身所具之理，而日用之者也，而所以用此一身之理者，心也。心爲一身官骸之所會，故心有所動，一身官骸皆隨之而動。乃以心之欲動者，先有所聚，聚不外放，凝其虚靈之神，恭默自守，斯謂之敬。以一心之敬馭乎一身官骸之動，則一身官骸所具之理莫不隨一心之敬，各有以收斂凝聚，盡其所用之善矣。此五事所以言敬用也。敬用，即五事之所以叙也。八政何以言農用？農，厚也。爲政者不能由衷出治，則徒恃乎政情已薄也。惟惻怛之心行此多政，則政出由衷，乃所用者厚也。况人自有生之後，含性而生，芒芒焉不知所以保全。惟八政維持其間，始可以保全之，又所用者厚也。此八政所以言農用也。農用，即八政之所以叙也。五紀何以言協用？五紀固氣化之所以齊者，秩然見天道之正也。人爲氣化所生，氣化所運，凡有所動作晏息，即當隨氣化之所以齊者，順天道之正，盡人事之宜。人事所以必協合天道而後所行者，循序而治也。此五紀所以言協用也。協用，即五紀之所以叙也。皇極曰建用，爲天下立標準也。建者，以我所受於天之理，無不盡乎其極，使理顯然，有象可覩，即建立之義，而用以爲率作者也。要以人君之理存於心而著於身者，原與天下之人同得於天者也。天下之人皆含此理於心，而未能行之於身。自皇極以心爲感，以身示象，則理同心感，心感情慕，由是氣有所奮，行有所礪，隨其極所建之象，尋其象而歸之，以趨其同得於天者，即我有象以示之的也，此皇極所以言建用也。建用，即皇極之所以叙也。皇極不言數，一至極之理也。所過者化，所存者神也，何得以數言也？三德何以言乂用？以三德存於中，而裁制人之各有所異，辨之極其清晰，治之適如其分，則謂之乂也。人之所異，有宜用動者，即乂之以動，適如其宜動之分；有宜用静者，即乂之以静，適如其宜静之分;有不必用動,不必用静者,即乂之以無動無静,適如其無動無静之分。是乂天下人情,惟用此三德,始可以盡乂之之全。乂比皇極之建,又有處制矣,此三德所以言乂用也。乂用,即三德之所以叙也。稽疑曰明用,以人之明者求鬼神之幽也。稽疑以求鬼神爲主,而言明以用之,皆人心之明於理,求默運於理者也,非人心無所明决而專惑於鬼神之幽也。"惟先蔽志,昆命於元龜",明用之義也。故凡有所稽疑,先以人心之明爲人謀,度機會之可趨與不可趨,而未有所定,乃以鬼神之幽爲鬼謀,求得乎造化之真機所流可趨與不可趨,以求其定。此稽疑所以言明用也。明用,即稽疑之所以叙也。庶徵曰念用,非冀效也。人生於天之氣化者也,盡天氣化之理,天之氣化自與爲徵驗。故人君之心,時時欲與氣化相通,即念念在氣化之徵耳,非徒念也,有所以用其念者以致庶徵也。致念於人之各有以通乎氣化者,求其各通之實,斯氣化各因其所通者,顯其各氣所通之徵,如是以爲念,而念乃有致徵之實事也,此庶徵所以言念用也。念用,即庶徵之所以叙也。福極又曰嚮用、威用,五福,人所欲也,即人所欲者而言嚮用,欲人共趨於福也;六極,人所懼也,即人所懼者而言威用,欲人不陷於極也。五福六極,人所自有而言嚮用、威用,若假此爲勸懲也,而非假此爲勸懲也。人之五福六極,皆其自致於天,天因其所自致者,以爲施人君體天爲治,亦即因其所自致者以爲施也。天以太和之氣生五福,人得太和之氣,即得天之所以生五福者,天即以其所以生五福者凝於此人之身,化爲五福,是天之所以爲嚮用也。人君以建極之善斂五福,人得建極之善,即得君之所以斂五福者,君即以其所以斂五福者錫於此人之身,聚爲五福,是君之所以爲嚮用也。若人不得天太和之氣,即與太和之氣不相鎔鑄,而爲太和之氣所尅制,即氣之不和悉底於不和之極,是天之所以行威用也。人不得人君建極之善,即與建極之善大爲疵繆,而爲建極之善所抑制,即所爲之不善各受其不善之極,又君之所以行威用也。此五福六極所以言嚮用、威用也。嚮用、威用,即五福六極之所以叙也。夫五福六極,天淵之别綱,不列爲二疇而合爲一疇,以立言福極相反之機,非此即彼,雖分爲二而實一心,反易間耳。一心順天而遵君,而福自至;一心違天而背君,而極即至,此福極所以迭起而嚮威所以並用也。由是觀之,凡人君奉天而行,無非人與氣化自然之應者以爲用也,而人君與天人之際,亦至此同歸於神化而已矣。

“一、五行：一曰水，二曰火，三曰木，四曰金，五曰土。水曰潤下，火曰炎上，木曰曲直，金曰從革，土爰稼穡。潤下作鹹，炎上作苦，曲直作酸，從革作辛，稼穡作甘。”

此下皆言九疇之目，而有所推衍增益，以盡彝倫之叙者也。九疇之一爲五行，五行之目爲何？一曰水，氣化之見於形者，微也。二曰火，氣化之見於形者，著也。三曰木，氣化之麗於質者，實也。四曰金，氣化之附於體者，固也。五曰土，氣化之寄於質者，大也。而原其所自生，則天地以陰陽之氣相與醖釀而出也，故水之生也，陽之際於陰也，陽際陰則陽通乎陰，陰亦即與陽通，而陽因得以釀陰，於是陽釀陰而生濕，濕甚則流，而水以生。故水濕屬陰，而出於陽之釀也，是謂天一之所生也。試以冬牕玻璃，内暖外寒，玻璃之内必凝雪霜，蓋陽與陰交之際，陽得陰則陽中潤而爲濕，濕結爲霜，即陽釀陰而生濕，爲水之所由生也。火之生也，陰之際於陽也，陰際陽則陰通乎陽，陽亦即與陰通，而陰因得以藴陽，於是陰藴陽而生熱，熱甚則越，而火以生。故火熱屬陽，而出於陰之藴也，是謂地二之所生也。試以兩陰凝之物相磨，中間動處爲氣之所行，氣屬陽而遏於兩陰之中，則生熱，即陰藴陽而生熱，爲火之所由生也。夫陽釀陰而陽中生水，陰藴陽而陰中生火，水火爲陰陽之精，全憑氣交而生，不藉土而生，故有形而無質，無質則出入地中，若行空虛，故無地非水火之所在也。至若陰陽之氣，醖釀於地之質，則因地質而釀生物之氣，亦因地質而鑄生物之形，是物形生於陰陽，而不離乎地之質也。雖不離乎地質，而仍以陰陽爲生生之氣也。木之生也，陰陽之氣交聚於地之質而生發於地外者也。陰之濕，滋土以濕；陽之熱，爍土以熱。以陰濕滋土之濕，合以陽熱爍土之熱，釀於土際，遂藉土之質，釀爲油膩，醖爲精英，發爲青苔，質之漸實，暢爲草木，草木之氣質由此生焉。不言草而獨言木者，油膩之醖爲更厚，故氣質更堅而更壽。凡物之有壽，皆類是也。是木之所生，爲陰陽濕熱之氣所並釀，而推其所以生於地外，則濕釀於熱，濕始能生，乃濕因熱生者之屬乎陽也。木之初生皆由濕，濕原陽氣際陰而生，是濕因陽而生也，復爲陽熱所釀，即濕因乎熱，自向外發，木之生機，於是一於外達而透出地外。木之所以屬陽也，木之有皮，亦氣向外發之所生也。木以陰濕之氣生自陽熱者，以生其陰質，即陰質以囿陽熱，陽熱之氣仍向外發，發之極仍不能離質，而仍爲質囿，於是氣向外發者遂爲所停醖，而陰質亦仍囿於停醖以外而爲皮焉。有皮即所以能受陽氣，使陽氣仍旋其行，爲皮間之空虛。空虛之内，陽氣際陰而化水，水爲氣引行於外，廓爲木中生生之氣也。凡物之有皮，皆如此也。木以陰濕下沉爲根之入地，陽熱上衝爲條之外達，而總以皮含陰濕，受地中陽氣，爲生生之氣也，即皆氣向外發之所爲而屬陽可知也。木葉色青，亦濕因熱發之氣上蒸也。蓋濕爲熱釀之始，醞色爲黄；濕爲熱釀之究，凝色爲黑。乃芽之乍出，猶是净黄；葉之方伸，未能凝黑。故黄色乍透之際，釀於其上者，色化而爲青；青上浮而葉底猶黄者，黄釀爲青也；青甚爲碧，碧漸近黑，則青爲木色之正也。凡木之色，皆浮於外，皆濕因熱發，致氣上蒸之所爲也。至葉伸之後，又出華實，現其精英，留其核之生意不息，無非濕自陽生者，終以陽氣發之於外，爲木之所以生而屬乎陽也，是謂天三之所生也。金之生也，陰陽之氣交聚於地之質而凝結於地中者也。陰濕滋土，則濕入土中；陽熱燃土，則熱結土中。以陰濕入土之濕，合乎陽熱結土之熱，釀於土中，遂藉土之質，使陰濕由土氣之熱鎔爲陰精之柔，陽熱由土氣之濕聚爲陽精之剛。而其氣質之柔剛，特藴於土氣，乍聚爲石之内，湛然其精英，乃金之生也。生金之地，陰陽濕熱之氣必更盛，土氣必更勁，始多金也。多金之地亦多泉出者，熱氣釀於陰濕之中而化水也。若濕氣有餘，熱氣不足，則土質黑淖，化爲泥膠；熱氣過勝，濕氣不足，則土質紅焦，結爲碎礫。是金之所生，必陰陽濕熱之氣並盛而後生也。而推其所以生於地中，則濕浸乎熱，熱始能生，乃熱因濕生者之屬乎陰也。金之初生皆由熱，熱原陰氣藴陽而生，是熱因陰而生也，復爲陰濕所釀，即熱因乎陰，自向内斂，金之生機於是一於内聚而凝結於地中。金之所以屬陰也，金之無皮，亦氣向内斂之所爲也。金之氣質，全賴陰濕之浸入，沃其陽熱，使陽熱受陰濕浸入，亦隨之而入爲熱化之内結，熱結之甚，更不能不受陰濕浸入，爲生意之不息，此金之所以無皮也。雖精英之外，若皮之焦燥，亦金質近土，未全爲精英也。非皮也，無皮所以能受陰濕，爲金之所以生也。凡山之石藏於地中，始能生者，得土中之濕，向内浸也；露於地外，即不能生者，不得土中之濕，向内浸也，即氣向内斂之所爲而屬陰可知也。金質色白，亦濕浸熱入之内斂也。濕氣逼熱，即熱向内燃，燃極則無色，無色則淨而白，淨白之中仍滋以濕，即結爲白英，故金色白也。金有不白者，隨地中所釀各異之色而結焉，而結於地中。濕凝乎熱，以消諸色者，乃金色之正而專屬於白也。凡金之色，皆含於内，亦皆濕浸熱入，氣向内聚之所爲也。至凝質之内，匿藏精英，留其質之光潤内含，堅凝内聚，無非熱自陰生者，終以陰氣聚之於内，爲金之所以生，而專屬於陰也，是謂地四之所生也。夫陰陽交於地質,藉地質生於地外,爲木之屬乎陽;藉地質生於地中,爲金之屬乎陰。木金各以陰陽所聚之異以異其生,而其並有藉於地質,則無異也,即並依地以爲生焉者也。土者,積陰之所餘,即積陽之所運也。積陽根於陰,積陰根於陽。陽性動,陰性静。動不離静,故繞静以爲動;静不離動,故依動以爲静。静之所在,積陰之所處也;動之所在,積陽之所運也。積陽者,天也,天即氣也;積陰者,地也,地即土也,土所以有於萬物之先也。何言天五生土?以五行生尅制化之後言也。天地交通,陰陽和會,而五氣行焉,即萬物生焉。萬物生於土,土固有於物之先,而萬物之死也化爲土,土又有於物之後,故自五行遞嬗而後,則土爲五行之餘,而萬物之糟粕所積。水竭爲鹵,鹵即土也;火休爲灰,灰亦土也;木朽爲土,金壞亦爲土。水、火、木、金之死,即土之生。是土生於水、火、木、金之後,即生於萬物之後也。土生物死之後,是得物之死且朽者而生,宜屬陰矣。不知物之乍朽雖屬土,猶未全變爲土,究屬於物之朽質,而非土之正也。若全變物之死且朽者,歸於臭味之俱泯,始可爲土之正,爲土之生而屬乎陽矣,此土爲天五之所生也。夫五行生於陰陽,濕熱各有醖釀之異,隨其異以爲凝聚之殊,即五行之陰陽濕熱各有所性之殊,爲五行各一其性也。水之性曰潤下。水爲陽氣所釀之陰濕也,故水既生之後,陽氣内含而陰濕獨盛,陰沉下,濕亦浸下,故其性專於潤下。火之性曰炎上。火爲陰氣所釀之陽熱也,故火既生之後,陰氣下寒而陽熱獨盛,陽浮上,熱亦竄上,故其性專於炎上。木之性曰曲直。曲則木中陰濕之下陷而爲曲焉者也。直則木中陽熱之上衝而爲直焉者也。陰濕下陷,則陽爲陰,曲即生意之所蓄,木之所以有鈎芽也。芽而鈎者,欲直而先曲也。陽熱上衝,則陰爲陽,直即生意之外達,木之所以有暢茂也。茂而暢者,伸曲而爲直也。要以曲直之所由來,地中陰陽濕熱之氣醖釀爲木,即爲木中曲直之性也。故木之生象,抑揚其形,横斜不定,其機旁觸曲通,枝多歧,葉多出,花多蘂,色多異,木性曲直,又自多曲直矣。金之性曰從革,從之爲言從乎此也。當生金之始,原以陰濕入土者從乎土之散碎,即陰濕注於土中,受土中之熱,以生金之陰液。金之陰液,其質柔也,故能任揉其形而爲從也。革之爲言革其舊也。當生金之始,原以陽熱燃土者革乎土之渣滓,即陽熱結於土中,受土中之濕,以生金之陽精。金之陽精,其質剛也,故能另著其象而爲革也。是則金生於土之始,由陰陽濕熱之相際者爲從革之體,即金出於土之後,仍以陰陽濕熱之相際者爲從革之性也。性以陰濕之從,凝陽熱之革,故復经濕浸,則凝金而更堅。更堅所以守金中之陰液,即所以凝金中之陽精,此金性之從,又爲金性之革也。性以陽熱之革,鎔陰濕之從。故復經熱爍,則化金而爲汁。化汁所以鍊金中之陽精,即所以潔金中之陰液,此金性之革,又爲金性之從也。要以從也,革也,地中陰陽濕熱之氣結聚其精英以爲金,即以爲金中從革之性也。故金之生象,能常留其氣質,而又能屢易其從革也。土爰稼穡,稼穡生於土,土以生物爲性也。厥土黄壤,厥土白墳,厥土青黎,厥土黑墳,厥土赤埴墳,厥土爲塗泥,逐處而異,隨氣而化,土若無定性也。而有一定之性者,土質陰而含陽,故土中有氣上衝,以生發萬物之機,蓋氣無所麗則不生。土固有質,以爲氣之麗也。氣麗質,而後生機有所釀,此萬物所以皆藉土氣而生也。所生者廣,庶草先得土氣之上衝,以爲生焉者也。而草之屬於稼穡者,亦得土氣之上衝,以爲生焉者也,此即土以生物爲性也。不言土以生物爲性,而言於是稼穡,稼穡不可以爲性也,故不曰。曰而曰爰,爰,於也,於是稼穡而已。然言於是稼穡,稼穡之生,即可見土以生物爲性矣。但因土之所生者廣,凡物類之毒,一皆土之所生,而擇其所生之大益人者,莫如稼穡生物,而至稼穡,亦土之德也。由是五行之性,各遂其性,以釀其陰陽濕熱之氣,作爲五味。作之爲言,乃物性醞釀之終而自爲之也。潤下何以作鹹?潤下乃陰濕之滲而入者。潤,下也。潤下之初,爲水之陰濕乍流,其滲而入者,猶是陰濕之氣未遽鹹也。及滲而入者,極其潤而極其下之際,停其滲入,爲滲入所積,作味爲鹹。故鹹之味,仍滲而入也。觀水之陰濕,流爲大海,所注之處,味爲鹹可知也。試一食鹹,覺其滲入凝聚,爲渴之亟於求飲,皆潤下極其滲入之味使然也,此潤下所以作鹹也。炎上何以作苦?炎上乃陽熱之越而竄者。炎,上也。炎上之初,爲火之陽熱乍燃,其越而竄者,猶是陽熱之氣未遽苦也。及越而竄者,極其炎而極其上之際,停其越竄,爲越竄所劇,作味爲苦。故苦之味,仍越而竄也。觀火之陽熱,衝爲焰煙,所燎之處,味爲苦可知也。試一食苦,覺其越竄氣動,欲吐之若不能待,皆炎上極其越竄之味使然也,此炎上所以作苦也。曲直何以作酸?曲直乍釀於木之中,爲木中濕勝乎熱之氣,未能遽爲酸也,必曲直寓於此木之中,積其醞釀,仍陰濕所注,爲陽熱所爍,而陰濕偏勝乎陽熱,則陰濕盛而陽熱受鬱,作味爲酸。酸之爲味,驟於斂而氣爲之屈也。驟於斂者,陰濕之曲欲漚陽熱之直,使向内收煞,遂以陰濕欲漚之勢遽逼爲内蟞,故驟於斂。氣爲之屈者,陽熱之直欲徹陰濕之曲,遂爲所陷,即陽熱欲徹之勢因爲所倒,故氣爲之屈。此酸味所以驟於斂而氣爲之屈也。是則酸所由作，木中濕熱爲曲直者所作也。木皆濕熱爲曲直之形，而濕熱來自地中，有各異其醖釀之氣，涸於曲直之内，不必盡作酸也。必木中之爲曲直者，純一曲直之濕勝乎熱，抑鬱其汁，始作酸也。酸爲木中曲直所釀之正味也。爲凡曲直之氣，純一濕勝乎熱，抑鬱其汁者，無不酸也。酸何以見其陰濕勝乎陽熱？酸一入口，而氣爲之屈，齒爲之弱，津液不覺而自生，即陰濕之曲勝乎陽熱之直之驗也，此曲直所以作酸也。從革何以作辛？從革乍釀於金之中，爲金中濕涸於熱之氣，未能遽爲辛也。必從革寓於此金之中，積其醖釀，仍陰濕所浸，爲陽熱所啜，而陰濕不勝乎陽熱，則陰濕消而陽熱獨盛，作味爲辛。辛者，辣也。辣不覺其斂，而獨著其熱之如刺而大散也。不覺其斂者，陰濕之從浸自外，而爲陽熱之革爍濕，以涸其濕，即陰濕因之自消，故無所施其爲斂。獨著其如刺之熱散者，陽熱之革爍自内，而受陰濕之從漬熱，以厲其熱，即陽熱因之更盛，故特著其陽熱之鋭，其鋒外刺，其發爲大散，此辛味所以不覺其斂而獨著其熱之如刺而大散也。是則辛所由作，金中濕熱爲從革者所作也。金皆濕熱，爲從革之形，而濕熱來自地中，有各異其醖釀之氣，涸於從革之内，不必盡作辛也。必金中之爲從革者，純一從革之濕不勝熱，轉厲其熱，始作辛也。辛爲金中從革所釀之正味也。爲凡從革之氣，純一濕不勝熱，轉厲其熱者，無不辛也。辛何以見其陰濕不勝乎陽熱？辛一入口，津氣即爲之避，爲之熱，爲之散，正陰濕之從不勝乎陽熱之革之驗也，此從革所以作辛也。至稼穡作甘，稼穡出自土，土之爲質，化水、火、木、金之爲味者，一歸於無味而無所雜於至淨者也。土以質之至淨而含元氣之至淡，將至淨之質爲至淡之氣所釀，於此所生之物，亦即以至淨而至淡者復自釀焉，即作味爲甘。故甘之味淨而平淡，濕而黏膩，則是土之正氣所釀之物始能作此甘味也。稼穡即土之正氣所釀之物也，故曰稼穡作甘。夫稼穡之甘，出於土之正氣所釀，何不曰土作甘而曰稼穡作甘？抑亦土有不能盡以土之正氣生物者矣？蓋土質散碎，碎若飛塵之積，氣含於内，陰陽濕熱之際化爲五氣，五氣相與醖釀，透徹其中，任所旁礴布濩於大地之中，或濕熱適際於平，或濕熱有所偏勝，有所不勝，逐處而異，隨處而化，因所麗以爲物性之殊，即所性以爲各味之異，是土之所生，不必盡作甘矣。故庶草叢生之下，得熱之上竄而爲苦，得熱之勝濕而爲辛，得濕之勝熱而爲酸。亦或甘泉所釀而味爲平淡，又或油膩偏勝而味爲油膩，而鹹獨少者，鹹下漬多，不能隨草木上茂也。惟稼穡生於土，得土中净淡之氣，所釀作味爲甘，是庶草之中獨得土之正氣所化者矣。推而言之，木則草之堅實者也，亦不能淨得土之冲和以作甘焉。故木生於土，偏於濕因熱化之氣，則所結之實，釀味爲酸，至酸力已竭，濕熱之氣盈極而消，漸近土之淨淡而甘味出焉。是知甘者，土已消盡諸味而然也。因知木實所以有純甘，愈知酸爲曲直之濕熱所釀，非土之正氣所化也。凡不得土中正氣所化，而出於土中偏勝之氣，則木實爲苦爲辛，並爲油膩，猶草實不一其味也。惟得土中淨淡之氣所釀，始作味爲甘，爲衆木之中獨得土中正氣所化矣，是猶稼穡作甘獨得土中正氣所化也。若夫金生於土，而各異其味，亦此義也。蓋金石雖堅，亦五氣旁礴所聚，故石亦兼五色，異五味，猶草木之色味不必皆作甘，皆正黄也。至於氣雜偏厲而味之惡者，各有所制，亦氣化相尅使然也。是皆陰陽五行之氣醖釀於地中，有所偏勝不勝者，爲味之不可勝窮也。若但以土之正氣所釀而言，則惟一作甘而已矣。稼穡作甘，是單以土之正氣所釀者言也。夫五行在天地，其化甚廣，獨取五味之正以立言，以其切於人用也。人得太和之氣而生，故必五味之正始切於人用也。夫九疇先言五行，明天地之間皆五行自然之化，爲常理之叙也。故水、火、木、金、土五氣流行，相與醖釀，乃萬類之托始而各具生生之意也。潤下炎上之類，各有所適之性，見萬類宜各正其性，而不可以僞爲也。作鹹作苦之類，以自然之性釀爲自然之味，見萬類各具其美，而不可不各有所造就以適於用也。聖人於五行之化，畢彰其類，以盡化育之能事，則即五行之常理所以叙焉者也。

"二、五事：一曰貌，二曰言，三曰視，四曰聽，五曰思。貌曰恭，言曰從，視曰明，聽曰聰，思曰睿。恭作肅，從作乂，明作哲，聰作謀，睿作聖。"

九疇之二爲五事，五事之目爲何？一曰貌。貌者，一身之容貌也，於行屬水。水中含氣，氣化水，水隨氣之所至以滋潤者也。人之一身，五官百骸，惟氣化津以榮之，故一身精榮而屬於貌者，皆水爲之也。水勝則貌肥也，水瀉則貌枯也，故水主貌。二曰言。言者，聲之宣也，於行屬火。火中虚而有聲，聲烘烘然，乃所以宣揚於外者也。而言之所出中空，有竅氣激，而有掉轉之聲，聲娓娓然，亦所以播揚於外者也，故火主言。三曰視。視者，目覩外物之形色也，於行屬木。木則陰濕之氣釀於陽熱之氣，生於地外，以耀其光華者也。目亦陰濕之氣釀於陽熱之氣，透於形外，以著其神照者也。目之所以能照，眸子之英也。眸子之英，真陰之所注，即真陽之所融，故其質光明。光明凝於中，而外附以黄睛之亮，猶之玻璃爲鏡，内注水銀之明，外附玻璃之亮，則内照見物矣。物照於鏡中而有影，即鏡中載物而悉其形。人以眸子照物，亦物照於眸子而有影，即眸子見物而悉其形也。眸子何以黑色？陰中真陽之熱鬱燃於陰濕之中，燃煙所積，其色爲黑，至上際則爲正黑。眸子之黑，際於燃煙之上，其色更黑矣。黑而明者，黑之精英也。黄睛之附眸子，亦濕與熱醖釀於將透之際，爲濕熱之黄也。黄而亮者，黄之精英也。物不照於黄睛而必照於眸子者，精英之所聚也，聚愈圓而愈放也。眸子以黑而臨晝光之白，則見物更分明也。至夜，則以黑臨黑，不能清照矣。故眸子能晝視而不能夜視也。至若禽獸之中有能夜視者，以目中陰濕之氣資陽熱之氣，不能爲燃煙之正黑，陰光所聚，有偏於陽化者矣。人有近視者，雖少年强壯亦不能達於遠，真陰有餘，真陽不足也。真陰有餘，則陰光近收，故能近視；真陽不足，則陽光不能遠射，故不能遠視也，即目中陰陽濕熱之氣之驗也。人老則觀書漸離目遠，若近視書，字畫散亂。真陰漸不足，真陽漸上越，真陽有餘，真陰不足也。真陽有餘，則陽光遠射，故能遠視；真陰不足，則陰光不能近收，故不能近視也，又目中陰陽濕熱之氣之驗也。金亦陰陽濕熱之氣，視何以專屬木？金性静而斂，木性動而耀，目固能轉動者也。以陰陽濕熱之精英顧盼於形外，猶木以陰陽濕熱所聚之精華向榮於地外也，故視屬木也。四曰聽。聽者，耳聆外物之聲音也，於行屬金。金則陰濕之氣滋乎陽熱之氣，生於地中，精瑩透徹，爲土中之英耳。亦陰濕之氣滋乎陽熱之氣，醖於形内，潔白透亮，爲耳中之鏡。然則耳鏡之金，乃真陽之革，以鍊其質，爲至净之金；真陰之從，以透其質，爲至清之金。金以至淨而至清者，如水晶之透徹，而不同於形塊之隔，故聆音豁然也。而究之精英之堅，本自含聲，擊之則聲作。今以外聲之響臨之，猶以外聲之響擊之，而所來聲音自豁然於其中也。金空則聲亮，耳鏡之金亦在空，而聲亮非是金也。口鼻皆空而内通者也，何以不聞聲音？則聲音之聞，專賴耳鏡之金無疑矣。耳鏡何以潔白？金原陰濕與陽熱鎔爲精英，將陰濕之從受陽熱之革，革極則無色，其究爲白也。白則渣滓，一無所有，淨餘陰陽濕熱之英，即淨含陰陽濕熱之氣，通於其中，則金之透亮又專在金中陰陽濕熱之氣矣。陽司外通，以接外物之聲音，故聽之亮者，捫耳則耳内有聲，真陽外接之驗也；聽之重者，捫耳則耳内無聲，真陽不外接之驗也。陰司内斂，以收外物之聲音，聽之亮者，静坐則耳寂無聲，真陰内斂之驗也；聽之重者，雖静坐而耳内自作聲，真陰不足以配真陽，真陽若沸乎真陰故也。人老，陰不足以配陽，陽氣偏於上浮，亦重聽，皆真陰不足以内斂，即不能以静聽之驗也。木亦陰陽濕熱之氣，聽何以專屬金也？木氣浮於地外，以耀其光；金氣生於地中，以鎔其質，故耳鏡隱於耳中以爲聽也。況耳空而收聲之渙者，專主於斂也，故聽屬金也。五曰思。思者，意緒之探尋，無微不入，於行屬土。土質散碎，碎若飛塵之積，故中虚函氣，氣之所至，無微不入，即思之所至，無微不入也。夫心之官則思，心以虚而含靈，乃土以虚而函氣也。土者，形之實也。形以載氣，氣會於心，心居形之中，凝中氣之會以爲思。人身竪行，則中氣之居上者爲更清。心含中氣之清，則所思所以爲至靈。靈出中氣之清，即能以至中之理節其所思，乃思之所以能適中也。人受天地之中以生，即此清靈之適中者可見也。清靈之氣通乎周身之氣，故能馭官骸之運動；清靈之氣函乎天地之氣，故能通天地之所爲。然則氣函於中者，思所由聚也；而氣穩於中者，思所由澈也。凡人有所思於將來之事而未得，則目似前凝。目者，心之驗也。心向動以爲思，而不必耐久。思也，必氣凝於中者，至静而後心神從容，默會所思，無不能永也。凡人有所思於已往之事而未得，則目似反觀，以追憶其已往而不必全記憶也。亦必氣凝於中者，至静而後心神清照，以尋已往，將已印於心之舊迹復歷歷若覩，如在目前也，則思之全賴乎中氣可知矣。而所以函乎中氣者，土也，此思之所以屬土也。此五事之目，其體各有所司也。審是而言，五事之德，貌者，水德之所注也。水潤下，沉其迹而静謐者也。貌生於水，則水德以爲德，故貌之德曰恭。恭敬之見於身也，持身有矩而沉静不佻也。言者，火德之所發也。火炎上，順其勢而文理者也。言出於火，則火德以爲德，故言之德曰從，從順理爲言也。出言有理，而議論順序也。視者，木德之外耀也。木固精藴於内而光照於外者也。視來自木，則木德以爲德，故視之德曰明。明無不見也，以我之明，察彼之形影，無纖微之失也。凡有所覩於外，無不遂瞭於内，灼然於所見，使在彼之行踪，莫能逃我之善察也。聽者，金德之内斂也。金固聲接於外而響徹於内者也。聽來自金，則金德以爲德，故聽之德曰聰。聰無不聞也，以我之聰，審彼之聲音，無杳渺之差也。凡有所聆於外，無不遂通於内，豁然於所聞，使在彼之辭氣，莫能逃我之善聆也。思者，土之所生也。土固質中含氣，氣以無不入者，遂無不透也。思來自土，則土德以爲德，故思之德曰睿。睿者，思力之鋭無不入，亦無不透，直透至雪亮之境焉，乃思之德所爲，稱之曰睿也。由是而言，五事之用，則已盡之德，自作一境之極致以適用也。恭何所作也？一現於身，而威儀嚴栗收斂，無不凝静而作肅矣，肅則專静凝神以鎮物也。恭之作肅,即貌之德已極於水德之沉静矣。從何所作也?一出於口,而談言清晰分判,無不就序而作乂矣,乂則條分縷析以理物也。從之作乂,即言之德已極於火德之有章矣。明何所作也?明以照萬物之象,並象中所藴之理,一入於目,而理已辨其所來,遂即其理之自然適宜者,分析無不盡致,幾微無不顯亮,即作哲矣,哲則天下之事獨覽其機宜焉。明之作哲,即視之德已極於木德之外耀矣。聰何所作也?聰以納萬物之聲,並聲中所寓之理,一入於耳,而理已會其所歸,遂即其理之自有所濟者,籌度無不適宜,化裁無不入神,即作謀矣,謀則天下之理盡歸陶鑄焉。聰之作謀,即聽之德已極於金德之内斂矣。睿又何所作也?以意會所向之鋭,入於萬物之中,以透萬物之奥,而萬物莫不爲其所入而悉透其奥焉,即萬物之理無不通焉,此睿之所以作聖也。聖無不通也。睿之作聖,即思之德已極於土德之中通矣。夫五事而至於肅、乂、哲、謀、聖,則事五事者方爲踐形盡性以至於命,而與造化同其德也。九疇之次至二五事,已渾然一皇極之實矣,已純然一天命之不已矣。至次五,則人君建五事之德爲皇極而用之耳。終九五,人君盡五事之德,上與天通,奉天以爲治耳。《洪範》重皇極之運動,而皇極之根本固在此二五事也。

"三、八政:一曰食,二曰貨,三曰祀,四曰司空,五曰司徒,六曰司寇,七曰賓,八曰師。"

九疇之三爲八政,八政之目爲何?一曰食。食以養人之生,無食鮮能立政。故分田課農,因天時,乘地利,盡人力,别物宜,隨時補助,又俾一切蠹蝕虚耗之弊無從生焉。如是則供於上者有所儲,積於下者有所餘。食餘於豐年,食給於凶歲,民生遂而庶政始可以立,食所以居八政之首也。二曰貨。貨者,民之所資,國之所用也。故懋遷化居,依民所便,貢賦有常,爲國之裕,而理財防弊之際,一如食之謹密焉。如此則金帛刀布有所積,山林川澤之利亦有所蓄,上下資用,悉屬充足,是於養生之外更有所便矣。三曰祀。祀者,孝養之心所自生也。人子孝養,於生前不能不思慕於生後,因以食貨之供於生前者,還供於生後,而祀由此起。祀固報本反始之情所不能已也,而即報本反始之情類而推之,在天爲天神,在地爲地祇,在人爲人鬼,舉凡山川之靈,百神之司,無非本此報答之心,用食貨以豐其祀而盡其情也。惟有此情,則人心不失,人道所以可治也。然則祀之一事,聖人因人情爲之也,善存人心者也。四曰司空,度土以居民也,若辨方正位,體國經野之類皆是也。定宅畝則所以庇食，别廛市則所以便貨，立宗廟，營墳墓，又所以慰先靈而肅祀，推之修城鑿池，重門築關，修其險阻，濬及大川，凡可以護民生而安其身者，無弗至已。夫食貨以備人急，立祀以存人心，司空以安人身，斯時所宜急爲開導者，不又在使各知身心原有自具之天性而教之不容已乎？五曰司徒，教天下以各具之天性，致明於人倫也。人之天性多爲氣拘物蔽，不能致行於人倫，惟賴上有以教之也。人君躬行化民，已感動其天性之生，而司徒更爲敬敷五教，使父子有親，君臣有義，夫婦有别，長幼有序，朋友有信，其間勞來匡直，乃所以輔以立之，翼以行之，使優遊浸漬以自得之，猶恐勤始怠終，於焉提撕警覺而振德之，而又爲之學校選舉，及時而行焉。則所以啟迪乎民，使各盡天性，以行於人倫者至矣。如是猶有不率教者，不能不以刑治之。六曰司寇，掌刑以弼教也。刑以除教化之梗，使教化得所行也。制官刑，警於有位，而教化不阻於執政之人。制國常刑，以示下民，使常目擊刑之所設，知皆教化之副，而不敢違乎教化。如果怙惡不悛，狃於姦宄，敗常亂俗，凡屬於爲禍之階，以逆教化之行者，即隨其所逆，分别於五刑之屬，定刑不赦。赦拂民心，壞法之事，自古聖世不言赦也。如是則不率教者，咸知畏法，頑梗去而政四達於天下矣。故司寇之次，用以除不率教，乃刑期于無刑者也。七曰賓。賓者，所接之人，待之以禮，即敬之爲賓也。使天下之人，尊卑上下，咸以賓禮相接，則禮儀相維，無所怠慢，而身心各有所持循矣。自朝聘會同，冠昏喪祭，以及鄉飲相見，無非值此身心於彬彬之際。將見揖讓之風行，非徒文事之觀美，則治世所以維持人道者，即此賓禮也。八曰師。師者，衆也，衆必擇人而統之也。統衆以律，律以督教，鄉遂教閲之法，無非律之所行。將統制無不嚴厲，擊刺無不熟習，守禦無敢怠玩，臨時機宜，人莫能測，爲師之可恃，用以衛民之生，防世道之亂，以威天下者也。天下不能有治而無亂，氣運所適，人事所際，原有剥復升降，自然之勢。治則賓以相接，亂則師以相衛，而保民之政，至此乃大備矣。獨是政終於師，固聖王不得已而用，而必諸政先盡，而後師可行也。此又師居終之義也。夫政隨世而增，因時而變，不止於八，而究非於治人之外更有增益。要不過隨人事之更煩、更雜、更幻之際，多設政之曲盡詳辨以馭之，而總不能出此八政也。然則八政之目，殆所謂握乎其大要，酌乎其至正者也。

卷中

"四、五紀：一曰歲，二曰月，三曰日，四曰星辰，五曰歷數。"

九疇之四爲五紀，五紀之目爲何？一曰歲，日與天會爲一歲。歲積日三百六十五有奇，首九十一日有奇爲春，次九十一日有奇爲夏，又次九十一日有奇爲秋，末九十一日有奇爲冬，紀則以此序四時也。二曰月，日與月會爲一月。月積日二十九日有奇，首一日爲朔，朔衍七日半爲上弦，上弦衍七日半爲望，望衍七日半爲下弦，下弦衍七日半爲末一日，爲晦，每年常月如此。每年氣盈朔虚，積成閏月，其會日積日，起朔止晦亦如此，紀則以此定晦朔也。三曰日，日與度會爲一日。天周全度三百六十五又四分度之一日，積十二時，每一時日行天度三十有奇。十二時，日共行天周全度三百六十五又四分度之一，是爲一日。首一日某時自何度行起，次一日依然某時，依然自何度行起，是爲日與度會，紀則以此正纏度也。四曰星辰，星者，五曜七宿也；辰者，天周全度而均分爲十二次也。七宿於辰而佈處隨天，左旋一日，行天周全度，過一度而少差，遞行至三百六十五日有奇之歲，則過天周全度，至原處而少差，是七宿屢年微東移也。日與天會，察歲差，定初氣，以領二十四氣，而遞定之者存乎此。日與月會，察月離，定首朔，以領十二朔，而遞定之者存乎此。日與度會，察日纏，定首時，以領十二時，而遞定之者亦存乎此。五曜於辰而錯行，土行二十八歲與天會，木行十二歲與天會，火行二歲與天會，金、水各行一歲與天會。凡與天會者，皆足以占歲。五曜也，七宿也，與辰合以爲紀也，宜哉！五曰歷數，歷數者，歲、月、日各有歷於星辰之數以爲歲、月、日焉。紀則以既往歲、月、日所歷於星辰之數爲通例，推其未來歲、月、日所歷於星辰之數而造歷書，此之爲紀也尤明矣。此五紀之大略也，獨是歷數之難也，以其步算乎至動者也。惟其至動，所以動不能齊，凡物之静者有定而動者無定故也。又在隨時占驗，以求天之至動可也。《堯典》治歷之法，寅賓出日，寅餞納日，正東西出入之度；日短日永，正南北日至之度，而又在璇璣玉衡，以齊七政，此乃萬世治歷不易之法。而五紀所以歷萬世而永可恃，其中自具此法。隨時占驗，求乎歷數，所歷無過不及，恰當之數，乃其所以正歷數也。歷數明，則造化有成迹可尋。尋其迹以布時令，使天下之人就其自然之序，以奏自然之績，而功業可坐觀其成矣。此五紀所爲，順天治人，關於治績者大也。

"五、皇極：皇建其有極。斂時五福，用敷錫厥庶民，惟時厥庶民於汝極。錫汝保極。"

九疇之五爲皇極，皇極居九疇之中。中以立極，爲天人之所歸，故獨著其綱，不同衆疇各有目也。皇，君也；建，立也；極，至極之善，感通天下者也。所建之極，乃其自有之極得乎天者也。建其得乎天者，著象以示天下，使天下之人各以其所得於天者，於此觀感，始可以言建也。貌極其肅，天下胥仰其貌；言極其乂，天下胥仰其言；視聽極其哲謀，天下胥仰其視聽，則建極於一身之官骸也。語父子則極其親，而天下之爲父子者於此取則；語夫婦則極其别，而天下之爲夫婦者於此取則；語兄弟則極其愛，而天下之爲兄弟者於此取則，又建極於一身之倫常也。至一事一物之接，一言一動之發，無不極其義理之當然，而無一毫過不及之差，則極建矣。惟能建天之所以爲皇極，斯能斂天之所以爲五福。天之生人，陰陽自然之氣，出於陰陽自然之理，理御乎氣，氣御於理，釀於太虚之中，藹然其生生者，爲太和之氣。惟氣所行，爲理所至。氣既爲一身所由凝，理即爲一身所由御，粹然至善，豁通於神明之會，爲人之極；凝然至善，鎔鑄於保合之際，爲人之福。是則極也，福也，皆理氣醖釀而出，無二致也。而究之氣不離理，理以生氣，故極者，福之本也；福者，極之效也。極之所建，福之所集也。故建之爲言極，立於我也；斂之爲言福，聚於我也，能全建其極，即全斂其福，此皇建其有極，必斂時五福也。夫建極斂福，人君以我一身，盡人通天，自然之效也。即凡人人之身，皆可盡人通天，以致其效也。故人君不自有其極，欲庶民亦有其極；不自有其效，欲庶民亦有其效，因用其建極所斂之福，敷布於庶民，錫予於庶民。一時敷錫之際，能使庶民觀感而化，爲招福之基，已不爲空空敷錫。況君所斂於天之福，悉能普之天下，爲和平之世，全以福爲涵濡，則敷錫之實迹，又儼然可見矣。惟時厥庶民被此敷錫之福，知其斂於有極，即于汝極，身體力行，將官骸之動效汝官骸之極，倫常之行效汝倫常之極，日用行習之微效汝無微不至之極，則民之趨極，不徒感汝之敷錫，實有益于汝所建之極也。民之趨極，日深一日，即使汝極日彰一日。天下之人，由近而遠，聞風争趨，無不覺汝極爲吾民所由立，而深欲汝極常使民見也，深欲汝極常使民行也。凡有見於汝極，時時有不能自離之思，其殷殷於顧諟之際，不能已也；凡有行於汝極，時時有不肯自失之勵，其汲汲於服膺之勢，不能息也，皆汝極之常使人見，常使人行，即常在人間也，是錫汝以保極也。民亦言錫，理歸大同，以理相與，故上下通稱也。民至保極，必已斂福，將並上之斂福，亦保矣。夫一人建極於中，四方歸極於外，何其感應之速也。以一人所建之極，乃人君之得於天者，與人同也；四方之必歸極，亦人人之得於天者，與君同也。即其所同之處，以爲之感，斯各以其所同者，不覺其何以已爲之應也。此感應之際，所爲如此其速也。自有生民以來，一人在上而能結聚天下之人心，並荒遠四外蹤迹所難到之處，亦無不結聚其心，來與爲應。惟此建極之道得也，而建極之終效，亦於是乎恒久矣。

"凡厥庶民，無有淫朋，人無有比德，惟皇作極。"

建極而至保極，則知天下之化於趨極者在皇極之建也，而實由皇極之建，能先去天下不趨極之弊，使之共趨於極也。彼天下之屬於庸衆者，庶民也。庶民不趨極之弊，多在淫朋。淫朋所起，無皇極之建導其行，則浸淫於禮法之外以爲朋，將相與狥慾，何暇事於保極。天下之列於有位者，人也。人不趨極之弊，多在比德。比德所起，亦無皇極之建迪其行，則阿比於一己之私以爲德，將相與附勢，又何能致乎保極。自古天下庶民，與人相與紛亂，不能合一，天下之勢，會歸一人，皆以無建極之人先爲去其弊也。凡厥庶民，雖屬同處，無有以淫爲朋之民；有位之人，雖屬同僚，無有以比爲德之人，其果何自而能若是哉？惟皇之君，以身所建者爲之極，即作庶民與人之極，使皆有所取正。庶民與人，即皆以君爲之極者爲旨歸，故不失之於淫以爲朋，不失之於比以爲德，此淫朋比德所由無也。至民無淫朋，人無比德，將庶民與人悉去其不趨極之弊，即錫汝保極之可期至者也。夫淫朋、比德，禁以法律，亦可以制其弊，而必以作極爲言者，法律之禁，不過能革其面，究不能革其心，不如惟皇作極，爲端本清源之要圖也。夫天下之大，宇宙之濶，萬類散殊之繁，惟庶民與人弊端紛起，不啻蔓草之難圖，而不知弊端紛起，皆自失其心中之理也。惟皇所爲之極，乃天生人所予之理，爲人人心中自具之理。皇一作極，即極以通其心中自具之理，使其心以理自主，自從中消其弊端之萌也。彼夫法制禁令，徒警於外，猶其末焉者也，愈知皇極之不可不建矣。此言皇極先去庶民與人之惡，下言皇極更誘庶民與人之善，如是則庶民與人悉可趨皇極之中，歸天下一人，而底於永保極也。

"凡厥庶民，有猷有爲有守，汝則念之。不協于極，不罹于咎，皇則受之。而康而色，曰：'予攸好德。'汝則錫之福。時人斯其惟皇之極。"

建極而民無淫朋，民已知趨極矣，又當隨其資質事爲所至，於焉引進，使共得適於皇極也。凡厥庶民之中，心思之謀慮，足以運事之艱，謂之有猷。有猷，則凡事有謀慮，不至臨事而失計也。才藝之施設，足以理事之繁，謂之有爲。有爲，則凡事有措置，不至臨事而莫處也。節操之堅持，足以受事之托，謂之有守。有守，則凡事有操持，不至臨時而鮮終也。而有守獨列於庶民，操持在爲民之時，立其根也。若爲民之時已無守，至爲在位之人，定知其無守也，故但於庶民中言也。人君先於庶民中擇此三者之有，雖非造極之詣，而三者所列，實備天下之能事也。然則三者，庶民中資質才力，各有得於理之發用，可引於極以爲用者也。汝則念其各具之美，更爲念其何以各全其美，使有猷者由極以爲謀慮，有爲者由極以爲施設，有守者由極以爲操持，將見各具之美，可各由於極以達其用矣。蓋斯民賴汝念之，以全其美也。若不協于極，動猶未洽於善，不罹于咎，身亦不陷於惡，此庶民中資質行踪屬乎中人，亦可引於極以致力者也。皇則不拒其爲中人，歸斯受之。受必爲之砥礪，使不協于極者，漸浸於善於極，有所浹洽；不罹於咎者，力趨於善於極，有所終譽，將見平庸之質，可各由於極以致其力矣。蓋斯民賴汝受之，以啟發其行也。至於民之樂爲善而見於外者，而康則舉止安詳，而色則向善之機自露其色，而發於中者曰："予攸好德"，悦於心而見於言，此庶民中資質行力已於極有樂趨之迹者也。汝則錫之福，有所錫予，以鼓勵之，使而康者由極以安其康，而色者由極以發其色，攸好德者由極以充好德，將見樂於趨善者，可各由於極以擴其量矣。蓋斯民賴汝錫福，以擴其爲善之量也。此之錫福，與下正人之錫福同，皆言有所錫予也。然必庶民可以趨極者方錫之福，與下正人可以輔極者始錫之福，無非隨其人有向極之實，勵以優養，使之更力於皇極也。夫人君於民，凡有可以向極者，念之受之，至錫之福，則被乎念受與錫福之時。人自因君各有所引進，斯其所以各亹亹於惟皇之極也。是惟各隨其性之所近以爲引進，而開其性中之天，故如此也。要之天地之大化，生生不已，人生於大化之之中，其性亦猶是也。天地與萬物以性，必有以暢動其性中生生之機，而後生生之機勃然而興。人君知人性之出於天地，皆生生之意，不能自息者爲向極之機，隨其機以鼓其向極之力，則人之亹亹於極者，自無有已時也。此天性自然之理，亦天性自然之勢，豈强有所驅迫於其間哉？此節言皇極之感民，更有所以引進者，致民之保極也。

"無虐煢獨，而畏高明。"

前言導民之向極者，使各趨於極矣。而庶民與人爲類最衆，有不遽適於極者，又當各有撫制，使共適於皇極也。如煢獨，庶民之至微者也。煢獨之人有心皇極，何言虐也？或自因其煢獨，無心於皇極，則易虐之也。高明，有位之尊顯者也。高明之人有心皇極，亦何言使之畏也？或自因其高明，輕心於皇極，則由不畏之也。乃即於煢獨之人有所體恤而無所虐，使其氣之屈者得所舒也。煢獨之人得所舒，即可生其向極之心也。而於高明之人有所裁抑，以使之畏，俾其氣之易驕者知所慎也。高明之人知所慎，自可收其向極之心也。如是，則上下、大小、强弱之際，無不平其情以自力，而共趨於皇極也。前言庶民之向極有所引進，後言有位之輔極有所資助，此特於庶民與人之中有惰於趨極者，各有所撫制，以誘掖之也。夫然後天下之大，庶民與人之衆，各有趨向，怠惰之不齊，皆使群然向慕於皇極之是，趨而無有一遺漏者矣。故此節爲結上章而起下章之義也。

"人之有能有爲，使羞其行，而邦其昌。凡厥正人，既富方穀。汝弗能使有好于而家，時人斯其辜。于其無好德，汝雖錫之福，其作汝用咎。"

建極而人無比德，人自可以輔極矣。更於輔極之際，勵其進修，審其優養，以裕輔極之心，則皇極有真輔矣。人，已在官之稱也。人之有能者，其才智可以濟事之艱；人之有爲者，其施設可以濟事之繁，是有能有爲之行，已可爲有邦者所深賴矣。乃建極者更使有能有爲益進其行，以大其爲用也。羞，進也。使有能之才智日進於至極之理，以擴其才智，即日進於皇極之理，以擴其才智。將才智之見於行者，由皇極之理所擴之才智以爲行，則其行之大有所進也。用是行以輔皇極之行，自知皇極之理所以徹乎天下之處以爲輔矣。使有爲之施設日進乎至極之理，以措其施設，即日進乎皇極之理，以措其施設。將施設之見於行者，由皇極之理所措之施設以爲行，則其行之大有所進也。用是行以輔皇極之行，自知皇極之理所以布乎天下之處以爲輔矣。

夫人之有能有爲，羞行以輔皇極，則有位之趨極，顯可見也。更使民之趨極，不待言也。於是一邦之人，惟極是趨。將人心之復如乍破，蒙致治之新，如乍開霽，而邦之景象，其日昌矣。但言有能有爲隨便舉能奉行之人，可爲國家之用者言也。凡厥在官之人，皆謂之正人。正人，執政之人也。執政必至於穀而後已。穀，善也。執政之人，專心國事，惟求其穀，何暇謀其家室豐給。然一於饑餒，有難於爲穀者矣。必在官之人有禄可仰，既予以富焉，而後方可責其爲善而至於穀。自古設官分職，無不予以厚禄，正欲其日進於善，先使無室家之累也。設汝弗能使有廩禄常繼，衣食常給，和好于而家，將終窶且貧，不免交徧之讁，則爲貧所累，輔極之心有所不專，時人因斯而陷於辜矣。若是，則用人必先有所錫予矣。然于其無好德之人，亦不可妄有所錫，惟速屏去而已。若不屏去，不但威以制之，不能絶其貪虐之心，汝雖錫予甚渥厚，施之福，亦不能使有好德而輔治，彼之爲人，原無德也。無德而高其爵，厚其禄，不惟不感君恩，反以資其貪饕之心，將必藉其錫予之勢，至於大爲咎也，非自得爲咎也。禄以馭賢，原不及乎無德。今既無德，汝不速屏去，反錫之福，其爲汝用此爲咎惡之人也。而用人之際，必既富之，而後責其爲善者。聖人設教，欲中人以上皆可能也。夫既於有能有爲者羞行而邦昌，又於無好德者戒錫與用咎，始可盡人輔極，因以致民之保極也。且夫人君建極於上，民即保極於下，君民相感之際，已屬甚易。而必中間有輔極之人，乃更易，何也？君民相感，原通以心，故其情甚易。而君之於民，有上下之分，其勢懸遠。君一旦發之於心而見之於身，民不能遽知之。中間輔治之人，上承乎君，下及乎民，爲上下相接之人，所以通上下之情者也。若先梗化其中，使上下之情有所不通，即上下之勢爲所阻隔，何得驟言感應之神？惟中間輔治之人，但知自羞其行而不陷於辜，不至爲咎，祗輔皇極之行，若有所不逮。上於君之敷錫，急宣於外；下於民之歸極，急導於上，上下相接之處，有如是之急爲豁通者，斯上下所以通行無碍，而但見其有感斯通，有動斯應，不覺其然而已然者也。皇極之有賴於輔極者，此也。故此節特言皇極之馭正人，使專心輔極，賴以致庶民之保極也。

“無偏無陂，遵王之義；無有作好，遵王之道；無有作惡，遵王之路。無偏無黨，王道蕩蕩；無黨無偏，王道平平；無反無側，王道正直。會其有極，歸其有極。”

皇建有極之後，固合朝野上下皆趨極保極之人矣。宜於此際作會極歸極之詞，使天下人人歌詠不倦，常在心目之間。因以恒其心志，養其性情，勉其功力，不覺其日日於會極歸極矣。惟王建極，故屢屢以王言之。王欲天下之人會極歸極，而先言遵義，何也？義，即宜也。天下古今人心事理，至乎其極，不過得其所宜而已。會極歸極，亦即得其所宜之至也，故遵義爲先務也。而義由王著，王以其心之中致其宜，以心之平致其宜，故出之於心無不宜，措之於世無不宜，謂王之義也。王之義，不易遵也。偏，不中也。己私之生於心者，不中何以度事之宜也？陂，不平也。己私之生於心者，不平何以度事之宜也？既無以度宜，又何足與言王之義也，故必其心無偏，無偏之不中，始可以求事之宜；又必其心無陂，無陂之不平，始可以求事之宜。將發於心之所宜，措於世之所宜，無不由此，而得其所以爲宜，而後能知王之所以爲義，乃至宜之義，跬步不敢違，始可與於遵王之義也。遵王之義，意向步趨，己知何者爲宜，何者爲不宜，而無有差忒者矣。而人心之動，又有好惡，好惡又意向步趨之根源也。倘好之出於心者，非出於理之自然以爲好，隨心之私欲以爲好。是所好者，心有所爲，乃好之中加之意也，謂之作好。作好者，適於非道，於王之道遠矣。王之道，乃順理爲道，人人所同趨也。無有作好，則好所當好。當好者理，以理爲好，即得乎人人所同趨，乃所以遵王之道。又惡之出於心者，非出於理之自然以爲惡，隨心之私欲以爲惡。是所惡者，心有所爲，乃惡之中加之意也，謂之作惡。作惡者，適於非路，亦於王之路遠矣。王之路，順理爲路，人人所共由也。無有作惡，則惡所當惡。當惡者非理，以非理爲惡，即得乎人人所共由，乃所以遵王之路。由是由心而見於事者，但見其無偏，無偏則不倚於一隅；又見其無黨，無黨則不屬於昵比，於是滯隘盡泯，心身豁開，遊乎王道中之寬廣舒泰，濶然太虚，任所洋溢，極其蕩蕩也。至所見之無黨，又以無黨者不阿於相競；所見之無偏，又以無偏者不泥於執拘，於是低昂悉除，心身何激，趨乎王道中之静正平易，一望如砥，任所步履，極其平平也。且見之於一無所反，無反則行有一定，不以旁塗倍其常行，致有反乎是也。又見之於一無所側，無側則行屬至穩，不以曲徑傾其正域，致有側乎是也。於是以無反無側之詣，不游移於旁塗曲徑之際，即趨乎王道之正，趨乎王道之直。王道惟出於正，故王道所行，無不正焉；王道惟出於直，故王道所行，無不直焉。因知天下之正，由王道而出者爲至正，而無有過乎，此正者矣；天下之直，由王道而出者爲至直，而無有過乎，此直者矣。王之義、王之道、王之路，皇極之所由行也；而以無偏陂、無作好、無作惡者，得趨其塗也。王道之蕩蕩、平平、正直，皇極正大之體也；而以無偏、無黨、無反、無側者，得人其域也。遵義、遵道、遵路，會其極也；蕩蕩、平平、正直，歸其極也。會者，合而來也。合而來，則合乎衆行，悉來於極，即悉會趨於極也。歸者，來而至也。來而至，則來乎此者，悉至於極，即悉歸宿於極也。凡所會聚之極，歸宿之極，皆惟皇所有之極也。而究之惟皇所有之極，即人人所自有之極。會有極，亦即會我自有之極也；歸有極，亦即歸我自有之極也，此會極歸極所以可通於天下也。天下之人，常以是爲歌詠，則其心志、性情、功力之間，自於其中之趨向，愈入愈悟，愈行愈力，人欲日消，天理日至，會極歸極，有不知其然而然者矣。而錫汝保極，亦因是而愈恒久矣。

"曰：皇極之敷言，是彝是訓，于帝其訓。"

曰者，教武王喻民之辭也。上節所言，乃本皇極之理，敷衍以爲言也。曰皇極所敷之言，是彝也。彝，常也。秉彝之良，終古不息也。彝具於心，常莫常於此矣；彝見於行，亦常莫常於此矣。若心非此彝，則游移而不常；行非此彝，亦游移而不常，故曰皇極敷言，是乃民之彝也。是訓者，皇極所敷之言，是乃天子建極，欲民皆知極之旨歸，則作此敷言以爲訓也。即極爲訓，是經常之訓，亦終古不易之訓。外此則旁門外道之説，徒遺禍於天下，故必此皇極所敷之言，始可以爲訓也。然又非建極者自爲訓，乃因上帝之生此人，同命此極之理，以全其一生之所爲。惟皇因帝之命人原如此，乃代天以立其訓也，言至天而萬古不能易矣。要之皇極敷言，是彝則出自民有，是訓則出自人君，于帝則出自天。使天下之人知其所以然，則民之志定。民之志定，自不能不會極歸極矣。

"凡厥庶民，極之敷言，是訓是行，以近天子之光。曰：天子作民父母，以爲天下王。"

皇極敷言，固建極之君所以爲訓，而使人行者也。凡厥庶民，於極之敷言，以是爲訓，而異言無所惑；以是爲行，而旁塗無所迷，是足以近天子建極之光輝矣。光輝，以見於外者言也。近天子之光，是民之會極歸極也。民至會歸，始知所賴於天子者深，遂相謂曰：天子於我，明明有訓，誘掖於道，不啻父母之曲全其子，是天子作民父母矣。以父母曲全其子之道撫馭天下，使天下之人受其撫馭，無不樂其尊居於上以爲治，又以作民父母者爲天下王矣。王者乘運以大其統，居中以達四外，四外無不尊此一人，斯謂王天下之王也。言父母，親之也；言王，尊之也。乃皇極之感天下，天下會極歸極，並至保極之驗也。首言建極,見惟皇感天下之根源,在建極示下民也。終言爲王,見天下感皇極之終效,即愛戴之爲天下王也。至爲天下王,則天下環拱一人之象,即惟皇建極,天下環拱皇極之象也。夫《洛書》以五居中,主中氣以通萬化,萬化無不由此爲造化之行,此五數所以獨尊於《洛書》之中也。九疇以皇極居中,立標準以示萬民,萬民無不由此爲風化之行,此皇極所以獨尊於九疇之中也。然則皇極居中,立人道之極,參天地之化,真洪範九疇中一大統領也。

"六、三德:一曰正直,二曰剛克,三曰柔克。平康正直,彊弗友剛克,燮友柔克。沉潛剛克,高明柔克。"

九疇之六爲三德,三德之目爲何?一曰正直。正者,天理降於人心,凝然端正,静而正也。中心無爲,以守至正也。直者,由正而動,則至正之理直達於外也,是德出於天理之本然者也。二曰剛克。剛者,天理充於一心,動而莫禦,是剛也。剛純動於天理,則大畏民志。故剛之所行,無不心服,剛之所以能克也,又德出於天理之至動者也。三曰柔克。柔者,天理函於一心,静而無爲,是柔也。柔純静於天理,則大宜民情。故柔之所行,無不樂從,柔之所以能克也,又德出於天理之至静者也。此三德之目而用之,則隨人以爲乂,使適皇極之中也。平康者,用正直,平則心平而氣静,康則體康而行善。此其人之所爲,惟趨於理,易適於正直者也,故即以正直乂之而已。以其易適於正者,而以正存心,則運之官骸,乃各正性命也;以其易適於直者,而以直根心,則見之動作,乃直道而行也。平康而乂以正直,正順其資質氣度之美,誘於道路之正直,以適皇極之中也。若勝氣淩物謂之彊,彊則不順謂之弗友。此其人,任其彊則動而爲愎,任其弗友則動而爲逆,故乂之以剛,示以至剛之氣,由理而伸也。以吾之氣馭於理,凜然正大,臨萬物而無不屈者,即彼之徒彊於氣,遇理而自餒也;徒行不順,遇理而自怯也,是即剛克之也。剛克之後,無不消然退沮,平矜適情,卑抑以適皇極之中也。若輯和適宜謂之燮,燮則必順謂之友。此其人,必任其自燮,則從容以輯其和;必任其自友,則安閑以適於順,故乂之以柔,示以至順之氣,惟理是趨也。以吾之氣適於理,藹然可親,臨萬物而無不從者,即彼之安於自燮,殷殷而彌醇也;適於自友,愉愉而彌順也,是即柔克之也。柔克之後,無不翕然受善,和衷達順,從容以適皇極之中也。若氣不浮者則謂沈,安處於下以自養則謂潛。猶慮其人之入道不能奮赴,故又剛以克之,使知至剛之性,方能進道於無窮,則治之以剛正，奮其力以進道也，是勉其不及以趨皇極之中也。若至氣之超邁則謂高，神明所燭能徹亮則謂明。猶慮其人之入道不能降從，故又柔以克之，使知至柔之性，始能受益於無方，則治之以柔正，平其矜以受益也，是抑其太過以趨皇極之中也。然則三德之施，因人之氣稟習俗所際之境爲何如，即以何道治之，無非納天下民俗於皇極之中也。此單言三德能隨人氣稟習俗所至之分際以善用乂，而其因世道之治亂盛衰而施治者，自泛應悉當，無不可以善用乂矣。由是觀之，惟先有此三德之用，而後能作福、作威、玉食，得其至當。則此三德之用，正下作福、作威、玉食之根源也。

"惟辟作福，惟辟作威，惟辟玉食。臣無有作福、作威、玉食。"

聖王馭世，既以三德隨天下性氣，盡裁制之宜，即以三德隨天下事，爲博處置之權，將三德之爲乂者，無弗至也。辟，君也，即有上三德以爲君者也。惟辟，惟此一人也。惟此一人統乎天下，即惟此一人制乎天下，天下之事專待制於一人，即惟辟所以獨有大權也。惟辟有時而作福，非無因而作福，隨天下之事，有宜勸以福者，作福以爲勸也。如事在趨善，即度其趨善，何如作爲，何如之福，以爲勸焉；事在息患，即度其息患，何如作爲，何如之福，以爲勸焉。是則福所由作，皆惟辟隨事酌宜而出，天下無從生其倖致之術以邀福，自不得不慎於致福之際也。惟辟有時而作威，非無因而作威，隨天下之事，有宜懲以威者，作威以爲懲也。如事屬不韙，即度其不韙，何如作爲，何如之威，以爲懲焉；事屬構禍，即度其構禍，何如作爲，何如之威，以爲懲焉。是則威所由作，皆惟辟隨事酌宜而出，天下無從生其詭避之情以免威，自不得不慎於致威之際也。惟辟以天下勞其心，即受天下之養，於是乎有玉食。而玉食之所由供，亦天下之人皆此一人所馭爲乂，自知其所以安理，無非一人之勞心所賜，何能報上於萬一也？因以方土所產者爲奉養，更擇方土所產之尤珍者爲奉養，即玉食所由稱也。是萬方聊藉玉食報一人也，何得不以一人獨受哉？玉食既爲一人所獨受，則一人獨受之尊有並玉食，而見其獨尊者，宮室器用、車旗衣服，亦惟一人爲獨尊也。而天下之大，上下尊卑之際，自可於獨尊之處等而下之，各置以應得之分，而無容紊，而天下亦即各安於應得之分，而各食其所置之分矣。夫福、威、玉食，悉出惟辟，而天下無不乂，因知惟辟獨攬大權，所關如此其甚重也。若臣則專爲君所使，隨大權所行奉令，以盡其奔走者也。凡有所錫之福，皆君所作之福。令臣以爲錫，臣即奉君所作之福以錫之也。凡有所施之威，皆君所作之威。令臣以爲施，臣即奉君所作之威以施之也。至若玉食，固君所以統馭萬方、安享天下之厚報者。臣即於萬方之所供，莫不敬供於一人也，故曰作福、作威、玉食，臣無有也。臣無有此，正以明臣分之卑，而愈以見君位之尊也。既於福、威、玉食歷歷言惟辟自有，又復於福、威、玉食歷歷言臣則無有，言之切切，如是使爲人君者先知大權惟獨攬於君，專乎處置之事，乃人君所爲，自議以施下也。又知大權不下移於臣，泯乎僭越之情，乃人臣所由靖共以承上也。果如是也，君獨行於上，臣奉令於下，雖遠至四外，皆君心所欲施爲，臣無不盡心於其所施爲，將一時措置之宜，獨出一人，而無有攙於其間者。天下極其清肅，以受一人之爲乂，而盛世君臣之際，亦儼然如見其象矣。

"臣之有作福、作威、玉食，其害于而家，凶於而國。人用側頗僻，民用僭忒。"

前言君有大權，臣無大權，天下所以可乂。此特言臣有大權，臣下之患必相因而起，天下亦從此不可乂，乃深戒大權之下移也。何言之？臣之有作福、作威、玉食，臣不安其分，目無君上而有也，有即家國之患也。而，猶汝也。大夫之家，而所立之家也。大夫以有家者而有作福、作威、玉食，必將以其家之所統者變易而所立之家，故曰其害于而家。諸侯之國，而所立之國也。諸侯以有國者而有作福、作威、玉食，必將以其國之所統者變易而所立之國，故曰凶于而國。此皆臣之不良，必致其禍也。天下之勢，亦從此而不可言矣。諸侯大夫之下，凡有位者皆人也，凡無位者皆民也。國家至此，將凡有位之人，皆用其不良矣。側，不正也。頗，不平也。僻，偏愎而不公也。有位之人，用其側之不正，凡事無有得其正者矣；用其頗之不平，凡事無有得其平者矣；用其僻之偏愎而不公，凡事無有不邪愎而不公者矣。較之人有比德，更自肆惡矣。人既如是，民亦從而效尤，不自知其卑而妄爲矣。僭，不安分也。忒，任爲過也。無位之民，用其僭不安分，因生覬覦之心；用其忒任爲過，肆爲横逆之行。較之民有淫朋，更自作亂矣。有天下者至此，人與民已散亂而無統，又何得馭乎人而乂人，馭乎民而乂民哉？人與民皆不可乂，將天下紛亂之弊愈流愈甚，有不可勝言者，此無他，大權下移使之然也。然則人君必獨攬大權，非有自專之心，其勢不得不然也。夫以勢之不得不然者而大權獨攬，作福、作威、玉食悉出惟辟，則天下之勢一。勢一則上下大小各以有所承者安其位，即天下之分定。分定則上下大小各以有所司者致其行，即天下之氣静。至天下之氣静，人君安居於上，視天下所爲以爲治。而天下於此氣静之時,氣禀習俗各露其性情趨向所至之分際,以待三德之爲乂。而三德獨具之人,即可於其所至之分際,度其所宜以爲乂,此正直、剛克、柔克所以得乂天下之人,使之會極歸極,以趨皇極之中也。而實由大權獨攬,早有其勢而能然也。夫福、威、玉食不繫皇極之後,必繫三德之後者,皇極以極感天下之心,不關乎制事之宜。福、威、玉食即出於制事之宜,爲大權所行,自非出於皇極,因不繫皇極之後也。三德則以德制天下之事宜,自不得不作福,不得不作威,不得不獨尊玉食,爲大權所由出。大權既出於三德,即大權所以宜於人心,而可以乂天下者也。天下之事,惟三德爲能制宜,惟大權爲能行其所宜。大權不能離三德而獨尊,三德必以大權而用乂也,是三德爲制宜之根源,福、威、玉食爲事宜之所行也。故凡有天下者,既得作福、作威、玉食,爲大權之所行,必根於正直、剛克、柔克,爲三德之制宜也。此即福、威、玉食出於制事之宜,爲大權之根於三德,而因繫於三德之後也。

卷下

“七、稽疑：擇建立卜筮人，乃命卜筮。”

九疇之七爲稽疑，稽疑賴乎卜筮。龜曰卜，蓍曰筮。非人人能卜筮，宜建立卜筮之人也；非人人可建立，宜擇清心寡欲，沉静可卜筮之人也。蓋龜以静虚而靈者，紹天之明；蓍以精潔而神者，闡天之命，皆至公無私之所爲。惟無欲之人始能公而無私，方可傳蓍龜之意。故必早擇此人而建立之，使專掌此事。寶龜之藏，神蓍之守，器用之潔，宫室之密，卜筮之書之恒推研，惟此人念念在兹。斯其無欲者，更静其氣，静其心，静其神明，乃可命之卜筮也。

“曰雨，曰霽，曰蒙，曰驛，曰克。”

稽疑之卜，其目爲何？曰雨。雨爲水之兆，水何言雨？雨乍來於陰濕，爲水之生也。水之生，陽釀陰而生濕，濕甚則露氣下垂，自露其形，爲陰濕之浸潤。故龜兆有霏微似雨而下者，即水之兆，而謂之雨也。在天爲雨露，在地爲淵泉，爲河海。在國政爲膏澤下施，隨處涵濡。在人事爲事際草昧，雖施澤而多掩没不彰之事。在物類爲水藻繁生，根葉肥柔，介蟲乃盈。在月令則冬爲雪霜，夏爲霖雨，時多不晴。凡水之類皆其屬也，水之用事也。曰霽。霽爲火之兆，火何言霽？霽乍透出陽光，爲火之生也。火之生，陰藴陽而生熱，熱甚則光焰上越，自露其形，爲陽明之開徹。故龜兆有舒豁而開明朗者，即火之兆，而謂之霽也。在天爲陽明，在地爲光華。在國政爲政烈，爲條教嚴明。在人事爲明顯，爲文章，爲兵象，雖文明而多虚誑之事。在物類爲草木艷麗，科上多槁，羽蟲高飛。在月令則夏爲炎熱，冬爲暖陽，時則艱雨，多旱而久晴。凡火之類皆其屬也，火之用事也。曰蒙。蒙爲木之兆，木何言蒙？蒙如黎明之際，氣連蒙闇，似欲發曙，爲木之生也。木之生，陰濕融於陽熱，陽熱遂助乎陰濕，上生枝葉花蘂，其氣相屬而蔭暗，自露其形，爲蔭翳昏暗，隱藏其明。故龜兆有蒙昧連屬，猶未發爲明者，即木之兆，而謂之蒙也。在天爲空蒙，爲色藍。在地爲林叢，爲敷緑。在國政爲政和，爲事煩，爲勤農之令。在人事爲彙征，爲相恤，爲合同並作之事。在物類爲草木暢茂，禾稼盈隴，鱗魚盈溪。在月令則春多風氣，秋多雷鳴，時則多温。凡木之類皆其屬也，木之用事也。曰驛。驛爲金之兆，金何言驛？驛則絡繹而不屬，爲金之生也。金之生，陰濕浸乎陽熱，陽熱自凝於陰濕，内結層英，一聚一鼓，自露其形，爲筋脈層出，隔聚不屬。故龜兆有希疎不連屬，爲絡驛之不相屬者，即金之兆，而謂之驛也。在天爲星宿，爲光白。在地爲金石，爲山嶺，爲砂礫。在國政爲刑肅，爲嚴栗。在人事爲剛斷，爲果決，爲遄征，爲急促，有介石之節，無頹靡之習。在物類爲草木隕蘀凝實，稼穡收成，毛蟲乃多。在月令則秋多肅霜，春多寒氣，時則多冷。凡金之類皆其屬也，金之用事也。曰克。克爲土之兆，土何言克？克則能勝，銷舊而爲新，爲土之生也。土之生，以土中含氣爲濕熱之氣，濕熱之氣馭土質之能蝕者，銷土中朽穢之質，即全勝土中朽穢之質，爲淨土之生，自露其形，爲相際相錯，勢悉能勝。故龜兆有交錯相侵入，如欲相勝者，即土之兆，而謂之克也。在天爲風霾。在地爲平原，爲廣野，爲大荒。在國政爲政事重重，多遲漫纏延之象。在人事爲篤信，爲留連，爲心多遲鈍，止而復起，滯而志大。在物類爲五穀並茂，百寶盈溢，倮蟲繁衍。在月令則春夏發生，秋冬歸藏，風氣調序，風氣調暢。凡土之類皆其屬也，土之用事也。

“曰貞，曰悔。”

稽疑之筮，其目爲何？曰貞，貞以始言也。曰悔，悔以終言也。貞、悔在一卦者，内卦爲貞，外卦爲悔。内則初起之象，事方來而未動，即未動之時，宜貞正其守，故爲貞，宜慎之於始也。外則既終之象，時已往而不復，即迴憶其初，不勝追維。因時過之境，增其怛悼，監其失時，故爲悔，宜圖之於終也。若人一生初年、終年是也。貞、悔在兩卦者，遇卦爲貞，之卦爲悔。遇則筮蓍所遇之卦，亦現今所露之時，宜當貞正其守，故爲貞，慎之於此也。之則遇卦所變之卦，事之反變，將從前事會變爲别境，而即所變之境，迴憶從前景象，何以變此歸宿？事之無定，隨時而易，隨地而殊，令人審顧而不置，故爲悔，宜圖之於彼也。若人一身在此，又在彼也。今統觀六十四卦，内卦爲此卦之始，外卦爲此卦之終。故内卦初爻爲此卦起初之時，多戒其動，宜謹守其正，貞之始也。二爻言此卦之時方中，乃行得其正之時也，貞之中也。三爻則此卦之時已盛，有將變之勢，竭力保守其正，貞之終也。故内卦總以貞之關乎始事言也。四爻交外卦矣。卦之時勢已過其盛，迴顧其初，已爲變易之象，悔之始也。五爻居外卦之中，自適於平，能迴顧其初，行得其正之時，用爲此卦，大行之時也，悔之中也。上爻則終極無所往，迴顧其初，歷至於此，作何境象，爲卦之歸宿，悔之終也。故外卦總以悔之關乎終事言也。遇卦、之卦，理類是也。文、周以前無《周易》卦辭、爻辭，而貞、悔已盡六十四卦之義矣。即文、周所繫卦辭、爻辭，亦皆本貞、悔始終之際而繫之辭也。

“凡七。卜五，占用二，衍忒。”

凡此雨、霽、蒙、驛、克、貞、悔之七，通計卜筮之目爲七也。卜則用五，即雨、霽、蒙、驛、克之五兆，以盡五行所著之變化者也。占則用二，即貞、悔之二義，以盡陰陽往來不一其迹，而遞擅其始終於不窮之際者也。卜五占二，以衍陰陽五行之忒，即以衍人事之忒也。衍，推也；忒，過也，所以推人事之過差也。卜筮有吉有凶，何獨以忒爲言？凡卜筮，皆恐事有差忒，無忒則吉，有忒則凶，故總謂之曰衍忒也。以卜五之衍忒言之，卜以龜，龜現兆，兆有五，觀所露之五兆，以窺五行之變化得失，而衍其所以不忒，所以爲忒也。雨之兆，水之象也，凡所卜者，水用事也。霽之兆，火之象也，凡所卜者，火用事也。蒙之兆，木之象也，凡所卜者，木用事也。驛之兆，金之象也，凡所卜者，金用事也。克之兆，土之象也，凡所卜者，土用事也。皆以五行所屬之類斷其用，即皆以五行之乘令與不乘令，審當此令之時所具宜然之理，以衍其所以不忒，所以爲忒也。若其兆爲雨，而又或逢霽，逢蒙，逢驛，逢克，皆水氣用事之際，而復觀所遇者作何用也。若其兆爲霽，而又或逢雨，逢蒙，逢驛，逢克，亦皆火氣用事之際，而復觀所遇者作何用也。推之其兆爲蒙，而復有所遇；其兆爲驛，而復有所遇；其兆爲克，而復有所遇，無不如是觀也。皆以五行所屬之類斷其所用，亦以五行所屬之類斷其所遇，而並以五行之乘令與不乘令，審當此令之時各具宜然之理，以衍其用事之所以不忒，所以爲忒，與夫所遇之所以不忒，所以爲忒也。由此以更推衍五行之變化無窮，皆可隨意而觀其奥也。以占用二之衍忒言之，占以蓍，蓍數有陰陽，陰陽際而爲卦，卦有貞、悔之二。貞、悔有在一卦以衍忒者。貞於卦之吉者爲始，則衍卦吉。方始盡卦，吉方始，所宜之理爲無忒也。貞於卦之凶者爲始，則衍卦凶。方始失卦，凶方始，所宜之理爲有忒也。悔於卦之吉者爲終，則衍卦吉。將終失卦，吉將終，所宜之理爲有忒也。悔於卦之凶者爲終，則衍卦凶。將終盡卦，凶將終，所宜之理爲無忒也。貞、悔有在兩卦以衍忒者。貞於遇卦之吉者爲始，則衍其始。遇卦吉，盡其始。遇卦吉，所宜之理爲無忒也。貞於遇卦之凶者爲始，則衍其始。遇卦凶，失其始。遇卦凶，所宜之理爲有忒也。悔於之卦之吉者爲終，則衍其終。來變出卦，吉盡終。來變出卦吉，所宜之理爲無忒也。悔於之卦之凶者爲終，則衍其終。來變出卦，凶失終。來變出卦凶，所宜之理爲有忒也。是以貞、悔始終所宜，推衍六十四卦；陰陽始終所值時，宜得失忒與不忒之真機，以定吉凶之根源而盡陰陽始終之妙也。卜本五行，詳而盡也；筮本二氣，簡而易也。用以衍忒，實足以見蓍龜之神也。夫天地古今時事，至難測也，而無非陰陽五行之變化無窮者所爲也。即以陰陽五行之變化無窮者，推斷萬事萬物之變化無窮，無不準矣。龜卜所以紹天之明，蓍筮所以闡天之命，無不彰著於目前者，陰陽五行變化無窮之實理然也。

“立時人，作卜筮。三人占，則從二人之言。”

卜筮衍忒，全在能通其理之人，又全在臨時能聽其言之可從也，故欲卜筮，必立時人能通此卜筮衍忒之理者，爲時人也。立時人，作卜筮，則能明卜筮衍忒之理矣。卜筮必三人，謂之三人占也。三人占，非三卜筮也。三人相與參考所占之理，以斷吉凶也。若三人同詞告吉，三人同詞告凶，從之固不待言。如三人中有二人告吉，則從二人告吉之言；二人告凶，則從二人告凶之言，蓋三人皆通卜筮衍忒之理者也。一時卜筮龜筮，所現陰陽五行之象至幽深也，所該至寬廣也，非可一覩而知其幾微之所著也。三人同心窺測，同心研究，參其理之所動，考其理之可徵，審其幾微之所適，順乎時之所宜，不順乎時之所宜，以分判其吉凶，則多爲辯晰。取其所見之多，如此者爲可從也，亦明用稽疑之義也。

“汝則有大疑，謀及乃心，謀及卿士，謀及庶人，謀及卜筮。汝則從，龜從，筮從，卿士從，庶民從，是之謂大同。身其康彊，子孫其逢吉。汝則從，龜從，筮從，卿士逆，庶民逆，吉。卿士從，龜從，筮從，汝則逆，庶民逆，吉。庶民從，龜從，筮從，汝則逆，卿士逆，吉。汝則從，龜從，筮逆，卿士逆，庶民逆，作内吉，作外凶。龜筮共違於人，用静吉，用作凶。”

前言卜筮立人，從言求卜筮之真機也。此言卜筮在人謀之後，以龜筮爲重也。人謀，謀事之可爲者也。事之可爲者，方可問之鬼神，故必事可盡人而謀，人謀後而遂謀之卜筮也。人謀之聚心求通，已可以交鬼神，始求龜筮，現鬼神之情以決疑也。汝指其爲君言也。汝之爲君，乃天下後世並天下之事皆汝所有也。若事有關於天下後世並事之出於非常者，汝則有大疑也。大疑爲一人所有，即一人欲解此大疑，必先謀於一人，而後謀於卿士，而後謀於庶人，而後謀於卜筮，以求大疑之所解也。謀者，會其理而計定其當何如也。乃，猶汝也。乃心則天理凝於虚靈之中，爲皇極之至理，故能臨事心會其理，而計定其當何如也。謀及乃心，天下之疑須先人謀者，一人已心會其理而計定其當何如矣，猶恐有未盡也，下而卿士，亦盡心於經濟以輔治者也。謀及卿士，是凡在朝廷之上者，又心會其理而計定其當何如矣，猶恐有未盡也，下而庶人，亦心觀乎政化，所在時事，現有可徵者也。謀及庶人，是凡在草野之下者，更心會其理而計定其當何如矣。至此，則人謀之循序，而謀者已徧及矣。始謀及卜筮，卜筮以龜蓍之無心者，通造化之自然也。卜以龜虚而靈也，筮以蓍圓而神也，運造化之妙於至静之中而不自知，而造化真機遂因卜筮而現也。謀及卜筮，以人謀而求之鬼謀，果與造化並行否也，即造化之並行與否，定其趨向之塗，以適造化之自然，故終言謀及卜筮也。卜筮之後，大疑方解，趨向有定，以順乎造化，此人謀在先而必以龜筮爲重之故也。若疑之所在，謀及乃心者，汝則從，從者，順也，謂宜如是也。謀及龜而龜從，謀及筮而筮從，謀及卿士而卿士從，謀及庶人而庶民從。前言謀及汝與卿士、庶人已徧而後卜筮，此於汝從之下即言龜從、筮從，乃人君於卜筮之際，重龜筮之義，非不重卿士、庶人也，仍謀徧之後始卜筮也。卜筮而至人與龜筮無不從，則天人之際，幽明之微，無不從是謀矣，是之謂大同。身其康彊，當時身受其慶；子孫其逢吉，後世子孫亦受其慶。造化人事，並際於順，福澤所以悠久也。此下卜筮，乃人謀有一從者之求卜筮也。若疑之所在，謀之汝則已從矣，而卿士、庶民不以爲然，則卜筮。卜筮而龜從、筮從，是汝未合於卿士、庶民者，龜筮已從之矣。故雖卿士逆以爲不然，庶民逆以爲不然，亦吉。是即人謀之後，有汝之一從，即以龜筮之從定其吉也。若疑之所在，謀之卿士而已從矣，而汝與庶民不以爲然，則卜筮。卜筮而龜從、筮從，是卿士未合汝與庶民者，龜筮已從之矣。故雖汝則逆以爲不然，庶民逆以爲不然，亦吉。是亦人謀之後，有卿士之一從，即以龜筮之從定其吉也。若疑之所在，謀之庶民而已從矣，而汝與卿士不以爲然，則卜筮。卜筮而龜從、筮從，是庶民未合汝與卿士者，龜筮已從之矣。故雖汝則逆以爲不然，卿士逆以爲不然，亦吉。是亦人謀之後，有庶民之一從，即以龜筮之從定其吉也。若疑之所在，汝則從，龜從，而筮則逆，是雖人謀之後，有一爲從，而卜筮已有一不從矣，事難爲也。作内吉，内謂祭祀等事；作外凶，外謂征伐等事。由是推之，但得卿士從，龜從，而筮則逆，亦不可也；但得庶民從，龜從，而筮則逆，亦不可也。若龜筮共違於人，共違於人之所謀也，不但汝與卿士、庶民僅有一從，即屬於悉從，而所謀於人者，已爲龜筮所共違。雖人謀有定，事亦決乎其不定。天下事，人以爲必如此，而竟爲所期之相反者，往往有也。卜筮之事，原以人事聽命於造化也。龜筮共違，即造化不適於人之所期，即不可以拂造化之機也。用静吉，静謂守常，守常以聽天命，可也。用作凶，作謂動作，動則違天命，必不可也。然有龜從、筮逆，而無筮從、龜逆者，龜尤聖人所重也。筮逆亦不可者，稽疑原以卜筮兩者求於造化，無不順也。人事之動，原欲與造化無不順，龜筮並現造化之迹者也。從則造化之順也，逆則造化之不順也。雖筮有逆，亦造化有不順之處矣。此人謀之後，必以龜從、筮從爲主也。統觀卜筮之事，既用心於人謀，而更用心於龜筮所露馭人之理，以定其趨向之塗，乃所謂明用稽疑也。

"八、庶徵：曰雨，曰暘，曰燠，曰寒，曰風，曰時。五者來備，各以其叙，庶草蕃廡。"

九疇之八爲庶徵，庶徵之目爲何？曰雨。雨者，水也。陽際乎陰而陰爲陽所釀，則氣釀爲濕而生水，而爲雨矣。雨以潤物者也。曰暘。暘者，火也。陰際乎陽而陽爲陰所藴，則氣聚爲熱而生火，而爲暘矣。暘以烜物者也。暘，日出也。日即火之精也。曰燠。燠即木氣之舒也。陰濕之冷隨陽燥之熱而化，則陰濕漸從内徹，陽熱漸向外發，爲温和之氣，而爲燠矣。燠以發物之光華也。曰寒。寒即金氣之凝也。陽燥之熱隨陰濕之冷而凝，則陽熱漸聚於内，陰冷漸著於外，爲清冷之氣，而爲寒矣。寒以凝物之成實也。曰風。風即土中所出之氣也。土質散碎，其體空虚，故其中函陽。陽氣外衝則爲風，風則土中之生氣，以催發萬物之生機也，故風屬土也。夫氣在地中，鬱之久而後出，則氣以聚而動者，聲必嚮，是爲雷；無所鬱而即出，則氣以散而動者，聲必徹，是爲風。氣聚而動，重陰之氣先鬱於陽之上，震象也；氣散而動，重陽之氣已出於陰之外，巽象也。震爲氣鬱，巽爲氣浮。麗地質則震爲陽木，巽爲陰木。若鬱浮之氣不麗地質而衝出地外，則氣鬱爲雷，氣浮爲風，風之屬土益明矣。曰時。時者，雨、暘、燠、寒、風，適當其時也。天地之化，莫重乎時。五氣隨時以司化，始有益於物也，故雨、暘、燠、寒、風皆以時言也。五者來備，五氣之來皆全備而不過多過少也。各以其叙，各應節候而不先不後，有其次也。宜雨則雨潤，宜暘則暘烜，宜燠則燠暖，宜寒則寒肅，宜風則風舒，是即五者來備，各以其常理應候而爲叙以益物，蓋各及時以善其化也。將見和氣流行，品物咸遂，庶草且蕃廡矣。廡，豐茂也，庶草得氣之先者也。觀庶草之蕃廡，知氣化之得其平者深益於物，而其他自可知也，此氣化之至休也。欲言五事之得有徵於氣化之休，故先著氣化之至休如此。

"一極備凶，一極無凶。"

一極備，謂雨、暘、燠、寒、風五者之來，有一失於過多而極備，則陰陽之氣偏勝，必爲物害，故凶也。一極無，謂雨、暘、燠、寒、風五者之來，有一失於過少而極無，則陰陽之氣有虧，亦爲物害，故亦凶也。此氣化之至咎也。欲言五事之失，有徵於氣化之咎，故先著氣化之至咎又如此。

"曰休徵：曰肅，時雨若；曰乂，時暘若；曰哲，時燠若；曰謀，時寒若；曰聖，時風若。曰咎徵：曰狂，恒雨若；曰僭，恒暘若；曰豫，恒燠若；曰急，恒寒若；曰蒙，恒風若。"

休咎之徵，人與氣化相通之驗也。人生於五行，爲貌、言、視、聽、思；氣化出於五行，爲雨、暘、燠、寒、風。在人之貌、言、視、聽、思，有得有失；在氣化之雨、暘、燠、寒、風，有時有極，其理以類而感，其氣以類而應，即休咎之徵所爲相通之驗也。言乎休徵，曰肅。肅者，貌之盡乎水德者也。水德在人爲作肅，在氣化爲時雨。貌至作肅則沉静淵涵，溢爲膏澤之潤，而贊化育於滋養，使一時宇宙間盡涵濡之意，即已通乎氣化之醲濕，適宜及時，以潤萬物之生機，同一水德之適叙也。雨之及時而至若，其肅以爲徵也。曰乂。乂者，言之盡乎火德者也。火德在人爲作乂，在氣化爲時暘。言至作乂則議道立制，悉由坐照之神，而贊化育於昭著，使一時宇宙間盡開霽之象，即已通乎氣化之醖熱，適宜及時，以燥萬物之生機，同一火德之適叙也。暘之及時而至若，其乂以爲徵也。曰哲。哲者，視之盡乎木德者也。木德在人爲作哲，在氣化爲時燠。視至作哲則理明事達，垂爲清和之治，而贊化育於雍熙，使一時宇宙間盡温舒之氣，即已通乎氣化之醲和，適宜及時，以煦萬物之生機，同一木德之適叙也。燠之及時而至若，其哲以爲徵也。曰謀。謀者，聽之盡乎金德者也。金德在人爲作謀，在氣化爲時寒。聽至作謀則審度静深，推爲嚴凝之治，而贊化育於清肅，使一時宇宙間盡蕭爽之氣，即已通乎氣化之際凉，適宜及時,以斂萬物之生機,同一金德之適敘也。寒之及時而至若,其謀以爲徵也。曰聖。聖者,思之盡乎土德者也。土德在人爲作聖,在氣化爲時風。思至作聖則中虚函氣,萬竅皆通,而贊化育於無微不透,使一時宇宙間盡通暢透徹之氣,即已通乎氣化之吹噓,適宜及時,以散萬物之鬱滯,而通達其生機,同一土德之適敘也。風之及時而至若,其聖以爲徵也。此五者順時而至,各以其敘之徵也。言乎咎徵,曰狂。狂者,貌之浮動,淫於水者也。水氣之淫,在人爲狂,在氣化爲恒雨。貌至狂則貌無所持,任形氣之發動,盈溢以濫乎化育者,使一時宇宙間在在皆浸淫之氣,而因以致氣化之浸淫,釀濕過甚,爲恒雨,以泛萬物之生機,同一淫於水之凶也。雨之恒爲淋漓,若其狂,以爲徵也。曰僭。僭者,言之差忒,淫於火者也。火氣之淫,在人爲僭,在氣化爲恒暘。言至僭則言無倫序,任辭氣之顛越亢厲,以戾乎化育者,使一時宇宙間在在皆亢盈之氣,而因以致氣化之亢盈,醞熱過甚,爲恒暘,以爍萬物之生機,同一淫於火之凶也。暘之恒爲熯旱,若其僭,以爲徵也。曰豫。豫者,視之漫察,淫於木者也。木氣之淫,在人爲豫,在氣化爲恒燠。視至豫則視不能瞭,漫爾顧瞻,以泆乎化育者,使一時宇宙間在在皆湮漫之氣,而因以致氣化之湮漫,陽舒過於延留,爲恒燠,以弛萬物之生機,同一淫於木之凶也。燠之恒爲延遷,若其豫,以爲徵也。曰急。急者,聽之急劇,淫於金者也。金氣之淫,在人爲急,在氣化爲恒寒。聽至急則聽不欲待,致物退沮,以迫乎化育者,爲一時宇宙間在在皆寂冷之象,而因以致氣化之寂冷,陰凝過於侵逼,爲恒寒,以消沮萬物之生機,同一淫於金之凶也。寒之恒爲凛栗,若其急,以爲徵也。曰蒙。蒙者,思之蒙昧,淫於土者也。土氣之淫,在人爲蒙,在氣化爲恒風。思至蒙則心氣紛動,氣亂不清,自逐於陰迷,蒙昧其所思,以蔽乎化育者,爲一時宇宙間在在皆蒙昧不明,蠢蠢而動之氣,而因以致氣化之陰滯偏勝,蒙乎氣之欲動。氣不受陰之蒙,屢衝出陰蒙之外,爲恒風,飄蕩以摧撓萬物之生機,同一淫于土之凶也。風之恒爲摧撓,若其蒙,以爲徵也。此五者,極備極無之徵也。夫庶徵之來,如影隨形,何其神之若是哉?人與氣化相通者也。特人不能致心於有生之初,即不能與氣化相通。若能致心於天地乍聚,此人之會以御官骸之動,則動與氣化相通,呼吸之際,杳冥與通神明之注,氣化與應心之所鍾,氣爲之憑,氣燄以取,良非虚也。聖人於此,始以立命,終以至命,與氣化相通,即與氣化相應。雖氣化有時偏於聖人之世,乃氣化應此聖人之燮理,非此聖人與氣化相通,亦終不能濟此氣化而與之並適，是仍一相感相應之神也。理氣之相與流行，暗相通也。然則氣化與人血脈貫通，於彼於此，有感斯應，其機之微幽而難測，一而至神，非深知天與聖人，何以識此哉？

"曰：王省惟歲，卿士惟月，師尹惟日。"

歷言休咎之徵，顯見其感應不爽矣。而欲常有休徵而不有咎徵，果何道也？曰：乃欲明庶徵所由致而發言也。徵所由至，賴王者能省以致之也。省五事之盡於己者，感通乎五氣之在天者也。省先在王，總理氣化者也。省及卿士、師尹，輔理氣化者也。王獨尊，統百職，猶歲統四時也。彼五氣之或時或恒，有係一歲之利害者，惟於歲省之，省我所關於一歲中之休咎也。其下之卿士，統於王，猶月統於歲也。彼五氣之或時或恒，有係一月之利害者，惟於月省之，省我所關於一月中之休咎也。再其下之師尹，統於卿士，猶日統於月也。彼五氣之或時或恒，有係於一日之利害者，惟於日省之，省我所關於一日中之休咎也。夫省在歲，省在月，省在日，皆一歲中之事，但以尊卑所係大小而言，其皆省也。自王及卿士，及師尹，各以其分所及之處，皆盡其分所宜省，即無人不修省，將歲月日之所際彌綸焉而無遺漏。自上及下，同通乎氣化感應之原，以致庶徵而究之。王者自我先省，使凡輔於我者亦皆省，而省乃極其至也。省即念用之義，亦念用之極其至也。

"歲、月、日，時無易，百穀用成，乂用明，俊民用章，家用平康。"

若君臣各盡其省，王省以歲，卿士省以月，師尹省以日，是歲、月、日在君臣者，肅、乂、哲、謀、聖已隨時修省，無有所易，即歲、月、日之在氣化者，雨、暘、燠、寒、風亦隨時就叙，無有所易。易者，失時之差也；無易，無失時之差也。將一時之氣適於太和，凡在和氣之中者，無不隨時之無易，以迪於善。百穀，所以養人者也。隨時之無易，發其華，結其實，而用成矣。乂，以治理者也。隨時之無易，按時布令，隨時考功，而用明矣。俊民，才之出衆者也。隨時之無易，展其才藝，表見當時，而用章矣。家則人人所安居者也。天下之家，無不隨時之無易，適於靜治，安然而善，而用平康矣。是有以致休徵之象者，如是之善也。

"日、月、歲，時既易，百穀用不成，乂用昏不明，俊民用違，家用不寧。"

若君臣不各盡其省，師尹不能省以日，卿士不能省以月，王不能省以歲，是日、月、歲之在君臣者，肅、乂、哲、謀、聖皆失時不省，而既有所易，即日、月、歲之在氣化者，雨、暘、燠、寒、風亦失時不叙，而既有所易，將一時之氣偏而不和。凡在氣中之偏而不和者，悉隨時之既易，以底於不善。百穀之養人者，隨時之既易，水以爲澇，火以爲旱，而用不成矣。乂之爲治理者，隨時之既易，昧於所施，暗於考功，而用昏不明矣。俊民以才之出乎衆者，值時之既易，欲有所行而皆背，即徜於所適而委去，而用違矣。家亦人人所以安居者，天下之家，逢時之既易，必有所摇動，幾底於危殆，而用不寧矣。是有以致咎徵之象者，如是之不善也。夫休徵先言歲，是先言其大，君先爲倡也。世之將治，先有以覲其君也。咎徵先言日，是先著其微，臣先放縱也。世之將亂，先起患於厥官也。休咎之徵，並終言家。王者，天下爲家，言至家，則省宜汲矣。

“庶民惟星。星有好風，星有好雨。日月之行，則有冬有夏。月之從星，則以風雨。”

君臣各盡其省，皆爲民也，爲民在從民之所好而已矣。指其象而言之，庶民之衆，散處於土地，層層之勢而最多，象星之在天也。星者，土氣之精，陽氣因陰聚以精英，散滿於周天大氣之中而最多也，故庶民惟星也。星之偏於陽者好風，偏於陰者好雨，各有所好也。庶民之陰陽男女，各有所好，無異星之各有所好也。從星之好者，日月是也。日者，陽氣之行，聚爲純陽之精，以爲日也。月者，陰氣之行，聚爲純陰之精，以爲月也。日月與星，皆陰陽之氣所聚之精英，故並麗於天。因並行於天而得從星所好，而日月之從星所好無他也，覲日月行於冬夏，有會於衆星者，可見其從星之所好也。日有中道，月有九行。中道者，黄道也。北去極近，南去極遠，適去極中是也。九行者，黑道二，出黄道北；赤道二，出黄道南；白道二，出黄道西；青道二，出黄道東，並黄道爲九行也。日極南則爲冬至，極北則爲夏至，南北中則爲春秋分也。月立春、春分，從青道；立秋、秋分，從白道；立冬、冬至，從黑道；立夏、夏至，從赤道，所謂日月之行，則有冬有夏也。日月之行，有冬有夏，不過自行其常度而已矣。而其行於冬夏之際，與衆星會，日月即隨各星之氣以爲化，隨各星之氣釀爲風雨，是日月自行其常度而已，各從其好風好雨矣。日之從星不可見，月之從星有可見，故觀月之從星，逢箕則以風，遇畢則以雨。推之衆星，無不類是，是實迹也。觀月從星之好，有風雨之實迹，則人君從民之好，亦有宜好之實政矣。從民宜好之實政，亦無他也，自循其常度而行，即於民之所好者，無不使之各得其所宜也。夫庶徵終歸於從民所好，以庶徵之來，無非有益於物類之所好也。人君之感庶徵，亦即有益於萬民之所好而已矣。

綱言念用庶徵，非虚念也，實有所用也。

“九、五福：一曰壽，二曰富，三曰康寧，四曰攸好德，五曰考終命。”

九疇之九爲五福，五福之目爲何？一曰壽，寄世恒久也。歷年永久，而後能膺多福。又自幼有幼學之歲月，及壯有壯行之歲月，及老有老鍊之歲月，並自創業垂績，至於遐齡，尚有餘裕，真生人之大快也，故居五福之一也。二曰富，資養充足也。仰足以事父母，俯足以蓄妻子，於己便於施爲，於人助其不給，是足用爲善之樂，悉賴乎此，亦生人之至快也，故居五福之二也。三曰康寧，形康而心寧。身輕體健，具之身者無不適；情閑事簡，遇之世者無所擾。以動作自如之身，優游於光天化日之下，亦一生之軀得所自適者也，故居五福之三也。四曰攸好德。德者，理得於心之謂德也。理之所馭謂之氣，氣之所聚謂之形，形之所會謂之心，心之所載謂之性，性之所動謂之情，情之所運謂之才，才之所成謂之德。知人生於天，惟德爲貴，故所好不外是也。好德則不爲私累，而心以無欲爲福也；好德則祇求循理，而心以樂天爲福也，故居五福之四也。五曰考終命。考者，成也；終者，殁也；命者，天命於人之理也。生人之初，氣以成形，理亦賦焉，命之所凝也。生人之後，氣之所適，即理之所寓，命之所行也。而此人所爲，既不負於初生，復能隨境所遇，盡此境中之理。至於殁焉，則一生所爲，全始全終，而無身後之遺憾，並爲後世所觀法，又福之無窮盡者也，故居五福之五也。夫五福，人所自有，而綱之言嚮用者，天與人君順人自有之實以爲馭也。故嚮用之權先出於天，嚮用之根源也。天者，太和之氣生生不息者也。福則太和之氣所生也，得天之所生，則形化所凝，已各具天之生福而自有也。即天之生福，終麗此人而不易，是天所以行嚮用之權也。不得天之生福，即不能有福，更見嚮用之權先出於天也。嚮用之權，實行於人君，嚮用之實事也。人君建極之善，藹藹不盡者也，福則建極之善所斂也。遵君之所斂，則人事所爲，亦各效君之斂福而自有也。即君之錫福，恒庇此人而不已，是君所以行嚮用之權也。不遵君之斂福，即不能受福，更見嚮用之權實行於人君也。以壽言之，形化所凝者，陰陽氣質之聚，獨厚其鍾，故其所植之根深，即其所發之神永。神舍於心而根於腎，腎鍾元陽於至陰之中。至陰適足以培元陽，則植根萌蘖之地，已以氣之平實者堅凝於下矣。下之元陽上越於清氣之中，開神明之舍者，心也。心由腎之平者上越，則陽光所徹陰，亦足以滋培，又以氣之平實堅凝於上矣。陰陽氣質之平，已得天之所以生壽，而又能涵太和之氣，保其壽嚮之所爲用乎壽也。天以太和之氣適此氣之際，於平者與之互根不散，兩在不測，以永其貞恒。凡陰陽寒暑，無不與斯人之陰陽氣質，相與醞釀爲生機，凝其神焉，以永其歲月。是天因人有可壽之實，而自予以壽之福也。人事所爲者，心身動静之際，獨適於可久，寡欲養心，簡静持身，故不動乎中，不摇其精，出入起居之地，悉所以養其天和，培其生氣。生氣常含於中，自中有所定，神明清爽，動作有常，是心身動静之際，已得君之所以致壽，而又能遵建極之善，保其壽嚮之所爲用乎壽也。君以建極之善，示人静而無欲養，人生而静之本，默含生意，培仁者必壽之效。凡禮陶樂淑，無不與斯人之性情心術輯其和平，培其天機之不盡，以永其年華。是君因人有可壽之實，而自庇以壽之福也。以富言之，形化所凝者，氣際於陽氣方充，即充之爲富者，皆充盈之所爲質；際於陰氣方聚，即聚之爲富者，皆聚蓄之所歸，是氣質所凝，已得天之所以生富，而又能隨太和之氣，致其富嚮之所爲用乎富也。天以太和之氣，鼓萬物之出機，爲陽氣方充者，大普其利；鼓萬物之入機，爲陰氣方聚者，廣收其利。是天因人有可富之資，而自予以富之福也。人事所爲者，心動於勤，即勤於自養，有以致其厚；身處於儉，即儉於自守，有以蓄其盈。是人事所爲，已得君之所以致富，而又能遵建極之善，守其富嚮之所爲用乎富也。君以建極之善，敷乎此疆爾界，爲公利之普，使能勤者能自得也；量入爲出，爲制用之典，使能儉者能自守也。是君因人有可富之實，而自予以富之福也。以康寧言之，形化所凝者，陰陽氣質適際穩和，故形得其康，體自泰也；心得其寧，神自清也。是氣質所凝，已得天之所以生此康寧，而又能順太和之氣，培其康寧嚮之所爲用康寧也。天以太和之氣爲清寧之默運，自與康寧之體泰神清適相合也。故休風和氣，適於此人，涵濡無窮，而使此人常得享此康寧，是天因人有康寧之實，而自予以康寧之福也。人事所爲者，心身動静，適於安閑，故形之康者，氣已平也；心之寧者，意已静也。是人事所爲，已得君之所以適於康寧，而又能遵建極之善，保其康寧嚮之所爲用康寧也。君以建極之善爲安閑之化理，自與康寧之氣平意静恰相宜也。故安祥和輯，適於此人，庇益於無盡，而使此人常得受此康寧。是君因人有康寧之實，而自予以康寧之福也。以攸好德言之，形化所凝者，禀陽氣之清則見明，明則知德之可好；禀陰質之粹則操潔，潔則惟德之是好。是氣質所凝，已得天之所以生此好德，而又能隨太和之氣，充其好德嚮之所爲用好德也。天以太和之氣，普至正之理，爲天之德凝於人，而爲人之德也。德同則好同也，故好德者，爲天所歸，歸於一德，惟德是輔，使其德實能亨通。是天因人有好德之實，而自予以好德之福也。人事所爲者，知德爲心所由宏，欲宏其心者所必好；知德爲身所由立，欲立其身者所必好。是人事所爲，已得君之所以欣其好德，而又能隨建極之善，礪其好德嚮之所爲用好德也。君以建極之善，昭其至正之則，爲君之德同乎人，而亦人之德也。德同亦好同也，故好德者爲君所詡，表厥宅里，樹之風聲，使其德播及遐邇。是君因人有好德之實，而自予以好德之福也。以考終命言之，形化所凝者，陰陽氣質之正，載至正之命，載於始而亦載於終，使至正之命與氣質爲存没。是氣質所凝，已得天之所以生此考終命，而又能蓄太和之氣，以全此命嚮之所爲用考終命也。天以太和之氣，載至正之理，於氣化之中，以氣化鼓斯人之氣質，即以至正之理，御斯人之正命，故與命之始終。御於天者，自天佑之，自天申之，醇懿之所歸，疵厲絶無所染，是天因人有考終命之實，而即予以考終命之福也。人事所爲者，心身動静之正，行至正之命，行於始而亦行於終，使至正之命與心身爲同歸。是人事所爲，已得君之所以全此考終命，而又能效建極之善，以全此命嚮之所爲用考終命也。君以建極之善，行至正之理，於教化之中，以教化勵斯人之心身，即以至正之理，御斯人之正命，故與命之始終。御於君者，承天之寵，承政之庇，護衛之所及，刑禁絶無所警，是君因人有考終命之實，而自予以考終命之福也。

“六極：一曰凶、短、折，二曰疾，三曰憂，四曰貧，五曰惡，六曰弱。”

五福之反爲六極，六極之目爲何？一曰凶、短、折。凶者，不得其死也。若溺於水，焚於火，斃於木，殪於金，陷於土，極之鷙禽、惡獸、毒蟲、蛇蝎、鬼蜮之類，爲其所斃者皆是也。人生天地，爲萬物之靈，而死獨甚慘，則極之至凶，無以加矣。至短、折，雖其死不必慘，而短則年數不久，折如花木方生之時而忽折也。凡物類之生，各有大約之壽，此則半塗而殞，不謂之短、折乎？前塗有無窮之趨，方欲以身永履其實，而忽焉以没，生人之至憾也，故並居六極之一也。二曰疾。有心疾，痴也，疑也；有身體之疾，盲聾啞跛，並瘋癩奇異之類是也。人生於世，學力福澤，惟恃一身爲踐履，而一有此疾，即身爲廢物，則於世無生趣也，故居六極之二也。三曰憂，抑鬱不樂也。可憂之事，此人偏多逢之，則志氣恒爲鬱屈，而不得舒心於斯世矣。即所遭不必可憂，而慾不得遂心，常戚戚自擾以爲憂，則於己無真樂，於世亦無生趣矣，故居六極之三也。四曰貧，無以爲養也。仰不足事，俯不足蓄，餓寒號泣，時在目前，實足以促其心志,窘其步趨,又何言寬裕於世,以永歲月乎?則貧之累人甚也,故居六極之四也。五曰惡,狠毒也。恒以心之忍者啟事釁,又以行之促者激事變,是惡之所爲,適以速禍。即處以可適之境,亦盡以乖氣致戾者,失所可適也,故居六極之五也。六曰弱,柔靡也。恒以庸俗委昧,致事隙迭起,而猶漫莫能治。又以畏葸退縮,致禍害肆行,而惟無可如何。是弱之所爲,悉以釀禍。將並其可慰之地,無不以庸人自擾者,失所可慰也,故居六極之六也。夫六極,人所自有而綱之言威用者,亦天與人君順人自有之實以爲馭也。威用之權,先出於天,威用之根源也。天者,太和之氣生生不息,原無所爲極也。不得天太和之氣,則形化所凝,各有所陷之極。惟遵天以趨太和之氣,至各所趨之究竟,即可以各消其極,乃猶違天,以拂太和之氣,自必至各所違之究竟,以爲各極。極出於違天,天已有可威之實矣。而天更因其所違者以用威,此威用之權所以先出於天也。威用之權實行於人君,威用之實事也。人君建極之善,藹藹不盡,又無所爲極也。不得君建極之善,則人事所爲,各有所陷之極。惟遵君以趨建極之善,至各所趨之究竟,即可以各去其極,乃猶違君以拂建極之善,自必至各所違之究竟,以爲各極。極出於違君,君已有可威之實矣,而君更因其所違者以用威。此威用之權所以實行於人君也。以凶言之,形化所凝者,氣質之戾。戾盈於氣,即氣盈於戾而爲凶;戾動於質,即質動於戾而爲凶。惟天太和之氣能化其凶,而凶不能飲太和之氣。威之所爲,用乎凶也。天以太和之氣,除其氣之戾者,而不使雜乎其間,故動於戾者不得自適,將戾於水者死於水,戾於火者死於火,戾於木者死於木,戾於金者死於金,戾於土者死於土,推之其氣,各有所戾,即各有所戾之死從其類,而不能逃於太和之氣之所逼。是天因人已適於凶,而隨予以凶之極也。人事所爲者,心身之躄。躄急於心,即心所急者躄於凶;躄躁於身,即身所躁者躄於凶。惟君建極之善,能化其凶,而凶不能循建極之善。威之所爲,用乎凶也。君以建極之善,斥其行之躄者,而不使處乎其間,故動於躄者,無以自容,將躄死於水,躄死於火,躄死於梃杖、兵刃、顛墜之事,而不能逃於建極之善之所棄。又君因人已適於凶,而隨予以凶之極也。以短折言之,形化所凝者,氣質之薄,陽薄不能厚生其陰,陰薄不能厚生其陽;又氣質之偏,偏盈者必劇於所盈,偏虧者必劇於所虧。惟天太和之氣能濟其短折,而短折不能受太和之氣。威之所爲,用短折也。天以太和之氣傾其薄與偏者,不得與於並恒。故薄與偏不受太和涵育,風雨霜露,不但不爲滋養,反逼其薄易於消，偏易於覆也。是天因人已適短折，而隨予以短折之極也。人事所爲者，或心身之際，不慎其薄，即薄有所拂，陰陽之難以薄存者，驟爲退沮；又心身之際，不劑其偏，即偏有所觸，盈虧之難以偏立者，愈爲急迫。惟君建極之善能濟其短折，而短折不能效建極之善。威之所爲，用短折也。君以建極之善，絀其薄與偏者，不得與於並行。故薄與偏不受建極陶鎔弦誦羽籥，不但不爲暢溢，反逼其薄不任事，偏不持久也。又君因人已適短折，而隨予以短折之極也。或曰：人之循善，亦有短折者。曰：氣實短折而不循乎善焉。知其短折，不更促乎究，循乎善，又有益於短折也。凡下之循善與不循善，皆此推也。以疾言之，形化所凝者，氣偏虛實，即虛實以爲疾；質偏盈虧，即盈虧以爲疾；氣質滋厲，即滋厲以爲疾。惟天太和之氣能除其疾，而疾不能飲太和之氣。威之所爲，用多疾也。天以太和之氣，驅其氣之偏厲，故陰陽寒暑之正氣，一爲陰陽疾厲所受，自覺陰陽寒暑爲侵淫之入，而疾轉更甚也。是天因人已適於疾，而隨予以疾之極也。人事所爲者，心多内疚，則疾在神明；身多狗慾，則疾在體膚；事多物誘，則疾在紛營。惟君建極之善能去其疾，而疾不能遵建極之善。威之所爲，用乎疾也。君以建極之善，除其情之蠱溺，故滌情淑性之正事，一爲情慾蠱溺所受，自覺滌情淑性爲侵逼之事，而疾自不除也。又君因人已適於疾，而隨予以疾之極也。以憂言之，形化所凝者，氣下鬱則偏遇於不舒之會以致憂，質多滯則偏泥於不適之處以致憂。惟天太和之氣能除其憂，而憂不能遵太和之氣。威之所爲，用乎憂也。天以太和之氣舒其氣之鬱滯，而徒爲鬱滯者，雖日游此氣中，終不融於沖和洋溢之機，故鬱滯彌深而憂更甚也。是天因人已適於憂，而隨予以憂之極也。人事所爲者，心有所憂，則祇知其愁而無以爲怡；身有可憂，則祇形其悒而無以爲適。惟君建極之善能除其憂，而憂不能效建極之善。威之所爲，用乎憂也。君以建極之善除其憂之愁悒，而徒事愁悒者，雖日浴此詣中，終不與於消累除患之旨，故愁悒轉深而憂更屈也。又君因人已適於憂，而隨予以憂之極也。以貧言之，形化所凝者，氣際於陽氣之輪，即輪之爲貧者，惟入空乏之區；質際於陰氣之泆，即泆之爲貧者，偏耽寂寞之境。惟天太和之氣能濟其貧，而貧不能飲太和之氣。威之所爲，用乎貧也。天以太和之氣充其輪泆之氣，予以厚實，而無如其輪泆過甚。雖際此厚實，實覺其氣之逼而不趨焉。是天因人已適於貧，而隨予以貧之極也。人事所爲者，好逸則惰心怯乎自養之功，何以有積蓄？狗欲則侈身營乎外來之緣，惟見其虛耗。惟君建極之善能反其貧，而貧不能遵建極之善。威之所爲，用乎貧也。君以建極之善，治其惰侈之習，養以事工，而無如其惰侈已甚。雖遇此事工，實覺其事之逼而不從焉。又君因人已適於貧，而隨予以貧之極也。以惡言之，形化所凝者，氣惡則動於惡而爲猛，質惡則狃於惡而不回。惟天太和之氣能化其惡，而惡不能鎔於太和之氣。威之所爲，用乎惡也。天以太和之氣傾其惡，而無所容之，而惡者所行，亦惟底於惡之所溺，而無所逃於惡之爲禍。是天因人已陷於惡，而隨予以惡之極也。人事所爲者，心動於惡，將心之所思盡爲惡；身動於惡，將身之所行盡爲惡。惟君建極之善能除其惡，而惡不馴君建極之善。威之所爲，用乎惡也。君以建極之善制其惡，而無所縱之，而惡者所行，亦祇自受其惡之所報，而不得免於惡之爲害。又君因人自陷於惡，而隨予以惡之極也。以弱言之，形化所凝者，氣弱則委而不奮，質弱則頹而不立。惟天太和之氣能振其弱，而弱不能飲太和之氣。威之所爲，用乎弱也。天以太和之氣消磨其氣之委靡，故弱者之委靡，一受消磨，遂愈失於頹而更無以爲振也。是天因人已底於弱，而隨予以弱之極也。人事所爲者，心氣弱則幾無不失，身行弱則事無所終。惟君建極之善能濟其弱，而弱不能效建極之善。威之所爲，用乎弱也。君以建極之善擯斥其氣之頹委，故弱者之頹委，一經擯斥，遂愈適於餒而更無以爲奮也。又君因人已委於弱，而隨予以弱之極也。夫福極之際，形化人事並列，似有難爲言者。人事之善與不善，以招福極，人所易曉，不待言也。若形化爲有生以來自爲福者，有生以來自爲極者，似出定數，不可更易。然形化所凝，雖氣質清濁純駁各有所異，爲福極之不齊，而所得於天之生人者一也。天以氣之馭於理者生人，即理之所賦，爲天之命，爲君之善，爲人人之所同得於心者也。人心爲虛靈之舍，含天生人之理，於神明之會，爲周身發動之源，故馭乎氣質，以役形化，爲形化之轉易，因以爲福極之轉易。故無論形化所凝有清濁純駁之不齊，但憑此心所含天理，一有感發，遂服膺而守此感發。由此感發擴充其機，即役形化以盡其理。形化能盡其理，即形化全其所得之天，將有生以來自爲福者，固以順天而益爲福；即有生以來自爲極者，亦以順天而轉極爲福矣。若已有感發，無何而失其感發，是不由此感發擴充其機，即妄此形化，以失其理。形化已失其理，即形化失其所得之天，將有生以來自爲極者，固以逆天而益爲極；即有生以來自爲福者，亦以逆天而轉福爲極矣。是形化之凝，似有福極之定數者，又以一心爲轉易也。夫以一心失得乎理，役形化以通福極，與一心失得乎理，致人事以招福極同，一爲轉易，而因以並列也。並列則形化人事之似難並言者，皆可以一而無不通也。因是而知人之爲福爲極，行於人君，根自上天，嚮用威用之權，亦無不可以一而通焉者也。且夫福極之施，皆天理之自然，以馭天下之人者也。天下之人，無不視乎天理之自然以爲福極也。人君但於其中行其理之自然而已矣。故嚮威之權，非自人君始也。天理之所行也，人君奉天而行，而無所容心於其間也。天道福善禍淫，栽者培，傾者覆，因物以施化，天之命也。人君即天道以爲治，則因物之所自具者而還以治物，使善者得善之應，不善者得不善之應。凡福極之用，無非奉若天命也。古之大人，動則言天。不知者謂天道荒遠，杳不足憑，是將天與人分而二之，而不知天即人而在也。人生於天，凡動作云爲皆天也。動於善，則順天而爲福；動於不善，則違天而爲極，何非天之所在哉？《詩》曰"高高在上"，言天也。又曰："陟降厥士，日監在兹。"言天即人而在之徵也。而能於即人而在者，達爲實事，則惟聖人。蓋天地吉凶之理已昭著於人間，而使吉凶有成迹者，聖人奉天馭人之事也。《易》曰："天地設位，聖人成能。"言聖人以蓍龜卦爻成天地之能，亦以禮樂教化、刑賞予奪成天地之能也。故嚮用威用，即奉天馭人之實事也。實事則得失之報，不爽毫釐矣。或曰：人有爲善而不得善之應，爲不善而不得不善之應，何也？曰：非善與不善之無應也，一時無建極之主，爲措施之不失也。無建極之主，爲措施之不失，天雖能使積善之家必有餘慶，積不善之家必有餘殃，而不能使善與不善之應在當時也。一時之人紛動於亂，善與不善之應亦幾爲虛幻矣。而究之紛亂之際，善者，人心所與；不善者，人心所違，是善者終利，不善者終害。乃天理不息，存於紛亂之時，以待聖天子之出治者也。於斯而出建極之主，奉天道以治人，措施不爽毫釐，則善與不善之應，無不如影隨形，是皇極之建與不建所關尤大也。夫人君以一人而首出衆人之上，帥衆人以通福極，實爲天下招福極之本矣。故在天之福極，因人而施者，又遂因人君之建極與不建極而施之矣。今試一家言之，一家之長帥一家之人爲善，則一家受福。福固天之所授，而實家長之所招來也。一家之長帥一家之人爲不善，則一家受禍。禍固天之所施，而亦即家長之所招致也。人君者，天下之父母也。人君建極以帥天下，而天下歸極，則聖治之世，風清俗美，而民樂仁壽，即招五福之實效也。黄帝、堯、舜垂衣裳而天下治，而生其間者，惟被垂裳之化，樂昇平者，至數百年之久，豈其人之所禀，盡皆和平者耶？以人君建極，能爲天下斂此五福，而天下之人亦會極而斂福，而因得受此五福也。若人君失極，而天下亦失極，則穢污之世，民彝泯亂，而日不聊生，即招六極之實驗也。桀紂之世，綱常紊滅，生其間者，受其塗毒，人多鋒鏑之危，且多疵厲之災，豈其人之所稟，盡皆乖戾者耶？亦以人君失極，實爲一時招此六極，而天下之人亦從其失極而招極，而因盡受此六極也。凡此福極，皆出自人君者也。人君能造一世之命者，此也。天以人君之建極與不建極以施福極，何異天因天下之人歸極與不歸極以施福極也哉？要皆天人之際，渾然理氣之大同，而無二致也。天道即人道也，人道即天道也，故人君馭世，盡人合天，即上操福極之柄，而下施福極之用也。《洪範》言及福極之用，天人之道，無不合矣。所過者化，所存者神，上下與天地同流，渾然化育之無間也，油然化育之並行也，秩然天地萬物，各得其所，而莫不就叙者也。叙則人君始有盡於天人之道。始言五行，由天道而下及人道也；終言福極，由人道而上合天道也。而人君始終同於天道，全在人道之建極，此《洪範》九疇所以重皇極之建也。建極則參贊化育，以和斯世，而於天人之際，始同一神化之無盡也。